2012年国家社会科学基金项目

我国旱灾防治法律体系研究

李军波 王兆平 李永宁 | 著

陕西新华出版
陕西人民出版社

图书在版编目（CIP）数据

我国旱灾防治法律体系研究/李军波，王兆平，李永宁著. —西安：陕西人民出版社，2024.3
ISBN 978-7-224-15049-0

Ⅰ.①我… Ⅱ.①李…②王…③李… Ⅲ.①旱灾—灾害防治—法规—研究—中国 Ⅳ.①D922.680.4

中国国家版本馆 CIP 数据核字（2023）第 152955 号

责任编辑：王 凌 张 现
封面设计：白明娟

我国旱灾防治法律体系研究

作　　者	李军波 王兆平 李永宁
出版发行	陕西人民出版社
	（西安市北大街 147 号 邮编：710003）
印　　刷	广东虎彩云印刷有限公司
开　　本	787mm×1092mm 16 开
印　　张	25
字　　数	320 千字
版　　次	2024 年 3 月第 1 版
印　　次	2024 年 3 月第 1 次印刷
书　　号	ISBN 978-7-224-15049-0
定　　价	78.00 元

本课题研究源于我国已故著名水利专家李佩成院士2012年的命题作文，谨以此书献给敬爱的李佩成院士

李佩成院士（1934年12月26日—2024年2月23日），陕西乾县人，中国共产党优秀党员，中国工程院院士，我国著名水文地质、水文生态及农业水土工程专家，陕西省委省政府决策咨询委员会特邀咨询委员，长安大学教授、博士生导师。李佩成院士于2024年2月23日22时36分在西安逝世，享年90岁。

内容简介

本书共八章，基本上可以分为三大块：

第一大块即第一章，研究的主题是"旱灾防治的基本范畴和理论基础"，意在为后面具体法制的形塑奠定法理基础。该部分主要内容可以概述如下：首先以干旱与旱灾的灾害学与风险管理学理论为出发点，阐明了旱灾的内涵、脆弱性及其不利影响的具体表现形态，阐释了风险管理、辅助（自立）以及城乡一体化等的先进和实用的旱灾治理理念。随后运用利益法学理论和分析方法，对旱灾防治的法学内涵进行了详细界定。抽离出生存利益、产业利益和生态环境利益等三类涉水利益，并对三类涉水利益之间竞争、冲突与促成（促进）的勾连状态进行勾勒。基于价值评判，证立了生存涉水利益在存立和实现上的绝对优先性，阐明了这种优先性在三种利益勾连状态当中的利益判断结果，提出：产业涉水利益在实现层面上应当总体劣后于生存涉水利益，劣后性评价主要会在两类利益围绕利益客体——水量而产生的竞争与冲突情境下发生作用；各产业涉水利益之间因用水需求发生竞争和冲突时，粮、棉、油、菜、水电等行业涉水利益因与国民生存密切相关而针对其他行业涉水利益具有优先性；生存涉水利益与生态环境涉水利益之间具有相互促进关系，不会发生冲突和竞争。同时列明了相关涉水利益及其勾连状态以权利、法益方式实现的机制和途径。紧接着对组织性措施、信息性措施、保障性措施等三大类旱灾防治基础性措施的法学内涵，以及这些内涵的法制形塑重点等进行了全面阐述。最后，提出所谓旱灾防治法律体系乃是指依据旱灾防治相关法理形塑的各类旱灾防治核心法律制度所组成的具有特定逻辑美感的规范群。旱灾防治法律体系的形塑应当包含内外两大原则。"防治兼顾、重视预防"是外部原则，主要用于厘清旱灾防治法律体系所能发挥作用的最大外延。"全面与公平原则"是内部原则，主要用于形塑旱灾防治法律体系所应当涵括的核心性制度类型。基于两类原则，旱灾防治法律体系应有的制度包括：旱灾防治主体法律制度、旱灾防治规划法律制度、旱灾防治信息法律制度、旱灾防治基础设施法律制度、旱灾防治利益协调法律制度以及旱灾防治保障法律制度。

  第二大块即第二章，研究的主题是"我国旱灾防治对策的历史探究"，目的有二：一是从史实层面对第一部分所述相关法理进行再次证成，二是为后续的旱灾防治核心法制的形塑提供历史经验和教训。该部分在述及我国古代的旱灾防治时，首先对从远古至清代的旱灾发生情况进行史实和特征描述。随后总结出了古代旱灾防治的"天命主义禳弭论"、"灾后救济论"和"灾前预防论"等基本理念。类型化出古代旱灾防治的巫术对策、重农免赋、仓储、水利、林垦、赈济、调粟、养恤、安辑、放贷等措施。并对这些理念和措施进行了评述，认为：旱灾防治的思想基础是儒家的仁政思想，封建专制使得防治效果不尽如人意，特定的历史条件限制了先进技术的推广和运用。该部分在述及民国时期的旱灾防治时，首先对这一阶段旱灾发生的基本情况及其特征以及防治的基本理念等进行事实描述和客观总结。随后详细阐述了民国政府关于旱灾防治的法制构建情况。这一时期所设置的主要制度包含用于灾害救济的仓储制度、森林保护制度、水利建设制度、赈济制度等内容。另外，除了官方依据相关法律进行的旱灾防治外，以华洋义赈会为代表的民间旱灾救济以及中国共产党在各抗日根据地领导的旱灾预防和应对等均特色明显。该部分在述及新中国防旱抗旱对策时，首先对1949年以来旱灾发生的基本情况进行了总结。随后概括出了这一时期旱灾防治的独特理念，即重视发动群众和强调防旱减灾的重要性。紧接着对这一时期抗旱组织机构的设置、水利建设、资金保障等旱灾防治主要措施类型进行了总结。最后在评述这一时期的旱灾防治各项对策时提出："运动式"的旱灾治理理念与举措在新中国初期及其后相当时期内具有存在的合理性和效果上的实效性，但在法治理念之下，应当向常态化的治理方式转变。

第三大块即第三、四、五、六、七、八章，都是我国旱灾防治法律体系六部分核心制度的形塑性内容。第三章"旱灾防治主体法律制度"首先明确了旱灾防治主体的内涵和外延，即依法享有参与旱灾防治相关公私法权利（力）和义务（职责）的组织和个人，具体应当包含公法主体、有公法背景的私法主体与私法主体三大类。其次阐明旱灾防治主体法律制度乃是塑造、肯认参与旱灾预防和应对各类主体及其相关权利（力）、义务（职责）的规范群，依内容可以分为主体性规范和权利（力）、义务（职责）性规范两大类。随后对现行制度当中旱灾防治各类主体的样态及其权利（力）义务（职责）进行了总结和检视，涉及的主体类型包括：各级人民政府、各级防汛抗旱指挥机构、各级水利主管部门、各级减灾委员会、人民军队、各级抗旱服务组织、供水企事业单位、接受公法授益参与旱灾防治的私法主体以及一般私法主体。最后基于对法制现状的检视，提出了旱灾防治主体法律制度的构建和完善建议，主要有：将中央人民政府与地方人民政府的旱灾防治职权两立；将各级人民政府与其相关主管部门的旱灾防治职权分离并确定化；将防汛抗旱指挥机构与减灾委的旱灾防治职权合并，并因应政府机构改革趋势与应急管理部门之间的相关职权进行协调归并；保留旱灾防治协调议事性决策机构并完善其运作机制和相关职权；明确接受公法授益的私法主体应当承担的旱灾防治公法义务。

第四章"旱灾防治规划法律制度"首先表明：旱灾防治规划对于预防与应对旱灾而言至关重要。旱灾防治规划具有公众参与性、综合性、灵活性、复杂性、针对性与时序性等六个特点。基于不同的标准，可以对其进行不同的分类。旱灾防治规划的制定和运用应遵循基本原则与一些具体原则，主要包括科学性原则、可考核性原则与系统性原则。规划制订中应考虑相关因素并注意不同规划之间的协调。其次指出我国旱灾防治规划法律制度主要体现在《抗旱条例》第13、14、15条。检视这些内容，不难发现目前的制度在抗旱规划的实体性、程序性内容以及价值取向等方面均存在问题。就实体性内容而言，现行制度仅作了概括性规定，规划每一部分应包括哪些内容、具体该如何设计等目前并未形成统一认知，因此需要借鉴国外制度加以明确。就程序性内容而言，现行制度欠缺对旱灾防治规划制订程序的规定。就价值取向而言，现行制度并未因应国情，体现出向农村地区倾斜的内容。最后认为：旱灾防治规划应当主要包括抗旱组织体系建设、抗旱应急水源建设、抗旱应急设施建设、抗旱物资储备、抗旱服务组织建设、旱情监测网络建设以及保障措施等内容，相关法律制度应当围绕这些内容从实体与程序上加以完善。

第五章"旱灾防治信息法律制度"首先对旱灾信息和旱灾防治信息管理等概念进行分析，认为旱灾防治信息制度具体应当包括信息的采集和监测、信息的报送与评估、信息的统计、信息的共享与公开等细化制度。其次梳理和分析了我国旱灾防治信息采集和监测的立法现状和运行实践，认为现行制度存在主体不明、信息太少、责任不完善、地方立法不具体等问题。还分析了我国旱灾防治信息报送和评估的立法现状和运行实践，认为现行制度缺乏明确的旱情评估部门、欠缺准确和客观评估旱情的综合旱情评估技术、相应的法律责任不完善。还分析了《水旱灾害统计报表制度》和《自然灾害情况统计制度》等旱灾防治信息统计的制度现状和运行实践，认为现行制度在旱情统计的主体、部门间统计数据的衔接、统计数据评估或调查等方面均存在严重不足。还分析了我国旱灾防治信息共享和公开的立法现状，认为信息共享机制不健全，信息公开的主体、范围、时间和法律责任都存在不足之处。最后基于上述分析，提出了完善旱灾防治信息机制的建议，主要包括明确相关责任主体、细化信息内容、完善信息系统和平台以及健全法律责任等建议。

第六章"旱灾防治基础设施法律制度"包含了五部分的内容，即旱灾防治基础设施概述、主要法律制度及存在的问题、国外的经验、现行制度的完善建议。概述部分主要总结了旱灾防治基础设施的概念。主要法律制度部分全面梳理了相关立法和政策，论述了旱灾基础设施的性质和权属、规划、建设、管理和维护、资金筹集和运用制度以及相关法律责任制度。国外经验部分从比较法的角度介绍了印度、日本、以色列、美国在水利基础设施建设方面的经验。对现行制度的完善部分针对既存的制度问题提出了完善的建议，包括：明确旱灾防治基础设施的内涵、类型及其公益性；将提高水资源的综合利用率确立为以后旱灾防治基础设施建设的方向；细化旱灾防治基础设施的权属，明确各级政府及其相关部门在旱灾防治基础设施建设和管护中的权限和职责；完善旱灾防治基础设施的规划和建设制度；健全旱灾防治基础设施的资金投入和运营费用筹集和管理机制；完善旱灾防治基础设施建设和管护的融资机制等。

第七章"旱灾防治利益协调法律制度"首先指明：该制度之所以应当存在的原因是在旱灾防治过程当中不可避免地存在着相关利益竞争和冲突的情形，需要协调。其次将生存型取水权优先配置法律制度、生存型取水权优先实现法律制度以及包含旱灾应对组织动员制度和财产征用制度在内的旱灾应对公法负担法律制度列为旱灾防治利益协调法律制度的应含制度。此三类制度构建时应当遵循明确性和逻辑美感、利益衡平、法律优位以及遵守比例等基本原则。再次针对前述三类制度的法制现状，依据所提出的构建原则进行审视，指出诸多需要完善的缺漏和问题。最后针对这些问题提出了三类制度的具体构建建议，主要包括：生存型取水权应当涵盖城乡居民生活取水权和生态环境保护取水权两类权利；在相关立法上应当明确生存型取水权绝对优先于各项产业取水权的水资源配置原则；在确定行业用水定额时应当保障特定区域内城乡居民生活用水以及生态环境保护用水得到优先保证；在确定各地区用水份额时应当将本地区城乡居民生活用水以及生态环境保护用水水量单独列明，以利于监督和保障；预留水量应当优先用于城乡居民生活用水以及生态环境保护用水；种粮取水权的水量应当优先于其他农业取水权、工业取水权以及航运取水权被配置；考虑设置常年干旱地区和极端干旱地区农业取水权与粮地承包经营权密切关联和互动机制；水权损失补偿制度应当成为生存型取水权优先实现法律制度的核心和必备内容；旱灾防治各类私法主体的公法义务应当被设置为两类，即配合性义务与主动性义务，应当列明两类义务的豁免主体和情形；旱灾应对财产征用权应当授予市、县人民政府。

  第八章"旱灾防治保障法律制度"首先表明旱灾防治资金保障、物资保障以及农业保险构成旱灾防治保障法律制度的组成性制度。其次就三项保障制度的立法现状进行检视，并提出完善建议：中央与地方各级政府之间财政资金拨付责任应划分明确；金融机构应在旱灾防治资金保障中发挥作用；应活化抗旱资金所转化而成的资产；设立国家和地方层面的干旱援助基金；设立减免受灾者相关税费的制度；建立抗旱物资投资支持制度与抗旱物资信息化保障制度；考虑将旱灾保险条款设置于旱灾防治基本立法的总则部分或者旱灾预防部分，而非灾后重建部分；在常年干旱地区以及水生态严重脆弱地区针对粮食、棉花、油料等重要农作物构建和推行旱灾保险与农业补贴以及政策性农业信贷挂钩制度等。

防旱抗旱法律对策研究（代序）

李永宁

我国是个干旱及旱灾频发的国家，北方地区"十年九春旱"，长江以南地区伏旱严重。1950—1990年间，我国共有11年发生了重特大干旱；1991—2009年间，我国共有8年发生重特大干旱，平均不到3年发生一次。1998年秋冬至1999年春季北方大范围干旱，持续时间210多天，是历史上最长的干旱；2010年，我国西南地区，包括江南部分地区发生了百年不遇的罕见旱灾，持续近200天。我国干旱及旱灾的分布已从历史上的"北旱南涝"扩及全国范围，发生的频率明显加快，持续的时间也空前延长。面对我国越来越严重的干旱及旱灾问题，中共中央、国务院于2011年1月发布了《关于加快水利改革发展的决定》，提出了水利改革发展的总体思路、基本原则和具体手段，这也为从根本上解决我国的干旱及旱灾问题指明了方向。结合中央1号文件精神，如何从法律制度上完善防旱抗旱工作，落实防灾减灾，实现人水和谐，保障国家生态安全、经济安全和社会安全，推进我国生态文明社会建设，就成为本文所要探讨的主要问题。

一、我国防旱抗旱法治建设的现状

我国政府历来重视防旱抗旱政策及法律制度建设。早在1952年2月，中央人民政府政务院就做出了《关于大力开展群众性的防旱抗旱运动的决定》。1952年12月又做出了《关于发动群众继续开展防旱抗旱运动并大力推行水土保持工作的指示》。1956年1月《全国农业发展纲要（草案）》中，提出了从1956—1967年，在7年到12年内基本消灭普通的水灾和旱灾的目标。1966年2月周总理指出："北方抗旱是长期的事情，要做长远打算。"1991年4月全国省级防汛抗旱办公室主任会议，讨论通过了《关于防汛抗旱工作正规化、规范化建设的意见》，1997年我国发生了严重的干旱灾害，国家防总1月1日发出了《关于做好抗春旱工作的通知》；5月2日国务院办公厅又发出了《关于切实做好抗旱双保工作的通知》；6月24日国家防总和水利部联合发出了《关于做好当前抗旱工作的紧急通知》；8月31日国家防总、水利部再联合发出了《关于做好抗旱保秋收保秋种的紧急通知》；1994年12月29日财政部、水利部联合发布了《特大防汛抗旱补助费使用管理暂行办法》（2011年废止），1996年财政部、水利部联合出台了《抗旱服务组织建设管理办法》（2008年修订）等。

2000年以来，我国的防旱抗旱工作，改变了以往的主要靠政策、通知指导和管理的局面，逐步进入制度化、法治化时期。2004年财政部、水利部制定、2011年修订并发布了《中央防汛抗旱物资储备管理办法》；2005年5月，国务院办公厅印发实施了《国家防汛抗旱应急预案》；2008年6月，水利部发布了《抗旱服务组织建设管理办法》；2009年2月11日，国务院正式通过和发布了《中华人民共和国抗旱条例》（以下简称《抗旱条例》）；2011年9月8日财政部、水利部通过了《特大防汛抗旱补助费管理办法》（同时废止1994年《暂行办法》）；2011年6月16日国家防总印发了《县级抗旱服务队建设管理办法》；2011年11月2日，国务院讨论通过了《全国抗旱规划》等7部行政法规、部门规章和规范性文件。从2000年以来发布的7项防旱抗旱法规及政策性文件看，我国防旱抗旱法治建设的现状主要体现在以下几个方面：

（一）我国防旱抗旱法治化水平显著提高。在2000年以前，我国的防旱抗旱法治建设除过在20世纪90年代中后期就抗旱补助费管理和抗旱服务组织建设有两个《暂行办法》以外，其他的指导和管理防旱抗旱工作的，主要都是国家防总和相关部委的通知、意见、决定等工作指导性文件。这些工作指导性文件，一般主要是针对特定的事项或特定时期的具体工作的，有很强的针对性和时效性，时世变迁后，这些工作指导性文件将很难再有效发挥作用。如《关于做好当前抗旱工作的紧急通知》等，就明显缺乏稳定性和长期性。2000年以来，7部防旱抗旱行政法规、部门规章和规范性文件的正式出台，特别是《抗旱条例》的出台，从根本上改变了这种状况，极大提高了我国防旱抗旱的法制化水平。

（二）防旱抗旱法治建设的系统性、完整性比较差，许多规定还分散或者隐含于其他相关法律法规中。就系统性而言，目前仅有国务院制定的行政法规《抗旱条例》以及另外的6部部门规章和规范性文件，全国人大立法还是空白，法律体系不完整，立法层级也不够。而且，作为《抗旱条例》上位法的《中华人民共和国水法》（以下简称《水法》），并未对防旱抗旱做出任何明确的规定，其至在《水法》中根本未出现防旱抗旱的文字，导致不同位阶的法律之间的逻辑联系存疑。就法律规定的零散性而言，如《中华人民共和国水土保持法》（以下简称《水土保持法》）第一条规定："为了预防和治理水土流失，保护和合理利用水土资源，减轻水、旱、风沙灾害，改善生态环境，保障经济社会可持续发展，制定本法。"其中虽然在立法目的上明确了《水土保持法》也承担着"减轻旱灾"的重任，但其内容部分并未就此进行专门具体的规定。

（三）现有防旱抗旱法治建设对"防旱"的重视程度明显不够。就现行行政法规及部门规章的名称及内容看，我国的防旱抗旱立法比较偏重于抗旱方面，着重于旱灾来临的"危机管理"[1]，对干旱的预防明显重视不够，预防性法律规定偏少。纵观新中国成立以来的防旱抗旱政策、法规和部门规章，仅有1952年政务院文件《关于大力开展群众性的防旱抗旱运动的决定》中使用了"防旱"的文字，其他的所有政策性文件、行政法规和部门规章均无一例外的仅仅突出"抗旱"，似乎把"防旱"的内容纳入了抗旱当中。但就相关法规的具体规定看，"防旱"所应有的制度措施并未得到必要的体现。如《抗旱条例》专设第二节"抗旱预防"，但该节的20条规定涉及的主要是抗旱规划、抗旱预案、旱情监测、抗旱工程与水源建设、抗旱物资储备、产业结构优化等主要着眼于旱情来临时的应对性防御措施，与"防旱"的要求相去甚远。

（四）已有行政法规和部门规章带有典型的抗旱组织与政策法性质。除《抗旱条例》外，其他的部门规章由于都是相关部门就某具体事项进行的部门立法，因此在内容上涉及的多是各工作部门具体工作的步骤、程序，而且多用"鼓励""支持"等用语，"公共政策法律化特色明显"[2]。另外，《抗旱条例》除过法律责任部分外，其他57条中至少有48条涉及的都是国家、政府部门、县级以上人民政府应该有什么样的授权性规定以及对部门组织抗旱的职责要求，带有明显的组织应对旱灾的特征。在防旱抗旱制度设计中广大群众的参与性以及对应的权利义务规定也明显不足。

二、现有法规规章存在的问题

尽管自新中国成立以来，我国防旱抗旱法治建设取得了显著的成绩，特别是进入新世纪的十余年来，我国防旱抗旱法治建设取得了长足

---

[1] 程静、彭必源：《干旱灾害安全网的构建：从危机管理到风险管理的战略性变迁》，《孝感学院学报》2010年第4期。

[2] 曲振辉：《试论公共政策法律化的限度》，《兰州商学院学报》2007年第6期。

的进步。但正如本文上面所分析的，我国防旱抗旱法治建设的现状尚不尽如人意，还存在一些不足。具体到防旱抗旱的法规和规章的具体内容上看，还存在一些问题。这些问题的存在，会影响防旱抗旱工作的持续性正常推进，法律所具有的抵御干旱和旱灾的功能会被削弱，同时，也会影响到旱灾发生后的救济和治理效果。在积极化解社会矛盾、加强社会管理模式创新的大背景下，要求我们准确把握风险社会发生的制度原因，才能有的放矢，公正合理解决存在的问题，把干旱风险完全纳入社会可控的范围内。具体到现有防旱抗旱的法规和规章，存在的问题主要有以下几个方面：

（一）《抗旱条例》立法目的表述不周延、不明确。《抗旱条例》第一条指出："为了预防和减轻干旱灾害及其造成的损失，保障生活用水，协调生产、生态用水，促进经济社会全面、协调、可持续发展，根据《中华人民共和国水法》，制定本条例。"该条明确了抗旱条例的立法目的，使用了4个关键词："预防和减轻""保障""协调""促进"，因此可以明确的是我国《抗旱条例》的立法目的有4个：预防和减轻干旱灾害及其损失、保障生活用水、协调生产生态用水、促进经济社会全面发展。这4个立法目的，"预防和减轻干旱灾害及其损失"与防旱抗旱的目的和效果直接相关，而"保障生活用水""协调生产生态用水"，也是干旱发生时必须解决的问题，与防旱抗旱工作也是直接相关的。但"促进经济社会全面发展"就具有一定的间接性，因为任何法律都是通过调整某一具体社会关系从而（间接的）达到促进经济社会全面发展的，所以"促进经济社会全面发展"，显然并不应该是某一具体法律法规直接的立法目的，而应当是一国法治建设的统一目标。把法治建设的目标直接规定为抗旱法的立法目的，存在的另一个问题是当4个立法目的存在冲突时，如何取舍？这就自然回到了学术界一直争议的"经济发展优先，还是环境保护优先"①的问题上了。在本文中，显然无须争辩这种争议的孰是孰非，但作为抗旱法重要的法律条文，把这种争议容纳进去，对防旱抗旱工作会产生什么影响？在面对具体工作时，是强调环境生态利益，还是强调经济发展利益？毋庸置疑的是该条规定有可能会让防旱抗旱工作的具体思路产生分歧。所以，抗旱法立法目的的明确性是值得商榷的。

另外，立法目的"为了预防和减轻干旱灾害及其造成的损失"当中的"减轻"，隐含着一个较为主观武断的前提性假定，就是：所有干旱必然会造成损失。所以，面对必然性的损失，"法律"只能做到"减轻"其危害。这样武断性的条文规定，一方面等于是否认了可以通过防旱"消除旱灾给经济、社会带来的各种不利影响"②；另一方面等于是说既然干旱灾害必然会造成损失，政府再努力的作为也不足以"消除"干旱的全部损失，因而对于所造成的"根本"不可消除的损失，政府必然是无责的。所以，在立法目的中仅使用"减轻"的文字组合，一个消极的后果就是有可能成为政府推脱防灾不力责任的一个法律依据。事实上，"自然界的干旱是否造成灾害，受多种因素影响，对农业生产的危害程度则取决于人为措施。因此，干旱是否致害，特别是是否影响到农业生产，与所采用的农业技术以及各种预防性措施是存在一定的对应关系

---

① 环境保护优先，还是经济发展优先，一直是我国学术界争议的一个问题。传统观点强调协调发展，也就是把二者放在同等重要的地位上，近年来有所变化，强调环境保护优先成为一种新理念，并落实在国家的某些政策或许多地方的政策上。当然，面对越来越严重的环境危机，强调环境保护优先有其现实意义，所以，被许多人认为这已经是环境法的一个重要原则。但对防旱抗旱，因为直接解决的是因干旱造成的环境问题，所以与经济发展并不具有直接的关系。因此，本文认为这种争议对本文讨论的问题并无实际意义，或者说在抗旱法当中规定这一立法目的，并不具有必要的意义。

② 成福云、朱云：《对我国干旱风险管理的思考》，《中国水利学会2005年学术年会论文集——水旱灾害风险管理》。

的"①。存在于人力（包括技术措施）可控范围内的干旱，其可能造成的灾害，也应该是可控的。正如我国《抗旱条例》第二十八条把干旱灾害区分为"轻度干旱、中度干旱、严重干旱、特大干旱四级"一样，对于其中的轻度干旱和中度干旱，通过积极的和科学的预防性措施，应该存在"消除"或"基本消除"其危害的可能性的。

所以，立法目的"为了预防和减轻干旱灾害及其造成的损失"显然并未穷尽人力施予干旱过程产生的所有有可能的后果。因此，在该立法目的中，应该"消除"这种可能性，从而把该立法目的修改为"为了预防、减轻或消除干旱灾害及其造成的损失"，这样，该立法目的才会变得周延、更符合科学事实，也才能有效避免政府怠于作为的可能情况，并借此强化政府对"防旱"的重视程度，使《抗旱条例》真正成为应对干旱灾害的有力武器。

（二）现行防汛抗旱管理体制不能适应防旱工作要求。《抗旱条例》第五、第六、第七、第八条对抗旱的管理体制进行了规定，核心有五点：一是抗旱实行各级人民政府首长负责制；二是国家防汛抗旱总指挥部负责组织、领导全国的抗旱工作；三是流域管理机构与有关省、自治区、直辖市共同组成流域防汛抗旱指挥机构，负责流域的抗旱工作；四是县级以上地方人民政府防汛抗旱指挥机构负责本行政区的抗旱工作；五是政府水利部门承担防汛抗旱指挥机构的具体工作。按《抗旱条例》对防旱抗旱管理体制的上述规定，存在的问题是：

第一，国家防汛抗旱指挥机构，是由政府相关部门负责人"兼任"组成的协调性的组织、决议机构。这种体制设计对于集中力量解决不特定时间发生的汛旱灾害显然是积极的，而且是有效的。但"防旱"与"抗旱"最大的区别就在于"防"是防患于未然，而"抗"则是一种有

---

① 《防旱与抗旱》，摘自《中国水利百科全书》（第2卷），转引自《水利水文自动化》2006年第2期。

针对性的应急工作，主要是在旱灾来临或已经发生时采取的应对措施。既然"防旱"并非临时性，而是持续不间断的工作，那么用一个"兼任型"的不定期组织协调机构解决不间断的防旱工作，显然是很难充分发挥应有的"日常性"作用的。

第二，防汛抗旱指挥机构的具体执行机构均由相应层级的各级政府的水利部门承担，也即在县以上各级政府的水利部门基本都设有"防汛抗旱指挥部办公室"。但纵观不同层级"防汛抗旱指挥部办公室"的工作职责，除了完成指挥机构交办的工作任务外，最主要的工作职责就是编制防汛抗旱预案、旱情调研、防汛抗旱动态、灾情统计、监督分配防汛抗旱经费、监督防汛抗旱物资储备及使用等，也即主要负责针对汛旱灾害的具体工作。[①]除此外，其日常工作性质基本相当于防汛抗旱指挥机构的情报部门，针对"防旱"几乎无所作为，对"防旱"的规划、组织、领导，处于无人、无具体部门负责的状态。

第三，根据陕、甘、宁、青、新五省区水利厅的机构设置，其中甘肃、青海将"防汛抗旱指挥部办公室"作为水利厅直属机构，这种设置显然是想突出该机构一定的独立性地位，但这种定位无疑不能完全有效地将该机构纳入水利厅的工作职责通盘考虑。宁夏将"防汛抗旱指挥部办公室"作为水利厅的内设机构。但三省区水利厅在对"防汛抗旱指挥部办公室"的工作职责分配上，除过相同的落实防汛抗旱指挥机构的具体工作外，其他的职责分配存在很大的不同。陕西、新疆水利厅的机构设置当中未见"防汛抗旱指挥部办公室"，只是在厅机关的工作职责中，列明了承担防汛抗旱指挥部的具体工作。如此大的差异，既反映了不同地方政府水利部门对日常性"防旱"工作的重视程度的不同，也反映了我国抗旱管理体制的定性、定位以及具体分层设置都还存在一定的问

---

① 本文利用网络资料主要总结了西北五省区以及内蒙古自治区水利厅关于机构设置部分，对防汛抗旱指挥部办公室的职责规定进行的总结，未尽或存在的偏颇敬请谅解。

题，需要在体制机构及职权划分上加以明确和统一，才可能真正承担起防旱抗旱的重任。

"政府首长负责制"与上级防汛抗旱指挥机构之间的权责如何划分，特别是涉及防旱抗旱资金投入时，是"政府首长"负责还是"上级防总"负责，会否因此产生推诿扯皮以至于延误防旱抗旱的有效时机都是很不明确的。另外，地方指挥机构既要接受当地"政府首长"的指挥，还要接受上级防总的指挥，当地方首长和上级防总的指挥同时下达，或存在分歧时，到底以谁的指挥为准，也存在不明确的地方。

（三）对因旱灾造成的农业及畜禽损失的救济补偿机制缺位。我国《抗旱条例》对抗旱服务组织、抗旱工程、抗旱物资等抗旱手段的组织和使用规定了许多"扶持、支持、鼓励"等财政支持措施，甚至对紧急抗旱期征用的物资、设备、交通运输工具都规定了相应的补偿制度。但仅在第五十条规定了"各级人民政府应当建立和完善与经济社会发展水平以及抗旱减灾要求相适应的资金投入机制，在本级财政预算中安排必要的资金，保障抗旱减灾投入"。在第五十二条规定了"旱情缓解后，各级人民政府、有关主管部门应当帮助受灾群众恢复生产和灾后自救"。这两条规定，似乎隐含了对旱灾造成的农业及畜禽损失补偿的含义，但实际上并不具有真正意义的旱灾损失的救济补偿机制。因为，第五十条的规定，更主要的是满足前述"对抗旱服务组织、抗旱工程、抗旱物资等抗旱手段的组织和使用"的"扶持、支持、鼓励"，是对政府组织领导抗旱减灾所需费用的预算安排要求；第五十二条的规定，含有一定的损失补偿的含义，但因为补偿的对象是"受灾群众"，农民的作物及畜禽损失最多是个参考数据。因此，此处所谓"补偿"更主要的（包括实践当中的具体做法）是"补偿"基本生活费用以及灾后恢复生产所需要的种苗、化肥、药剂等基本农用物资，不可能补偿及农林牧业（含畜禽）的真实损失。而且，就补偿的手段来说，法律规定的仅是"帮助"，也就是协助"受灾群众"恢复灾后生活。这里的"协助"往往包含各种各样非规范的形式，如组织受灾群众开展生产自救、干部下乡帮扶、发动机关事业厂矿"一对一"扶持，或象征性地提供一定数量的"救灾款"进行援助等，仍然是以灾后恢复为重点，与严格意义上的"损失补偿"谬以千里。

在现行防旱抗旱法规规章中，规定经费使用的主要有三个部门规章：《特大防汛抗旱补助费管理办法》《中央防汛抗旱物资储备管理办法》和《县级抗旱服务队建设管理办法》。其中《中央防汛抗旱物资储备管理办法》《县级抗旱服务队建设管理办法》所规定的是中央财政支持抗旱物资采购以及支持县级抗旱服务队建设的专门规章，与"灾害损失补偿"明显无关。容易让人误以为含"损失补偿"的是《特大防汛抗旱补助费管理办法》，事实上，该《办法》规定的"特大防汛抗旱补助费"是指"防汛抢险、抗旱及中央直管的大江大河大湖防汛抢险的专项资金"。用于"防汛抗洪抢险，应急度汛，水利工程设施（江河湖泊堤坝、水库、蓄滞洪区围堤、重要海堤及其涵闸、泵站、河道工程）水毁修复，水文测报设施设备修复，防汛通信设施修复，抢险应急物资及设备购置，组织蓄滞洪区群众安全转移"等①，也不属于"灾害损失补偿"的范围。因此，现行抗旱法除过《抗旱条例》中"帮助受灾群众"的规定外，对补偿机制的规定缺位是相关法律存在的一个明显漏洞。

除过存在上述问题，《抗旱条例》还存在一些其他的不足，如法规条文中虽然特别强调国家对抗旱过程的扶持、支持、鼓励、责任，但具体怎么支持，支持的力度是多大，特别是针对不同事项财政支持的比例是多少，都未有明确的规定，这无疑会影响《抗旱条例》执行的实际效果。另外，《抗旱条例》第三十条规定了各级人民政府对抗旱工作的监

---

① 见《特大防汛抗旱补助费管理办法》第二条、第五条的规定。

督检查责任，但怎么监督检查，监督检查的时间如何确定，也没有更详细的规定，这也有可能使监督检查流于形式，这都有待不断地实践总结从而进一步完善相关法律规定。

三、《关于加快水利改革发展的决定》提出的与防旱抗旱有关的制度创新

针对我国日趋严重的防旱抗旱和水资源开发利用形势，2011年1月，中共中央、国务院做出了《关于加快水利改革发展的决定》（以下简称1号文件）。1号文件不仅为水利改革发展做出了前瞻性的谋划，也为防旱抗旱工作及制度建设进行了一系列开创性的布局。正如2011年11月14日《国务院关于全国抗旱规划的批复》中指出的："坚持科学调度管理水资源、加强抗旱工程建设、推行节约用水的生产生活方式三者并举，统筹安排，加快构建与经济社会发展相适应的抗旱减灾体系"，才能"形成抗旱减灾长效机制"。因此，1号文件也是推进防旱抗旱法治建设的纲领性文件。根据1号文件的具体内容，结合防旱抗旱法治建设的需要，1号文件当中体现的对于防旱抗旱法治建设的创新性提法主要有以下几个方面：

（一）民生优先与防灾减灾并重的原则。1号文件"水利改革发展的指导思想、目标任务和基本原则"之（五）提出的水利改革发展的五项原则中包括如下两个原则："要坚持民生优先。着力解决群众最关心最直接最现实的问题，推动民生水利发展"；"注重兴利除害结合、防灾减灾并重、治标治本兼顾"。比照《抗旱条例》第三条"抗旱工作的原则"，与1号文件的上述内容相近似的规定是"以人为本""预防为主、防抗结合"两个原则。很显然，1号文件中的"民生优先""防灾减灾并重"较之于《抗旱条例》中的"以人为本""防抗结合"更具有确定性，更加科学合理。因为"以人为本"是科学发展观的核心内容，主要表现为一种社会治理理念①，落实这种治理理念的一个重要手段就是"民生优先"。因此，防旱抗旱立法也应结合防旱抗旱工作的实际体现并落实民生优先的原则。"预防为主、防抗结合"显然忽略了"防旱""抗旱"的阶段性特征，在"防"的阶段可以说"预防为主、防抗结合"，但到了"抗旱"应急阶段，显然"抗"就成了主要的了，还何谈"预防为主"呢？而且"结合"的提法，也很模糊，怎么结合？结合到什么程度？如何评价是否结合了？都是很不容易做出确定性判断的。另外，"预防为主"是预防干旱为主，还是预防旱灾为主呢？也不明确。因此，《抗旱条例》中的"预防为主、防抗结合"原则，也应吸收1号文件中"防灾减灾并重"原则的精神，把"防旱""抗旱"放到同等重要的地位上。

（二）财政扶持手段具体化的几项制度。正如上文指出的，《抗旱条例》针对水利工程建设虽然做出了许多财政"鼓励、扶持、支持"的规定，但未规定具体的手段，"鼓励、扶持、支持"与制度化、法治化还有相当大的距离，这既容易造成"鼓励、扶持、支持"的空洞化、口号化，也容易淡化政府防旱建设的责任，影响防旱建设的持续性开展。1号文件结合财政支持水利建设的实践，在财政支持制度化方面迈出了创造性的步伐，主要有：第一，提出水利建设专项补助金制度。专项补助金制度，是实践当中一直使用、比较成熟的财政支持制度，各地都有专项补助金使用的具体规定。存在的问题是专项补助金的使用范围及补助金数额的确定带有很大的政策性，随机性较强，确定性及预期性不足，因此在相关立法包括《水法》中均未能体现，有必要在法律完善及现行法修改时明确加入该项制度，实现该制度的法定化，以确保补助金使用的公平、公正，促进水利建设的繁荣发展。第二，提出节水、抗旱设备

---

① 刘婧：《风险社会中以人为本的治理理念》，《东岳论丛》2007年第5期。

补贴制度。我国传统上有农业机械补贴制度，把节水、抗旱设备明确纳入补贴的范围，是2010年的1号文件首次提出来的。继去年1号文件之后，今年1号文件进一步强调扩大其范围，将有助于调动广大群众防旱抗旱的积极性，推动防旱抗旱广泛的公众参与，对于完善防旱抗旱法律制度，实现防灾减灾会产生重要的意义。第三，提出水利建设财政贴息制度。1号文件指出："有条件的地方根据不同水利工程的建设特点和项目性质，确定财政贴息的规模、期限和贴息率。"鉴于我国水利建设任务艰巨，所需资金量大，如果单纯以"鼓励、扶持、支持"的手段推动水利建设，其激励作用将是有限的。因此，在防旱抗旱法治建设中落实这一制度，对于稳步推进水利工程建设，落实防旱抗旱任务也会产生积极的作用。

（三）财政投入约束性政策。1号文件提出"力争今后10年全社会水利年平均投入比2010年高出一倍"，"把水利作为国家基础设施建设的优先领域""公共财政投入的重点领域"，"增加中央和地方财政专项水利资金"，"从土地出让收益中提取10%用于农田水利建设"等财政投入约束性政策。2010年我国财政投资水利2000亿元，这意味着未来10年水利投资将达到4万亿元；[1]2010年，全国土地财政收入2.9万亿元[2]，意味着以后每年可以提取的水利建设资金近3000亿元。如何保障这么大财政投资额顺利到位？一是应把水利建设财政支出项目从"农林水事务支出项目"中单列出来，专设水利建设支出项目，以避免不同事务支出的相互挤压。二是应借鉴《农业法》"中央和县级以上地方财政每年对农业总投入的增长幅度应当高于其财政经常性收入的增长幅度"（第三十八条）的规定，在相关防旱抗旱法律中对上述政策加以具体化。三是

---

[1] 降蕴彰：《水利4万亿 投资大头靠财政》，人民网-财经，网址：http://finance.people.com.cn/GB/15176668.html，访问时间：2011年07月18日08:28。

[2] 谢昱航：《地方政府的还债能力让人捏把汗》，《中国青年报》2011年6月29日，2版。

要尽可能避免将财政投入机制与多元化水利投融资机制相混淆，不能以多元化投融资替代国家财政投入，人为减弱政府主导水利建设的功能。

（四）区域优惠性鼓励政策。1号文件提出："中小型水利建设……重点向革命老区、民族地区、边疆地区、贫困地区倾斜"，"加快推进西南等工程性缺水地区重点水源工程建设"，"着力解决西北等地区资源性缺水问题"，"中央财政对中西部地区、贫困地区公益性工程维修养护经费给予补助"。这些区域倾斜优惠政策，充分反映了我国水利建设的现状、水资源分布的特点、各地防旱抗旱的不同要求，是对水利建设区域不平衡、水资源分配不均以及不同地区水利建设的紧迫性要求的准确判断。因此，在完善现行防旱抗旱法规，以及在进行新的防旱抗旱立法时应充分体现1号文件关于区域倾斜的精神，在相关财政支持手段法律规定的内容下，涵盖并分别罗列不同支持手段应该倾斜照顾的区域和具体水利建设事项，从而推进我国水利建设事业的整体提升，促进区域和谐发展。区域倾斜政策的资金安排应严格考虑水利建设、水资源特点以及防旱抗旱功能需求，不能笼统地认为"在资金安排上向粮食主产区和产粮大县适当倾斜，提高粮食综合生产能力"[①]，从而陷入以产粮为目标，追求经济优先的纯功利主义，扭曲1号文件区域倾斜政策的精神实质。

（五）最严格水资源管理制度。1号文件提出要建立最严格的水资源管理制度，涉及用水总量控制制度、用水效率控制制度、水功能区限制纳污制度、水资源管理责任和考核制度等项制度。这些制度在《水法》中均有相应规定，但《水法》的规定均是原则规定，对具体控制的数量和规模均未涉及，1号文件再次用"最严格"加以强调，表明在具体执行《水法》时对这些制度的落实还不理想。因此，需要通过《水法》的实施细则、相关的下位法，或者相关的专门立法来落实这些制度，这也

---

① 韩洁：《从中央一号文件透视公共财政未来重点投入方向》，中国政府网，网址：http://www.gov.cn/，访问时间：2011年1月31日。

为防旱抗旱具体法律制度的设计和完善提出了明确的方向和要求。所以,在进一步完善防旱抗旱法制的同时,应充分体现1号文件的这些要求,使防旱抗旱法真正成为有效防灾减灾的保障法,也成为水利建设事业的促进法。

四、防旱抗旱的法律对策

通过以上对防旱抗旱现状、问题的分析,结合1号文件提出的与防旱抗旱有关的政策、原则和制度,构建我国的防旱抗旱法律对策,应把握以下几个原则:一是要充分认识防旱抗旱对我国民生改善的紧迫性、基础性价值和作用,以及防旱抗旱立法在我国社会管理创新中的重要意义,加快立法的进程,尽快完善防旱抗旱法律体系。二是坚持"防旱"与"抗旱"同等重要的原则。立法应同时关注"防旱""抗旱"两个过程,不能用"抗旱"替代"防旱",也不能把防旱抗旱法简单理解为是旱灾应急法。应实现"旱灾预防"与"旱灾应急"法治的有机统一。三是考虑我国实际并结合国外习惯的做法,防旱抗旱应坚持国家主导的原则,加大国家对防旱抗旱的人、财、物投入,实现防灾减灾,造福全体国民。四是突出风险共担、分散损害的原则。要加强对受灾害地方群众以及灾害损失的救济补偿,体现社会对弱势群众的关怀,化解社会矛盾,推进社会和谐。根据以上原则,我国进一步完善防旱抗旱法治的对策应包括以下主要内容:

(一)制定防旱抗旱法。鉴于我国现行防旱抗旱法仅有行政法规和部门规章的情况,建议全国人大尽快制定更高法律位阶的防旱抗旱法,完善我国防旱抗旱法律体系。由于"防旱"和"抗旱"分别体现了"预防性干旱治理"和"应急性旱灾治理"两个不同的阶段性特征,适用于不同阶段的治理手段也会有很大的差异。因此,防旱抗旱立法也应区分不同治理阶段进行专门立法。具体针对"防旱"阶段的"预防性治理"

应制定《中华人民共和国干旱预防法》(以下简称《干旱预防法》),针对"抗旱"阶段的"应急性旱灾治理"应制定《中华人民共和国旱灾应急与救济法》(以下简称《旱灾应急与救济法》)。由于在旱灾应急方面已有相对比较成熟的《国家防汛抗旱应急预案》和《抗旱条例》的相关规定,目前最紧迫的是尽快制定《干旱预防法》。在《干旱预防法》制定颁布之后,再结合现有防旱抗旱法的实践总结,制定《旱灾应急与救济法》。通过制定这两部法律,统领现行的《抗旱条例》、相关部门规章以及相关地方立法等,形成比较完备的防旱抗旱法律体系。

强调针对"预防性干旱治理"和"应急性旱灾治理"两个阶段分别进行专门立法,是因为干旱与旱灾是两个不同的概念,干旱是一种自然现象,而"旱灾却包含着更为浓厚的人为因素","干旱气候难以避免,但旱灾可以战胜"[1]。因为,"旱灾的形成与人们抵御旱灾的能力有关"[2],如果人们对干旱的预防与治理有充分的能力,必然会减少干旱灾害的发生。所以,《干旱预防法》更主要的是对干旱过程施加科学的、人为的干预,使干旱不至于成灾,减少旱灾的发生率。《干旱预防法》对干旱过程的干预,核心在于通过必要的制度设计,实现节约、均衡、可持续的水资源利用。这些必要的干旱预防性制度应包括管理体制、防旱规划、水源保护、水工程建设、节水措施与制度、荒漠化预防、国家支持与鼓励、奖励与激励等制度。其具体内容除过《抗旱条例》当中规定的干旱预防的相关内容以外,还应包含《水土保持法》《防沙治沙法》以及荒漠化治理等相关法律规定中有关防旱的内容。

《旱灾应急与救济法》是针对旱灾发生后的治理与损失补偿法,核心解决如何救灾、灾害损失补偿、灾民救济与安置三个问题。在制度结构上应包括旱情监测与预报、灾害分级、应急预案、救灾动员、防灾避

---

[1] 李佩成:《试论干旱》,《干旱半干旱地区农业研究》1984年第2期。
[2] 李金桀、张玉玲:《科学认识干旱灾害》,《光明日报》2010年4月8日,5版。

让、紧急征收、灾民安置、损失统计与补偿等。具体内容应包括《抗旱条例》中有关干旱治理的相关部分，以及《国家防汛抗旱应急预案》《特大防汛抗旱补助费管理办法》等规章中的相关规定。

（二）完善《抗旱条例》的相关规定。正如前文在分析现行防旱抗旱法存在的问题时指出的，《抗旱条例》最大的弊端是把"防旱"与"抗旱"合而为一，虽有防旱的规定，却是以"抗旱"内容为主的一部行政法规。出现这种问题，可能的原因是我国现行实质上的与"防旱"有关的规定大多渗透在相关的环境资源保护法律当中，如《土地法》《森林法》《草原法》《农业法》《水土保持法》《防沙治沙法》等。因此，在《抗旱条例》中主要规定"抗旱"的内容，并不意味着我国的防旱工作处于无法可依的状态。所以，对《抗旱条例》的修改完善可以采取一种渐进的态度，修改经过实践检验不完善的规定，填补存在的与现行《抗旱条例》逻辑一致，但未能涵盖实践需求的疏漏。待条件成熟时再由更高位阶的法律整合现有渗透着"防旱"实质规定的所有法律法规，制定《干旱预防法》以解决《抗旱条例》在"防旱"方面的不足。按照这一思路，《抗旱条例》的修改完善，应重点把握以下几个方面的内容：

第一，完善《抗旱条例》的立法目的和法律原则。正如本文在"存在问题"部分所分析的，我国的《抗旱条例》对立法目的和法律原则的规定都存在一定问题，有必要适时进行修改完善。关于立法目的的完善，应把握以下两点：（1）增加防旱抗旱以"消除"旱灾危害的可能性。从而更大程度强化政府防旱抗旱的责任，增加群众防旱抗旱的信心和自觉性。（2）删除其中的"促进经济社会全面发展"的立法目的，避免当防旱抗旱与经济发展利益发生冲突时，而忽视或者轻视防旱抗旱的环境生态利益和社会利益。关于法律原则的完善，应把握：（1）结合1号文件的精神，把"以人为本"改为"民生优先"，具体落实防旱抗旱对人民利益的充分关照；（2）把"防抗结合"修改为"防抗并重"，突出防旱在防旱抗旱工作中的突出地位，有效促进节水社会建设。

第二，明确、细化抗旱工作的组织管理机构及其职责。关于抗旱管理体制存在的问题，上文已经进行了分析，主要是管理机构设置以及权责划分不明确。因此，应进一步明确、细化相关的机构设置与权责划分，主要有：（1）建立常设纵向垂直决策、指挥机构。按现行机构设置，防总总指挥、副总指挥、指挥部成员均由国家（地方）领导和相关部门负责人兼任。宜设常务副总指挥由专人担任，负责指挥机构日常工作，并承担日常指挥责任。（2）成立指挥机构具体工作部门；《抗旱条例》规定由水利部门作为防汛抗旱指挥机构的具体执行部门，按这一规定，水利部专门成立了国家防总办公室，设有综合、防汛、抗旱、减灾、技术信息等9个处室。但地方指挥机构是否设立办公室？因为《抗旱条例》没有明确规定，导致有些省设有办公室，有些省未设办公室的复杂情况。设有办公室的，内部一般也未建立相应的工作部门。这样的机构设置显然很难有效承担起防旱抗旱的日常性工作重任。有必要对地方指挥机构具体工作部门的设置做出专门规定，定编、定岗，以确保防旱抗旱责任的落实。（3）应对地方指挥机构办公室的具体职责做出明确规定，既保证指挥机构工作任务的完成，也便于不同层级以及横向间的抗旱指挥机构之间的联系、沟通和信息交流。

第三，完善政府抗旱资金投入机制。《抗旱条例》第五十条专门规定了各级政府应建立与抗旱减灾要求相适应的资金投入机制，"但目前全国31个省（区、市）和新疆生产建设兵团，只有12个设立少量抗旱专项资金，总额不足6000万元"[①]。出现这种情况，与《抗旱条例》规定的资金投入机制不明确有很大的关系。应依据1号文件大幅度增加水利建设专项资金的规定，以及提出的水利建设专项补助金、设备购置补

---

① 赵永平：《全国仅12省份设立抗旱专项资金 总额不足6000万元》，《人民日报》2010年4月13日。

贴等要求，完善抗旱资金投入机制。具体可以根据1号文件关于投入水利建设资金的数额增长要求，确定财政投入的比例，然后将该资金细化为中央大型水利工程建设资金、水利建设专项补助金、设备购置补贴、抗旱救灾专项资金等项目，以及每项资金分别由国家财政和地方财政分担的比率，将这些具体的财政手段在《抗旱条例》中结合相关内容加以具体规定。这样就能确保财政资金的应有投入量，使《抗旱条例》的相关规定更加完善明确，并达到制度化要求。

第四，增加重点区域的优惠扶持制度。根据1号文件关于水利建设向重点区域倾斜的政策，提出的重点区域主要包括革命老区、民族地区、边疆地区、贫困地区、西南地区、西北地区等，这些地区的共同特点是生态脆弱、易干旱地区和西南的工程性缺水地区，都承担着较之于其他地区更为繁重的防旱抗旱任务。如何把这种倾斜优惠落实到《抗旱条例》及相关规章中？可以采取的措施有：一是大型和中小型水利工程向重点区域倾斜，因为工程落地必然意味着财政水利建设资金的进入；二是对生态环境极其恶劣地区水利建设的专项补助金、节水抗旱设备补贴和抗旱救灾专项资金的比例相比其他地区做适当提高；三是对在这些地区建设的具有防旱抗旱价值的营运性水利工程，在征用土地、经营税率等方面以适当照顾；四是鼓励经济发达地区对口支援重点区域的水利建设；五是增加对这些重点区域水利建设的贴息贷款和政策性贷款，在数量上给予优惠；六是允许这些地区发行水利建设债券、彩票等融资形式。

第五，强化公众参与的激励引导机制。防旱抗旱的主体，除了发挥主导性作用的政府以外，还有相关社会组织和广大社会公众。因此，防旱抗旱法治建设还应充分发挥引导社会公众积极参与防旱抗旱活动的功能。遵循"抗旱的根本是节水"的科学原则，对公众参与的激励与引导，落实到防旱抗旱法律当中，应主要采取以下措施：一是节水设备、器材补贴，应扩大适用到公众消费领域，积极推动公众节约用水习惯的形成；二是政府的节水宣传应采取多种灵活的方式，如可以不定期开展节水知识竞赛，给优胜者以奖励；再就是对公民纳税凭证、购物票据设立节水奖，随机抽取，扩大节水的社会认知面等；三是对机关、企事业单位人均用水量或单位产值用水量设置不同级次的节水额度，对节水先进单位予以奖励；四是引导社会组织兴修水利，对建成的水利工程根据其功能赋予使用特权；五是对农业灌溉用水，根据单位面积用水量设置合理标准，确定节水额度，对节水先进用户进行奖励。

除了从以上几个方面完善现行防旱抗旱法律制度以外，《抗旱条例》中还有一些其他需要完善的地方，如在法律责任中可以增加政府问责的内容，凡对防旱抗旱领导不力，虽然没有《抗旱条例》所列举的过错行为，但仍然造成重大损失或人身伤亡的，亦应追究当地政府及主要领导人的领导责任，从而强化政府及其主要领导防旱抗旱的责任意识。在组织领导防旱抗旱的层面，贯彻1号文件提出的"最严格管理责任"，使防旱抗旱法不仅成为防旱抗旱的组织法，也成为防旱抗旱的责任追究法。

（三）构建旱灾损失补偿机制。《抗旱条例》在"灾后恢复"一章指出："旱情缓解后，各级人民政府、有关主管部门应当帮助受灾群众恢复生产和灾后救济"（第五十二条），"国家鼓励在易旱地区建立和推行旱灾保险制度"（第五十七条）；另外根据《国家自然灾害应急预案》4.1.2的规定"特大自然灾害救济补助资金，专项用于帮助解决严重受灾地区群众的基本生活困难"。从这些规定可以看出，我国现行的灾后救济主要是对受灾群众基本生活和生产恢复的保障性救济，虽然灾民取得的救济款可能包含农业损失（灾后）的某种含义（救济），但救济款的数量往往极其有限，根本不可能覆盖到所受农业损失。因此，可以说在我国尚无严格意义的灾害损失补偿救济机制。

就实践层面而言，我国对旱灾的补偿救济主要采取了政府救济、社会捐助和推行农业保险等形式。但社会捐助数量有限，农业保险采取的是自愿形式，而且保险毕竟是以商业化形式进行运作的，保险赔偿受所缴纳保险费的限制，也很难足额补偿实际受灾损失；加之农业保险险种少，风险难以预期，保险企业积极性不高，参与保险的农民数量也很少。受这两种不充分的救济方式的制约，我国实践当中的灾害损失救济，仍然是以政府救济为主的。这就造成了灾害损失补偿严重不足，这也是《抗旱条例》第五十七条鼓励建立和推行农业保险的主要原因。

当然，如果单纯依靠政府全额补偿旱灾损失，面对我国旱灾频发的客观事实，对政府而言也是个沉重的负担。所以，建立灾害损失补偿救济机制，应充分发挥政府、社会、农民三方面的积极性，由政府、社会、农民三方协力，把政府拨付的财政资金、社会捐助和政策性农业保险的一部分集中起来，建立旱灾损失补偿基金，该补偿基金专用于对旱灾引起的农林作物损失和农村养殖业损失进行补偿。只有实现了旱灾损失的充分补偿，我国的抗旱法治才会真正走向成熟。

本文初稿完成于2012年，主要部分被分别刊载于陕西科学技术出版社出版，李佩成院士主编的教育部、国家外国专家局长安大学"111"学科创新引智基地国际论坛《干旱半干旱地区水文生态与水安全研究文集》（2014年）；《地下水杂志》2012年第5期。

目录

第一章 旱灾防治的基本范畴与理论基础 001
 一、干旱与旱灾 001
 二、旱灾治理（旱灾风险管理） 020
 三、旱灾防治 039

第二章 我国旱灾防治对策的历史探究 070
 一、古代旱灾防治对策 070
 二、民国时期的旱灾防治对策 085
 三、新中国防旱抗旱对策研究（1949—2009） 110

第三章 旱灾防治主体法律制度 122
 一、旱灾防治主体及其法律制度的内涵与外延 122
 二、现行制度中旱灾防治主体的样态及其权利（力）、义务（职责） 127
 三、对现行旱灾防治主体制度的检视 154
 四、旱灾防治主体法律制度构建和完善的建议 171

第四章　旱灾防治规划法律制度　183
　　一、旱灾防治规划的概述　183
　　二、抗旱规划的现行制度及其问题　189
　　三、抗旱规划现行制度的完善建议　190

第五章　旱灾防治信息法律制度　197
　　一、旱灾防治信息及其制度　197
　　二、旱灾防治信息的采集和监测制度　201
　　三、旱灾防治信息的报送和评估制度　206
　　四、旱灾防治信息统计制度　211
　　五、旱灾防治信息的共享和公开制度　217
　　六、完善旱灾防治信息制度的思路　220

第六章　旱灾防治基础设施法律制度　223
　　一、旱灾防治基础设施概述　223
　　二、旱灾防治基础设施制度的主要内容　228
　　三、防旱抗旱基础设施制度存在的主要问题　240
　　四、国外旱灾防治基础设施制度及其经验　244
　　五、我国防旱抗旱基础设施制度的完善建议　249

第七章　旱灾防治利益协调法律制度　256
　　一、旱灾防治利益协调法律制度的内涵、外延以及其构建原理　256
　　二、生存型取水权优先配置法律制度　266
　　三、生存型取水权优先实现法律制度　289
　　四、旱灾应对中的公法负担法律制度　295

第八章　旱灾防治保障法律制度　　　　　　　　　　　305
　一、旱灾防治资金保障法律制度　　　　　　　　　　305
　二、旱灾物资保障法律制度　　　　　　　　　　　　311
　三、旱灾农业保险法律制度　　　　　　　　　　　　316

附录一　2014年辽宁省朝阳县旱灾调研报告　　　　　　331
附录二　课题组赴青海省调研报告　　　　　　　　　　339
附录三　关于依法审查《陕西省实施〈中华人民共和国抗旱条例〉
　　　　　细则》适当性的建议　　　　　　　　　　　347
附录四　《陕西省实施〈中华人民共和国抗旱条例〉细则》评注　349

后记　　　　　　　　　　　　　　　　　　　　　　363

第一章
旱灾防治的基本范畴与理论基础

一、干旱与旱灾

(一) 干旱的相关理论

国际气象界一般将干旱界定为"长时期缺乏降水或者降水明显短缺"或者"降水短缺导致某方面的活动缺水"。[①]国内学者以及中国气象局则通常将干旱定义为"因水分的收与支或供与求不平衡而形成的持续水分短缺现象"[②]。可见,"缺水"应当是"干旱"的本质内涵与典型外在表现,诚如美国学者 Donald Wilhite 所言:"在一个季节或者更长的时期内。当降水量比期望的'正常值'少且不能满足人类活动的需求时,干旱就发生了。"[③]

干旱一直被定性为一种"使土壤水分不足、作物水分平衡遭到破坏而减产的气象灾害"[④]。被归属为气象灾害的干旱具备三种不同于一般

[①] 参见刘树坤主编:《中国水旱灾害防治:战略、理论与实务——干旱灾害防治》,中国社会出版社2017年版,第47页。

[②] 参见张强、潘学标、马柱国等:《干旱》,气象出版社2009年版,第1—2页;崔江红:《云南农村干旱治理研究》,中国书籍出版社2015年版,第3页。

[③] [美] Donald Wilhite:《干旱与水危机:科学、技术和管理》,彭顺风等译,东南大学出版社2008年版,第3页。

[④] 程静:《农业旱灾脆弱性:测度、影响与政策干预》,科学出版社2013年版,第7页。

自然灾害的特征①，分别是：第一，干旱是一种缓慢发作的自然灾害，也可称为一种渐进性的自然现象。很难说清干旱是什么时候开始，又是什么时候结束的。这一渐进性特征产生了两大难题：一是对于干旱准确起始点的明确界定科学上常常分歧丛生，制度上通常也困难重重；二是干旱对人类社会或行为的不利影响不会即刻显现，相反，不利影响惯常表现为一种长时间的缓慢积累过程。第二，干旱的发生及其严重程度等的确定并没有一个通行的所谓精确标准，必须适应特定的区域气候特征或者行业特性。对于常年降水短缺的干旱地域与水量丰沛的地区而言，干旱发生及其影响程度的临界性值域确定肯定应当有所不同。对于农业、工业、航运业、生态环境保护，乃至于农业内部的粮食产业、渔业、林业等不同行业来说，干旱的发生及其影响的程度也必然有所不同，相关科技性判定基准的确定因此亦无法等一而定。这种"因应性"或曰"特定性"特征将对旱灾防治产生双重启示：首先，防治效果取决于能否找准特定区域及其内部各行业面对干旱时各自的易受灾领域及其耐受程度；其次，防治措施的塑造切忌雷同和千篇一律，针对不同地域和不同行业抗旱能力的特定化措施体系的建构应当是必需的。第三，干旱的影响是非结构性的和分散的，它影响的地理范围甚至要比洪水、热带风暴和地震等所造成损失的范围更大。这一特征与前述渐进性特征结合起来，使干旱的量化极其困难，旱灾防治预警系统的运行以及干旱影响评估的开展因此变得困难重重。

美国气象学会（AMS）曾于1997年在总结学界各类干旱定义与内涵的基础上，将干旱界分为四大类：第一类称为气象干旱，即由于降水

---

① 三大特征的定义性总结可参见［美］Donald Wilhite：《干旱与水危机：科学、技术和管理》，彭顺风等译，东南大学出版社2008年版，第3—4页。但其中的论述性内容皆为作者基于自身理解的阐发，限于专业，若有错误，文责自负。

和蒸发的收支不平衡造成的异常水分短缺现象。[①]这是从自然现象的角度对干旱进行的界定,此种自然现象是由于全球大气环流被持久大规模打乱所引发的。[②]1995年以来,中国气象局气候中心通常以八项指标来确定和衡量气象干旱的发生及其程度,这八项指标是[③]:1.降水量距平百分率。此项指标是表征某时段降水量异常的,能直观反映降水量异常引起的干旱,在我国气象日常业务中经常使用,多用于评估月、季、年发生的干旱事件。2.连续无有效降水日数。不同地区对这一指标的阈值规定有所不同,一般情况下,该指标越大,表明干旱程度越重。3.降水量分位数。该指标将评估区一定时间段内的降水量序列按照大小顺序排列,以实际降水量在长时间序列中所占的分数位来判定干旱发生及其严重程度。4.标准化降水指数SPI。该指标假定降水量符合某种概率分布函数,然后做标准化变换,根据计算出的指数值的正负来表示降水量的多少,正值表示降水量比正常偏多,负值则表示降水量比正常偏少,干旱由此发生。5.Z指数。该指标通过对降水量R进行正态化处理,将其概率密度函数进行转换运算得到以Z为变量的标准正态分布。6.帕默尔干旱指数。该指数根据土壤水分平衡原理,表征某一时间段某地区实际水分供应持续少于当地气候适宜状态下水分供应的亏缺。该指数基于月值资料,经过标准化处理,可以对不同地区、不同时间的土壤水分状况进行比较,在计算水分收支平衡时,考虑了前期降水量和水分供需。7.湿润度与干燥度指标。湿润度是降水量与水分蒸发能力之比,其倒数即为干燥度,二者均表示水分收支的状况。8.综合气象干旱指数(CI)。

---

① 参见刘树坤主编:《中国水旱灾害防治:战略、理论与实务——干旱灾害防治》,中国社会出版社2017年版,第47页。

② 参见[美]Donald Wilhite:《干旱与水危机:科学、技术和管理》,彭顺风等译,东南大学出版社2008年版,第3页。

③ 参见刘树坤主编:《中国水旱灾害防治:战略、理论与实务——干旱灾害防治》,中国社会出版社2017年版,第49—50页。

该指数利用约30天和约90天降水量标准化降水指数，以及约30天相对湿润指数进行综合，反映短时间内降水量气候异常情况和水分亏欠情况以及长时间内的降水量气候异常情况。

第二类称为水文干旱，即降水短缺导致的地表水或者地下水收支不平衡的异常水分短缺现象。此类干旱是根据各个地点在一段时间内地表水与和地下水供水与正常条件下供水的差值来定义的[1]，其不一定与当地降水量直接相关，有时是因为上游水源短缺造成下游的湖泊、水库、河流等水量明显低于常态。[2]水文干旱的判定指标通常体现为月径流量占平均径流量的百分比，径流量等级通常采用五个数字来反映，即-2、-1、0、1、2，-2（径流量距平Δ<-30%）代表枯水年，-1（-30%≤径流量距平Δ<-10%）代表偏枯年，0（-10%≤径流量距平Δ<10%）代表正常年，1（10%≤径流量距平Δ<30%）代表偏丰年，2（径流量距平Δ＞30%）代表丰水年。[3]

第三类称为农业干旱，即在某一特定时期内，因降雨量显著减少而引起土壤水分亏缺，从而不能满足农作物正常生长所需水分的现象。[4]此类干旱通常依据下列三种指标予以判定[5]：1. 土壤水分指标。这是判定农业干旱的关键，若土壤水分亏缺越严重，则农业干旱形成及其负面影响的可能性越大。该指标具体又包含土壤湿度、土壤有效水分存

---

[1] ［美］Donald Wilhite：《干旱与水危机：科学、技术和管理》，彭顺风等译，东南大学出版社2008年版，第6页。
[2] 喻朝庆：《国际干旱管理进程简述及对我国的借鉴意义》，《中国水利水电科学研究院学报》2009年第2期。
[3] 参见刘树坤主编：《中国水旱灾害防治：战略、理论与实务——干旱灾害防治》，中国社会出版社2017年版，第51—52页。
[4] 喻朝庆：《国际干旱管理进程简述及对我国的借鉴意义》，《中国水利水电科学研究院学报》2009年第2期。
[5] 参见刘树坤主编：《中国水旱灾害防治：战略、理论与实务——干旱灾害防治》，中国社会出版社2017年版，第51页；喻朝庆：《国际干旱管理进程简述及对我国的借鉴意义》，《中国水利水电科学研究院学报》2009年第2期。

储——土壤某一厚度层中存储的能被植物根系吸收的水分、土壤水分亏缺量——土壤内水分实际蒸散量与可能蒸散量之差等评判基准。

2. Palmer干旱指标。该指标由美国气象学家Wayne Palmer研发,并由其于1965年正式发布。它综合了前期降水、湿度、蒸发水文等因子,可以较为客观地计算出湿度条件,反映出长期干旱的时空动态变化,水分亏缺量及持续时间对干旱程度的影响,在国际上得到广泛认同和应用。

3. 作物水分指标(作物制度指标CMI)。该指标也是Wayne Palmer于1968年所研发,最初目的是评估粮食主产区以周为时间段的作物湿度条件,其主要基于每周降水量、平均气温及上周的作物湿度指数,监测和识别作物干旱程度。

第四类称为社会经济干旱,即由于经济、社会的发展需水量日益增加,以水分影响生产、消费活动等来描述的干旱[1],通常被描述为:由于水分短缺影响生产、消费等经济社会活动的现象。[2]此类干旱将气象干旱、水文干旱、农业干旱与人的活动联系起来,是多种因素共同作用的结果,同时也是干旱过程对不同人群产生不同影响的结果。这些影响往往与各类人群获取和使用某些特定资源的权利或者是他们之间为获取有限资源而发生的冲突密切相关,因此常常是政策制定者最为关注的。[3]判定和衡量这种干旱的指标通常与一些经济商品的供需联系在一起,如建立降水、径流和粮食生产、发电量、航运、旅游效益以及生产财产损失等之间的关联。[4]

---

[1] 刘树坤主编:《中国水旱灾害防治:战略、理论与实务——干旱灾害防治》,中国社会出版社2017年版,第47页。

[2] 喻朝庆:《国际干旱管理进程简述及对我国的借鉴意义》,《中国水利水电科学研究院学报》2009年第2期。

[3] [美]Donald Wilhite:《干旱与水危机:科学、技术和管理》,彭顺风等译,东南大学出版社2008年版,第6页。

[4] 刘树坤主编:《中国水旱灾害防治:战略、理论与实务——干旱灾害防治》,中国社会出版社2017年版,第47页。

除了以上四类干旱阐释中所包含的各项指标之外，国际上尤其是美国曾经与现在还流行着以下几类干旱发生及其程度的判定指数，可概述为[①]：1. Munger 指数。该指数于 1916 年提出，它建立了旱情与日降雨小于 1.27mm 连续天数的二次指数关系，主要用于森林火灾预警，适合于短期的干旱判定。2. Kincer 指数。该指数于 1919 年提出，依据它所定义的干旱是指连续日降水小于 6.35mm 的天数达到 30 天以上。3. Marcovitch 指数。该指数创制于 1930 年，它同时考虑了夏季连续 2 天以上温度高于 32.2 摄氏度的总天数及当月的降水总量。4. Blumenstock 指数。该指数于 1942 年被提出，它利用概率理论来计算干旱频率，主要参数为干旱持续的天数，干旱结束的标准被界定为：在 48 小时或者更短的时间内降水不小于 2.54mm。5. 前期降水指数（APD）。其目的在于建立一个简单模型来模拟前期降水与土壤湿度之间的关系。6. 地表水供给指数（SWSI）。该指数于 1982 年提出，它主要考虑了水库、径流、降水和积雪等因素，注重地表水的供需平衡。7. 植物状况指数（VCI）。该指数于 1995 年提出，是一个遥感旱情指数，依靠检测所获知的植物类型、生长期、冠层结构与生长状态等信息运行，主要考虑植被与气候之间的关系。

上述四类干旱都源于降水的缺乏，但各自侧重点有所不同，其中的后三类界定都将"重点放在了干旱的社会性方面，并更关注干旱这一自然事件与人类活动之间的相互作用和相互关系，它取决于降水是否能为社会和环境提供足够的水资源"[②]。

[①] 参见喻朝庆：《国际干旱管理进程简述及对我国的借鉴意义》，《中国水利水电科学研究院学报》2009 年第 2 期。

[②] ［美］Donald Wilhite：《干旱与水危机：科学、技术和管理》，彭顺风等译，东南大学出版社 2008 年版，第 5 页。

（二）旱灾的相关理论

1.旱灾的内涵

旱灾是干旱灾害的简称，学界一般将其界定为：水的供给量已明显不能满足人类及其赖以生存的社会和自然环境对水的需求，干旱已经产生了一定的破坏性，对社会生产及人们生活造成了损害……社会或自然系统已经明显受到其不利影响。[1]旱灾与干旱在内涵上有着本质区别，干旱是造成旱灾的必要条件，但并非"所有的干旱都引起旱灾"，"一般的，只有在正常气候条件下水资源相对充足，较短时间内由于降水减少等原因造成水资源短缺，造成对生产生活的较大影响，才可以称为旱灾"[2]。我国《抗旱条例》第二条也对旱灾进行了明确界定，其第二款的表述是：所称干旱灾害是指由于降水减少、水工程供水不足引起的用水短缺，并对生活、生产和生态造成危害的事件。

比较上述学术界和《抗旱条例》对旱灾的两种定义，不难看出，法定定义在旱灾原因的囊括周延性、旱灾危害罗列的全面性以及语言的逻辑性等方面均优于学术界的界定。因此，下面我们专以旱灾的法定义为分析对象，进行剖析，意在揭示出旱灾内涵的全方位面相。

首先，引发旱灾的最直接原因乃是用水短缺，导致用水短缺的最直接原因则是自然层面上的降水减少与工程层面上的供水不足。导致降水减少与工程供水不足的原因为何？法定定义当中并未明确，这是否意味着旱灾防治法律的规制范围将截止于降水减少与工程供水短缺这两个节点之上，仅将降水减少与工程供水短缺这两种现象自身的矫正所引发的各类社会关系归为调整对象，而不会顾及导致两种自然现象发生的各种

---

[1] 程静：《农业旱灾脆弱性：测度、影响与政策干预》，科学出版社2013年版，第9页。
[2] 程静：《农业旱灾脆弱性：测度、影响与政策干预》，科学出版社2013年版，第9页。

本源性因素。这种理解显然是狭隘和机械的。根据上述干旱的三大特征可知，旱灾的发生乃是多种因素长时间、交织性、累积作用的结果，若想有效防治，非得找准并着力作用于其本源性激发因素不可，仅仅关注激发其的直接因素并不能有效解决问题，立法者基于其应有的专业理性以及立法目的不可能舍本逐末地进行相应的制度安排。

其次，旱灾的直观表现是用水不足对人所产生的危害性或曰不利性影响。所谓"不利"或"有害"是指因用水不足导致人自身的生存或发展受到限制或阻碍。限制或阻碍的程度大小取决于被灾之人抗拒旱灾能力的大小，学界一般将这种能力称为"旱灾脆弱性"，其具体内涵及其测度将在下述内容当中详细阐释。

最后，旱灾对人的危害性或曰不利性影响主要表现在三个层面，一是对生活的不利影响，二是对生产的不利影响，三则是对生态环境的不利影响。这里需要深入追问的有两点：其一，法定定义的表述中对三个层面不利影响的先后排列是否内含着某种基于利益衡量的价值判断？这种价值判断是否会对旱灾防治的具体制度形塑产生根本影响？我们的回答是肯定的，具体论述将在后面的法理分析当中详细展开。其二，旱灾在三个层面上产生不利影响的具体表现为何？从这些表现当中我们能够抽离出哪些旱灾防治法律制度构建的有益素材？下述内容当中将对这些问题有专门论述。

2. 旱灾脆弱性

美国学者 Donald Wilhite 将旱灾脆弱性定义为"无防御性，不安全性，不抗风险性和无准备性"，它是由"微观和宏观的各种因素所决定的，同时它又取决于经济、社会、文化和政治等各方面的因素"。从微观层面看，影响脆弱性的因素包括："居民家庭的土地、牲畜和现金等物质财产""生产劳力等人力资源""可从其他居民那里获得的生产资料、粮食和劳力等帮助的社会资源"。从宏观层面看,"决定脆弱性的因素包括安全性、地方行政机构处理危机的能力、国家帮扶弱势群体的责任和国家提供灾后恢复资源的能力"①。我国学界有人将旱灾脆弱性界定为:"事物或承灾体面对波动、压力等外部环境扰动后变得更强还是更弱的一种承受和应对能力,即系统的敏感性和受到伤害的程度,反映了系统由于暴露在灾害、压力或扰动下可能经历的伤害。"②

综合学者研究成果,可以将旱灾脆弱性概括为:被灾主体应对旱灾的能力或曰对旱灾发生及其演变的自身敏感度。被灾主体应对旱灾的能力越强、对旱灾发生与趋重性演变的敏感度越弱,其旱灾脆弱性越小。反之,被灾主体应对旱灾的能力越弱、对旱灾发生与趋重性演化的敏感度越强,其旱灾脆弱性越大。被灾主体旱灾脆弱性的大小取决于内外两个层面的因素:内部因素即被灾主体自身抗灾能力,主要包括自己所掌握和支配的物质与非物质性资源的多寡以及各类外来性资源动员与获取能力的大小;外部因素即被灾主体可依靠的由社区、社会主体以及国家所掌控的各类物质与非物质性资源的供给能力。

旱灾脆弱性与上述干旱的因应性结合起来为全面发现以及精准找寻旱灾防治的着力点提供了十分有用的思路与分析工具,旱灾防治法律体系的设计以及主体性制度内容的确定也因此有了依归。

国内学界现在主要将旱灾脆弱性的研究集中于农业旱灾之上,对农业旱灾脆弱性的内涵及测度已经积累了一定的成果。学者通常将旱灾脆弱性的内涵套用于农业旱灾之上得出农业旱灾脆弱性的定义,即:农业系统所遭受旱灾的损害程度或抵御旱灾的能力,是农业生产和农民生活

---

① [美] Donald Wilhite:《干旱与水危机:科学、技术和管理》,彭顺风等译,东南大学出版社2008年版,第8—9页。
② 谷洪波、麻湘琳:《我国农业旱灾脆弱性与农村贫困的灰色关联分析》,《干旱地区地理》2016年第6期。

面对干旱灾害打击和影响的反应程度，亦即农业系统在特定时空尺度之下对于干旱灾害所具有的敏感反应和自我恢复能力，主要包含敏感因素和恢复能力两个影响因素。①

有学者基于实证研究，将农业旱灾脆弱性的测度因素分为微观层面上的主体行为、中观层面上的深层次制度根源与宏观环境三大部分。农户的有限理性和各类短视行为、农业保险市场的萎靡不振以及政府失灵构成微观层面上的测度因素，意识形态的宣传教育制度缺乏、旱灾风险管理与保险方面的规范缺失、农业灾害补偿制度的缺乏、农业保险补贴制度的缺乏以及农业保险监管制度的缺乏构成中观层面上的测度因素；气候环境因素、市场因素、市场行为因素以及法律因素等则构成宏观层面上的测度因素。导致农业旱灾脆弱性演变为实际的农业干旱灾害的因素主要包含内在和外在两个方面：前者具体包括统筹灌溉模式解体、基层水利体系弱化、农户合作困难重重等因素，后者则涵括信息不对称、地区经济结构调整、农业保险市场不完善、农业保险制度变迁与国际市场冲击等因素。②另有学者专门研究了农业旱灾脆弱性与农村贫困之间的相互关系，指出：农业旱灾脆弱性与农村贫困紧密相关，贫困度越大，农业旱灾脆弱性越大，农业旱灾脆弱性越大，农民致贫的可能性越大。对农村贫困影响最大的脆弱因子是农业就业人口比重。具体而言：农民对农业的依赖度越高，农业干旱的脆弱性越大，农民越容易因旱灾致贫；农业科技越发达，科技贡献率越高，旱灾对农业的冲击力和影响力越小；农业水利工程设施的建设与运行越完好，农田有效灌溉面积越大，农业旱灾对农民和农村的影响和冲击越小；财政支农力度越大，越

---

① 参见程静：《农业旱灾脆弱性：测度、影响与政策干预》，科学出版社2013年版，第9页；谷洪波、麻湘琳：《我国农业旱灾脆弱性与农村贫困的灰色关联分析》，《干旱地区地理》2016年第6期。

② 参见程静：《农业旱灾脆弱性：测度、影响与政策干预》，科学出版社2013年版，第51—62页。

能有效降低农村贫困，提高农民抗击旱灾的能力。[①]

3. 旱灾不利影响的具体表现

（1）旱灾对城乡居民生活的不利影响

旱灾对城乡居民生活的不利影响主要表现为供水短缺所导致的各项生活必要性需求无法满足以及其他生活不便的情形。必要性需求主要包括饮水需求、粮食需求、卫生需求和牲畜饮用需求，生活不便则表现为用水受限、水力发电短缺、饮食受限以及身心健康遭受不利影响等。

2010 年我国西南五省区市的大旱当中，贵州全省共 89 个县市，有 72 个确认受灾，近 500 万人、200 余万头大牲畜发生临时饮水困难，毕节市、六盘水市、遵义市等地出现居民用水困难长达几个月，完全依靠消防车远距离临时性供水。毕节市多数城镇居民一个多月无水洗澡，致使有些居民无奈乘车前往省会贵阳洗澡。在对小水电高度依赖的供电区，由于无水发电，部分地区出现拉闸限电的情形。旱灾还致使许多蔬菜的种植与生长无法正常进行，许多地方的居民无菜可吃，不得不采集野菜食用。由于气候干燥、高温少雨，呼吸道与消化道传染性疾病流行病加重，人们对生活的希望和预期也会受到严重打击，生活境遇艰难之人因此往往产生悲观厌世的消极情绪。[②]

有学者通过对西南五省区市旱灾与粮食安全之间对应关系的实证和统计研究发现：严重旱灾将对各省人均粮食占有量产生严重影响，干旱受灾面积每增加 0.1 万公顷，人年均粮食占有量即减少 0.011397 千克。四川省 2001 年旱灾受灾面积 298 万公顷人均粮食占有量减少达 34 千克。1997 年起至 2013 年止，五省区市每年旱灾平均受灾面积大多在 70

[①] 参见谷洪波、麻湘琳：《我国农业旱灾脆弱性与农村贫困的灰色关联分析》，《干旱地区地理》2016 年第 6 期。

[②] 参见刘树坤主编：《中国水旱灾害防治：战略、理论与实务——干旱灾害防治》，中国社会出版社 2017 年版，第 58 页。

万公顷,人年均粮食占有量减少约8千克。按照这种对应关系和趋势发展下去,其累计效果将不可估量。①在我国近代的旱灾被灾历史当中,严重干旱所导致的粮食短缺现象及其后果要远甚于当代,"人相食"之人伦惨剧殷鉴不远。1927年至1932年间,陕西发生特大旱灾,"数年不获饥饿待毙之陕民,惶惶不可终日,以为末日将至,社会秩序行将大乱,导致饥民截路劫粮之事层见叠出。根据之前的调查,饿毙者尚多是游手,近日死亡枕藉者纯系良民,由边缘人群扩大至一般民众。在吃光草根树皮,有时进食雁粪牛屎不能延生。这种方法不能够维持生存,故食人惨剧愈演愈烈"②。"灾民求生不能,只有求死。因饥饿而活埋子女者,而后自缢者,比比皆是。有因逃荒将子女弃井投崖者,有全家自焚或服毒自杀者。"③在陕北地区,"抗旱已有三年以上,因自救无力,民力衰竭。许多村庄道路旁时见白骨成堆,村中没有人口,竟至绝户。因牲畜无存,籽种难以措置,耕作失去天时,收成仍属绝望。灾民不甘皋腹,唯有以人肉为粮,刚开始只是偷窃尸体,后来演变成公然鬻割,最后以婴儿妇女之腿臂作为腊肉,家居供食品,外出作干粮,而政府税局翻检行客,常有人腿在包裹中,答曰本人子女之肢体,若不自食,亦为他人所食"④。

在国外,旱灾对国民粮食需求充分满足产生严重负面影响的例子也不在少数。2002年至2003年非洲南部发生旱灾,随即引发粮食供应危机。津巴布韦、利比亚和马拉维等国因粮食短缺发生国民经济严重倒

---

① 参见程静:《农业旱灾脆弱性:测度、影响与政策干预》,科学出版社2013年版,第43页。

② 《陕灾——民命在最后挣扎》,天津《大公报》1929年5月4日。转引自张玮、秦斌:《1927—1932年间的陕西旱灾》,《民国研究》2014年秋季号,第101页。

③ 《灾民自杀日渐增多》,天津《大公报》1929年1月25日。转引自张玮、秦斌:《1927—1932年间的陕西旱灾》,《民国研究》2014年秋季号,第101页。

④ 《陕南灾民食亲生子女》,天津《大公报》1930年7月7日。转引自张玮、秦斌:《1927—1932年间的陕西旱灾》,《民国研究》2014年秋季号,第101页。

退，津巴布韦三年国内生产总值下降了24%，高失业、恶性通货膨胀、外汇短缺、食用油和玉米粉等生活必需品严重匮乏等经济和社会问题凸显。① 1998年，南部苏丹的Bahr EL Ghazal省遭遇了一次巨大旱灾，导致人口死亡率和人口营养不良率大幅度提升。②

（2）旱灾对各产业发展的不利影响

农业当中的粮食业首当其冲的是旱灾不利影响所波及之产业。据学者统计，新中国成立以后我国每年都有不同程度的旱灾发生，1950年至2013年累计旱灾受灾面积13.5亿公顷，因旱灾损失的粮食产量累计达10.37千亿千克。③《中国水旱灾害公报》公布的数据显示：1950年至2007年间，全国农业平均每年因旱受灾面积2173.333万公顷，其中成灾面积1240万公顷，每年因旱损失粮食158亿千克，占各种自然灾害造成的粮食损失的60%以上。全国年均因旱损失粮食由20世纪50年代的43.5亿千克上升到90年代的209.4亿千克，其中，1959年—1961年三年连续干旱，灾害影响10到15省（自治区、直辖市），平均受灾面积3659万公顷，成灾1533万公顷，减产粮食611.5亿千克。④

旱灾导致的粮食减产必将提升市场上的粮食价格，国民尤其是被灾国民的生存成本随之增加。这种负面效应无论是在国内还是在国外都有典型例证。国内我们引用青海省民国时期遭遇旱灾的相关实况为例。1929年，青海省甫一建立，即遭旱灾，灾祸亦及甘肃，"甘肃灾区尤为严重，依赖青海供给粮食，因青海产量有限，粮价暴涨，西宁县每市石

---

① 参见［美］Donald Wilhite：《干旱与水危机：科学、技术和管理》，彭顺风等译，东南大学出版社2008年版，第12页。

② 参见［美］Donald Wilhite：《干旱与水危机：科学、技术和管理》，彭顺风等译，东南大学出版社2008年版，第13页。

③ 参见刘树坤主编：《中国水旱灾害防治：战略、理论与实务——干旱灾害防治》，中国社会出版社2017年版，第55页。

④ 参见程静：《农业旱灾脆弱性：测度、影响与政策干预》，科学出版社2013年版，第33页。

小麦（975市斤）银币60元"①。1940年，青海遭遇旱灾，"收获只及平年的二三成，麦面由上年的一元十斤涨到一元二斤，大米由每市斗二元涨到十一元，小麦每市石涨到二十二元二角"②。1942年，青海旱灾奇重，小麦每市石由60元涨到133元。1943年，旱灾持续加重，政府对粮食进行限价，西宁每市石小麦限价204元，但时隔数月就涨到800元，年底竟然超过1000元。③国外则可参见2012年美国中西部地区罹遭百年一遇的大旱灾时，玉米、大豆和小麦等粮食品种价格大涨的相关实况报道。④

旱灾导致的粮食短缺还有可能对粮食国际贸易产生重大影响。如果一个粮食出口国家遭遇到严重旱灾，为保障本国国民生存利益起见，其往往会采取各项粮食出口限制措施，若国内粮食供应不足，则还会大幅度进口他国粮食，全球粮食市场因此会遭受冲击。

除了对粮食产业的不利影响而外，旱灾还会对林业、牧业、养殖业等其他农业产业造成负面影响。据学者研究测算，我国近几年来的旱灾对农业内部非粮各产业造成的直接经济损失要远远大于对粮食产业造成的损失。⑤

旱灾对工业发展的不利影响可以简要概括为：产业结构、布局及其发展受到影响。具体而言，新产业尤其是需水型产业在特定地域内落地与否将在根本上受限于该地供水能力的大小，已存在的产业其存续与扩大再生产与否也将在很大程度上受制于该地现有以及可预期的供水能

---

① 青海省地方志编纂委员会：《青海省志·物价志》，青海人民出版社1993年版，第8页。
② 青海省地方志编纂委员会：《青海省志·物价志》，青海人民出版社1993年版，第9页。
③ 参见青海省地方志编纂委员会：《青海省志·物价志》，青海人民出版社1993年版，第8页。
④ 参见程静：《农业旱灾脆弱性：测度、影响与政策干预》，科学出版社2013年版，第33页。
⑤ 参见刘树坤主编：《中国水旱灾害防治：战略、理论与实务——干旱灾害防治》，中国社会出版社2017年版，第57页。

第一章　旱灾防治的基本范畴与理论基础

力。以山西省为例，该省 1985—1987 年连续三年大旱，工业因缺水每年损失产值竟达 26 亿元，干旱已经成为该省电力、冶金、煤化建设规模和速度不得不缩小或放慢的关键因素；再以大连市为例，该市 1982 年的严重旱灾导致年产 30 万吨化肥的辽河化肥厂停产 95 天，经济损失高达 5000 万元。[1]

除了对农业和工业的不利影响之外，旱灾还会对航运、餐饮娱乐以及其他需水型服务业产生不利影响，影响的主要表现基本上同于旱灾对工业的不利影响。

(3) 旱灾对生态环境的不利影响

综合已有的研究成果[2]，我们可以将旱灾对生态环境的负面影响概括为 6 个方面的表现：其一，旱灾造成河川断流、湖泊干枯、湿地面积缩小等地表水体的萎缩，对生态环境造成严重不利影响。黄河自 1972 年开始断流，到了 20 世纪 90 年代，几乎年年断流，1997 年时，黄河断流上延至距河口 780 千米的河南开封，利津水文站全年断流达 226 天，造成了严重的社会经济和生态问题。2002 年，我国北方最大的淡水湖南四湖（微山湖、昭阳湖、独山湖、南阳湖）几近干枯，野生动植物、水生生物锐减，自然生物链受到严重威胁，湖区生态环境濒临毁灭。黄河三角洲是我国暖温带保存最完整、最年轻的湿地生态系统，近年来由于持续干旱影响，注入湿地的水量骤减，湿地面积逐年缩小，依赖湿地生存的动植物物种不断减少，一些珍稀鱼类已经绝迹。其二，地下水超采现象严重。旱灾一旦发生，为增加水源，被灾地区往往开采地下水。长期无节制、大规模地开采将导致地下水的补给量远远小于开采量，超采

---

[1] 参见刘树坤主编：《中国水旱灾害防治：战略、理论与实务——干旱灾害防治》，中国社会出版社 2017 年版，第 58 页。

[2] 参见刘树坤主编：《中国水旱灾害防治：战略、理论与实务——干旱灾害防治》，中国社会出版社 2017 年版，第 59—61 页；程静：《农业旱灾脆弱性：测度、影响与政策干预》，科学出版社 2013 年版，第 35—36 页。

因此产生。超采地下水将引发地面沉降、海水倒灌等一系列生态环境危机。山西省近几年来因过度超采地下水已经形成 4 个较大的地下水降落漏斗，太原降落漏斗区的面积已达 33.03 平方千米。中心降深 91.380 米，而且还在逐年下降。其三，水环境恶化。旱灾会使地表径流量减少，水体纳污能力减弱，污染物浓度增加，水质恶化。具体可表现为：河流水质恶化、内陆湖泊水质盐化和地下水水质恶化。致使地下水水质恶化的原因一般是地下水补给条件和氧化还原环境因干旱发生重大变化，地表污水大量入渗。其四，导致草地退化和土地荒漠化。旱灾将使草地地下部分生物量减少，地上部分停止生产或枯死，草场荒芜、草地退化。地表水的缺乏使得流水作用微弱，物理分化作用却因此显著，土地荒漠化由此产生并不断蔓延。研究发现，甘肃省河西地区绿洲边缘沙漠植被因干旱大量枯萎，已经被植被固化的沙丘因此重新活化，每年沙漠化面积可达 400 公顷到 500 公顷。其五，植物和动物生态系统遭受严重损害。降水减少会导致植被枯萎，鱼类及野生动物因饮水困难而无法生存，生态系统的良性存续及运行因此受损。其六，在沿海地区造成咸潮上溯和海水入侵。旱灾造成河川径流减少，入海流量和水量随之减少，咸潮上溯和海水入侵的可能性与危害性增加。海滨地区因旱灾采用地下水将导致地下淡水水位持续下降，海水与淡水的交界面不断向内陆推移，地下淡水因此咸化，严重影响工农业生产和饮水质量。2002 年以来，珠江流域的持续旱灾导致江河来水明显下降，水位大幅降低，珠江三角洲地区因此遭遇了近 20 年来最为严重的咸潮上溯，严重威胁澳门、珠海、中山和广州等地的供水安全。

（4）旱灾成因分析

国际上一般将旱灾的成因概括于两个层面，即自然层面上的生态、环境因素与人为层面上的社会经济因素。[1]国内学者在述及我国旱灾形成因素时常常将这双层因素结合国情予以细化，所得出的结论大同小异，以下仅列举两种较具典型性的观点。

第一种观点[2]将我国旱灾形成的原因归结为三类，即自然地理因素、经济社会发展因素以及人类不合理的生产活动因素。自然地理因素主要表现在地形气候因素与水土资源状况两个方面之上。前者具体表现为：我国地理纬度跨距较大，是全球最典型的季风区之一，西北地区深入亚欧大陆腹地，属极为干燥的大陆性气候区。我国地形极为复杂，地势西高东低呈三级梯队，高原盆地错落，高山河川纵横，受西南和东南季风的影响，大部分地区呈现"东南多雨、西北干旱"的格局。西北内陆除新疆西部和北部受西来水汽影响雨雪较多外，大部分地区由于山川阻碍了东南季风的深入，降水稀少，气候干燥。由于不同年份冬夏季风进退的时间、强度和影响范围以及台风登陆次数的不同，降水量在年内和年际的时空分布差异很大，具体表现在两个方面：首先，降雨量在空间上分布不均，东南多、西北少，降水量范围由几十毫米到2000毫米不等，悬殊极大，全国年均降水量少于400毫米的干旱半干旱地区占国土面积的45%；其次，降水量在时间上分布也不均衡。夏秋多、冬春少，年内年际变化较大。常年6月至9月降雨占全年降雨量的70%~80%。各地丰水年与枯水年的降水量在年际变化幅度也很大，南方地区2—4倍，东北地区3—4倍，西北地区则超过8倍，西北各地因此常出现连年干旱。后者具体表现为：我国人均水资源占有量远低于世界平均水平，2013年我国人均水资源占有量为2057立方米，仅约为世界人均水平的

---

[1] 参见[美]Donald Wilhite：《干旱与水危机：科学、技术和管理》，彭顺风等译，东南大学出版社2008年版，第16页。

[2] 参见刘树坤主编：《中国水旱灾害防治：战略、理论与实务——干旱灾害防治》，中国社会出版社2017年版，第52—55页。

三分之一。水资源存续在地区上呈现从东南沿海向西北内陆递减的总体趋势。长江流域和长江以南地区，水资源存续量占到全国的81%，而耕地却只占全国的39.7%，人均水资源占有量达到3300立方米。黄河、淮河和海河三大流域水资源存续量仅占全国的1.44%，而耕地却占到全国的54.9%，人均水资源占有量仅有740立方米。其中，海河流域耕地占到全国的9.1%，水资源存续量却只有全国的1.5%，单位耕地面积占有水量仅为全国平均水平的12%。

综上而言，我国水资源呈现出"总量多、人均少，南方多、北方少，东部多、西部少，夏秋多、冬春少，山区多、平原少"的格局，干旱与旱灾因此呈现出区域性、时段波动性、连续性、不可避免性和广泛性等特征。

经济社会发展因素主要表现为随着人口规模的剧增和工业化、城镇化深入推进导致干旱缺水现象频繁发生。具体而言，我国水资源总量居世界第六，但由于人口众多，按世界148个国家的人均水资源占有量排序，我国名列第109位。2013年，我国人均水资源量仅为美国的五分之一，有10个省、市人均水占有量少于500立方米；2013年，全国用水总量达到6183.4亿立方米，其中农业灌溉年用水量3921亿立方米，占用水总量的63.4%。工业年用水量达到1406.4亿立方米，用水比重从1949年的2.3%增长到22.8%。城乡居民生活用水量达到750.1亿立方米。据估算，目前全国每年缺水近400亿立方米，影响工业产值2000亿元以上。

人类不合理的生产活动因素则具体包括：水资源浪费严重、水环境污染加剧以及不合理的开发和利用。详言之，2013年，工业用水重复率仅为0.5左右，远低于发达国家的0.75，单位GDP用水量远高于发达国家，一些重要产品单位耗水量比发达国家高几倍甚至几十倍；2013年，耕地实际灌溉亩均用水量418立方米，农田灌溉水有效利用系数0.523，主要灌区的渠系利用系数0.4—0.6，有近一半的水被白白浪费，农业生产单位粮食用水量为发达国家的2—2.5倍；2013年，城镇居民人均生活用水量为每天212升，农村居民人均生活用水量为每天80升，生活供水管网的跑、冒、滴、漏现象相当严重，全国城市供水漏失率平均为9.1%，北方地区则高达7.4%~13.4%，40%的特大城市供水漏失率高达12%以上，节水器具和设施很少，用水效率非常低；2013年，全国废水排放量约为775亿吨，大于30亿吨的有11个省、区、市，比1980年增加了1.5倍。全面河流水质状况为中等；许多地区多年来在确定经济布局、产业结构和发展方向时未考虑水资源承载能力，没有因水制宜、量水而行，即使在水资源极度贫乏、开发难度大或者生态环境极其脆弱的地区，也兴建了许多高耗水行业，并形成人口集中的城市，客观上加剧了水资源供需矛盾和旱灾发生的频次。

第二种观点[1]将我国旱灾的致灾因子系统化为孕灾环境系统、承载体子系统和人类社会经济子系统。第一类系统主要考察形成干旱灾害的地形地貌、气候、土壤、水利等自然环境类因素与产业结构、类型、市场发展和社会保障服务体系完善程度等社会经济类因素；第二类系统主要考察的是各类致灾因子作用的具体对象，具体包括人口密度及农业人口所占比例、水利基础设施建设情况、耕地面积与质量等因素；第三类系统则需要考察特定区域人口数量与质量、社会经济结构、人均收入水平、基础设施投入水平、区域产业政策和管理等具体因素。

比较两种观点，我们认为：第二种观点将旱灾脆弱性融入旱灾成因的分析当中，所展现出的思路和得出的核心观点对于旱灾法律制度的建构有着重要的启示意义。

---

[1] 参见程静：《农业旱灾脆弱性：测度、影响与政策干预》，科学出版社2013年版，第46—51页。

二、旱灾治理（旱灾风险管理）

（一）旱灾治理（旱灾风险管理）的内涵

旱灾治理也称干旱风险管理，国内有学者在概括农村干旱治理定义的基础上将其内涵界定为：因为干旱的客观存在，政府和社会积极行动起来，采取水利、生态、社会等方面的措施，降低干旱与抗旱活动负面影响的过程，目的在于实现特定区域在处于旱灾状态下公共利益的最大化。①根据该界定，不难看出：旱灾治理的内涵应当至少包含五个层面上的内容：一是目的层面，即旱灾治理的最终目的在于实现被灾地区公共利益的最大化；二是理念层面，即旱灾治理应当遵循积极行动的理念，被动应对的理念是不适用于旱灾治理的；三是主体层面，即参与旱灾治理的主体类型主要有政府和社会组织，二者的互动、配合与协作应当是实现治理目标的关键；四是措施层面，即旱灾治理需要的是包括水利、生态、社会等各层面、各种内容的综合性措施，单一型措施并不能有效达到治理目标；五是目标层面，即旱灾治理所欲达成的现实目标有二：一是降低旱灾所导致的对生活、产业活动以及生态环境的各种不利影响，二是降低抗旱活动本身对各种生产、生活行为以及生态环境造成的负面效果。言至于此，就出现了一个问题，即抗旱活动与旱灾治理之间是什么关系？在旱灾治理的理论上，抗旱活动是旱灾治理所包含的一种主要措施类型，它由降低旱灾对生活、生产以及生态环境各种负面影响的具体措施的构成，与降低其自身所可能对社会、经济与环境造成的不利后果的各项措施共同组成旱灾治理的措施体系。

旱灾治理的上述内涵界定虽然全面，但却缺乏一个核心性内容——旱灾脆弱性。明确旱灾脆弱性对旱灾治理而言至关重要，原因有三：其

---

① 参见崔江红：《云南农村干旱治理研究》，中国书籍出版社2015年版，第6—7页。

一,旱灾治理所据以发动的公益性目的若无脆弱性的引领,必然流于形式或者泛化,因为公共利益内含需求的确定必须要归依于旱灾脆弱性所揭示的各类利益现实与可能的受损情形;其二,旱灾治理各项措施运行所依靠的公私主体类型的具体化,离不开旱灾脆弱性对各类被灾主体现实与可能受损境况的精准揭示;其三,旱灾治理措施类型的细化与实效性保障更需要以旱灾脆弱性所显示的被灾主体受灾情形与抗灾能力作为前提。因此,我们认为,全面的旱灾治理的内涵应当被界定为:为保障被灾地区内公共利益的最大化,基于旱灾脆弱性的揭示,各类公私治理主体以积极主动的理念,相互协作、配合,采取抗旱与抗旱负面效果防治等综合性治理措施,努力降低旱灾及其治理措施对被灾地区国民生活、生产和生态环境所造成或者可能造成负面影响的过程。

风险管理意义上的旱灾治理内涵主要是从旱灾风险的分析角度入手进行的探究与揭示。这种角度上的内涵界定将旱灾视为一种自然风险,强调人对风险的合理管理,国内外研究成果对此均有不少较为成熟的研究成果。世界气象组织(WMO)认为:风险管理意义上的旱灾治理主要应当有两个方面的措施性内涵,一是通过更好地对风险管理能力进行规划和采取旨在降低减轻干旱影响的各类减缓措施,降低与干旱发生相关的各类风险;二是侧重确定旱灾风险脆弱性之所在(尤其是行业、地区、社区或社群),通过有系统地实施可减低与未来干旱事件相关风险的减缓和适应措施,应对风险。[①]国内学者将旱灾风险管理界定为:通过分析、预测干旱的发生、发展规律,评估一旦发生干旱灾害可能造成的影响和损失,优化组合各类抗旱措施以求最大限度地降低旱灾损失,并在干旱结束后对抗旱措施进行后评价的全过程,这一过程是连续的、

---

① 参见世界气象组织(WMO)、全球水伙伴(GWP):《2014国际干旱政策指南:行动模板》,《干旱综合管理计划工具与指南系列一》,第4—5页。

循环的和动态的。①

我们可将旱灾风险管理的内涵抽离为以下五点：一是旱灾风险管理以对旱灾风险的研究为前提和基础；二是对旱灾风险的研究着重于两个方面，即旱灾预测与评估，旱灾脆弱性乃是预测和评估所据以展开的主要考量因素；三是旱灾风险管理遵循提前预防重于临时应对、找准致灾因子并据以形塑管理措施以及关注灾前、灾中与灾后全过程等理念；四是旱灾风险管理措施的设置以降低旱灾损失为目的，主要表现为规划类、减缓类、适应类等措施类型；五是旱灾管理的主体预设主要是国家或政府，社会主体并非其关注重点，风险管理型旱灾政策的制定与出台常常是其最终目的。

旱灾风险管理以制度形塑为通常目的，并以国家或政府为主要预设对象的特性使得其与旱灾防治的法理及其法制之间具有天然的亲和力。下面我们将重点关注旱灾治理或曰风险管理的理念演化与措施类型，以为后面的法理分析置备原理前提和实证基础。

(二) 旱灾治理（风险管理）的理念

1. 从危机应对理念到风险管理理念

旱灾治理先进国家在旱灾风险管理的理念上基本都经历了一个从灾害危机应对到灾害风险管理的过程。旱灾危机应对理念是一种典型的被动应对理念，即当旱灾临近甚至于发生后，才开始做出反应，着手制定临时应急措施和对策，仅着眼于眼前和局部的灾害，基本不从长远和全局角度考虑灾害治理问题，采取的应对措施通常也是应急性的抗旱措

---

① 参见刘树坤主编：《中国水旱灾害防治：战略、理论与实务——干旱灾害防治》，中国社会出版社2017年版，第406页。

施，防旱类措施则很少被虑及。①这种理念一般因循的是"灾害发生—灾—害影响评价—灾害响应—灾后恢复和重建"这样的应对程序和思路，历来不重视备灾、灾害减缓以及灾害早期的预测或预警等。②因此导致"人类社会在一次次灾害之后降低风险的能力仍较弱，即使有增强也增强的很少"，"在一些易干旱地区，经常是还没有从上一次干旱影响中恢复就又面临着新的干旱困扰"。③

旱灾风险管理理念则明显不同于旱灾危机应对理念，它将被动应对式管理范式转换为"以基于风险的主动式方法为重点的范式"，"旨在提升国家的应对能力，从而建立起对未来干旱事件更强的抗灾能力"④。旱灾风险管理理念的有效贯彻依赖于四个关键：一是有及时可靠的信息作为风险管理决策的基础；二是有对这些信息进行评价、交流和应用的政策和制度；三是为风险管理决策者提供一套合适的风险管理措施；四是风险管理决策者能够采取有效和协调一致的行动。⑤国内学者将风险管理理念下的旱灾治理决策过程细化为三个阶段，分别是：旱灾风险分析阶段、旱灾风险评价阶段和旱灾风险处置阶段。第一阶段主要分析各项致灾因子的危险性、承载主体与孕灾环境的脆弱性，脆弱性主要关注被灾地区自然环境与社会经济状况、遭受旱灾的可能性以及承载主体被灾可能性及其应灾能力等；第二阶段评价的目的在于判断旱灾风险的严

---

① 参见刘树坤主编：《中国水旱灾害防治：战略、理论与实务——干旱灾害防治》，中国社会出版社2017年版，第406页。
② 参见世界气象组织（WMO）、全球水伙伴(GWP)：《2014年国际干旱政策指南：行动模板》，《干旱综合管理计划工具与指南系列一》，第4—5页。
③ ［美］Donald Wilhite：《干旱与水危机：科学、技术和管理》，彭顺风等译，东南大学出版社2008年版，第82页。
④ 世界气象组织（WMO）、全球水伙伴(GWP)：《2014年国际干旱政策指南：行动模板》，《干旱综合管理计划工具与指南系列一》，第10页。
⑤ 参见［美］Donald Wilhite：《干旱与水危机：科学、技术和管理》，彭顺风等译，东南大学出版社2008年版，第82页。

重程度，为后续的风险处置提供依据，具体需要确定哪些风险是可以接受的，哪些风险是不可接受因此需要处置的；第三阶段处置的目的是通过择取和具体实施风险处置措施以降低旱灾风险，对于经过评价可接受的风险，在风险交流和监测的基础之上，形成旱灾风险管理决策，对于经过评估不可接受的风险，需要采取规范土地利用、加强干旱预报和预警等回避和防御措施，或者采取旱灾应急预案减轻风险，抑或通过旱灾保险等方式转移灾害风险。①世界气象组织则将旱灾风险管理理念运用于国家干旱政策制定领域，提出著名的十大步骤。②我们将这十大步骤当中的主要内容分别阐释如下：步骤1：指定国家旱灾风险管理政策委员会，授予其监督和协调干旱政策制定，统筹集中政府掌控的必要资源并予以整合，在旱灾期间负责启动相应干旱政策等方面的职权。步骤2：阐明或确定基于风险的国家应对政策目标和目的。这些目标和目的的确定需主要考虑的问题包括：政府在旱灾减缓和响应活动中有哪些作用和效用？政策的实施范围有多大？哪些是国家最脆弱的经济和社会行业与地区？旱灾曾在历史上造成过哪些显著影响？政府在历史上曾经采取过哪些旱灾应对措施以及效果如何？缺失时期，相关政策在化解水资源用户与其他脆弱群体之间的用水矛盾方面能发挥什么作用？当前哪些因素和趋势会在未来加剧脆弱性和矛盾？政府能够将哪些人力和财力用于规划过程？可为政府提供哪些其他的人力和财力资源？相关政策和计划在各辖区层面将产生何种法律和社会影响，包括哪些超越国界的影响？干旱会加剧哪些主要的环境关切？步骤3：寻求利益攸关方的参加，确定并解决关键用水行业之间的矛盾。步骤4：编制可掌控的相关资源与财

---

① 参见刘树坤主编：《中国水旱灾害防治：战略、理论与实务——干旱灾害防治》，中国社会出版社2017年版，第407—409页。

② 参见世界气象组织（WMO）、全球水伙伴(GWP)所著《2014国际干旱政策指南：行动模板》第11页至第33页中的相关表述。

务清单并确定面临风险的群体类型，资源包括自然资源、生物资源和人力资源。步骤5：确定国家旱灾风险管理政策和备灾计划中的关键内容，具体包括旱灾监测、旱灾预测和早期预警、旱灾风险的具体表现和影响评价以及旱灾的减缓与响应等。步骤6：确定研究需求并弥补制度差距，研究需求可能涵盖气候变化如何影响干旱事件及其严重程度、如何改进旱灾早期预警系统和技术、如何提高旱灾判定指标和指数与灾害影响之间的关系的认识等。步骤7：对旱灾风险管理的科学技术以及政策领域加以整合，加强科学技术界与政策界之间的沟通与了解是关键之所在。步骤8：宣传国家旱灾风险管理政策和备灾计划以树立公众风险意识并凝聚共识，让各层次媒体有效报道旱灾风险管理政策或计划的制定过程及内容，灾害期间及时发布供水量及其受限"触发点"等关键信息至关重要。步骤9：为各年龄段人群和利益攸关群体制订教育计划，以提高国民对新的旱灾风险管理策略、备灾和减轻风险重要性、短期和长期供水问题等的深入认知，以利于国民在旱灾发生时能够进行有效的风险管理并在非旱灾年份不会放弃旱灾防备。步骤10：评估和修订国家旱灾风险管理政策及辅助性备灾计划。

　　旱灾风险管理理念已经成为当今世界旱灾治理政策的通行理念，这从国内外已经或正在成形的相关旱灾治理计划（规划）和项目中可见一斑。美国在20世纪80年代之前，应对旱灾的理念和做法多为被动式的危机管理，重点关注于通过各类应急响应或救灾计划、项目直接针对旱灾发生后的各种症候及其负面影响。各类应急性计划和项目的设置和推行并没有从根本上降低被灾地区对未来旱灾的脆弱性，增强这些地区的应灾能力。20世纪80年代以来，美国许多州开始改进旱灾治理的理念与方式，采用风险管理理念，侧重于备灾与减灾。截至2014年，50个州当中已经有47个州制订了旱灾治理计划，其中11个州更加积极主动，强调备灾过程中减缓的重要性。绝大多数州在制订计划过程当中严格遵循了世界气象组织所建议的十大步骤。1995年，内布拉斯加大学建立了国家干旱减灾中心（NDMC），专注于干旱监测、旱灾影响评估、旱灾减灾和备灾等问题。1999年以来，该中心与美国国家海洋和大气管理局以及农业部合作，每周制定一份国家干旱监测图，用于干旱评估和旱灾响应及减灾计划的启动。[1]大多数州的旱灾治理计划都包含基于本州实际情况的干旱与旱灾监测、风险分析以及旱灾减灾和应对等内容。[2]减灾和应对措施通常都以各种旱情状况下的节水为核心和关键，具体而言：计划所设定的旱情一般分为三级，即初级、次级和最高级别，每个级别中都设定了较为明确的节水目标和方式。初级阶段的主要任务是通过各种宣传和引导引起公众对干旱的注意。此阶段的节水目标是较平常用水减少5%，节水方式是号召国民自愿节水；次级阶段是旱灾发生的预警阶段。这一阶段的节水目标是较平常用水减少10%~15%，节水方式依旧是号召国民自愿节水；最高级别阶段是旱灾的应急响应阶段。此阶段的节水目标是较平常用水减少25%，节水方式则是强制国民节水，亦即为国民附加节水义务。[3]在联邦层面上，美国国会自20世纪末开始针对旱灾备灾和早期预警采取立法措施。1998年的《国家干旱政策法》批准设立了国家干旱政策委员会，负责就未来国家旱灾治理方式等问题向国会提交报告。2000年，该委员提交的报告建议国家依据风险管理原则推动制定国际干旱政策（NDPC 2000）。2001年、2003年和2005年国会曾三次推出《国家干旱备灾法案》，但均未获通过。2006年，《国家干旱综合信息系统（NIDIS）法》在国会通过，下半年即签署了法案。该法的核心是筹建由美国国家海洋和大气管理局以及来自其他联邦机构、

---

[1] 参见世界气象组织（WMO）、全球水伙伴（GWP）：《2014国际干旱政策指南：行动模板》，《干旱综合管理计划工具与指南系列一》，第16页。
[2] 参见王蕾：《美国的干旱管理政策概述》，《中国应急管理》2011年第6期。
[3] 参见喻朝庆：《国际干旱管理进程简述及对我国的借鉴意义》，《中国水利水电科学研究院学报》2009年第2期。

州和地区组织及大学的伙伴负责运行的国家干旱政策综合信息系统（NIDIS）。①

墨西哥鉴于其大部分地区2010年至2013年间的反复性干旱，于2013年1月制订并发布了国家抗旱计划（PRONACOSE）。计划目标是在各流域委员会层面上为旱灾综合管理开发新型的主动预防式工具，主要内容则包含：启动关于旱灾基本概念的针对性培训计划以开发地方上的旱灾治理能力，确保墨西哥旱灾综合管理可持续性；在各个流域层面上制定一系列的防旱减灾措施；建立跨机构委员会，负责协调和指导现有的旱灾计划、指导和评估国家抗旱计划的实施，对各流域层面上利益攸关方提出的旱灾治理计划提供资助；请专家和研究人员参与计划的制订和实施；关注沟通和宣传机制，重点强调旱灾脆弱性、参与性、预防性和旱灾的演变；制定和实施关于旱灾影响的预防和减缓措施，包括监测和早期预警；以法律确保在旱灾期间国民饮用水的持续供应；协调各项旱灾减缓措施及其影响。②

澳大利亚在20世纪90年代以前对旱灾的治理采取的也是危机应对的理念和应急救援的方式。1989年，澳大利亚政府设立旱灾政策审核特别工作组，工作组于1990年提出在风险管理原则下制定国家旱灾政策的建议。1992年7月，澳大利亚联邦和各州的部长通过部长理事会发布了新的国家旱灾政策，政策以可持续发展、引入风险管理、促进生产力的提高等为基本原则和目标，在提高生产力和旱灾风险管理水平两大目标的实现方面，主要以农业产业结构调整为着力点，产业调整的相关措施集中体现在《农村地区调整方案》（Rural Adjustment Scheme）当中。

---

① 参见世界气象组织（WMO）、全球水伙伴（GWP）：《2014国际干旱政策指南：行动模板》，《干旱综合管理计划工具与指南系列一》，第16页。
② 参见世界气象组织（WMO）、全球水伙伴（GWP）：《2014国际干旱政策指南：行动模板》，《干旱综合管理计划工具与指南系列一》，第13页。

依据方案：当旱灾的发生严重到即使最优秀的运营者也束手无策之时，可作为"特殊情况"的一种，赋予罹受灾害者获得国家援助的资格与权利，援助的方式主要是贴息贷款；在非"特殊情况"下，政府有扶助已经或可能罹受灾害者进行资金储备、开展气象研究、旱灾教育与培训等职责。[①]

多年的旱灾治理经验和教训也让摩洛哥建立起一套立基于风险管理理念的旱灾综合管理系统。该系统主要包含三个方面的内容：一是旱灾监测和早期预警系统。摩洛哥已经掌握了气候遥感、模拟和作物预报等方面的技术。2000 年成立了一个全国性抗旱天文平台，旨在改进旱灾预报与评估能力，以支持决策和抗旱准备。二是旱灾应急业务计划灾害减轻计划。这些计划以确保农村人口饮水安全、保护家畜、增收和创业计划以及保护森林等自然资源为主要内容。三是建立长期战略，降低受旱灾影响的脆弱性。战略基于风险管理，以降低整体国民经济受旱灾影响的可能性，特别是农业和农村经济受旱灾影响的可能性为目的，实施综合水资源管理，改善对供水和卫生设施的获取能力，提高灌溉系统的水力效率和生活、生产所排放污水的处理能力。[②]

巴西 2012 年的干旱引起国民、媒体和决策者的广泛反思，反思的结果即是巴西政府正在循序渐进地采取一些行动来改革旱灾管理的相关理念和计划，从被动的危机管理向主动的干旱管理转型乃是重点。自 2014 年开始，巴西在国家、区域、州和地方各级开展的一系列活动更加重视干旱及其灾害治理问题，具体的活动类型有：联邦政府和州政府制定一个正式议程讨论国家旱灾政策的具体构成、各类别旱灾治理计划和

[①] 参见［美］Donald Wilhite：《干旱与水危机：科学、技术和管理》，彭顺风等译，东南大学出版社2008年版，第83—86页。

[②] 参见世界气象组织（WMO）、全球水伙伴(GWP)：《2014国际干旱政策指南：行动模板》，《干旱综合管理计划工具与指南系列一》，第20页。

项目的设计、在西北干旱地区实施干旱和旱灾监视计划等。①

除了上述国家外，南非、以色列以及印度等国正在采取的一系列水资源分配、管理以及旱灾预防与应对等措施也在很大程度上彰显出风险管理的内涵特征，但限于篇幅，此处不再引述。②

我国长期以来旱灾风险管理工作奉行被动抗旱式的危机管理方式，各种措施"应对眼前的多，考虑长远的少；着眼局部的多，考虑全局的少；立足抗的多，考虑防的少"③。有学者以2010年我国西南五省（区、市）的干旱灾害为分析对象，指出：我国各级政府在自然灾害治理当中存在着明显的"应急失灵"现象，即当旱灾已经出现并演化为社会经济危机时，再来通过紧急响应予以应对。究其原因，概有四点：一是对于风险概念的认识不足，认为风险管理是"不可能完成的任务"；二是风险的社会建构存在着扭曲风险的可能，基于此的政府决策势必失灵；三是自然灾害风险管理中的基层部门能力缺乏，政府之间的关系协调也很困难；四是减灾政策常常与地方政府的政治意愿与经济发展愿望不符甚至相悖，地方政府因此缺乏减灾积极性。④为了改变这种局面，自2008年起，水利部即会同有关部委开始了全国性旱灾治理计划的编制工作，历经三年，到2011年，《全国抗旱规划》正式公布。这是我国第一份旱灾治理计划，同时也是第一份将风险管理理念全面贯穿于其目标与措施的长远规划。规划将抗旱减灾能力的显著提升作为总体目标，细化性目标则被表述为因应不同旱灾程度的各类用水需求的保障，即：

---

① 参见世界气象组织（WMO）、全球水伙伴(GWP)：《2014国际干旱政策指南：行动模板》，《干旱综合管理计划工具与指南系列一》，第22页。

② 关于印度和以色列的相关做法可以参见刘树坤主编的《中国水旱灾害防治：战略、理论与实务——干旱灾害防治》第421—424页的介绍；关于南非的相关做法则可参见喻朝庆所著《国际干旱管理进程简述及对我国的借鉴意义》一文。

③ 许玲燕等：《云南旱灾风险管理框架及对策研究》，《地域研究与开发》2013年第4期。

④ 参见陶鹏、童星：《我国自然灾害管理中的"应急失灵"及其矫正——从2010年西南五省（区、市）旱灾谈起》，《江苏社会科学》2011年第2期。

发生中等干旱时,城乡生活、工业生产用水有保障,农业生产和生态环境不遭受大的影响;发生严重干旱时,城乡生活用水基本有保障,工农业生产损失降到最低限度;发生特大干旱时,保障城乡居民生活饮用水安全,尽量保证重点部门、单位和企业用水。规划依据旱灾脆弱性将其重点关注的地区确定为旱灾易发生地区和抗旱能力较弱的地区。规划涉及的措施性内容主要包括:(1)抗旱基本情况调查分析与评价。调查与分析的内容包括区域水资源量及水资源供需现状、抗旱基础工程现状、抗旱减灾管理体系现状、历史干旱资料收集整理、历史干旱规律分析、现状旱灾特点分析与旱灾发展趋势分析。这些内容中的前四部分现状调查是进行旱灾风险评估的实证基础,后三部分的分析预测则是明显的旱灾风险评估性内容,两部分内容的目的在于确定旱灾脆弱性。(2)干旱监测预警系统。该系统主要由旱情监测、分析评估和预警预报三部分组成,强调对旱灾风险的事前掌控。(3)抗旱水源工程规划。规划的重点在于已经建成的抗旱水源工程配套设施的挖掘、改造和抗旱应急水源工程的新建。(4)抗旱指挥调度系统,包括抗旱综合信息数据库的建设,抗旱调度方案的制订、优化和实施。(5)抗旱减灾保障体系,主要包括相关组织机构的组建和运行,抗旱预案的编制、启动与管理,抗旱政策法规的完善,抗旱投入机制的优化,抗旱物资的储备,抗旱减灾基础研究和新技术的应用、抗旱宣传与培训等内容。

2. 辅助(自立)理念

辅助(自立)理念严格说来乃是旱灾风险管理理念的延伸性理念,主要以被灾地区诸罹灾群体当中的各业经营者尤其是农业经营者为适用对象。它强调:罹灾主体应当将旱灾看作与其他自然及商业风险一样的风险类型进行管理,而不应当对政府的旱灾援助计划或项目过于依赖;政府也不应当过分关注旱灾发生时救助措施的设置,而应当将政策重点置于罹灾主体及其社区自救能力的提升上。前所述及的澳大利亚国家旱灾治理计划就将辅助（自立）理念作为支撑性理念之一，计划所据以成形的核心理论是：干旱在澳大利亚乃是正常的自然现象的一部分，因此农场主的农业生产行为应当与其他商业行为一样，把干旱作为一种成本风险来考虑，政府应当以提高社区的自我适应力和恢复力为目标设计措施。①各项措施类型都应当以借贷政策为基础，以保证农业生产者在极端干旱情况下的收入仍旧能够维持家庭花费的需要。②

辅助（自立）理念配合旱灾脆弱性理论将为旱灾防治法律制度中许多节点性措施制度的形塑提供理论基础与启发性思路，值得重点关注。

3.城乡一体化与社会公平理念

城乡一体化与社会公平这两种旱灾治理理念是我国学者基于水资源配置和旱灾治理的城乡二元化与地区差异化的国情而提出的③，具有重要的现实意义。

城乡一体化理念强调在旱灾治理上要充分实现城乡水利协调、统筹发展以及干旱治理的一体化，要求在干旱治理方面建立推进以工促农、以城带乡、以乡促城机制，实现城乡水资源与水利服务共享。鉴于农村的弱势情形，在旱灾治理投资方面，应当向农村尤其是农村中的弱势群体倾斜。由于农村旱灾治理最终依靠的仍旧应当是农民，因此，对农村的支持和帮助应当以培养农民的抗灾主体性和自我发展能力为主。旱灾治理的社会公平理念主要包含三个层面上的内涵：一是旱灾治理机会上的公平，即旱灾治理要在资源分配、公共服务等方面对农村居民一视同

---

① 参见喻朝庆：《国际干旱管理进程简述及对我国的借鉴意义》，《中国水利水电科学研究院学报》2009年第2期。

② 参见［美］Donald Wilhite：《干旱与水危机：科学、技术和管理》，彭顺风等译，东南大学出版社2008年版，第84页。

③ 参见崔江红：《云南农村干旱治理研究》，中国书籍出版社2015年版，第21—24页。

仁，保障每个农村居民都能平等地获得政府和社会提供的水利和抗旱服务。同时，也要求农村居民能够与城市居民一样，平等地获得政府提供的水利与抗旱服务。二是旱灾治理过程中的公平，即旱灾治理应当制度化、法治化，使旱灾治理的各项制度能够公平地施用于社会成员，反对旱灾治理的"人治化"。三是旱灾治理结果的公平，即在旱灾治理当中，要重点关注那些自我发展能力不足的群体（如贫困家庭、贫困村），给予必要的援助，以使其能够与其他群体一样平等享受水利发展成果和抗旱服务。

由以上阐释可知：城乡一体化与社会公平理念当中其实蕴含着辅助（自立）理念及旱灾脆弱性理论当中的核心性内容，这在一定程度上说明，它们之间在本质上具有相通性和亲和力。

(三) 旱灾治理（风险管理）的措施

1. 旱灾治理的政府责任

从根本上讲，旱灾治理乃是政府职责，这既源于干旱灾害所危及之利益在性质上的广泛性、公共性与本源性，又源于政府保护公共利益这一天然担当。因此可以说，旱灾治理的关键和核心主体是政府，旱灾风险管理的各项必要措施的类型设置、发动条件以及使用方式等的确定都将取决于对政府旱灾治理责任的明确程度。在国内学界专门研究政府旱灾治理责任的成果并不多见，但既有研究成果当中却还是有一些颇具启发意义的结论值得关注。有学者针对包括干旱灾害在内的农业灾害发生时的政府责任进行了探究，提出：由于现代农业灾害的发生均源于主导性的自然因素和辅助性或曰催生性的社会因素，服务型理念形塑下的政府应当将自然灾害的治理作为其最基本的社会职责。根据我国农业发展以及农业自然灾害管理的实际情况，政府在包括干旱灾害在内的农业自然灾害的治理过程中应当发挥以下主要作用：一可简称为信息责任，即收集、分析和公开农业灾害信息的职责。这一责任的承担和履行有助于迅速澄清灾害真相、化解灾害谣言、维护政府威信、稳定社会秩序、消除不安情绪。更对下一步精准地择取相关应对、处置措施有大裨益。二可简称为应急责任，即采取应急措施控制自然灾害影响进一步蔓延。这些应急措施的产生机制主要有二，即：(1)针对农业自然灾害的可能类型进行研究，提出有针对性的灾害管理预案。(2)在农业自然灾害发生之初，在反应迅捷的信息系统基础上，提出有针对性的管理决策，并迅速布置和传达，控制农业自然灾害的蔓延。三可简称为组织动员责任，即组织动员必要资源投入农业自然灾害治理。资源类型包括人力资源、财力资源和物力资源。组织动员的方式有两种，一种是平时储备物资，以备不时之需，另一种则是灾害来临时，除动用政府自有物资而外，迅速征用和募集社会物资。四可简称为补偿责任，即对政府治理农业自然灾害相关行为所导致利益受损者的补偿。五可简称为保险责任，即创建政府扶持型农业保险经营模式。具体包括确定政府扶持农业保险的范围和标准，加强相关立法，提供技术、研究资料和防灾减损扶持，引导农业保险通过再保险和资本市场分散风险，确保"有限政府"对农业保险扶持的动态性。六可简称为秩序维护责任，即保持农业生产稳定、尽快恢复正常生产秩序。在农业自然灾害得到基本遏制的情况下，政府有责任将农业生产秩序恢复到正常状态，否则，将会产生干预惯性，不利于农业产业发展。①

2.旱灾治理的基本措施类型

以上段所述政府治理干旱灾害的六项职责或曰责任为依归，综合国外已较为成熟的旱灾风险管理方法，我们可将旱灾治理的基本措施概括

---

① 参见曹海林：《农业灾害管理中的政府责任及其战略安排》，《中国行政管理》2010年第11期。

为以下几类：

（1）体制型措施。该类措施以塑造有效的旱灾风险管理组织体为主要内容，所形塑的风险管理组织基本有两类：一类是承担旱灾风险管理决策及其具体推行职责的政府机构，风险决策成果通常都以旱灾应对计划或者项目的形式表现出来；另一类则是由政府创设或者扶助的协助其具体实施旱灾风险管理计划与项目的社会主体。政府扶助的方式主要有信息供应、资金援助和技术支持。

美国干旱灾害治理体制的演变生动地彰显出了联邦制国家中第一类组织体的生成机理。在美国，鉴于西部干旱灾害的发生频率骤增、损害结果越来越严重，自20世纪70年代开始，传统的依赖部门间特别成立的临时性委员会来应对旱灾的做法即遭到诟病，人们普遍认为：这类临时机构在灾害发生时才仓促成立，灾害结束时又迅速被撤销，每次从旱灾应对中所学到的经验和教训并没有一个常设机构来承继、总结和提炼，往往出现上次旱灾中的决策与管理性失误又在下次旱灾中重复出现的恶果。西部州长政策办公室、综合统计办公室、国家科学院、州级水政策委员会、环境保护署、美国气象学会、技术评估办公室、联邦突发事件管理局、西部州长协会以及西部政策评估顾问委员会等机构、组织纷纷向联邦政府提出改进国家旱灾治理体制的建议。1996年旱灾发生后，各州更加强烈地要求联邦政府指定一个单一的联邦机构来协调抗旱准备工作并具体实施旱灾应对措施，一个旱灾特别工作组因此被在西部州长协会（the Western Governors Associaation，WGA）之下组建起来。这个工作组主要是研究、咨询性质的，它经过调查研究，认为全面综合应对旱灾在美国具有极端重要性，并建议区域防旱协调委员会，呼吁成立联邦层面上的部门间协调组织，负责协调各州之间和各区域机构之间旱灾治理的相关事务。1997年，西部州长协会（WGA）和几个联邦机构共同签署了一个谅解备忘录，呼吁联邦政府、州政府、当地政府和部落之间建立合作关系，共同应对西部旱灾所造成的不利影响。基于备忘录，西部防旱协调理事会（the Western Drought Coordination Council，WDCC）成立，美国农业部（USDA）也被指定为联邦政府旱灾治理事务的领导机构，USDA则建立了一个联邦政府级的协调组，负责协调事务。基于前述动议和实践，1998年时，《国家干旱政策法》通过，国家干旱政策委员会依法成立，它负责为制定一个综合协调的国家旱灾治理政策提供建议。

美国旱灾治理体制的形成简史说明：在联邦制体制当中，旱灾治理计划及其具体实施项目在各被灾地方政府之间以及它们与中央政府之间的协调一致十分重要，地区与国家层面上协调机构的组建因此也极具必要性。这种趋势和特点对非联邦的集中制国家也有重要的启示意义。集中制国家由于其政府权力统一行使的科层结构，协调中央和地方旱灾治理计划的必要性与难度可能并不如联邦制国家那样大，但是源于不同水情、旱情和习俗、传统等的地方性灾害治理上的差异性，以及各地政府灾害治理能力与意愿上的不平衡性，使得协调作用仍旧存在发挥的较大空间，协调型机构因此也并非完全不需要。

如果说美国国家干旱政策委员会及其诸多前身均是干旱灾害治理决策组织的典型的话，以色列的水资源管理机构则是旱灾治理措施实现组织的代表。1998年至2001年的旱灾催生了以色列专门性的水资源委员会，专注于水危机的解决。委员会的职责被设定为：规划全国水资源管理，确定不同区域供水配额以及合理的用水计划，管理水资源的开发利用，防治水污染等。[①]

（2）信息型措施，即建立必要的设施和平台，全面、全程收集与干旱、旱灾形成与演化相关的水文、气象、社会经济状况等信息，并进行

[①] 参见薛军、廖晓莉：《美国、以色列和巴西农业旱灾风险管理的经验借鉴》，《世界农业》2017年第2期。

科学评估，为旱灾治理决策及其必要措施的塑造、运用提供科学依据。信息型措施是各国通用的旱灾治理措施，同时也是旱灾风险管理的核心性与关键性措施之一。

美国的旱灾预测信息系统是当前世界最先进的，其主要模块和运行方式包含：干旱监测系统（DM），它由国家防旱减灾中心（NDMC）、美国农业部（USDA）、国家海洋与大气局（NOAA）的气候监测中心和国家数据中心（NCDC）管理和运行，从1999年起每周发布一次干旱监测图。DM按照递增顺序将干旱严重程度分为4个等级，即中度、严重、很严重、异常严重。DM以径流量、近期降水、干旱指数、遥感成果以及土壤湿度等主要因子进行预测和判断，有时还会根据地区和季节的不同，使用积雪量、水库储水量、供水指标等辅助性因子；气候信息交换系统（ACIS）。此系统主要用于对美国全境的实时降水量进行监测，它将积雪量遥感网、土壤气候分析网、气象自动遥测站网等联邦网络所提供的信息和其他区域和州的相关网站提供的相应信息统一收集，以方便查询；由国家自然保护中心（NRCS）负责收集、国家水和气候中心负责发布的12个州的积雪量数据；由美国地质调查局（USGS）负责统计和发布的实时径流和地下水监测系统；由国家协作中心网负责收集和统计的土壤湿度调查情况；由卫星监测的干旱对于植被返青、成熟、衰老和休眠等环节产生影响的具体情况；季节干旱展望（SDO），SDO每月定期发布一次，主要内容是提前三个月预报全美国范围内的干旱发生方式、趋势及情势，它由国家海洋与大气局（NOAA）具体负责运行。①

（3）规划型措施，即依据干旱灾害风险管理理念与旱情，以旱灾脆弱性为基础，预先设定干旱与旱灾预防、应急和灾后恢复等层面上的具

---

① 参见［美］Donald Wilhite：《干旱与水危机：科学、技术和管理》，彭顺风等译，东南大学出版社2008年版，第34—40页。

体目标及其实现方式。旱灾治理规划根据不同的标准可分为许多类型，例如以适用范围为基准，可分为国家层面上的旱灾治理规划和地方层面上的旱灾治理规划；以内容为基准，可分为综合性旱灾治理规划与专项性旱灾治理规划，后者如水资源分配计划、抗旱基础设施建设计划、抗旱物资储备计划、产业调整计划等；以适用时限与目的为基准，又可分为旱灾预防规划与旱灾应急计划，前者适用于旱灾未发生时，以防灾为目的，后者适用于干旱灾害发生之时，以对被灾主体的临时与紧急救助为目的，旱灾预案多属于后者。

美国各州的旱灾治理规划乃是地方性和预防性规划的典型。这些规划主要由各州制订，20世纪90年代之前，规划内容多为临时性和应急性的内容，1998年之后，随着国家旱灾风险管理理念的确立，规划的内容开始发生变化。据学者研究，当前已有31个州制订了旱灾治理规划，规划的制订显示出三个趋势，即：建立可用水委员会，由其协调收集各类水文、气象监测资料，为旱灾治理决策提供必要、及时的依据；设立专门机构以评价各部门受缺水的不利影响；由委员会考虑规划现存与潜在的影响，为旱灾风险管理者提供完善建议。[1]

南非的"干旱援助计划"则是旱灾应急性计划的代表，该计划以帮助灾民度过旱灾带来的贫困为目的，主要措施包括：减免储备粮运输费用、向主要牧区提供社会援助、鼓励减少储备粮及其租赁计划等。社会捐助、鼓励和租赁计划的相关费用服从政府基金的利用规则。在具体实施计划措施时，政府会首先严格审查被灾地区的申请，申请批准与否必须要遵循干旱委员会的意见。[2]

---

[1] 参见刘树坤主编：《中国水旱灾害防治：战略、理论与实务——干旱灾害防治》，中国社会出版社2017年版，第416—417页。

[2] 参见刘树坤主编：《中国水旱灾害防治：战略、理论与实务——干旱灾害防治》，中国社会出版社2017年版，第423页。

（4）工程型措施，即计划、投资、新建、运营、管理和维护减缓干旱与旱灾所必需的各类水利储备、引用与提调设施。从各国水资源管理与干旱灾害的应对实践来看，该措施所涉及的工程类型多种多样，概括起来，大致可做以下细化分类：水利储备设施，主要包含大中小型水库、塘坝、水窖等；水利引用设施，主要包含有坝引水设施和无坝引水设施两类；水利提调设施，主要包括泵站、机电井、水源工程、输水工程与供水工程等。这类措施所含的内容像其所涉及对象一样丰富，涵括各类工程的规划、投资来源的确定、资金的使用与监管、工程建设、建成工程的权属设定、工程运营与管理、旱灾发生时各类工程的具体使用规则等各方面内容。

工程型措施是当前各国旱灾治理的通用性措施类型。美国西部干旱地区一直非常重视水资源的开发利用，水利设施尤其是水库和调水工程的建设为美国农业灌溉面积的不断增加提供了良好契机。[1]以色列因水资源匮乏，旱灾发生概率极大，为改善这种局面，以色列政府不断兴修水利，重视输水工程建设，形成了全国性灌溉系统，将中部地区的亚空河水通过输水工程运送到南部沙漠地区，以此增加本国农业灌溉面积。[2]

（5）保障型措施。此类措施主要有两种表现：一是救济与补贴措施，其目的在于保障被灾主体生存与发展所需的各类物质资料；二是保险措施，其目的在于分散旱灾所致风险，减少被灾主体的生产性损失。肯尼亚政府近期在其北部遭受巨大旱灾时所提出和实施的减灾计划内容可谓救济措施的代表。计划以保障游牧民族罹受灾害时仍旧具有一定的

---

[1] 参见袁前胜：《美国和日本两国水利工程建设投入政策及其借鉴》，《世界农业》2016年第1期。

[2] 参见薛军、廖晓莉：《美国、以色列和巴西农业旱灾风险管理的经验借鉴》，《世界农业》2017年第2期。

生存能力以减轻牧草资源短缺所造成的不利影响为目的，具体包含了牲畜购买援助、免费食物发放以及以工代赈等措施内容。①巴西政府在2005年全国旱灾发生时，向受灾民众及时发放旱灾补偿金和家庭农业供给计划资助，尽量减少农户损失，以增强其抗灾能力。②此可谓补贴型措施之典型。农业灾害保险与农业天气指数保险是保险措施在当下的主要表现。对前者而言，美国经验尤值关注。对后者而言，印度的做法值得借鉴。③

三、旱灾防治

（一）旱灾防治的内涵界定

在本研究成果中，旱灾防治其实是前述旱灾治理或曰旱灾风险管理在法学上的"转译"，其基本内涵可以被简略地概括为：在法律层面上针对干旱灾害的预防和应对。之所以将旱灾治理（风险管理）"转译"为旱灾防治主要是基于三点考虑：首先，由上述关于旱灾治理和旱灾风险管理的内涵揭示可知，此两项称谓是在灾害学或者管理学的学科语境中产生出来的，它们的界定重点在于对干旱灾害特质及其相应处置措施的共性抽离，所基于的理论基础和研究范式与法学均有很大差别。因此，若在法学研究中还继续沿用这两个称谓容易让人产生"张冠李戴"的感觉。其次，在我国，防治型法律已成规模，《职业病防治法》《大气污染防治法》《水污染防治法》《噪声污染防治法》和《传染病防治法》等形成并运行多年，"防治"不但已经成为一个较为成熟的法律概念，

---

① 参见［美］Donald Wilhite：《干旱与水危机：科学、技术和管理》，彭顺风等译，东南大学出版社2008年版，第10页。

② 参见薛军、廖晓莉：《美国、以色列和巴西农业旱灾风险管理的经验借鉴》，《世界农业》2017年第2期。

③ 对美国旱灾保险的专门研究，论文与专著极多；对印度天气指数保险的简介，可参见程静：《农业旱灾风险管理的金融创新路径：天气指数保险》，《世界农业》2013年第3期。

其所基于的相关法理也有了抽离的必要与可能。①因此，以"防治"囊括减轻干旱灾害各项负面影响所需之处置，应该说在法理上并无太大障碍。最后，"防治"包含了"预防"与"应对"，此两项足以涵括前述干旱灾害治理与风险管理的理念和基础性措施的核心与节点性内容，具体论述将在下面展开。

具体而言，作为法律概念的旱灾防治，其法学内涵可以从以下几个方面展开阐释：

首先，旱灾防治的行为类型主要有两种：一是立法行为，即针对干旱灾害在立法上塑造防治的原则、目标以及措施类型；二是行政行为，即依据既已成形的旱灾防治相关立法，细化法定的原则与目标，具体实现法定措施类型。立法行为主要依赖中央立法机关采取，行政机关与地方立法机关基于委任立法的明确授权也有采取之可能；行政行为主要依赖中央和地方各级政府及其相关行政部门采取，社会主体在有法律依据的情况下，也可能被纳为采取主体。从根本上来讲，旱灾防治立法行为应当是旱灾防治行政行为发动的前提和基础，同时也应当成为旱灾防治行政行为实现全过程的约束。

其次，旱灾治理或曰风险管理在法学上"转译"为旱灾防治基本上依赖于立法形成这一机制。具体而言，立法者基于特定的价值判断，将旱灾治理或者风险管理已有的理念和措施当中合于其价值判定者予以确认，并通过立法技术形成相应的法律规范群。被确认的旱灾治理或者风

---

① 关于防治型立法的法理研究，当前法学界几乎没有见到。我们认为抽离防治型立法的相关法理需要着重从以下几个方面入手：一是防与治的公法与私法法理依据，二是防与治的基础性措施类型及其公私法审视，三是防治性立法所适用的社会关系类型及其所内涵的利益勾连状态，四是防治型立法解决当下社会热点问题的意义与局限性。从我国现有的五部防治型立法的规范内容来看，对与生存利益密切相关的公共利益的维护应当说是各法的通行目的，预防性措施、应对性措施与保障性措施应当是各法所普遍塑造的措施类型。本研究成果对旱灾防治法理及相关制度建构的研究也有意于为防治型立法的法理抽离做出一定贡献。

险管理的相关理念将转化为旱灾防治立法的目的、原则和目标，被确认的旱灾治理或者风险管理的措施类型则将转化为相关公私法主体的职权、职责、权利与义务等实体性规范和实现这些实体性规范的程序性或者技术性规范。

再次，旱灾防治主要包含"防"与"治"两项内容。前者主要是指围绕干旱及其灾害的预防性内容，目的有三：一是尽量减少干旱及其灾害发生的可能性；二是及早与精准发现干旱灾害的发生；三是对干旱灾害的发生有充分防备。后者主要是指针对已经发生干旱灾害的应对性内容，目的有二：一是尽量减轻干旱灾害对于生活、生产与环境等的不利影响；二是灾害结束后尽早恢复被灾主体的生产生活与受损的生态环境。在当代，"防"性内容应当被置于重要地位优先考虑，旱灾预防性法律制度因此也应当成为旱灾防治法律制度当中的核心和关键被构建。

最后，旱灾防治法律制度应当是成体系的，旱灾预防性法律制度与旱灾应对性法律制度应当构成旱灾防治法律制度的两大核心组成部分，至于这两大部分分别应当包含哪些制度内容、两大部分之外是否还应有其他制度组成以及两大部分之上是否还应当有总则性制度内容等问题，将在本部分的旱灾防治法律制度体系化描述当中有专门论述。

鉴于《突发事件应对法》是当前我国唯一一部调整范围涉及自然灾害的法律，干旱灾害又是我国自然灾害当中极其重要的一类，一个问题因此产生，即旱灾防治是否应当适用《突发事件应对法》？要回答这个问题，就必须要搞清楚旱灾防治与突发事件应对之间的关系，而这对关系的厘清又依赖于对干旱灾害与突发事件二者之间关系的辨析。当前法学界对此问题进行辨析的成果我们尚未见到，管理学界和灾害学界有人则将干旱灾害完全归属于突发事件之中，强调运用《突发事件应对法》

所形塑的各项制度进行旱灾风险管理。①我们认为这种观点并不全部正确，旱灾与突发事件之间在理论上其实是存在重大不同的。根据上述关于干旱及其灾害的科学引述可知，干旱灾害是成灾需要一个长期的过程，是与洪水、地震、泥石流等突然发生型灾害不同的累积性自然灾害，《突发事件应对法》所规制的自然灾害类型根据该法第三条第一款乃是"突然发生，造成或者可能造成严重社会危害，需要采取应急处置措施予以应对的自然灾害"，可见二者在灾害特性上存在差异。基于此，旱灾防治与突发事件应对之间也存在着侧重与关注重点上的不同，即：旱灾防治包含着针对灾害发生可能性的预防性内容与针对灾害现实发生的应对性内容，其中前者是核心和关键，而《突发事件应对法》根据其立法目的和规范内容，针对已发生突发事件的应急性处置才应当是其重点和关键所在。这里强调旱灾及其防治与突发事件及其应对之间的不同并不是意味着它们之间毫无关联、相互独立，相反，它们之间也存在着密切的关联性，主要表现为：1. 干旱灾害在成灾以后，灾情严重到对社会稳定和经济发展有可能或者已经产生重大危害时，即可归结为突发事件，适用《突发事件应对法》。突发事件在这里成为干旱灾害的一个阶段或者更准确地说是干旱灾害的一个极端阶段；2. 基于1，突发事件应对成为旱灾防治所内含的应对性内容当中的一个组成部分，但并非全部。因此应对突发事件的各类应急性法定措施对于已经演化为突发事件的干旱灾害基本上都有适用可能。

---

① 参见陶鹏、童星：《我国自然灾害管理中的"应急失灵"及其矫正——从2010年西南五省（区、市）旱灾谈起》，《江苏社会科学》2011年第2期。

(二）旱灾防治的利益法学基础

1. 分析工具的择取

其实，可以用作分析旱灾防治的法学理论与工具并不在少数，我们之所以在本研究成果当中主要使用利益法学来奠定旱灾防治法律制度建构的法理基础，原因主要有三：首先，利益法学基于其据以形成的社会学理论基础，对社会现实的观照较为注重，以此为工具来形塑旱灾防治的法律制度体系可以从根本上保证相关制度内容能够与国情相适应，使相关法制具备实效性；其次，利益法学以从相关社会关系当中所抽离出来的涉法利益为分析、论证基础，这与前两部分所述及的旱灾脆弱性探究、旱灾风险管理重点环节的揭示，以及相应处置措施的精准塑造等理论在思路上具有很大程度的契合性，因此，可以说，利益法学的分析基础与旱灾治理核心理论之间具有亲和力；最后，干旱灾害防治型立法行为在法理上是要以相关涉法利益的衡量和价值判断为其基础和核心的。基于利益法学分析所衍生出的各类法理结论，均可直接指导相应法律制度的形成，而不需要另一种法学理论再转化。

在法学理论上，利益法学也分为众多门派，相关理论所用于分析的法律现象基本有二：一是司法活动或曰法院裁判，二是立法活动或曰法律形成的过程。其中围绕第一类的研究成果相对要多，相关理论也更为成熟一些，针对第二类的研究成果则少得多，且理论成熟度明显要低。基于本成果的研究重点，我们在本部分以德国利益法学学派关于立法过程当中的利益发现与价值判断的基本观点为基点，加以符合逻辑地合理扩展形成自己的利益法学分析思路，具体内容体现于下述的递进式分析当中。

2. 分析思路

在阐释具体的分析思路之前，需要对利益法学视野当中的干旱灾害及其防治下一个定义，因为这两个定义将从根本上决定旱灾防治利益法学分析的重点与走向。利益法学上旱灾的定义应当着重揭示干旱灾害之于相关涉法利益的影响，基于此，我们以前述灾害学与管理学上关于干旱灾害的内涵及其影响为基础，将旱灾简略地定义为：干旱缺水对生活生产上各类用水利益的充分实现所造成的不利影响。利益法学上旱灾防治的定义则应当将重点置于国家行为对相关涉法利益受不利影响状态的应对之上，基于此，我们以前述旱灾治理以及旱灾防治的内涵界定为基础，将旱灾防治简略地定义为：国家因法定职权和理念，在对缺水状态下的各类用水利益勾连状态进行价值评判的基础上，针对用水利益实现不足采取的预防、弥补与救助。

由上述两个定义中不难推知，对旱灾防治进行利益法学分析需要经历三个阶段：第一阶段乃是涉法利益的抽离阶段，即从旱灾防治所可能涉及的所有社会关系所展现的纷繁复杂的生活利益实态当中，以归纳法，抽取、分离出可在法学理论上进行探讨，并可由立法予以确认和归化的利益类型。并不是所有的生活利益都有被抽离出来的可能，符合在法理上进行探讨并在立法上予以确认和归化这两大标准的生活利益必须要具备三项特征：一是普遍性，即该类利益受到干旱灾害不利影响时，承受不利影响的主体具有相当的多数性，不能是极少数主体专享的利益。强调普遍性的目的在于保证确认和归化此类利益的相关立法在适用上的实效性。二是长久性，即受旱灾不利影响的利益必须在存续上具有持久性，不能是一时性或曰暂时性的利益。强调长久性的目的在于保障确认和归化该类利益的相关立法在适用上的长效性，不至于沦为措施性立法。三是在立法技术上进行转化的可能性，即受旱灾影响的利益应当适合于使用既存的相关立法技术确认、归化为相应的法益或者权利，不能使用既存的立法技术予以转化的利益则不应当被抽离。强调这种可能性可将大多数并不适合入法的旱灾防治科技性规程和政策性措施排除在旱灾防治立法体系之外，保证旱灾防治相关法律制度的纯洁性，并进而保证这些法律制度的可操作性。

第二个阶段是对已抽离涉法利益存续与勾连状态的全面揭示。利益存续状态具体是指已抽离的各项涉法利益在旱灾情境下得以充分实现的客观环境与具体条件；利益勾连状态则具体是指已抽离的各项涉法利益之间以及它们各自所内涵次级利益之间在干旱缺水状态下可能发生的相互关系。关系类型无非两种，即相互冲突抑或相互促进，前者应当是主要关系类型，但也不排除后一种关系产生的可能性。对各项涉法利益存续状态的揭示无疑将有助于旱灾防治相关法律制度规制着力点的确定和各项措施类型的塑造。

第三个阶段是对各项涉法利益及其勾连状态的价值评价。评价的内容依次包含三项：一是对所抽离利益的确认或者不确认。二是对已确认的利益之间以及它们各自所含的次级利益之间相互冲突状态的处置。具体而言，即应偏向保护何种利益？为了偏向保护，压抑甚至于舍弃何种利益？三是对已确认的利益之间以及它们各自所含的次级利益之间的相互促进状态的确认或者不确认。评价所据以展开的依据或曰理论基准依据适用时的位阶关系自上而下可列为四项：第一项为宪法规范，即与旱灾防治涉法利益相关的宪法上的规范，这类规范在价值评判中具有首先适用的效力。但需要指出的是，依据斯密特的宪法理论，宪法上的规范在位阶上也是存在区别的。第一类区别是绝对意义上的宪法规范与相对意义上的宪法规范，前者因为事关"一个特定国家的政治统一体和社会秩序的具体整体状态"而具有不可废弃性或曰永续性。①第二类区别则是针对基本权利的，基本权利依其利益本质和在法治国家中的重要性被分为绝对的自由意义上的基本权利与其他类型的基本权利，因为前者的位阶高，所以其不能够与后者一起进行利益衡量②，它们只能相互之间进行利益衡量。第二项为立法规范，即与旱灾防治涉法利益相关的法律、法规和规章上的相应规范。由于我国至今尚无旱灾防治的专门法律，又因为旱灾的本质乃是用水不足，因此，与水资源配置相关的法律规范应当成为法律层面上的主要评价依据。鉴于《抗旱条例》的专门立法性质，其所包含的系统性规范及实现性规章内容则应当成为法规和规章层面上的主要评价依据。第三项为政策规定，即由执政党、中央政府、地方政府以及政府相关部门依法制定与颁行的与旱灾防治工作直接相关的规范性文件当中关涉各类涉法利益的规定。第四项为公认的法理。在上述三项评价依据皆无的情形之下，可以适用公认的法理进行相关的利益评判。法理公认与否，应由利益评判者举证证明之。国外或者境外旱灾防治的理念、规范及其理论依据皆可归入法理，援用者除了负责证明其公认性而外，还应当证明其与国情之间的兼容性。这里强调的相关证明责任可能由立法者在论证相应法律和法规时负担，也有可能由政府及其相关部门在证立实现法律的具体项目、计划或者其他规范性文件时负担。

以上提及的三项利益评价将在根本上促成旱灾防治法律体系所含制度类型和各类制度规制范围与重点的确定，因此极为重要。

---

① 参见［德］卡尔·施密特：《宪法学说》，刘晓枫编、刘锋译，上海人民出版社2016年版，第一、二章。

② 参见［德］卡尔·施密特：《宪法学说》，刘晓枫编、刘锋译，上海人民出版社2016年版，第220—229页。

3. 涉法利益的抽离及其实态分析

基于前述干旱灾害的负面影响，我们在众多的生活利益当中抽离出了干旱灾害当中的三项基础性涉法利益，分别如下：

（1）生存利益

如果将利益界定为某种需求，干旱灾害当中涉及的生存利益就是指为达到一定程度上的生活水平或者有尊严的生活状态而对特定数量和质量的水所产生的客观需求。可以从五个方面来解析这一定义：第一，生存利益包含的需求内容甚众，干旱灾害所涉及的生存利益主要关注对水的需求，对与水基本无关的其他需求并不着意。第二，围绕水的生存利益，衡量其是否满足的终极标准只有一项，即是否使得利益主体在水的拥有和使用上可达致一种有尊严的生活状态，质言之，是否可使利益主体拥有和使用一般生活水平所必需数量与质量之水。有尊严的生活状态与一般生活水平同义，确定它们需要依据具体且呈变化状态的国情与社情，不可一概而论，亦不可有不变之定论。第三，此处所谓之生存利益在具体表现形态上乃是对特定数量与质量的水的各种客观需求。这里的客观性表现在两个方面上：一是需求类型的客观性，即需要水的具体用途应当具有必需性和普遍性，脱逸于此二性质的水的用途，并不为法所保护。根据现有的生活状态，客观的需求类型在当下主要应当包含饮用需求和卫洁需求两大类。二是需求内容的客观性，即所需求之水，乃是一定数量与质量之水。水之数量与质量将因具体需求类型之不同而各异，饮用所需之水在数量上肯定少于卫洁所需之水，但在质量上却必然要远高于后者。第四，围绕水之生存利益的享有主体主要应当是一国国民。但基于生存利益的普遍性与客观性，客居一国之内的外国人与无国籍人在法理上似无被排除在外的正当理由。第五，具备前述四点特质的涉水生存利益，其需求内容具体应为：各类主体于其所需之时，能够及时、便捷且以可承受的成本满足相关需求。"及时"强调涉水生存利益满足的时效性，需求的根本性使得这一要求在饮用需求的满足上尤显重要。"便捷"强调涉水利益满足的便利性。"可承受成本"则强调涉水利益满足的社会可承受性。

基于前述干旱灾害的脆弱性理论，旱灾所涉生存利益在我国长期以来的城乡二元化的经济和社会体制之下又可被细分为农民的涉水生存利益与城市居民的涉水生存利益。二者的内涵虽然基本相同，但实现环境却大不相同，具体表现在两个层面之上：首先，在实现条件上，长久以来，不平衡的城市化与工业化战略导致城市居民涉水利益所据以实现的各类基础设施较农民涉水生存利益而言要健全和完善得多；其次，在实现内容上，文明程度以及生活方式、水准上的长期差异又使得农民涉水生存利益所内含的需求实现方式明显落后于城镇居民的涉水生存利益。以饮用水来源为例，当下，城镇居民几乎全部依赖于市政集中供水系统，但农村居民却还有相当多数仍旧依赖于千百年来一直使用着的水窖、水井、河流等分散式自然水源，其卫生程度与水量稳定性很难与市政供水系统相比。

若再以干旱灾害脆弱性理论为分析工具，不难发现：在我国，即使是在城镇居民之间和农村居民之间，由于水文环境、经济发展水平、社会进步程度等各种客观与主观原因，旱灾所导致的涉水生存利益在实现环境上也会呈现出地域差异性，最明显的即是西北干旱、贫困地区的城镇与农村居民涉水生存利益与长江以南水量充沛、经济发达地区的城镇和农村居民涉水生存利益，在实现条件和内容上存在的巨大反差。

（2）*产业利益*

干旱灾害所涉及的产业利益是指产业参与者从事各项产业活动时的水需求，也可称为产业涉水利益。产业涉水利益的内涵可以从以下几个方面进行深入揭示：首先，产业涉水利益的内容乃是各项产业生产、经营活动对水的需求。生产活动主要针对的是第一、二产业，经营活动主要针对的是第三产业。所需求之水乃是对产业生产、经营活动而言必不可少的条件或基础，例如农业中的灌溉用水、发电中的水利用水、航运的河道流水、洗浴业的洗浴用水等，不构成产业活动基础或条件的诸如产业参与者生活用水、环境用水等并非此处的需求类型。其次，基于第一点，不难发现涉水产业利益的具体存续行业。具体而言，农业当中的绝大多数行业都是涉水利益的存续行业，只是对水的需求重要性并不相同。工业当中的采矿、冶炼、水力发电、生物化学等行业乃涉水利益的存续行业。服务业当中的航运业、洗浴业、汽车美容等行业则对涉水利益有根本性需求。最后，产业涉水利益的享有主体是具体负责各涉水产业生产、经营活动者，质言之，乃是各涉水行业经营者。从这个角度来看，将涉水产业利益称为涉水经营利益或曰涉水营业利益也是说得通的，只不过，前者强调涉水利益的产业存续领域，后者则强调涉水利益的具体享有主体。

由上段第二点可知：产业涉水利益因其存续行业的不同可被细分为种植业涉水利益，养殖业涉水利益，采矿、冶炼、发电、生物化学等工业涉水利益，航运、洗浴及汽车美容等服务业涉水利益。其中，种植业涉水利益还可细化为粮食种植业涉水利益、棉花种植业涉水利益、油料种植业涉水利益、蔬菜种植业涉水利益和林业涉水利益、草业涉水利益，养殖业涉水利益则可细化为渔业涉水利益和畜牧业涉水利益。依据前述干旱灾害脆弱性理论与国情，我们认为：由于长期以来农业水利基础设施投资欠账和基层政府、农民集体水利服务职责实现基础的欠缺，农业涉水利益的实现条件在总体上要落后于工业和服务业；在农业内各产业比较利益规律的作用之下，农业当中盈利能力较弱的粮食种植业，其涉水利益在实现条件的完备性和可持续性方面远不如其他非粮种植业与养殖业；基于规模经营效应，粮食种植业当中的集约化、商品化种植模式的涉水利益又要比家庭经营模式的涉水利益更容易实现。

(3) 生态环境利益

干旱灾害涉及的生态环境利益在内涵上可以界定为：为维持和修复正常生态状态，实现良好环境条件对一定数量和质量的水的需求，简称生态环境涉水利益。该类利益的具体内涵可以从以下几个方面进行明晰化：首先，生态环境涉水利益的具体诉求体现在两个层面之上：一是为维持正常生态或者将因干旱受损的生态修复至正常状态所需之水，二是为保持良好的环境或者将因干旱而导致退化的各项环境要素予以恢复所需之水。前者着重关注基于生态之需水，后者则重点强调基于环境之需水。从自然科学的角度上来说，生态的外延要大于环境，各项环境要素的良好状态乃是生态系统正常存续与运行的应有之义。其次，如同生存涉水利益的内涵一样，生态环境涉水利益对水也有数量和质量要求。对水的数量的要求具体是指特定生态系统正常运行和各项环境条件良好存续所需的地表水与地下水的最低容量。对水的质量要求则具体表现为两点：一是特定的生态系统和环境条件下既存数量的地表水和地下水应当符合生态学与环境学上的各项要求，不能受到外来的扰动，二是退还于特定生态系统与自然环境当中的生活、生产用剩水应当具备生态学与环境学上的质量要求，不能对生态与环境造成破坏或污染。最后，生态环境涉水利益的享有主体从本源上讲应当是一定区域内的所有人，因此生态环境用水应当是特定生态系统与环境要素所及区域内所有自然人的共同需求。但基于经济学上的正外部性理论，特定区域内的政府以及环境公益组织应当被委为本区域内生态环境涉水利益的具体主张和实现主体。

前述干旱灾害对生态环境的负面影响告诉我们，在我国，生态环境涉水利益的实现条件并不乐观。主要表现在三个方面：第一，生态环境的用水需求在长期以来的旱灾防治实践当中并未被重视，各级政府乃至于社会主体对生态环境用水的重要性至今仍旧认识不足，旱灾预防和应对措施当中专用于生态环境涉水利益保障的内容普遍缺失；第二，既有的地表水和地下水在数量上因自然因素和人为因素的影响逐渐难以应对城镇化与工业化的发展要求，生存和发展利益推动下趋涨的索水需求使得生态环境涉水利益的实现基础被严重侵蚀，这在西北干旱地区表现得尤为明显，问题也更为严重；第三，生产、生活退还环境与生态系统的废水和剩水水质普遍不高，原因很大程度上在于治理成本偏高。

4.涉法利益的勾连状态分析

上述所抽离出的三项涉法利益在干旱灾害的不同阶段会呈现出不同的勾连状态，分析这些状态对于形塑旱灾防治法律制度体系及其核心制度内容而言，意义重大。

我们首先来分析涉水生存利益与产业涉水利益或曰营业涉水利益之间的勾连状态。从总体上而言，这种勾连状态主要表现在两个层面上：（1）两项利益在干旱灾害尚未成灾的前期或曰干旱灾害预防阶段针对一定量的水将产生竞争关系，即在总量给定的水的配置层面上，一种利益实现所需水量与另一种利益实现所需水量之间必然呈现出此消彼长关系，而这种消长效应所据以产生的源泉主要有二：一是国家或者其中特定区域内人口数量可预见性地增长对生活用水的趋涨性需求，更为重要的是，随着社会文明程度和生活水平的提升，人们对生活用水的数量和质量与以前相比将有更大、更高的要求；二是随着工业化和城镇化的不断深入推进，既有涉水产业的发展规模无疑将扩大，新型涉水行业亦将不断产生，产业用水数量的涨势因此也是不难预见的。（2）两项利益在干旱灾害已经成灾或曰旱灾应对阶段面临缺水状态时将产生冲突关系，即在旱灾所导致的水供应量与正常相比出现短缺状态的情况下，涉水生存利益的充分实现必然会导致产业涉水利益的不充分实现甚至于根本无法实现,反之,产业涉水利益的充分实现亦将致使涉水生存利益的不充分实现甚至于根本无法实现。冲突关系具体表现为一种利益的不充分实现还是无法实现在根本上取决于干旱灾害的严重程度。当干旱灾害刚发生时,因为缺水状况还不很严重,一种利益的充分实现仅会部分挤占另一种利益的实现水源,不充分实现的状态因此产生;但当干旱灾害进入重大或特大阶段时,因为缺水状态已经极其严重,一种利益的充分实现势必将完全挤占另一种利益的实现水源,无法实现状态因此产生。

除了上段总体层面上的竞争与冲突关系之外,生存涉水利益与产业涉水利益之间还会产生促成的勾连关系。解释这种关系需要两个前提性准备:一是需要将生存涉水利益做广义解释,即其不仅仅是前述的对饮用与卫洁等直接用水的需求,而是针对源于水的一切生存所需。这种解释并非随心所欲,而是有着坚实的现实基础,具体就是前述第二部分当中所引述的关于干旱灾害对人们生活的诸多不利影响,尤其是导致粮食缺乏进而严重危及人的生存基础等的实况;二是需要将前述产业涉水利益的各项细化利益作为分析对象。相关分析主要表现在以下两个方面:第一,农业当中的粮、棉、油、菜等各业涉水利益的充分实现将从根本上有助于形成和巩固国民生存利益当中核心性需求实现的物质基础,涉水生存利益因此得以全面实现,这些利益之间基于此呈现出前者促成后者的勾连状态;第二,工业当中水电行业涉水利益的充分实现无疑将促成现代社会生存照顾理念之下国民必需之生活基础,涉水生存利益因此亦得全面实现,两种利益之间由此也呈现出促成性的勾连关系。

其次,我们再来分析涉水生存利益与生态环境涉水利益之间的勾连状态。从总体上而言,如果按照上段所述将涉水生存利益做广义理解的话,生态系统的正常运行以及良好环境要素的备置即构成国民生存之基础与前提,生态环境涉水利益因此成为涉水生存利益的组成部分,前者的充分实现将在根本上促成后者的充分实现,二者之间促成性勾连关系由此形成。这种促成性关系乃是生态环境涉水利益与涉水生存利益勾连状态的主流或曰"基础性色调",原因主要有三:其一,生态文明的治国理念以及环境与生态友好型发展道路为社会关系全面注入了"绿色元素",符合人格尊严的相关生存条件因此被全部置于预设的生态与环境背景当中重新形塑,生态系统与环境要素的良性运行由此成为涉水生存利益所内涵系列需求实现的基础。其二,生态环境涉水利益所内含的对水的数量和质量要求乃是涉水生存利益得以充分实现的前提。具体而言,只有良好生态和环境所要求的一定数量和质量的水备置了,国民生存所需的各项直接与间接性水需求才有满足的基础,涉水生存利益也才有可能充分地予以实现。但需要指出的是,生态环境涉水利益对水的数量和质量的要求在外延上要广于涉水生存利益对水的需求,因为前者除了要保障国民生存所需而外,还需要满足生态环境自身存续所需。其三,生态环境涉水利益在性质上与涉水生存利益之间相契合。如前所述,生态环境涉水利益以一定区域内的国民为其享有主体,生态环境的公共物品性质又使得这种享有在内容和程度上呈现出均质性或曰无差别性,这一点与涉水生存利益是基本契合的。

基于以上分析,如果某项对水的需求以生态环境涉水利益的面貌出现,则其在法理上就不可能与涉水生存利益产生冲突或竞争;如果确实产生了冲突或竞争,只能说它是一项"伪生态环境涉水利益"。实践当中的所谓"市政清洁用水"是"伪生态环境涉水利益"的典型,这些用水虽然以美化环境冠名,但在法理上却与此处的生态环境涉水利益之间并不存在关联性,它们应该是本部分所抽离三项利益之外的涉水利益类型,其内涵和外延还有待研究。

再次,我们还需探析生态环境涉水利益与产业涉水利益之间的勾连状态。鉴于上述生态环境涉水利益与涉水生存利益之间的本质契合性与实现上的一致性,生态环境涉水利益与产业涉水利益之间存在着如同涉水生存利益与产业涉水利益那样的竞争和冲突关系,为避免重复,此处不再赘述。

除了竞争和冲突关系而外,生态环境涉水利益与产业涉水利益之间还存在着促进性勾连关系的可能性,这主要表现为:农业当中的各业若采用有机生产方式,即构成所谓有机农业。有机农业因其与生态环境互惠互利型生产模式,在用水数量的节约上与返水质量的保障上均有助于促成生态环境涉水利益的实现;工业当中的污水处理产业以及采取了环境友好型生产技术的涉水产业,则分别在保障返水质量和节约用水数量等方面直接促成了生态环境涉水利益的充分实现。

最后,我们还需关注三类基础性涉水利益所内涵各项需求之间的勾连关系。这些需求之间一般呈现出的是竞争和冲突关系。具体而言,涉水生存利益当中饮用需求与卫洁需求在干旱灾害严重到一定程度时存在着产生冲突的可能,冲突表现为:挤占甚至于牺牲一类需求以满足另一类需求;产业涉水利益当中的农业、涉水工业行业以及服务行业之间的用水需求将因干旱灾害阶段演化而逐渐呈现出由竞争到冲突的勾连状态。即使是在农业、涉水工业和服务业内含行业之间,其各自间的涉水利益也会因干旱灾害的阶段性演化而呈现出相应的竞争或冲突状态。农业内各行业之间涉水利益的这种关系表现得尤其明显:在干旱灾害未发生或曰旱灾预防阶段,粮、棉、油、菜等业与林业、草业、渔业、畜牧业等各业的涉水利益之间在农业总用水的分配上存在此消彼长的竞争关系。当干旱灾害已经发生并逐渐趋重时,这些行业的涉水利益之间则表现出由部分挤占到完全替代的冲突关系。

5. 对相关利益的价值判断

(1) 涉水生存利益绝对优先性的证成

在对前述各涉法利益及其相互之间的勾连状态进行价值判断时必须

要有一个基准,运用它可以全面且便捷地审视相关利益状态。鉴于上述三类涉法利益之间的相互关系,我们将涉水生存利益的绝对优先性选作利益判断的基准。所谓"涉水生存利益的绝对优先性"是指:在既存的三类涉法利益类型当中,涉水生存利益在宪法和法律的位阶排序上当然且一直处于优先地位。这里所说的"位阶排序"具体是指因本质内涵的相似性而在法理、宪法和法律上处于同一价值位阶上的三项涉法利益,其中的涉水生存利益因内涵需求重要于其他两项利益而被优先考虑地判定状态;"当然"是指基于法理分析的正当性;"一直"则意味着只要生活实态不发生根本变化,涉水生存利益的优先地位会在相当长的时期内被确认和维持。"优先地位"主要表现为对涉水生存利益在立法上进行的优先于其他两项涉法利益的确保和实现。

涉水生存利益的绝对优先性证成首先来源于宪法层面上的基本权利或曰人权条款。现行《宪法》第一条与第三十三条第三款可以作为涉水生存利益须加优先确保和实现的理由。具体分析可从三个层面展开:第一个层面乃是对两条宪法规范的系统性解释。《宪法》第一条乃是国体条款,确立了中华人民共和国的社会主义性质,第三十三条第三款则明确了国家尊重和保障人权的基本职责或曰义务。依第一条所确立的国家性质,在逻辑上不难推出:第三十三条第三款所施赋人权尊重与保障职责(义务)的"国家"乃是社会主义性质的国家,而不是其他国体的国家。由此亦不难再推出:第三十三条第三款所确认和保障的所谓"人权",乃为与社会主义国家性质及社会构造理想相符合的人权,或者更准确地说,是由社会主义国家及其社会构造理想的"土壤"当中生发出来的人权,学界将此类人权统称为"社会主义人权",以区别于与资本主义国家和社会性质相适应的人权。社会主义人权所涵括的权利类型到底为何,自 2004 年宪法修正案颁行以来,一直有所争论,但一些基本的认识已经达成。当下学界比较统一的观点是:生存权是社会主义人权首应涵括的权利类型。因为"人作为一个社会的人，为满足其生存和发展需要应当享有的最基本的权利"①是社会主义人权乃至于一切社会人权的普适性定义。"中国主张生存权是首要的基本人权，反映了中国绝大多数人民的迫切需要和根本利益"②；第二个层面是生活实态的揭示，即根据常识和基本生活经验，饮水和卫洁用水是人源于生物性和社会性的基础性需求，构成人生存所需的核心和基础，生存权所内含的利益内容当中若不包含它们显然是无法想象的；第三个层面则是利益比较。根据前述分析，因生态环境涉水利益基于其内涵乃是涉水生存利益实现的前提和基础、构成涉水生存利益的组成部分，二者在人的生存所需这一本质上具有契合性，在它们之间进行比较意义不大，因此，我们将比较的重点置于涉水生存利益与产业涉水利益二者之间。根据前面的阐释，如果将产业涉水利益解释为营业涉水利益的话，它就构成营业利益的组成部分。在现行宪法之上，并无关于营业利益的明确规定，但可援作其证成基础的规范却不在少数，具体包括：总纲部分第十一条关于国家保护、鼓励、支持、引导和监管个体经济和私营经济的规范，第十三条第一款关于公民合法私有财产不受侵犯的规范，基本权利部分第三十三条第三款关于国家尊重和保障人权的规范以及第四十二条第一款确认公民劳动权的规范。总纲部分的两条规范在性质上是制度性规定，它们仅明确了国家的制度形成义务与所应遵循的基本原则；基本权利部分的两条规范则从本质上表明营业自由作为劳动权的一种具体表现，可作为社会主义人权的组成部分。制度形成条款并不直接产生基本权利，与基本权利条款在规范性质和类型上存在根本差异，进行价值比较的基础不存在。因此，能与涉水生存利益所依附条款进行价值比较的就只能是营业

---

① 蔡定剑：《宪法精解》，法律出版社2006年版，第244页。
② 陈志尚：《马克思的人权观在中国》，《北京大学学报（哲学社会科学版）》2012年第6期。

涉水利益所依存的基本权利或曰人权条款，据此，两项利益将共以一项人权保障条款为最终依归。根据前两个层面所进行的相关理论阐释，涉水生存利益构成生存利益的核心和基础，以生存利益为内容的生存权又是社会主义人权体系中的首要权利。因此，内含营业涉水利益的营业自由作为劳动权的具体表现，在社会主义人权谱系当中的位置明显要劣后于内含涉水生存利益的生存权。

涉水生存利益的绝对优先性还可基于相关立法予以证成。现行《水法》第四条后半句要求"协调好生活、生产经营和生态环境用水"，第二十一条第一款则明确规定："开发、利用水资源，应当首先满足城乡居民生活用水，并兼顾农业、工业、生态环境用水以及航运等需要。"立法者将表现为城乡居民生活用水的涉水生存利益置于各产业生产经营性需水之前优先予以确保和实现的立法意图由此并不难推导出来。《抗旱条例》第十四条第一款在述及抗旱规划的编制时，将"城乡居民生活用水、工农业生产和生态用水的需求"作为基本原则之一，确认三类涉水利益的意图明显；第三十六条在赋予县级以上地方人民政府旱灾发生时的水源调配权时，则将"优先保障城乡居民生活用水，合理安排生产和生态用水"明确为权力行使的约束规则，同于前段所述《水法》的立法意图不可谓不鲜明。这里需要特别指出的是，在所引四条立法规范当中，"生态环境用水"均被置于工农业等产业用水之后、航运用水之前，这与我们前面法理所阐释的生态环境涉水利益构成涉水生存利益实现的前提和基础，并在本质上与其相契合这一结论并不一致。对此可有两种解释：一种解释可认为现行相关立法规范在叙述生态环境用水和各产业用水时，并无对其所含利益需求进行排序的意图，而只是强调两种用水需求的满足应当协调进行，不可因一种用水需求的满足完全排除另一种用水需求满足的可能性；另一种解释则可直接认为这是立法者基于条款形成当时的旧理念的立法缺陷，需要进行修正。我们更加倾向于后一种解释，因为前一种解释完全排除两种用水需求产生冲突的可能性，与前面所述涉水利益相互冲突的法理以及社会实情并不符合。

（2）基于涉水生存利益绝对优先性的利益判断

在涉水生存利益的绝对优先性既已证成的前提下，农业、工业和服务业等产业涉水利益于实现层面上总体应当劣后于涉水生存利益的结论就不言自明了。这种劣后性评价只在各产业涉水利益与涉水生存利益存在竞争或冲突的勾连关系时发挥作用，作用的效果表现在两个层面之上，即水量分配层面与用水挤占层面。具体而言，在干旱灾害尚未发生的预防阶段且水资源数量给定的情况下，在优先保证涉水生存利益实现所需水量之后，才将剩余水量配置给各产业用于其涉水利益的实现；而在干旱灾害已经发生的应对阶段，当水资源数量因灾害严重短缺时，则应当首先满足涉水生存利益所需，为此，部分甚至全部挪移既已配置给各涉水产业的用水在法律上具有正当性。

除了上述两类利益在总体层面上的价值判断而外，涉水生存利益的绝对优先性也能适用于两类利益各自所内含具体需求之间竞争与冲突勾连状态的价值评判上。具体可从两个方面进行分析：首先，在产业涉水利益所内含各行业用水需求发生竞争或冲突时，因农业当中的粮、棉、油、菜业以及工业当中的水力发电业等行业涉水利益与国民生存基础之间存在着如前所述的密切关联性，因此其实现应当优先于其他行业，优先性如同上段所述具体表现在水量配置与挤占两个层面之上；其次，前段所述五类行业各自的用水需求之间产生竞争和冲突时，则应当依据各行业涉水利益的实现与国民生存利益的保障之间的紧密关系的不同进行价值排序，距离生存利益保障越近的越应当优先实现。需要指出的是，五项行业涉水利益在价值谱系之上的序列并不固定，需要结合干旱灾害演化的不同阶段，根据社会实况与生活利益的实态进行具体分析，但鉴于粮食产业之于我国国民生存保障的极端重要性，其涉水利益相对于其他各业优先予以实现的价值评判应当是可以预见的。由此，又产生了一个需要辨明的问题，即既然强调粮食产业之于我国国民生存保障的极端重要性，其涉水利益的实现依据前述又为什么要劣后于涉水生存利益？难道说对于国民的生存所需而言，粮食不及饮用和卫洁用水重要？答案当然是否定的。我们之所以将涉水生存利益的绝对优先性原理也适用于其与粮食生产涉水利益之间勾连状态的评判之上，主要是基于两种利益的实现效果与国民生存保障之间的直接关联性不同，即粮食生产涉水利益在实现效果上并不如涉水生存利益那样与生存保障直接相关。原因主要有三：一是粮食生产所需灌溉用水即使得到充分满足，也并不一定会产生粮食丰收的效果，因为灌溉用水仅是粮食生产的诸多必要条件之一，而不是全部。另外，自然灾害也在很大程度上影响着粮食产品实际获取的可能性。其二，粮食的顺利生产在本质上仅仅是获取粮食产品的基础，国民能否实际获取粮食，还取决于一国粮食产品的配置机制。在现行粮食产品基本依赖市场配置的机制中，购买能力在根本上构成国民粮食或食品获取能力的核心。其三，涉水生存利益所含的饮用与卫洁需水，在现实中乃是直接针对现存水资源的需求，水资源并不需要像粮食那样进行生产。虽然水资源配置机制当中也包含有市场，但是，水资源社会主义国家所有制及其所承载的重大公共利益使得权力配置成为水市场发挥作用的前提和基础，国家与市场这两对"有形"和"无形"之手共同构成水资源配置机制的内容，纯粹市场化的水资源配置在我国因宪法和法律障碍并不存在。

　　涉水生存利益的绝对优先性原理也存在适用上的边界。以下两种利益勾连状态，因相关利益内涵在法理上并无排序的必要，优先性原理因此也不适用：一种状态具体表现为涉水生存利益所含饮用与卫洁两类水需求的共同实现。这两种水需求基于社会生活的实际具备同等重要性，故应共同予以实现，不存在何者优先的问题；另一种状态则具体表现为涉水生存利益与生态环境涉水利益的促进实现,即后者的充分实现必将促进前者的充分实现,前者的充分实现在一定程度上也是后者的实现。这种关系主要源于前述分析所展现的两种利益在本质上的契合性以及生态环境涉水利益之于涉水生存利益的基础性和前提性。

6. 涉法利益及其勾连状态的法律实现

经过价值判断的相关涉水利益及其勾连状态在法律上最终将以两种途径予以实现:一种途径是将相关涉水利益转化为法律上的权利或者利益(也称法益),另一种途径则是将相关涉水利益之间的勾连状态塑造为既已转化而成的权利或者法益的实现机制。下面我们将详述之。

(1) 相关涉水利益向权利或者法益的转化

依据利益法学原理,涉法利益经由价值判断之后可被立法转化为权利或者法益。权利与法益之间的最大区别仅在于前者被赋予了一种可对外主张的"外壳",即主动实现之权能。相关利益被转化为权利或者利益的主要依据乃是利益被赋予对外主张权能的现实可操作性。当具备这种可操作性时,利益被形塑为权利,相反,当不具有这种可操作性时,利益则被形塑为法益。

纵观上述经过宪法和法律价值评判的三种涉水利益,我们认为,涉水生存利益与产业涉水利益二者在被形塑为权利的可操作性上并无多大障碍。这种可操作性具体可以从三个方面分析:首先,在利益享有主体上,两种涉水利益均有类型明确且法律地位确定的享有主体,即一国国民或曰公民与表现为自然人、法人或者非法人组织的企业经营者。其次,在利益内涵的实现上,两种涉水利益所含需求类型均构成既有的基本权利及其实现性权利的必备内容,一旦被转化为权利,在主动实现性权能的塑造上具备法理上的正当性与技术上的便捷性。正当性表现为:两种涉水利益所转化之权利在权利系谱之上可以既有基本权利及其实现性权利的下位权利面目出现，上位权利的积极权能一般构成下位权利形塑的权源基础，基于上位权利积极权能之上的下位权利必然应具备主动实现性的积极权能。便捷性则表现为：两种涉水利益所转化之权利，在具体塑造积极实现性权能时，可直接借鉴其上位权利的实现机制，一般并无立法技术上的创新负担。两种涉水利益当中，如上述，前者所含需求类型构成生存权的首要内容，生存权因此可为其权利转化的上位权。后者所含需求类型则构成财产权、营业权的必要内含，相比而言，内含于劳动权之中的营业权可作为其权利转化的上位权。最后，在利益受损后的救济上，两种涉水利益因其前述享有主体与内涵需求上的特色，主张救济的主体极易明确，受损程度亦不难确定。

涉水生存利益与产业涉水利益转化而成的权利类型应当为取水权。依据本部分上述涉水生存利益的绝对优先性原理，为充分实现两种涉水利益所含需求，取水权应当依据两种利益所含基本需求进行细化塑造。具体而言，前者应被塑造为以饮用与卫洁需求为内核的取水权，可以命名为生存取水权；后者则应当被分别塑造为粮食生产取水权、非粮农业生产取水权、发电取水权、其他涉水工业取水权等权利类型。

作为第三种涉法利益的生态环境涉水利益，其是否应当被转化为权利，我们的答案是否定的，原因在于这种利益在现阶段并不具备权利塑造的可操作性。具体表现有三：首先，生态环境涉水利益的享有主体并不明确，因为生态环境的外部性与公共物品特性决定了获益主体数量上的不特定性与生存边界上的不可确定性。其次，生态环境涉水利益在其所含需求的实现上无法确定。生态环境的外部性与公共物品性也决定了各类主体从其中所获利益的无法确定性。更为重要的是，在现行法理之上，生态环境涉水利益除了能够作为生存涉水利益实现的前提与内在构成归入生存权而外，并无明确的权源依归。最后，生态环境涉水利益的救济上，其是否受损、受损时所涉主体为何、受损程度为何等均不易查明，在很大程度上需要依赖正在发展着的生态与环境科学研究成果。

不适合被塑造成权利的生态环境涉水利益只能被转化为法益。这种法益在本质上不同于私人利益，公共利益的内涵应当更多一些，基于此，其实现主体最好被确定为政府。具体由哪一级政府负担实现职责，则应当依据生态环境涉水利益所含需求的存续范围而定。但可以肯定的是，中央与地方各级政府在法理之上都承担有充分实现其地域范围之内相关生态环境涉水利益的职责，因此，相关法制在具体形塑时，厘清各级政府利益实现职责应为重点和关键所在。

（2）涉水利益勾连状态向权利或法益实现机制的转化

此处所谓权利或法益实现机制的塑造应当以相应涉水利益之间不同的勾连状态为依据，但凡有助于权利或法益实现的勾连状态，皆应肯认并促成之，但凡不利于权利或者法益实现的勾连状态，皆应明辨并协调之。

基于涉水生存利益的绝对优先性，我们得出以下 8 点结论：①生存取水权在任何时候都应当优先保证实现；②生存取水权得以实现的各项物质基础与条件应当备置；③生存取水权与各项涉水产业取水权在内含利益发生竞争时，应当设置优先保障生存取水权实现的水量分配制度；④生存取水权与各项涉水产业取水权在内含利益发生冲突时，应当设置优先确保生存取水权实现的应急保障制度；⑤各涉水产业取水权所含利益发生竞争时，应当依据各自与生存取水权所含利益的远近距离，设置保障有别的水量分配制度；⑥各涉水产业取水权所含利益发生冲突时，应当依据各自与生存取水权之间的远近距离，设置水权调整性制度；⑦鉴于生态环境涉水利益与生存取水权之间的密切关联性，应当设置二者的共同实现制度；⑧应当以各产业涉水利益与生态环境涉水利益实现的基础性要求为基础，设置各涉水产业取水权与生态环境涉水利益实现的条件保障制度。

（三）旱灾防治措施的法理解读

1.旱灾防治措施的内涵

旱灾防治措施在法理上是指直接作用于干旱灾害的措施类型。我们可以从以下几个方面深入解读该内涵：（1）旱灾防治措施以干旱灾害本身为直接作用对象，并不涉及相关涉水利益及其勾连状态的抽离与评判。（2）基于第一点，旱灾防治措施具有鲜明的工具性，利益判断上的中立性使得它具备普遍适用性。（3）旱灾防治措施所含措施类型主要作用于两个方面：一是干旱灾害是否发生以及发生时灾情的判定，二是减缓干旱灾害演化的速度。（4）强调旱灾防治措施工具性和在利益判断上的中立性并不意味着其与旱灾相关涉水利益的评判毫无关系，相反，二者之间的关系是密切的。具体体现为：前者对后者具有促成和保障作用。促成作用体现为：作用于干旱灾害判定的相关措施类型乃是相应涉水利益及其勾连状态抽离与评判之基础和前提，若无法确定干旱灾害发生的时点、类型及其演化程度，涉水利益既无抽离之可能，利益判断因此也不可能展开。保障作用则体现为：旱灾防治措施从人力、物力和财力等外在层面保证经过价值评判的涉水利益得以充分实现。此类保障因以经价值判断既已确定的涉水利益状态为作用对象，并不涉及评判性内容，所以具备价值中立性，能够普遍适用。质言之，无论经过价值判断的涉水利益状态为何，均有此类保障性措施发挥效用之必要性。（5）依本部分前述，在管理学上，因旱灾风险治理往往被确立为政府职责，旱灾防治措施的类型相应地也基本体现为各种公法行为，尤其是行政行为。因此，法治国理念下的行政法基本原则都应当被作为旱灾防治措施形塑之法理依据。（6）旱灾防治措施分别以干旱灾害预防与应对为存续领域，措施内容呈现出类型化特征。

2.旱灾防治措施类型及其法理审视

依据上段内涵,通过分析我国《抗旱条例》及其他灾害及旱灾防治立法体例的内容,我们将旱灾防治的基础性措施类型归纳为以下几类:

(1) 组织性措施

此类措施主要以形塑参与干旱灾害防治活动的各类公私法组织体为内容。对公法组织体参与旱灾防治的具体职责及其实现机制的形塑是公法组织性措施的核心。公法组织体既包括立法层面上的组织体,也包含行政执法层面上的组织体。私法组织性措施的核心则是根据干旱灾害成灾与演变过程确认参与灾害各阶段的私法组织类型及其所承担的具体义务以及相关权利,对各类私法组织体参与干旱灾害防治行为的扶助、激励与促成等也常常成为此类组织性措施的内容。

我国《抗旱条例》当中的大多数条款涉及旱灾防治行政主体的职责规定,少数条款则涉及社会组织、抗旱服务组织、基层自治组织、供水企事业单位等司法主体的义务规定。美国1998年的《国家干旱政策法》主要对"国家干旱政策委员会"这一立法咨询性组织的构成、职权以及运作机制等做了规定。日本2003年修订的《灾害对策基本法》则主要对国家、都道府县、市镇村、指定公共机关、防灾会议、紧急灾害对策本部等公法组织的灾害防治权力进行了详细且全面的罗列。

(2) 信息性措施

此类措施主要以干旱灾害研判所必需信息的收集、分析、发布及有效利用等为内容,具体涉及各类信息性措施实施的权源、程序、法律机制与后果等。信息措施所据以发挥作用的平台构建也常常成为信息性措施当中的内涵内容。

我国《抗旱条例》"旱灾预防"及"抗旱减灾"两章当中均有涉及干旱灾害信息监测、预报与发布等内容的条款。美国2006年制定了

《国家干旱综合信息系统法》,并于2014年修正,该法对国家干旱综合信息系统的构成与运行等做了专门性规定。

(3)保障性措施

此类措施主要以旱灾防治所需物资的储备与资金尤其是财政资金的保障、被灾司法主体经由保险方式分散其风险与损失等为内容。旱灾防治物资储备涉及储备物资类型的确定、储备职责与义务的确认、储备物资动用的条件与程序等。旱灾防治资金保障涉及资金来源、资金管理、财政资金的预算保证、资金动用与效果评估等。旱灾保险则涉及干旱灾害风险的分散可资利用的保险项目、商业保险与政策性保险的具体运作机制等。

我国《抗旱条例》当中对上段所述保障性措施有原则性条款,规章层面则仅有关于旱灾防治物资储备的专门规定。国外立法例当中尚未见关于旱灾防治保障性措施的专门立法,美日仅在其农业保险性立法当中,涉及农业干旱灾害风险的保险问题。

从公法角度审视三类旱灾防治措施,我们不难得出以下制度构建方面的基本准则:(1)公法组织性措施在本质上多为行政内部行为,因其一般并不涉及私法主体的权益,所以裁量空间较为宽阔,但仍需受到两项原则的制约:一为效率性原则,即所塑造的旱灾防治相关公法组织体在旱灾防治上应当高效,切忌叠床架屋式的组织架构。二为充分与便捷原则,即为旱灾防治公法组织所设定的职权(责)应当成为相关涉水利益充分实现足可依靠且便于利用之工具。(2)私法组织性措施因涉及私法权益的享有和实现,在形塑时应当遵循三项基准:第一,在组织类型的承认上,应当严守结社权和营业权等基本权利的边界。第二,对私法组织体的相关义务设定应当严格遵循比例原则。第三,应当赋予因相关义务履行而受有特别牺牲的私法组织体以公法补偿请求权。(3)信息性措施在本质上一般均为事实行为,因不产生公法上的法律后果,所以受到法律优位原则的约束较弱，但在旱灾信息发布这一情景当中，却仍需强调法律优位性，原因在于：旱灾信息发布与旱灾防治信息收集和分析存在法律性质上的重大差异。具体而言，旱灾防治信息收集和分析等均为内部事实行为，一般不产生对外的事实效果，但旱灾信息发布却是外部事实行为，其有可能对私法权益产生两个层面上的事实影响力：一个层面是对相关涉水利益主体的利益实现行为会产生实际上的引导作用，另一个层面则是会直接激发一系列关涉相应涉水利益及其他私法利益的干旱灾害预防与应对措施。（4）保障性措施均有可能涉及公共财政资金的使用，因此应当注意遵循三个方面的准则：一是预算准则，即一切包含公共财政资金使用性内容的措施，其动用都应当具备明确的预算依据；二是政府采购准则，即具备预算依据的采购性财政资金动用行为应当严格遵守政府采购法上的实体和程序性规定；三是公平性准则，即包含受益性内容的财政资金动用行为（补贴是典型），应当在受益主体的选定、受益内容的确定以及受益效果的评估等方面保证形式和实质意义上的公平性，反对厚此薄彼。

（四）旱灾防治法律体系

1. 旱灾防治法律体系的内涵

基于本部分以上已经揭示的范畴与理论，我们将旱灾防治法律体系的内涵简要地概括为：依据旱灾防治相关法理形塑的各类旱灾防治核心法律制度所组成的具有特定逻辑美感的规范群。要想深入理解该内涵，需要注重关注以下几点：

首先，旱灾防治法律体系直观地表现为旱灾防治的各类核心性法律制度所构成的规范群。所谓"核心性"是指相关防治制度以干旱灾害存续领域当中的基础性利益关系以及预防与应对干旱灾害所需之节点性措施为其内容。

其次，上述各类旱灾防治核心性法律制度均以本部分所述及的干旱灾害涉水利益及其勾连状态的法理分析与干旱灾害防治措施的法理审视等理论为基础建构或形塑，是具有坚实法理基础并因此容易证立的系列法律制度。

再次，旱灾防治核心性法律制度所含规范群具有立法技术上的逻辑美感。这种美感性要求主要表现为：(1)规范群的层级性，即相关规范之间应当具备"上级规范—下级规范"或者"本规范—派生规范"这样的位阶关系，权利（力）塑造性规范尤其应当如此；(2)规范群的顺畅性，即相关规范之间不应当存在内容上的重复与冲突，在适用上顺利通畅；(3)规范群的周延性，即相关规范在确定特定的调整范围或者规制领域时应当全面涵括可抽离的利益关系，尽量不要存在遗漏，以免产生立法层面上的规范缺陷；(4)规范群的可实现性，即相关规范之间应当具备促进实现性关系，权力规范应当附随实现机制性规定，权利规范不能或缺权能与救济性规定，实体规范应当配套程序性内容，组织性规范则应包含组织体运行规则。

最后，基于第二点，旱灾防治法律体系在本质上乃是相关法理的规范转化，因此它首先应当是一种应然性的法制形塑或者建构模型，可以用作审视或者评判既存法制的基准，但同时，它也是一种实然性的立法建议，亦可直接用作弥补既存法制之缺漏与建构全新之制度。

2.旱灾防治法律体系的形塑原则

根据本部分前述内容，我们将旱灾防治法律体系的形塑原则确定为两点，它们分别作用于两个层面之上。

(1)"防治兼顾、重视预防"的外部原则

之所以称"防治兼顾、重视预防"原则为外部原则，是因为该原则主要用于厘清旱灾防治法律体系所能发挥作用的最大外延，即所能调整或者发挥规制力的社会关系类型,亦即所能涵括的相关利益关系。

从本源上讲,"防治兼顾、重视预防"原则乃是旱灾风险管理理念在立法上的方法论转化,因此后者为前者的适用常常提供理论基础。依此原则,我们得出以下结论:①旱灾防治法律体系所涵括的核心性法律制度主要应当在干旱灾害预防与应对两大领域发挥作用,要能够尽量全面地反映和囊括这两大领域内的社会关系实态与关键性利益诉求;②旱灾防治法律体系各项核心法律制度依其规范内容都可分别划归于干旱灾害预防型法律制度与干旱灾害应对型法律制度;③以干旱灾害实际发生为原点,旱灾预防型法律制度所能发挥作用的最远坐标,根据前述干旱灾害风险管理的相关理论,可标至干旱信息的收集与监测;④依据干旱灾害风险管理的有益经验,旱灾防治规划乃是干旱灾害预防型措施的核心与关键所在,旱灾应急预案虽然规定的是干旱灾害发生后的各项应对措施,但基于惯例,其惯常被列入旱灾防治规划当中;⑤以干旱灾害实际发生为原点,旱灾应对型法律制度的最远坐标,根据前述干旱灾害风险管理理论,可标至旱灾结束后的重建。

在此处,需要特别指出两点:其一,依据"防治兼顾、重视预防"原则所形塑出的旱灾预防与应对型二元法制构建思路并未被本研究成果所遵循,旱灾防治核心法律制度类型的建构均以下述的内部性原则为基准。之所以这样做,原因主要在于:此原则的解读因过分依赖风险管理学而显得法学意味不浓。其二,灾后重建作为干旱灾害应对型法律制度的内容,因其内容偏重于政策学与管理学,我们并未全面予以构建,而仅是选择其中最核心的风险分散方式——保险进行了法制演绎。

(2)"全面与公平"的内部原则

之所以称"全面与公平"原则为旱灾防治法律体系建构的内部原则,是因为该原则主要被用于形塑旱灾防治法律体系所应涵括的核心性制度类型。

"全面性"原则要求旱灾防治法律体系所含核心性制度的形塑应当全面反映和涵括上述所抽离的三项旱灾涉水利益及其勾连状态与经过法理审视的基础性旱灾防治措施。"公平性"原则源于本部分所述我国城乡二元旱灾脆弱性现状及其矫正性需求,要求在形塑各项干旱灾害防治核心法律制度时,若遇城乡二元体制所导致的相关涉水利益实现障碍,应当有针对性地设置扶助、倾向于弱质利益的制度内容,以保障实质公平。

3.旱灾防治法律体系的核心制度类型

依据上述两类三项形塑原则,我们将我国旱灾防治法律体系的核心制度罗列为:旱灾防治主体(组织)法律制度、旱灾防治规划法律制度、旱灾防治信息法律制度、旱灾防治基础设施法律制度、旱灾防治利益协调法律制度与旱灾防治保障法律制度六类。以下各部分即依据这六类法律制度分别予以建构。

第二章
我国旱灾防治对策的历史探究

一、古代旱灾防治对策

根据历代史书、地方志、宫廷档案、碑文、刻记以及其他文物史料可知，我国古代旱灾频发，且灾情严重程度和次数都非常惊人。

（一）各时期旱灾概况

1. 远古旱灾

远古时期的旱灾在古代文献中有零星记载。《淮南子·本经训》载："尧之时，十日并出，焦禾稼，杀草木，而民无所食。"《山海经·海外西经》载："女丑之尸，生而十日炙杀之。"这些文献虽然可能有些虚构的成分在其中，但却描绘出了远古旱灾的惨烈情形。

2. 夏商周旱灾

夏朝流传下来的旱灾记载并不多。《竹书纪年》载："胤甲即位，居西河，天有孽，日并出"，意思是夏朝的第六位国王胤甲即位，建都于西河城，上天认为胤甲有劣迹，十日并出。古代先民由于受鬼神思想影响以及缺乏气象常识，一旦遇到高温、干旱天气，就认为是有妖孽作怪，常以"十日并出"这样的词语予以表述。

到了商朝，关于旱灾的记载逐渐变多，比如各家典籍均记载商汤有七年之旱。《汉书·食货志》记载晁错的话："尧、禹有九年之水，汤有七年之旱。"《管子·轻重篇》记载："汤七年旱，民有无粮卖子者。"《通鉴前编》记载："十有八祀，伐夏桀，放之于南巢；三月，商王践天子之位，是岁大旱。"《竹书纪年》中关于商朝大旱的记载更为详细："十九年大旱，氐、羌来贡；二十年大旱，夏桀卒于亭山，禁弦歌舞；二十一年大旱，铸金币；二十二年大旱；二十三年大旱；二十四年大旱，王祷于桑林，雨。"

查阅《史记》《竹书纪年》《汉书》《春秋》等史籍可知，在两周八百六十七年间，旱灾发生的次数多达三十次，灾情有的极其严重。如周厉王二十一年至二十六年，连续六年大旱。关于这场旱灾，《诗·小雅·雨无正》记载："浩浩昊天，不骏其德，降丧饥馑，斩伐四国。"再如自周宣王末年到周幽王初年的旱灾，《大雅·召旻》载曰："如彼岁旱，草不溃茂；如彼栖苴，我相此邦，无不溃止。"《春秋繁露·郊祀》记曰："周宣王时，天下旱，岁恶甚，王忧乏。"《帝王世纪》记曰："……王以不雨，遇灾而惧，整身修行，期欲以消去之。"然而无论是祈祷还是"整身修行"，都未能感动上天，旱情并没有得到缓解。这场旱灾连同其他天灾，是促使西周统治衰亡的极其重要的原因。

3. 秦汉旱灾

据《史记·秦始皇本纪》《汉书》和《后汉书》等记载，秦汉四百四十年间，共发生旱灾八十余次。另据《西北灾荒史》统计，"两汉425年中，西北地区共发生旱灾（推断灾区包含西北部分地区者亦在内）八十二次"[①]。这些旱灾对当时的社会经济和政治影响巨大，并且涉及的地理范围也很广，动辄波及数十个郡国。如《汉书·武帝本纪》记载的汉武帝元鼎三年发生的一次关东旱灾，"郡国四十余饥，人相食"。

---

① 尧水根：《先秦至秦汉水旱灾害略论》，《农业考古》2013年第4期。

4. 魏晋南北朝至隋唐旱灾

三国、两晋时期，长江黄河两个流域间，灾害连年。有学者对《三国志》《晋书》《宋书》《南齐书》《梁书》《陈书》《魏书》《北齐书》《周书》及《北史》《南史》《资治通鉴》等文献仔细核查，发现这一时期共发生旱灾158次，平均每2.28年就发生一次①，其中有的十分严重。如《晋书·怀帝本纪》载："江、汉、河、洛皆竭，可涉"，四条大河都干涸了，人都可以从河道通过，旱情之烈可见一斑。两晋之后，在南北朝割据的一百六十九年中，发生大小旱灾七十余次。如《南史·宋前废帝本纪》载："孝武帝大明七年，东诸郡大旱，甚者米一升数百，京邑亦至百余，饥死者十有六七。"当时旱灾发生之后，其结果往往酿成严重饥荒。《魏书·世宗本纪》载："世宗景明二年，三月，青、齐、徐、兖四州大饥，民死者万余口。明年，河州大饥，死者二千余口。"

隋朝自统一到灭亡的三十七年间，有记载的大旱共有九次。唐朝留存记录下来的旱灾共计一百二十五次，其旱灾的频次和猛烈程度都远超前代。如："贞观十二年，吴、楚之巴蜀州二十八旱，冬不雨，至于明年五月，饥，人相食"（《唐书·五行志》）。"贞元六年，春，关辅大旱，无麦苗；夏，淮南、浙西、福建等道大旱，井泉竭，人渴死者甚众"（《唐书·德宗本纪》）。

5. 宋元旱灾

两宋期间，据史书记载共计旱灾一百八十余次。《中国救荒史》记载："太宗太平兴国二年，正月，京师旱。淳化元年，正月至四月不雨，河南、凤翔、大名、京兆府，许、沧、单、汝、乾、郑、同等州旱。七月，开封、陈留、封丘、酸枣旱，八月，京兆、长安八县旱，十月，

---

① 甄尽忠：《论魏晋南北朝时期的旱灾与赈济》，《吉首大学学报（社会科学版）》，2011年3月。

乾、郑二州，河南寿安等十四县旱。"元朝统治的一百多年里，受旱灾总计八十六次。其中较为严重的有："成宗元贞二年，八月，大名、开州、怀、孟、武、陟等县旱。九月，莫、献二州旱。十月，化州旱，十二月，辽东开元旱"（《元史·成宗本纪》及《五行志》）。

6. 明清旱灾

明代二百七十六年间，史书记载的旱灾就有一百七十四次，如："明世宗嘉靖二年，九月，南北畿、山东、河南、湖广、江西俱旱；应天、苏、松、淮阳、徽、池等十四郡及徐、滁等地为甚"（《明史·世宗本纪》《五行志》摘引）。再如："明神宗万历二十九年，二月，至五月，畿辅内外半年不雨，旱。又云南省城夏秋不雨；澂江自二月至六月不雨，大旱；贵州夏四月不雨，旱，又京房大旱。五月，贵州大饥"（《明史·神宗本纪》《五行志》）。

清朝统治二百六十余年间，相关资料和史书记载的旱灾共计发生二百零一次，在频次上是历朝最多的。其中较为严重的有："顺治三年，秋，萍乡、万载大旱；平乐、永安州大旱，二月至八月始雨；台州自三月不雨至于五月；绍兴府自四月至八月不雨；金华府属旱；东阳自四月至九月不雨；浦江旱；南昌各府自五月至十月不雨，大旱"（《清史稿》卷四三《灾异志》）。"嘉庆七年，四月，京师旱；五月，金华、江山、常山旱；六月，武昌、汉阳、黄川、德安、咸宁、黄冈、安陆旱；八月，宣平、嵊县、南昌、临江旱"（《清史稿》卷四三《灾异志》）。

（二）古代旱灾的特征

1. 死亡人数巨大

上述历史告诉我们：旱灾给社会和文明造成的破坏，其实要比其他灾害严重得多，只是因为其渐进性和累积性，人们的感觉不如洪水、地震等即时性灾害那样剧烈和明显而已。以明清期间的旱灾为例,共计发生死亡一万人以上的旱灾就达二十二次,其所造成的死亡人数居诸灾之首。再如1876年至1879年发生的华北大旱灾使得山西、河南、陕西、直隶等省死亡人口达950万至1300万。

2. 时空上的持续性和普遍性

从空间上讲:第一,一次旱灾的波及范围常常呈现出面状散布特征。尤其是明末、清末的一些特大型旱灾,波及范围往往不止于一州一县,而是横跨数省,如明末崇祯年间的旱灾就波及整个华北、西北地区,史书对此的描述是"赤地千里"。第二,从旱灾发生的地点看,几乎没有哪一个地方未发生过旱灾,旱灾的发生地点具有多元性和广泛性,形成无处不灾、无处不荒的现象。

从时间上讲:第一,不同于水灾、地震,旱灾的发生往往是一个长期、渐进的过程,其持续时间可以长达数月乃至数年。还是以明末崇祯年间的旱灾为例,这场旱灾从1627年开始一直到1640年结束,整整持续了十四年。旱灾形成的这种渐进性使得人们容易麻痹大意,一旦成灾,后果往往难以挽回。第二,从次数上看,旱灾发生的次数是非常频繁的,尤其是到了明清时期,经常会有连年旱灾和一年几旱的现象发生,形成无年不灾、无年不荒的现象。

3. 旱荒紧密相连

荒即饥荒、灾荒,古时称之为饥馑。《墨子》载:"一谷不收谓之馑;二谷不收谓之旱;三谷不收谓之凶;四谷不收谓之馈;五谷不收谓之饥馑。"《穀梁传》云:"五谷不升为大饥;一谷不升谓之嗛;二谷不升谓之饥;三谷不升谓之馑;四谷不升谓之康;五谷不升谓之大侵。"旱灾发生后往往会伴随因粮食供给不足而导致大量人员因饥饿而死亡的恶果发生。在这种情况下,如果政府不能及时有效的救济,势必会造成社会秩序的动荡，甚至影响到一个朝代的覆灭。古时诸多农民起义均是源于饥荒。由"灾"而"荒"、由"荒"而"乱"似乎是中国古代社会变迁的一条"铁律"。

4.损害的间接性

不像地震、水灾这类自然灾害可以直接对人类生命造成威胁，旱灾由于持续时间长、成灾面积广，虽不会对生命造成直接威胁，但却绝对会对农作物及农业生产力造成巨大的破坏，最终造成饥荒以及由饥荒引发的瘟疫。从上述的相关史料来看，旱灾发生后，市场上常会出现粮食供不应求所引发的"粮贵物贱"的情形，此种情形会对灾区的社会经济造成根本性的损坏。灾害导致的人口大量死亡也会使整个社会的劳动力锐减、土地大量荒废。

（三）古代旱灾防治理念和措施

1.天命主义的禳弭论及其巫术式旱灾防治措施

天命主义的禳弭论最早可追溯至商朝。当时，由于社会生产力低下，人类对于自然界的支配能力相对薄弱，对于旱灾等自然灾害、粮食的丰歉以及其他不能理解的现象均认为有"天帝"主宰，甲骨文中就有记载："庚戌卜贞，帝其降堇。"（《殷墟书契前编》）"今二月，帝令不雨。"（《铁云藏龟》）到汉朝时，董仲舒的"天人感应"学说进一步丰富了禳弭论的内涵，其典型表现是以更加复杂的阴阳五行理论来解释灾害的发生。《春秋繁露》记载："大旱雩祭而请雨，大水鸣鼓而设社，天地之所为，阴阳之所起也。或请焉，或怒焉，何如也？曰：大旱，阳灭阴也。阳灭阴者，尊厌卑也。固其义也虽大甚，拜请之而已。敢有加也？大水者，阴灭阳也。阴灭阳者，卑胜尊也。以贱凌贵也。逆节，故鸣鼓而攻之；朱丝而胁之。为其不义。此亦春秋之不畏强御也。变天地之位，正阴阳之序。贞其道而不忘其难，意之至也。"

天命主义的禳弭论在实际贯彻当中就表现为巫术式的旱灾防治措施。用巫术祈雨的记载，自商朝以来有很多。如《帝王世纪》记载："汤时大旱。殷史曰：卜当以人祷。汤曰：吾谓宜自当。遂斋戒、剪发、断爪，已为牺牲，祷于桑林之野，告于上天，已而雨大至。"《后汉书·顺帝本纪》记载："阳嘉元年，春二月，京师旱，庚申，敕郡国二千石各祷名山岳渎，遣大夫谒者诣嵩高首阳山，并祀河洛，请雨。甲戌，遣侍中王辅等持节分诣岱山、东海、荥阳、河洛，尽心祈焉。"《元史·张养浩传》记载："关中大旱饥，民相食。拜张养浩为陕西行台中丞，既闻命，登车就道，经华山，祷雨于岳祠，泣拜不能起。天忽阴翳，一雨二日。及到官，复祷于社坛，大雨如注，水三尺乃止，禾黍自生。"随着道教、佛教思想的逐渐融入，巫术式祈雨逐渐演化为年节时的祀神娱神、立庙造像、贡献牺牲以及特定的道德操行等措施类型。

若是以现代科学的角度观察，天命主义的禳弭论无疑是毫无科学依据的，但对当时的统治阶级来说，这却是他们维护封建统治的重要手段，同时也起着稳定人心、安定社会的重要作用。

2.灾后救济论及其相关措施

（1）临灾应对三策——赈济、调粟、养恤

许多古籍文献对赈济有着详细的记载。《康济录》中说："救荒有赈济、赈粜、赈贷三者。名既不同，用各有体。……赈济者，用义仓米施及老、幼、残疾、孤、贫等人，米不足，或散钱与之，即用库银籴豆、麦、菽、粟之类，亦可。务在选用得人。""救荒……有三便。曰：极贫民便赈米；次贫民便赈钱；稍贫民便赈贷。"可见赈济其实就是在旱灾或其他自然灾害发生后,政府通过行政指令的方式将义仓①中的钱粮发放给受灾之人,以解其困。赈济思想,以现代人的角度观之,体现的其实是一种生存权保障的思想,但在古代却归属于"仁政"理念的范畴。

赈济根据的内容不同可分为三类,即赈谷、赈银和工赈。赈谷是历代政府遇旱急救中最常用的方式,记载很多。如:"文帝后六年,夏,大旱蝗,……发仓庾,以赈民"(《汉书·文帝本纪》);"大观三年,江、淮、荆、浙、福建旱,……发粟赈之"(《宋史·徽宗本纪》);"永乐十四年,北京、河南、山东旱,发粟一百三十八万石赈之。"(《通鉴纲目三编》引明成祖时事)发谷物以赈济灾民,有时因运输不便,因此也有以银赈济的方法,如:"元祐八年,十二月丁巳,出钱粟十万,赈流民"(《宋史·哲宗本纪》);"嘉靖二十四年,岁侵,诏发内帑银三万两,赈济饥民"(《续文献通考》)。工赈即灾民用劳动力帮助政府建筑施工以换取粮食、钱财的方式。《晏子春秋》记载:"齐景公之时,饥。晏子请为民发粟,公不许。当为路寝之台,晏子令吏重其凭,远其兆,徐其日,而不趣。三年台成,而民赈。故上悦乎游,民足乎食。"《渊鉴类函》记载:"卢坦为宣州刺史,江淮大旱,当涂县有渚田久废,坦以为岁旱,苟贫人得食取佣可易为功,于是渚田尽辟,借佣以活者数千人。"《宋史·食货志》记载:"熙宁八年,夏,吴越大旱,赵清献公傪民完城四千一百丈,为工三万八千,计佣与钱粟。"

调粟渊源久远,影响广泛,留存下来记载也很多。调粟主要有两个层面的内容:其一,灾害发生后,政府通过行政手段将受灾区域外的粮食调拨到灾区,以缓解旱灾后的粮食短缺问题,即移粟就民;将灾民移往灾区之外,以减轻受灾区域的压力,即移民就粟。《孟子》记载:"河

---

① 义仓是旧时古人储粮备荒的一种社会习俗,于隋朝开皇五年创立。隋朝时期义仓和社仓可以互称,到了唐朝义仓和社仓的概念逐步分离出来,义仓一般由州县一级政府设置,社仓由社(百姓二十五家为一社)一级设置。

内凶，则移其民于河东，移其粟于河内。河东凶亦然。"《大司徒》记载："大荒大札，则令邦国移民通财"。《隋书·食货志》记载："开皇十四年，关中大旱，饥，令百姓就食"；《旧唐书·高宗本纪》记载："咸亨元年，天下四十余州，旱及霜虫，百姓饥乏，……诏，令往诸州逐食。"

其二，政府介入并干预粮食市场，以稳定粮食价格，保障百姓生活，即平粜政策。平粜政策出现得很早。早在周朝就有"地官"一职，负责一年粮食的丰歉来给市场上的粮食定价。到春秋战国时期，经管仲等人补充，创立了平粜法，即根据一年中大、中、小饥的不同，定粜出的多少。《汉书·食货志》记载："粜甚贵伤民，甚贱伤农，民伤则离散，农伤则国贫。故善平粜者，必谨视岁，岁有上、中、下熟，大熟则上粜，三而舍一；中熟则粜二；下熟则粜一，使民适足，价平则止。小饥则发小熟之所敛；中饥则发中熟之所敛；大饥则发大熟之所敛，而粜之。故虽遇饥馑水旱，粜不贵，而民不散，取有余，以补不足也。"

养恤主要包括施粥和居养两个方面的内容，分别解决灾民吃和住的难题。《康济录》记载："饥馑殊甚，卖牛畜，老弱辗转，少壮流移，甚或饿死于道。廷议赈恤，但饥民甚多，钱、粮绝少，惟作粥一法，不须防奸，不须审户，至简至要，可以救人。""救荒法，无如煮粥善。相应先尽各州县见在仓粮，尽数动支，又动本院赎银，收买米、豆、杂粮，煮粥接济。然所谓救荒无奇策者，患在任之不真，任之不力耳。若有真心，自有良法。又何灾不可弭也。"这些记载体现出养恤一法的重要性，同时认为其重要性远超赈济。关于施粥措施，早在战国时期就有"齐大饥，黔敖为食于路，以待饥者而食之"这样的记载。自汉以后，该措施施行增多，如《魏书·孝文帝本纪》载："太和七年，……以冀、定二州饥，诏郡县为粥于路以食之。六月，定州上言：为粥给饥人，所活九十四万七千余口。九月，冀州上言：为粥给饥民，所活七十五万一千七百余口。"居养是旱灾发生后,政府临时收容灾民的政策。历朝政府于灾后往往会在各地方设立一些收容场所,以安民、给药、抚婴。有的朝代还有常设的收容场所,如居养院、安济坊、福田院等。

从相关史实来看,上述二策当中的施粥虽能解灾民的一时之需,但却也存在诸多弊端:其一,由于缺少监督,主持施粥的人往往会徇私舞弊,致使施粥一法流于形式;其二,由于施粥一法只能在城镇附近施行,偏远村庄的人不可能享受到施粥的好处,最终导致施粥区域的不均衡;其三,施粥之处,饥民甚多,必有争执。青壮年力强,处处争先,老幼者力弱,处处落后。由此一来,强者恒强,弱者恒弱。

(2)灾后补救三策——安辑、蠲缓、放贷

灾后补救与上述三类理念和措施的核心区别在于:上述三类理念和措施强调旱灾发生后政府的即时性应对,而灾后补救则更加注重灾害发生后长时间内的政府应对,注重灾民正常生产生活的恢复。灾后补救包括安辑、蠲缓、放贷三项。

安辑是应对流民问题的一种思想和措施,其核心内容是政府采取各种手段使被灾流民能够回归自己的家乡重新进行农业生产。历代政府在灾时都会遵循蠲缓思想对灾区的租赋加以减免以安民心。"旱势如是,民食已绝,倒廪赡之,犹惧不克济,尚可责以赋耶?"(《宋史·王觌传》)"朝廷储小仓,不若储之大仓。今岁水潦不收,而必责民输,仓库虽实,而民死亡殆尽,明年租将安出?曷若活其民,使不致逃亡,则岁有恒收,非陛下之大仓乎!"(《元史·张宏范传》)安辑又可分为给复和给田。给复是用减免赋税的办法,利诱流民返回家乡的一种方法。《宋史·韩琦传》记载:"庆历三年,陕西饥,诏琦抚之。琦至,宽征徭,免租税,给复一年。"《通鉴纲目三编》记载:"景泰三年,河南流民,计口给食。五年,畿内、山东、山西逃民,复赋役五年。"给田是发给流民田地,并免除一些赋税,安抚流民,使他们安定下来不再四处迁徙的方法。《汉书·宣帝本纪》载："地节三年，诏流民还归者，假公田，且勿算事。"再如《宋史·仁宗本纪》记载："天圣七年，闰二月，诏河北转运使：契丹流民，其令分送唐、邓、汝、襄州，以闲田处之。"

旱灾之后，田地荒废，农民贫乏，不能维持生计，所以历朝历代的政府都会遵从放贷思想将官方保有的粮食、种子、家畜幼崽、农具等贷给百姓以帮助他们恢复生产。历代关于放贷的记载有很多，如《宋史·刘敞传》载："今岁颇旱，百姓艰食，已有流移。若不多方赈恤，恐成凋瘵。乞敕令诸州，仓廪量留三年军储外，贷与贫下百姓，命逐县结保，等第支借。候岁熟日，准数还官。一则接济困乏，免令逃散；二则以新换陈，不乏军储；三则流布恩惠，固结民心。"《康济录》载："幸而残冬得度，东作方兴。若不预为之所，将来岁计复何所望。故牛种一事，犹当处置。"

3. 灾前预防论及其相关措施

在历朝历代的救荒理论中，属于灾前积极预防性质的主要有两种，一是改良社会条件的理论，二是改良自然条件的理论。这两种理论着眼于灾荒发生原因的防治。

（1）重农

重农的传统，在我国历史上渊源久远。《管子》云："夫富国多粟，生于农。兴利者，利农事也；除害者，禁害农事也。""民事农则田开垦；田垦则粟多；粟多则国富。"汉贾谊在其《论积贮疏》中亦云："一夫不耕，或受之饥；一女不织，或受之寒。生之有时，而用之无度，则物力必屈。古之治天下，至纤至悉也，故其畜积足恃。"（《汉书·食货志》）为了显示对农事的重视，每到特定日子，皇帝往往会带领群臣亲自事农，作天下之表率。如《汉书·文帝本纪》记载："农天下之大本也，民所恃以生也。而民或不务本而事末，故生不遂，朕忧其然，故今兹亲率群臣，农以劝之。"除此之外，还有派遣官员，劝勉农事的举措。如《汉书·成帝本纪》载："成帝阳朔四年，正月，诏以……方东作时，……令二千石勉劝农桑，出入阡陌，致劳来之。"还有一种选官督农政策。《宋史·食货志》有载："神宗熙宁二年，分遣诸路常平官使，专领农田水利事。吏民能知土地种植之法，陂塘圩埠堤坝沟洫之利害者，皆得自言。行之有效，随大小酬赏，民增种桑柘者，毋得加赋。"

（2）仓储

我国很早就有储粮的窖穴的考古发现。甲骨文中多处也有商王派人建设、巡视各地仓廪的记载。周代以后，仓储粮食以备不时之需的观念和做法不断得到完善，西汉政治家晁错就曾提出"广积蓄，以实仓廪，备水旱"的主张。这样的思想主张为历代统治者所遵从。古代的仓储种类多样，大致可分为以下几类：其一为常平仓，其主要作用在于平谷价，这是普遍认为设立最早的一种。《宋史·食货志》载："宋大中祥符二年，二月，分遣使臣出常平仓粟麦，于京城四方开八场，减价籴之，以平物价。"其二为义仓，大概始于北齐，其主要作用在于旱灾之后用其中所储藏的粮食进行赈济。其三为社仓，始于隋朝，基本都是民间自营，由一方富绅或普通农家自主输送，以用于灾时自救。其四为惠民仓，作用与常平仓大抵相同。始于后周，宋时普及。其五为广惠仓，仅在宋代实行，作用在于慈善放谷。其六为平籴仓，初设于南宋理宗时期，以防灾救荒为目的。

仓储制度，就防治旱灾的效果来讲，固然发挥到了应有的作用，可以称之为善政。不过因种类繁多，久而久之，必然会有弊病产生。以常平仓为例，基于史实不难发现，其主要缺陷有二：其一，基金过少，在丰收谷贱伤民时籴买，不足以提高谷价；在旱灾后谷价过高时出卖，又不足以抑制谷价。其二，利益不普及，常平仓大多设在州城或县城之中，旱灾时只能救济城内居民，对于偏远山村的人们则无能为力。

仓储不仅为官府所推行，还广泛流传于民间。储粮防灾、储粮备荒、"手里有粮心里不慌"等理念一直都是民间储粮的思想渊源和动机。

（3）水利

古代最早有关水利方面的记载是传说中的大禹疏浚河道式的治水。《周礼·地官·稻人》记载："掌稼下地，川潴蓄水，以防止水，以逐均水，川流舍水，发浍写水。"《管子·乘马》云："凡立国都，非于大山之下，必于广川之上，高无近旱，而水用……。"历代水利政策，大致分为灌溉和浚治两个方面。灌溉应对旱灾，浚治应对水灾。这里只讲灌溉。我国的灌溉政策，至少在西周时期就已经出现。据《周礼》记载，周朝的灌溉设施，"自甽以上，甽深广各一尺，遂倍甽，沟倍遂，洫倍沟，浍倍洫，川则倍于浍，广三十二尺，深四仞。"可见当时灌溉设施的布置相当得当。秦汉时期，最著名的灌溉事迹当属秦朝李冰父子于蜀地兴修灌溉设施，即著名的都江堰。唐宋明清各朝的灌溉事业多为局部的经营和修理，缺少积极建设，只能做到守成而已。

（4）林垦

历朝历代都有植树护林、保持水土的传统和做法。春秋战国时期已经有"十年之计在于树木，为国者当谨山泽之守"（《管子》）的认知。周朝政府规定：孟春之月，禁止伐木；孟夏之月，禁止伐大树；季夏之月，树木方盛，就命虞人入山行木，不许斩伐；季秋之月，草木黄落，可伐薪为炭，仲冬之月，则伐木取竹。汉朝也有植树之策。到了宋朝，设工部掌管园囿材木的职位，令民种树，并且颁布了一系列的奖励措施，如免租、不增赋等。《宋史·陈尧佐传》记载："尧佐为两浙转运使，钱塘江石堤辄坏，尧佐令下薪实土，乃坚久。徙并州，汾水暴涨，尧佐筑堤，植柳万本，作柳溪，民赖其利。"明朝初期曾有诏令曰：有田五亩至十亩的人，须种桑、麻、木棉等各半亩，十亩以上的加倍。总的来看，历朝政府虽然大都提倡种树，但仅限于桑、棉等能够获取经济利益的树种,而且这些经济树木长成后,基本也被砍伐殆尽,无法有效发挥旱灾防治的功能。

(四)对古代旱灾防治理念和措施的简要评析

1.理念上的"仁政"观和措施上的"危机管理"特征

"仁政"主要宣扬"民贵君轻""人性本善"理论,提倡以人为本。自汉武帝之后儒家思想逐渐成为统治阶级的主流思想,在不断的发展中,"仁政"思想也逐渐深入人心。在这种思想的影响下历代帝王都是较为注重民众的生活,旱灾等灾害发生后更是如此,很少有帝王下令不赈灾的,至于赈灾实际效果如何则是另外一回事。这种对人类本身生命的重视也是一个成熟文明国家所应具备的特征。

"危机管理"指的是我国古代历朝政府对旱灾的应对主要在于"治"而不在"防",注重在旱灾发生后的紧急救济而较少注重对旱灾发生的预防,体现在具体旱灾应对措施上就是较多采用灾中救济对策和灾后恢复措施,灾前预防措施虽然也有所采取,但频次较低、数量有限,且实际效果不理想。导致这种情况的原因主要有三:一是"仁政"思想必然产生出消极防灾的措施类型。"仁政"思想主要强调"圣明"君主对处于水深火热当中的黎民百姓的救助,因此被灾常常是其彰显和贯彻的生动舞台。对旱灾的预防因与"拯救百姓"没有直接关联所以并不是展现"圣明"君主"慈怀"和"仁义"的有效方式。从本质上来讲,"仁政"思想下的各类旱灾救助措施其实都是封建君主对黔首草民的恩赐,而并非其义务,起码不是其法定义务(道德义务有可能)。二是生产力低下难以防灾。古代农民靠天吃饭再加上耕地技术有限,水利设施和灌溉设施并不普及。这些都导致农业生产力低下,粮食亩产量并不高,旱灾一来往往无法抵挡。三是小农生产及严酷剥削导致农业旱灾脆弱性高。我国古代农业生产基本都是男耕女织式的小农生产,再加上政府严苛赋税和地主的严酷剥削，即使在所谓的"盛世"，普通农户每年的产出也仅够一家人糊口，一般百姓往往没有多少存粮，这就导致了当时农民抵抗旱灾的能力严重低下，旱灾一来常常无法抵挡，由此催生出多少人伦惨剧。

2. 专制统治下旱灾应对各项措施的实施效果不尽如人意

以安辑政策为例，安辑政策的顺利施行有赖于两个前提条件。其一，除积欠。所谓积欠是指流民流落在外，仍需缴纳的在外期间于原地所欠的各种赋税。历代政府发布安辑诏令后，流民多不敢回的原因就在于此。其二，宽禁捕。流民在外期间缺衣少食，往往会因偷抢甚至与官府产生冲突，安辑诏令发出后，流民往往害怕被问罪而不敢归。这时就需要命令宽禁捕。而这两个前提条件在历代所颁行的安辑政策当中极少存在，相反，不少史料反映，安辑政策颁行后，回归原籍安心事产的流民数量并不多。这就反映出安辑政策本身就有着不可弥补的缺陷。

相关旱灾防治的各项政策之所以实施效果不好，最主要的原因还是封建的专制统治体制。具体表现有三：其一，许多朝代救灾政策的推行效果的评估端赖于官员的相关政绩考核，这就将救灾与官员的个人政绩联系起来。在普遍缺乏有效监督、"不唯民、只唯上"思想盛行的封建专制体制下，极易导致官员在救灾时弄虚作假、欺上瞒下，最终受苦的还是被灾之民。其二，封建专制体制下政府内部监督不力，地方政府往往大权独揽，这就极易导致各项救灾政策实施时变走形，尤其是在赈济政策实施时，各级官员常行盘剥，最终留在灾民手中的所剩无几。其三，更为重要的是，在等级森严的封建专制社会里，普通百姓是无权也无胆对政府政策的救灾实施加以评判的。

3. 抗灾技术总结与推广不足

主要表现有二：第一，政府不作为。历朝政府在抗灾技术和方法推广上大多不作为，许多能够有效的技术、方法都是民间自己完成，政府在这一方面的投入和关注较为少见。第二，抗灾技术的总结与传承不足。我国古代对包括抗灾技术在内的各种技术，绝少有总结成书的例子，像《天工开物》和《梦溪笔谈》这样的只是个例。这就导致了各种抗灾技术和方法极易失传。另外，即使有相关技术存在，其传承和推广也往往不足。

二、民国时期的旱灾防治对策

（一）民国时期的旱灾概况及特征

1. 多发性

根据《中国救荒史》的统计，从1912年到1937年共26年，全国各地发生大旱灾14次：1913年8月赣、豫、皖大旱；1914年川、湘、鄂大旱；1920年陕、豫、冀、鲁、晋五省大旱；1923年水旱灾害遍及12省；1927年鲁蝗、旱灾尤重；1928年冀、鲁、豫、陕、甘、察、热、黔、闽、苏、粤、桂遭旱；1929年陕、甘、豫、察、绥、皖等大旱；1930年陕、晋、甘、湘、豫、察、绥、皖、苏、赣、川、黔等均水旱；1931年陕、甘、热等省亢旱；1932年豫、陕、皖、甘、青、鲁大旱；1933年陕、粤、豫、黔、晋、滇、青海、宁夏、绥、闽等省旱；1934年苏、皖、浙、鄂、豫、赣、滇、陕等14省313个县旱、水、蝗（长江中下游平原发生百年不遇的特大旱灾）①；1935年先冀、赣、苏、豫、鄂、浙、闽、晋、皖、陕、湘等省旱又虫灾，后又晋、陕、鲁、皖旱；1936年冀、川、豫旱；1937年，先皖、陕、蜀、豫、黔、桂、宁、贵、

---

① 中国1934年中部和南部发生重大旱灾，地方县志称为"甲戌大荒"或"甲戌大旱"，浙江广德县著有《甲戌广德旱灾大事记》。

鲁、甘等省旱，后又川、黔、桂及陕北荒旱。①

1942—1944年黄河中下游两岸地区（主要为河南大部）及晋东南、鄂北等地遭十年一遇的特大旱灾，之后又加之于蝗灾，以河南灾情最为严重，造成"灾黎约在七百二十万人以上，嗷嗷待哺，饿殍塞途"②的惨象。1943年广东大旱，全省人口减少300万。

上述罗列并未穷尽民国时期所有已发生的旱灾，只是前述旱灾不管是从规模上还是危害程度都具有代表性。除这些大旱灾之外，一些地方志及其他文献还有补充性记载，比如《保山地区志》上卷③记载从民国元年至民国三十七年共发生20次旱灾，几乎年年都会发生干旱；福建日报资料室编辑的《八闽纵横》（第一集）就有1946年闽南各地大旱，损失状况的记载。④

由于文献及历史资料侧重点不同，对于旱灾记载可能会不尽相同，但相关文献资料对于民国时期旱灾的记录有一共同之处即旱灾具有多发性，具体表现有三：其一，时间上具有连续性，从民国元年到民国三十七年或大或小几乎年年都有旱灾发生；其二，空间上具有整体性，旱灾波及范围多为多省，旱灾危害则达数百个县；其三，大旱灾发生的频次明显加快。李文海等主编的《近代中国十大灾荒》中有四次大旱灾的记录，分别是光绪初年的"丁戊奇荒"⑤（1877—1878），1920年大旱灾，1928年到1930年大旱灾，1942年大旱灾。从大旱灾发生的时间间隔来看，从"丁戊奇荒"到1920年大旱灾相隔42年，后三次大旱灾发生的

---

① 参见邓云特：《中国救荒史》，商务印书馆1993年影印版，第40—48页。
② 参见李文海：《近代中国灾荒纪年续编（1919—1949）》，湖南教育出版社1993年版，第553—554页。
③ 参见《保山地区志》上卷第179—180页。
④ 参见《八闽纵横》（第一集），1980年版，转引自池笑梅《民国时期福建灾荒救济研究》。
⑤ 光绪初年华北大旱灾（1877年，1878年）这两年的阴历干支纪年属丁丑、戊寅所以称为"丁戊奇荒"。这次灾荒被称为"古所仅见"的"大旱奇灾"。

时间间隔甚至不到十年,可见其频率之繁。

2.旱灾危害程度大

民国旱灾造成的危害之大,历史罕见,以下就以1920年华北五省大旱、民国十八年豫陕甘大旱和1942年河南大旱为例来加以说明。

1920年华北五省旱灾是"丁戊奇荒"之后的又一重大旱灾。"灾民两千万人占全国人口的五分之二,死亡五十万人,灾区三百十七县。"①李文海教授认为,"两千万"只是指以赈济为生的贫民并不包括所谓的次贫及逃荒者在内,因此实际受灾灾民应该远远超过了两千万,华北五省的灾民总数应该为三千万左右。②《北京国际统一救灾总会报告书》对1920年旱灾所造成饥荒的情况记录如下:其一,粮食匮乏。"弃于田野饿夫求食于外掘麦苗",逃荒者以糠、漂布之土、树根等为食。其二,经济损失重,贱卖田地、拆房卖钱换粮。"多数昔日华美之农家现已变为无顶之屋","故意将房屋拆下以其栋梁出卖以易食物"。其三,灾民出逃、难民遍地、卖儿卖女。"顺德府则见二万五千四百四十三名幼童出卖。"③此次旱灾持续时间相对"丁戊奇荒"短,但其惨象却令人触目惊心,"顺德府一百零九万三千人民中其三分之一处于急迫之境,而三万一千二百八十六人则冻饿以死矣"④。陕西"死亡之数,日以千计"⑤。河南入冬以后,"内乡县冰天雪地,往往有全家老幼冻死在道路之上;在邓县,冻死的内乡人,一坑埋至数十口"⑥。

---

① 邓云特:《中国救荒史》,商务印书馆1993年影印版,第42页。
② 参见李文海:《中国近代十大灾荒》,上海人民出版社1994年版,第139页。
③ 北京章和文化传播公司:《北京国际统一救灾总会报告书》1922年版,第11—14页。
④ 北京章和文化传播公司:《北京国际统一救灾总会报告书》1922年版,第11—14页。
⑤《赈物通告》民国十年第九期《公牍》第23页,转引自李文海:《中国近代十大灾荒》,上海人民出版社1994年版,第143页。
⑥ 刘仰东:《灾荒话史》,社会科学出版社2000年版。转引自王鑫宏:《1920年河南特大旱灾述评》,《黄河科技大学学报》2010年第5期。

1928年至1930年的大旱又称民国十八年豫陕甘大旱，此次旱灾以陕西省为中心，遍及甘肃、山西、绥远、河北、察哈尔、热河、河南八省，并涉及山东、苏北、皖北、湖北、湖南、四川、广西的一部或大部，形成了广袤的旱荒区。①旱灾危害陕西最重，陕北相当于全省面积的三分之一，所辖的23个县，无县不旱。据华洋义赈会报告统计，陕北东部收成只有一成至二成半，西部已经连旱三年，收成只有一成到一成半，全境人口七十五万人口，1929年只剩十分之四。②粮食价格上涨，灾民们被迫卖掉一切可卖之物来换取口粮，无财物可卖的小农家庭则卖儿卖女。于右任曾在报告中提及："两年内由陕卖出之儿女，在风陵渡山西方面可稽者四十余万，陕政府收税外，山西每人五元，共收税二百万，此无异于陕政府卖之，晋政府买之。""人相食"的惨剧竟然也普遍发生。1930年《民国日报》曾报道："道行者有饿毙者，甫行仆地，即被人碎割，血肉狼藉，惨不忍睹，甚至刨墓掘尸割裂煮食，厥状尤惨。"③其他省份其旱灾损害之大，状况之惨与陕西相似。

　　1944年河南省政府编订的《河南省政府救灾总报告》对82个县灾民死亡与逃荒人数进行统计，根据统计结果，许昌死亡182224人，襄城死亡40444人，方城死亡18188人，汝南死亡22238人，济源死亡41001人，沁阳死亡18213人，其余各县死亡人数均未过万，合计全省死亡人数为288006人。除杞县、兰封等五县未提供逃荒人数外，合计全省逃荒人数为1526662人。④"据民国十九年年底陕西省赈务委员会主席、民政厅厅长邓长耀的陕灾报告中统计全省有200万人活活饿

---

① 参见李文海：《近代中国十大灾荒》，上海人民出版社1994年版，第169页。
② 《民国十八年赈务报告书》，《中国华洋义赈救灾总会丛刊》甲种第29号，第47页。
③ 参见1930年《民国日报》。
④ 江沛：《"哀鸣四野痛灾黎"：1942—1943年河南旱灾述论》，《河南大学学报（社会科学版）》2014年第3期。

死。"①李文海教授在《近代十大灾荒》一书中关于陕灾人员伤、流亡问题如是记述:"这三年灾荒中,灾民死于饥饿或瘟疫者,高达300万人,流离失所的高达600多万,这两者竟占全省人口的70%以上。"②

3. 人为性强

民国遇旱成灾以及遇灾成荒人为因素性很强。从旱灾的产生上来看,兵燹之祸频发是关键。据统计,从1916年到1928年仅仅四川省就发生400余次内战。战争频繁致使农村生产力遭到严重破坏:首先,战争征发了大量的农村年轻劳动力,且战火会导致士兵的大量死亡。据统计仅中原大战"死壮丁三十万,其中至少一半是冀、鲁、豫等省的健儿"③。其次,战火使得农村村舍、农作物遭到大面积的破坏,村民为躲避战火四处逃难,农村濒临破产。最后,战争频发导致水利和森林破坏严重,防旱能力严重下降。民国时期虽然有水利制度的设计,但水利建设仍停留在前代的基础之上,加上战火,水利设施遭到严重破坏,比如河南省镇平县境内曾有灌溉水渠14条,到19世纪末就湮没了12条,及至民国,军阀混战,匪祸炽烈,水利更无人顾及。④森林也严重毁坏,有学者称"世界上再也没有像中国那样采伐深林之盛了,这完全是军阀残暴的结果"⑤。战区"凡兵匪过一地,驻一地,则见树木被砍伐殆尽,桥梁堤岸被拆毁无遗,至一遇战争,则整个乡村为之荡然,

---

① 宗鸣安:《一场饿死二百万人的旱灾——陕西"民国18年年馑"史实记录》,《中国减灾》2009年第1期。
② 参见李文海:《近代十大灾荒》,上海人民出版社2000年版,第99页。
③ 参见田文彬:《华北农村中几个根本问题》,《中国农村经济论文集》,中华书局1935年版,第249页。
④ 参见刘五书:《二十世纪二三十年代中原农民的负担研究》,中国财政经济出版社2003年版,第249页。
⑤ 参见陶直夫:《一九三一年大水灾中国农村经济的破产》,《钱俊瑞文集》,中国社会科学出版社1998年版,第19页。

尽成灰烬"①。

(二)民国时期旱灾防治的理念

资本主义的发展、西方思想文化和科学技术的传入使民国旱灾防治在理念上相对于前代有极大的进步。民国旱灾防治理念既继承古代传统旱灾防治的思想,但又结合了现代救灾思想,体现了其进步性。

首先,强调国家责任。1912年2月1日《申报》的一篇文章指出:新政府成立之后,应当"力以救灾为己任,俾知中国政府对于人民自此负全责任,而与旧政府异"。熊希龄在1917年顺直水灾救济时就提出要明确政府在救灾中的责任,既包括中央政府与地方政府责任明确,同时还包括政府责任与民间救灾责任明确。②蒋介石在谈到社会救济时就曾说:"今日的社会救济,并不是一种以悲天悯人为基础的慈善施舍,而是在义务与权力对等的观念中,以及在社会的连带责任观念中,政府与人民应有之责任。"③其次,强调科技对于救灾防灾的重要性。孙中山在《中国的现在和未来》一文中,已经认识到铁路与灾荒救济的关系,"就是有一个地方发生了饥荒,可是离这里不远的地方粮食却丰收,这又是常有的事。就因为缺乏铁路或适当的道路,饥民就得不到别的地方多余的食物来维持生命"④。再次,注意防灾。展开了水利、森林、仓储等具备旱灾预防性措施内容的相关制度的构建,备旱则被明确为《水利法》立法目的之一。最后,强调实业救灾。孙中山在《实业计划》第五计划中指出:"值荒年则多数将陷于贫乏死亡。中国贫民之所以有此悲

---

① 张培刚:《今年来的灾荒》,《独立评论》1935年5月12日第13页。
② 姚文丽:《民国时期的救灾思想》,《中国社会报》2014年1月10日。
③ 谢徵孚:《中国新兴社会事业之功能与目的》,秦孝义《革命文献》(第100辑),台湾文海出版社,第2页。
④ 孙中山:《中国的现在和未来》,《孙中山全集》第1卷,中华书局1981年版,第91—95页。

第二章　我国旱灾防治对策的历史探究

惨境遇者，由于国内一切事业皆不发达，生产方法不良，工力失去甚多。凡此一切之根本救治，为用国外资本及专门发达工业以图全国民之福利。"①以孙中山为代表的资产阶级认为发展近代工商业乃是减灾备荒的根本途径。

（三）民国时期旱灾防治的制度体系

同古代荒政相比，民国时期灾害应对更注重制度化、常态化治理模式的建构和运行。

1. 旱灾预防制度

（1）仓储制度

由于动乱的环境，北洋政府时期仓储制度未得到重视，"河南各处积谷之仓已形同虚设，其经变价折卖后或用以购军械或取以支兵差，几无存储"②。但仓储制度仍然存在，"1916年，北京政府福建巡按使许世英公布《储谷章程》及《常平仓管理细则》"。"1917年内务部民治司掌管的事务增加了地方备荒积谷一项。"③ "1920年直隶省长以本年入春以来雨泽稀少，凶荒之象已呈，特令各县将关于备荒要政如积谷、义仓等事项妥慎筹划。"④ 南京国民政府时期，颁行了《义仓管理规则》（1928年）及《各地方仓储管理规则》（1930年），对备荒仓进行分类，明确了各仓类的设立主体、管理办法、用途，恢复和发展了北洋政府时期松弛的仓储制度。1933年及1935年国民政府颁布《农仓法》与《农仓业法》，又于1937年颁布《农仓业法施行条例》。根据规定，农仓的主要

---

① 孙中山：《实业计划与第五计划》，《孙中山全集》第6卷，中华书局1985年版，第377—378页。
② 《豫督之告荒要电》，《申报》1913年3月20日。
③ 陈凌：《北洋政府荒灾述论》，《菏泽学院学报》2006年第1期。
④ 《大公报》天津版，1920年5月13日。

目的在于融通农村粮食与金融，保管地方仓储积谷，促进农村经济发展，降低农村社会应对灾害的脆弱性，同时又促进地方仓储的发展。1936年，国民政府内政部又公布《全国各地方建仓积谷办法大纲》，各地方也根据大纲制定了实施办法，其中的《修正福建省仓储管理实施办法》较具特色。相关制度颁行之后，取得了一些成效。"1934年以上10省积谷总量达到了503.62万石，积款33万元，各地大体以人口为标准，储积了三个月的粮食。"① "到1937年全省抗战开始时，福建全省共有积谷仓13座，储谷22万担，1939年、1940年、1941年分别为24.1万担、31.8万担、26.9万担。"②

（2）森林保护制度

北洋政府于1914年11月颁布了《森林法》，这也是我国第一部森林法典。1915年6月颁布了《造林奖励条例》，设农商部林业局，对国有林、保安林、公有林或私有林事宜，以及承领荒山地造林的奖励、处罚做了具体规定。南京国民政府行政院于1930年11月颁布了《堤防造林及限制倾斜地垦植办法》《各省堤防造林计划大纲》。《各省堤防造林计划大纲》的直接目的之一就被列明为：针对长江、黄河及珠江流域防治水旱灾害。1931年1月26日公布的《实业部林业考成暂行办法》、1931年5月27日公布的《实业部管理国有林公有林暂行规则》以及农商部、交通部会同筹办的《造林保路办法》等一系列制度的出台，促进了森林保护的制度化。

（3）水利制度

民国时期的水利制度主要在以下两个方面上值得关注：

---

① 刘方健：《中国历史上的救灾思想与政策》，《福建论坛（人文社会科学版）》2010年第10期。

② 福建省地方志编纂委员会编：《福建省志·粮食志》，福建人民出版社1993年版，第187页。

其一，统一水利管理机构。民国初，水利事务分属于内务部和工商部，1914年设全国水利局。南京国民政府成立后于1934年发布《统一水利行政及事业办法纲要》，设水利委员会（隶属于全国经济委员会）主持全国水利工作。

其二，强化水利专门性立法。民国初，一些地方上有零星关于水利管理的规定，比如《河套灌区水利章程十条办》（1912年）、《宁夏灌区管理规则办》（1923年）、《陕西水利通则》（1932年）等。为统一立法，南京国民政府于1942年颁行《水利法》。此后，陆续颁行了《水权登记规则》《水权登记费用征收办法》《利用义务劳动兴办水利实施办法》《各省发行水利公债兴办农田水利原则》《兴办水利事业管理养护条例》《奖励民营水利工业办法》《农田水利建筑工程施工成绩竞赛实施办法》等相关配套立法。水利制度体系初成。

2. 旱灾赈济制度

（1）机构设置

中华民国临时政府成立以后，中央设内务部，省设民政厅，主管全国和地方赈恤、救济、慈善及卫生等事宜。南京国民政府成立后，内政部主管赈济事务，作为社会救济事业的常设机关。1928年旱灾蔓延，为加强旱灾救济，南京国民政府于7月27日公布《赈务处组织条例》设赈务处，直隶于国民政府，处长由内政部长担任。1929年3月，设立赈灾委员会，直属行政院，专门管理救灾事务，并裁撤地区性赈灾事务机构。[1]1930年1月赈灾委员会与赈务处合并改组为赈务委员会[2]，直隶于

---

[1] 张明爱、蔡勤禹：《民国时期政府救灾制度论析》，《东方论坛》2003年第2期。
[2] 对于此次改组存在争议，武艳敏在《民国时期社会救济研究》一文中指出：因在1930年12月赈务处还去函铁道部请伤北宁路局免费运输天津慈善联合会开办粥厂赈粮,并声称为"振务永久机关"赈务处是在1931年奉命裁撤的，因此赈务处与赈灾委员会合并为一新机构说法存在问题。

行政院，负责对因水、旱、蝗、雹等灾害的难民的救济。1938 年 4 月 23 日，赈务委员会、行政院非常时期难民救济委员会总会合并改名为赈济委员会①，负责赈款之募集、保管、分配，灾民、难民之救护、运送、收容、给养，灾民、难民生产事业之举办及补助等事务。②除常设机构外，政府还因应旱灾设了许多临时机构，如 1928 年由于西北大旱，就曾设立了豫陕甘赈灾委员会。

（2）救灾程序

首先，勘灾和报灾。1915 年 1 月，北京政府制定和公布了《勘报灾歉条例》。1928 年 10 月 9 日，南京国民政府内政部在该条例的基础上颁行了同名法令。1934 年 2 月 24 日，行政院对《勘报灾歉条例》进行了修正并公布。1936 年 8 月 10 日，行政院又公布了《勘报灾歉规程》。《勘报灾歉条例》和《勘报灾歉规程》对于地方灾荒勘报的程序进行了明确规定："县市地亩被灾应由县市政府先行履勘，将勘得被灾情形报请省政府察核"，"应立即派员会同县市复勘，并将被灾区村名称、地亩面积、各地受灾轻重开列清折，连同被灾地亩略图呈省政府核定"，"直隶行政院各市及特别行政区内灾情，则由各该市政及主管官署就地履勘核定，可省去复勘手续。"③《勘报灾歉条例》还规定了蠲缓制度，即：（一）各省市核定成灾分数，应自被灾地亩全年收获总计不及中捻半数时起算，其收获在中捻半数以上者，以不成灾论。（二）地方勘报夏灾察看情形较轻，尚可播种秋禾者，统俟秋获时再行勘定分数，其向不能播种秋禾者，即在夏灾时勘定。（三）地方勘报灾伤，将灾户正赋作十分计算，按灾请蠲，被灾九分以上者，蠲正赋十分之八；被灾七分以上者，蠲正赋十分之五；被灾五分以上者，蠲正赋十分之二。（四）田赋

---

① 刘国铭主编：《中华民国国民政府军政职官人物志》，春秋出版社 1989 年版，第 61 页。
② 张明爱、蔡勤禹：《民国时期政府救灾制度论析》，《东方论坛》2003 年第 2 期。
③ 蔡鸿源主编：《民国法规集成》第 39 册，黄山书社 1999 年版，第 505 页。

项下一切附加均随同正赋揭缓分数,一律蠲免。(五)勘不成灾地方,其中偶有一二村庄实应请缓者,缓至次年麦熟时应征,其次年麦熟时应征田赋及其附加缓至该年秋成后补征。①

其次,查赈,即核实灾民户口,划分受灾等级,发给赈票,以备赈灾。查赈是针对灾民实施的一道救灾程序。国民政府制定了《赈务委员会查放规程》32条。各地方也有各自的地方性规定,如河南省在1937年春季为救济本省旱灾就定有《河南省赈务会查放规程》和《河南省旱灾施赈查放规程》。国民政府行政院1947年5月8日公布了《灾赈查放办法》。根据该办法,查赈在具体操作上主要包括人员选用、调查标准、查赈结果等几方面的内容,规定详细具体具备一定的可操作性。

最后,放赈,即按照赈票所列数字,将米、银、衣等财物发放给灾民的过程,在查赈的基础上按户或按人头发给,主要依据的是《赈务委员会查放规程》,这是办赈救灾的最后一道程序。

(3)赈款筹集

民国时期赈款筹集呈现多样化,主要的制度化方式包含四大类。其一,发行公债。1920年北京政府为救济旱灾,曾公布《赈务处暂行章程》,同年11月为救济大旱又颁布了《赈灾公债条例》,开始发行赈灾公债,总额共计四百万元,分别摊派给各省。②这是中国历史上首次以公债形式筹集赈款。南京国民政府成立后曾于1927—1937年间以公债方式筹措救灾经费3次。1929年4月立法院通过《公债法原则》,规定政府募集内外债的主要用途之一为充非常紧急需要,如对外战争及重大天灾等类皆属之③,1931年又颁布《国民政府民国二十年赈灾公债条例》

---

① 蔡鸿源主编:《民国法规集成》第39册,黄山书社1999年版,第505页。
② 朱汉国:《中国社会通史》(民国卷),山西教育出版社1996年版,第520页。
③ 千家驹:《旧中国公债史资料:1894—1949》,中华书局,1984年版,第148页。转引自岳宗福:《民国时期的灾荒救济立法》,《山东工商学院学报》2006年第3期。

促进公债的发行。1929年旱灾时，南京国民政府发行定额1000万公债，以新增关税为担保。①其二，国际借款。北洋政府为筹救灾资金，于1921年1月19日向新四国银行团进行了第一笔外债借款，称之为赈灾借款，以中国各处关税附加税为抵押，借款数额四百万元（利息8厘，实收三百八十四万元）。②其三，征税。1920年大旱时，北京政府财政部曾决定在六个月内加征一成印花税，并就各省大宗捐税内加征一年赈捐；此外，还拟在一年中加征一成关税作为赈捐。③1928—1930年，北方大旱，灾情严重，赈灾公债一时不易销行，行政院于第18次会议决议，自1929年4月10日起至1930年4月10日止举办关税附加赈捐2.5%。④其四，财政拨款。1930年10月，南京国民政府公布《救灾准备金法》，其中规定：中央政府每年由经常预算收入总额内支出1%为救灾准备金，省政府每年由经常预算收入总额内支出2%为省救灾准备金，在遇到非常灾害为市县所不能救恤时，以省救灾准备金补助，不足时再以中央救灾准备金补助。同时，财政部还酌征烟酒、奢侈品为水灾附加税，以增加救灾经费。⑤其五，鼓励社会捐助。1928—1930年旱灾为多筹备赈款，赈务委员会公布《赈款给奖章程》，规定依据捐款数额的多少，给予不同的奖励（匾额、褒状等），鼓励民众捐款。

---

① 《行政院公报》第12号法规。
② 参见王毅、冯小红：《1920年至1921年北洋政府赈灾借债研究》，《历史教学》2003年第10期。
③ 参见王毅、冯小红：《1920年至1921年北洋政府赈灾借债研究》，《历史教学》2003年第10期。
④ 《行政院公报》第36号，1929年4月3日训令第1157号，第114—115页。
⑤ 朱汉国：《中国社会通史》(民国卷)，山西教育出版社1996版，第520页。

（四）民国时期旱灾救济的具体措施

1. 政府的旱灾救济措施

（1）巫术禳灾

依据文献记载来看，民国时期从政府到民间都采用过巫术救灾的方法。1934年旱灾时，《申报》关于全国各地巫术救荒的报道就有数十篇。①1925年湖南旱灾，省公署内，设坛祈雨，7月10日，省长赵恒惕发出忏悔通电，自举7条罪过，以求"感召天庭，降以甘霖"②。"长沙酷热，十二夜，十三午，室内温度达百度。除滨湖外全省遭旱。省府曹代主席定十四晨赴城隍庙祀神祭雨并禁屠宰三天。"③1917年东北干旱，"奉令求雨：日前县署奉省长通令，为见天气亢旱，赤地千里，四民恐慌已极。故章知事已于十八日设坛，十九日祈祷。但天意难测，未知果能如愿以偿否？"④1919年8月8日《盛京时报》第五版刊载，"东丰演戏酬神：邑城自春徂夏亢旱已极，田苗枯槁，商民惶恐纷纷祈雨，果幸天降甘霖以慰望民。商民为答神庥起见，于昨日在南门高塔席棚演戏五日，观者多人，颇形热闹云"⑤。1934年江南大旱，"宗教团体竟有茹素斋戒，设坛祈祷者"，平望佛学会供龙王，征香烛，劝斋戒，称"里民以求雨心切，奉行甚敬"⑥。

---

① 参见黄庆庆：《从1934年旱灾看民国时期巫术救荒》，《古今农业》2010年第3期。
② 李勤：《民国时期的灾害与巫术救灾》，《湘潭大学学报（哲学社会科学版）》2004年第5期。
③ 民国十四年七月十四日《申报》长沙专电。
④ 《盛京时报》1917年6月23日。转引自王红波：《"民国时期东北巫术救荒"以〈盛京时报〉记载为中心的考察》，《求索》2010年第6期。
⑤ 王红波：《"民国时期东北巫术救荒"以〈盛京时报〉记载为中心的考察》，《求索》2010年第6期。
⑥ 《吴江日报》1934年7月15日。转引于王加华："1934年江南旱灾中的各方矛盾与冲突——以农民内部及其与屠夫、地主、政府间的冲突为例"，《中国农史》2010年第2期。

需要指出的是,因为时代背景不同,民国时期的天命主义禳灾思想和前述古代的"天命论"也不尽相同,但之所以如此作为的原因主要有二:一是转型社会的人民乃至官员蒙昧尚待除尽,科学知识的洗礼尚需时日。二是基于传统惯性,同时也为了维护社会秩序的稳定,转移民众的愤懑和惊慌情绪。

(2)急赈

1920年华北旱灾发生后,北京赈务处"当即遴委员分赴奉天、哈尔滨等处分司采买转运事宜,并于天津丰台设立赈粮总分收发所为分输枢纽"①,"赈务处已购之粮及江西督军、中东铁路公司等所募捐之粮分给灾区者京兆五千石、河南三万五千石、直隶三百一十四万斛、山东一百五十万斛、山西二百五十万斛"②。1942年河南旱灾,河南省制定"救灾六原则",即停办不生产事业、筹集平粜基金、筹办赈粮及运输、各县以富养贫、贷款给中等民户、牲畜喂养保育。③10月5日南京国民政府行政院出台《关于救济豫省灾荒案》,规定"行政院拨款400万用于急赈"④。1943年3月春荒严重之际,河南省政府令各县速将现存历年积谷合计332749石8斗6升,悉数散放灾民用资救济。⑤1943年河南设省平粜委员会,平粜基金由中国农民银行贷给1亿元,另令各县成立县平粜委员会,自行筹措平粜基金,每县最少100万元为限,据各县呈报基金数共计100,162,023元,购进粮食17036石3斗。⑥

为救济1920年旱灾,据1920年9月6日的《大公报》记载:"冀

---

① 《政府公报》,1921年3月21日。
② 《政府公报》,1921年3月21日。
③ 江沛:《"哀鸣四野痛灾黎":1942—1943年河南旱灾述论》,《河南大学学报(社会科学版)》2014年5月第3期。
④ 《河南省灾害救济》,总统府档案,台北国史馆藏。
⑤ 河南省政府编印:《河南省政府救灾报告》,第24—25页。
⑥ 参见河南省政府编印:《河南省政府救灾报告》,第24—28页。

县、内邱、任县等县知事以本年亢旱,赤地千里,办理平粜接济民食,呈请省长核发护照并请减轻运费,核免税厘,业经部处核准。""赈务处拟筹备专款举办平粜,此后商运若能畅,则粮价自平,尤足以辅官力之不逮"①。"除通令各县筹办外,并筹挪洋五十万元,汇交东三省巡阅使张作霖代购粮石运津,分发平粜,其各县官绅集款遵办者,计七十四县,所购粮石,以吨数计者共一万零二百二十吨,以石数计者共八十七万九千二百八十石,以斤数计者共五百一十八万三千六百斤,以包数计者共一百九十万零三千七百七十包。"②国民政府于 1934 年 12 月颁布《各省市举办平粜暂行办法大纲》13 条,以正式制度的形式规范平粜,并对平粜粮米之转运提供优惠,免纳捐税、减免运费等。1929 年河南大旱,河南省政府专门设有平粜总局(后为减少经费起见,将其取消,设一平粜处,附设于河南省赈务会之内),拨有平粜专款,负责平粜事宜,各县也多设有平粜局,并切实从粮食丰裕且交通便利之处采办平粜杂粮。1943 年河南设省平粜委员会,平粜基金由中国农民银行贷给 1 亿元,另令各县成立县平粜委员会,自行筹措平粜基金,每县最少 100 万元为限,据各县呈报基金数共计 100162023 元,购进粮食 17036 石 3 斗。③

为救济旱灾,1920 年 8 月 21 日大总统连发命令,"鲁省德县、陵县、平原、恩县、禹城一带频年旱,益以兵灾,饿莩载途,请予赈抚,著交财政部迅即拨银三万元","陕省本年春收歉薄,秋灾复成,贫民艰食,日有流亡,恳颁架赈抚,著财政部迅拨银二万元","豫省上年南阳一带被水成灾,今年河北二十余县赤地千里,荒旱又成,信阳、洛阳复催兵祸,哀鸿遍野,民不聊生,恳请颁帑赈济,著财政部迅即拨银二万

---

① 《政府公报》,1921 年 3 月 21 日。
② 《中华民国史档案资料汇编》第三辑,农商(一),第 338 页。
③ 参见河南省政府编印:《河南省政府救灾报告》,第 24—28 页。

元"①。截至 1921 年 2 月 3 日，计发给京兆、直隶各 10000 元，热河 16000 元，陕西 20000 元，河南 13000 元，又日币 10700 余元；山东 8000 余元，又日币 18000 余元，此外补助国际统一救灾会 20000 元，华北救灾协会 14700 余元。②1928 年为救济北方旱灾，国民政府特设豫陕甘赈灾委员会，该会共收政府拨款二十万元，捐款三十二万余元，除办赈用款 3850.79 元外，其他分拨三省急赈之用，计分陕西 191072.92 元、甘肃 98980.82 元、河南 130669.29 元。③1942 年河南旱灾中央政府三次发急赈款共计 3400 万元，将第一战区长官部发还军事征用工料价款 300 万元改作急赈，河南省自筹赈款 500 万元，地方筹款 1000 万元，发放各县进行急赈。④

1920 年华北大旱，内务部咨称："据报告此次北方各省灾赈，于平办法虽云贱价出售，恐无力购买者尚众，应择适中地点设立粥厂，像妇孺老病者得就食其中，并附设简易习艺所，择其能习艺者令入学习，就本地习惯出产货，以机器原料做成各品，劝商包买，律得养成谋生之能力。"⑤"是年京畿一带，以兵燹余生，重遭蝗旱，哀鸿遍野，步军统领王怀庆会商京师警察厅、京兆尹筹办急赈，正在办理间，接准内务部函开，北方各省灾情太重，难民不免流入京畿，希于四郊以外地方设立栖流所，安置贫民，并设法资遣。经一再磋商，决定在卫戍司令部附设京畿粥厂，于 9 月 15 日成立，筹办处由三署分别调派职员悉心经理，用专责成。于内外城分设粥厂四处，并于四郊毗连京兆地面分设粥厂二十六处，贫民栖流所二十五处、妇孺收容所二十五处，其地点以粥厂旧地

---

① 参见《大公报》1920 年 8 月 20 日。
② 参见《政府公报》1920 年 11 月 20 日。
③ 《行政院公报》第 37 号，1929 年 4 月 6 日训令 1179 号，第 12 页。
④ 参见河南省政府编印：《河南省政府救灾报告》，第 7—9 页。
⑤ 钱刚、耿庆国主编：《二十世纪中国重灾百录》，上海出版社 1999 年版，第 114 页。

及附近灾区之处公产庙宇暨空闲房舍为之。"①同时，制定了京畿粥厂筹办处简章（共五章二十条）对筹办经费、机构设置做了较为详细的规定。②1943年1月起，河南省政府在洛阳、广武、灵宝、常家湾、间底镇，陕西省政府在华阴、澄城及关家桥等地，共设8家粥厂。③根据《河南省政府救灾总报告》记载，河南从设粥厂到结束，共领用经费8051000余元，救济灾民558800余人。④

（3）调粟

调粟包括移民和移粟两种。"1920年北省旱灾，饥民逃荒出关者，不可数计，大半徒步数千里，远赴吉黑两省，意属在彼垦荒。"⑤北洋政府"鉴于直鲁晋陕灾区浩大，专恃放款散赈绝难持久，大总统特召见内务、农商两总长，筹商将强壮灾民移往边省开垦荒地，以图维持久远生计。"⑥"内务部爰分电奉、吉、黑三省省长，热、察、绥三特别区都统，商令酌定选送年格、收容分配人数、给地分利章程，房井、牛犁、籽粮费用详为区处，俾安生业，庶于救灾恤邻、移民实边两有裨益。"⑦1920年，北京政府交通部为输送直隶外出难民，就曾制定办法："凡某县灾民赴外省谋生者，由县知事造具清册，载明某人赴某处派警备交送至车站，由各站长加挂车辆运行，不收车费，以示嘉惠。"⑧

1929年旱灾时，冯玉祥电请阎锡山开放粮禁，以便豫陕甘灾民采

---

① 《北京国际统一救灾总会报告书》，第36页。
② 《北京国际统一救灾总会报告书》，第193页。
③ 江沛：《"哀鸣四野痛灾黎"：1942—1943年河南旱灾述论》，《河南大学学报（社会科学版）》2014年5月第3期。
④ 参见《河南省政府救灾总报告》，第24页。
⑤ 《申报》，1921年1月27日。
⑥ 《大公报》，1920年10月12日。
⑦ 《政府公报》，1920年12月9日。
⑧ 《大公报》，1920年9月23日。

购，鼓励粮商向灾区运粮并电铁道部免赈粮运价。[1]为给灾民便利，冯玉祥还提出"无论有无我之执照，应一概放行"，"以便运灾民出关救济"[2]。当时河南巩县因旱灾最烈，灾民大小212口由江华轮接运，住于安徽会馆，上海各慈善团体均曾予以援助。[3]1930年，河南省洛阳、渑池、荥阳、沮水、偃师等地灾民近20万人，曾北移就食。[4]1942年河南省大旱，为救济灾民，省政府通电陕、鄂、皖等省安置灾民，同时加强灾民管理，各县对确无生路之灾民加以登记编组，发给证明文件，然后准许出境谋生，并在沿途设置人员管理，另外发给一定救济款给予资助。据统计由河南省在洛阳登记赴陕灾民总318500余人，由各招待所[5]遣送入鄂者21996人（受招待所发给遣送费21996人，自动赴鄂谋生者8万余人，总共101000余人）。[6]

（4）工赈

1920年旱灾，内务部为筹办京济、封济国道以工代赈，京济线由北京至济南，封济线由开封至济南，并派员查勘线路，请电伤沿途地方官妥为接洽保护。[7]交通部成立赈灾委员会，规划赈灾事宜，修建路基，雇募散工，工赈款项主要依靠"已成交通事业附受赈捐"，"就客票、货票分别等次、顿量酌收赈捐可得的款计算每年约五百万"[8]。为加强资金管理交通部于1920年11月20日公布《交通部附收工会计准则》共

---

[1] 李玉才：《冯玉祥与民国年间豫陕甘大赈灾（1928—1930）》，《中国农史》2006年1月。

[2] 中国第二历史档案馆：《冯玉祥日记》第2册，江苏古籍出版社。转引自李玉才：《冯玉祥与民国年间豫陕甘大赈灾（1928—1930）》，《中国农史》2006年1月。

[3] 《申报》，1929年11月27日。

[4] 《开封通讯》，《中央日报》1934年2月8日。

[5] 经过河南省政府和湖北省政府协商，在湖河镇孟家楼新店铺等处设灾民招待所，负责接收遣送。

[6] 参见《河南省政府救灾总报告》，第38—41页。

[7] 《大公报》，1920年10月19日。

[8] 《政府公报》，1920年11月9日。

第二章　我国旱灾防治对策的历史探究

15条，该准则规定交通部直辖机关所收工赈款，专用于充沧石、烟潍、曹充三路路基工赈之用。①沧石一路自石家庄起点以至沧州，计长221公里，烟潍一路自烟台起点至潍县，计长374公里。②山西赈务处举办工赈事业，修筑各县道路，成绩显著，其中修筑省路中段"长440里、建桥110座、凿洞124座"，修筑了省路南段"长625里，建桥62座、凿洞89座"，修筑了省路北段"长415里、建桥75座、凿洞92座"。③1929年豫陕甘大旱灾，河南省赈务会共拨款149500元，开展修路、修河堤、凿井等项目④，河南省赈务会拨发给开封各项款44880.31元，粮180包。⑤

除了前述举措之外还有其他措施，比如：（1）防疫。1920年华北五省大旱灾，"北洋政府防疫处组织消毒队，凡有应有灾民聚集处每日检核消毒"⑥。（2）农贷。1929年旱灾，河南省赈务会出台了《豫灾善后计划书》，"将贷款助耕作为临时救灾办法之一，计划书中言为促进灾民归里尽快复业筹集粮款拨交各县分会，贷款给绝对无力复业之民购买籽种牲畜农具等事；并令各县查明素娴铁木工艺能作农器之人酌贷资本劝令即日开业制造农具以供农人购买；并劝令村中富裕之户贷资于极贫之户，或他村富裕之户互助以利复业；并规定公家贷款仿照因利局办法不取利息，乡村私人贷款利率最高不得超过二分以上。"⑦（3）节约。1942年旱灾，驻扎在河南的第一战区各部队全体将士进行减食，并颁布了《第一战区各部队节食赈粮发放办法》，根据统计，第一战区各部队

---

① 《政府公报》，1920年12月3日。
② 《政府公报》，1920年11月7日。
③ 《工赈》，《山西全省赈务处简明报告书》，1921年铅印本，124页。转引自蒋永军《国民政府时期工赈研究》（1927—1949年），湖南师范大学博士论文。
④ 《上海筹集各省水灾急赈会工作报告》，第32页。
⑤ 河南省赈务会编：《十八年豫灾纪实》，第91页。
⑥ 《大公报》，1920年9月23日。
⑦ 《十八年豫灾纪实》之《豫灾善后计划书》，第4页。

机关节食赈粮共集小麦 300 万市斤。①

2. 民间的旱灾救济措施

民国时期，民间救灾发挥的作用之大甚至超过官赈。谈到民间救灾，就不得不提及华洋义赈会。1920 年，中国北方爆发了大范围的旱灾，重灾区包括冀、鲁、豫、晋、陕等省的广大地区。中外人士在北京、上海、西安等处设立了华洋义赈会等救济机构。旱灾救济过程中，北京的各大救灾机构领袖熊希龄、汪大燮、梁士诒等同外国在华义赈团体组成了统一的赈务领导机关——北京国际统一救灾总会，除直接担任直隶西部地区的救济外，还被推为办赈总机关。②北京国际统一救灾总会的设置实际上是为了克服政府和官绅的干扰。《北京国际统一救灾总会报告书》中序言二中就写道"流弊亦所宜防最好离去本地官绅纯于第三者资格执行之"③。1921 年 8 月，赈务活动基本结束，但各地华洋义赈团体都还有余款，北京国际统一救灾总会便提议"建设组织全国赈款余款保管会"。1921 年 11 月 16 日，北京和各地华洋义赈会成立"中国华洋义赈总会"，总会颁布了一系列规范赈灾事业的章程，比较重要的有《中国华洋义赈救灾总会章程》《华洋赈团入会准则》《中国华洋义赈救灾总会办事大纲》等。抗日战争爆发后华洋义赈会一直进行战时救济，直到 1949 年解散。根据统计，各地中外义赈团体共筹得款项 17358633 元，除了海关附加税借款（400 万元）外，均自国内外募捐而来，超过了北洋政府所能提供的数目（11337751 元）。从 1920 年 12 月至 1921 年 8 月，各华洋义赈团体共支出赈款 15230787 元，救济灾民 7731611 名，占全部灾民的 1/4 以上。④

---

① 参见《河南省救灾工作总报告》，49—54 页。
② 刘招成：《中国华洋义赈救灾总会述论》，《社会科学》2003 年第 5 期。
③ 《北京国际统一救灾总会报告书》（序言二），第 3 页。
④ 《北京国际统一救灾总会报告书》，第 19 页、21 页、28 页、195 页。

华洋义赈会主要的救灾措施有以下几种：其一，种麦。"秋间应播种大量冬麦，吾人亦甚承认其重要，故即筹大宗款项以为购谷买种……此外更以十八万二千七百四十九元四角三分之巨款为境遇贫乏不能自行购买之人借办谷种。"其二，建学校。"本会自始即承认设立学校为保管幼年男女之唯一善法……成立学校六百七十二所共收学生四万五千七百八十七人，每一人以一元四角以养育。"其三，设立难民收容所。其四，设粥厂。"每日约有三万零六百二十六人于此数处粥厂就食焉。"其五，振兴实业。"本会曾捐助保定府境内之各实业学校令其教授各种简易工作，又于多数灾区中教妇女制造褥被及其他物品以出售。"其六，急赈，包括赈银、赈粮、赈衣物等。其七，工赈，包括筑路、改良地方水利、种树造林等。[1]

3. 中国共产党领导下的旱灾救济措施

抗日战争时期，抗日根据地灾情也很严重，为应对旱灾，中国共产党积极领导人民生产自救度荒，开启了具有中国特色的救灾新篇章，最为著名的是以晋冀鲁豫边区为代表的大规模有组织的群众性救灾度荒运动。在全民艰苦奋斗之下，边区呈现出好转趋势，原本外逃的灾民陆续返回家园，日占区以及黄河以南国统区的灾民大批奔向边区。据统计，仅晋冀鲁豫的太行、太岳两区的外来灾民就达25万人，相当于全边区所有灾民的六分之一。[2]《解放日报》称边区是"另外一个世界"，对于灾民逃往边区如是记载："灾荒愈发展，三个世界的对照愈清楚，从安阳到玉峡关的封锁线，虽然可以和敌人的封锁墙相比拟，但封锁不了饥饿发疯的灾民，沿着美丽的清漳河，褴褛的人群，夜以继日地向根据地

---

[1]《北京国际统一救灾总会报告书》，第60—70页。
[2]《解放日报》，1944年8月29日。

流着，涌着。"①

晋冀鲁豫边区为应对旱灾，于1942年颁布了《关于救灾工作的指示》，规定各级政府成立救灾委员会以具体领导救灾抗灾工作。太行区政府迅速自上而下地成立了旱灾救济委员会，并提出"保证不饿死一个人"的口号，采取一系列措施应对灾害危机：成立太行救灾委员会；减免灾区负担，进行粮款赈济，对外来灾民进行安置；组织大批灾民搞运输，实行粮食调剂。②在该区颁布的《太行区旱灾救济委员会第四次会议决议事项》中规定："凡本村尚有力量有办法可能进行救济，因工作不力，致使饿死人者，村政权负责人，应受以纪律制裁；凡有上述情况，饿死一人者批评，饿死二人者警告，饿死三人以上者应撤职处分，上级负责人应受连带处分。"③1943年7月13日，中共中央北方局下达《中共中央北方局关于救灾工作的指示》，向民众说明"共产党、八路军、抗日政府只能替民众想办法出主意，不可能帮助每个人来生产，大家要活下去，必须依靠自己动手才能自救"，并号召"深入各个团体，把全体民众、军队、学校、政府人员紧急动员起来"④。

总的来说，中国共产党在根据地所采取的旱灾救济方式主要有以下几种：其一，减收公粮，直接拨款救灾。1943年全区公粮负担减少1/5，太岳区同期减少1/3，冀南区则减少2/3。⑤太行区实际用于救灾的各种

---

① 李文海：《近代中国十大灾荒》，上海人民出版社1994年版，第292页。
② 河南省财政厅、河南省档案馆：《晋冀鲁豫抗日根据地财经史料选编（河南部分）》（二），档案出版社1985年版，第108页。转引自李俊杰：《晋冀鲁豫边区应对自然灾害危机的策略（1942—1944年）》，《周口师范学院学报》2012年7月第4期。
③ 河南省财政厅、河南省档案馆：《晋冀鲁豫抗日根据地财经史料选编(河南部分)》（四），档案出版社1985年版，第176页。转引自姚红艳、肖文光：《中国共产党救灾减灾思想的历史回顾与经验总结》，《学术交流》2010年第10期。
④ 《中共中央北方局关于救灾工作的指示》。
⑤ 《太行区一九四二、一九四三两年的救灾总结》，第168页。转引自李文海：《近代中国十大灾荒》，上海人民出版社1994年版，第292页。

贷款多达二千万，同边区的财政收入比，数额巨大。①其二，开展以节约、互助为核心的社会互助运动。1943年3月底，晋冀鲁豫边区政府颁发《关于节约救灾》的指示，规定县级以上机关，每日每人节约小米半两，节约之数，每月结报一次。并且严禁剩饭喂猪。其三，生产救灾。"边区政府提出生产救灾新指导方针，政府领导人民，突击进行补种套种，并大量采集代食品，大量种麦。"②其四，扶植农村副业手工业。

（五）对民国时期旱灾防治相关制度和措施的评价

1. 旱灾防治的近代化

和古代荒政比较，民国旱灾防治具有一定的近代化性质，主要表现在以下三个方面：其一，理念上的进步性。民国救灾注重建设防灾、防灾重于救灾以及科学防灾救灾，比如华洋义赈会负责人章元善毕其一生致力于防灾救灾，曾提出"防灾重于救灾、建设防灾""民捐民办""分任杂赈"等先进思想和主张③。其二，救灾机制的近代化。古代救灾常表现为皇帝敕令官员进行救济，常态化的制度设计几乎没有，多为经验型救灾，而民国不管是灾害防治实体制度，还是救灾的程序制度都相对完善。另外，还以制度方式规定了多元化的筹款机制，不仅鼓励国内乡绅捐款，还出台了《救灾准备金法》，发行公债，进行国际借款等。其三，技术上的现代化。在救灾信息传递上引入了电报、电话等新的信息传递方式，在灾情信息传递上有极大的进步，国民政府于1935年专门出台《赈务电报规则》；在物资和灾民的输送上，铁路运输也起了极大

---

① 参见李文海：《近代中国十大灾荒》，上海人民出版社1994年版，第292页。
② 河南省财政厅、河南省档案馆：《晋冀鲁豫抗日根据地财经史料选编（河南部分）》（二），档案出版社1985年版，第107—108页。转引自李俊杰：《晋冀鲁豫边区应对自然灾害危机的策略（1942—1944年）》，《周口师范学院学报》2012年7月第4期。
③ 姚文丽：《民国时期的救灾思想》，《中国社会报》2014年1月10日。

作用。

2.救灾多沦为政治斗争的工具

夏明方教授于《历史视野下的"中国式救灾"——明清以来中国救灾事业嬗变过程中的国家与社会》一文中将中国明清以来500多年的救灾分为三个模式:"老模式",即以18世纪所谓"康乾盛世"为代表的君主专制政权;"坏模式",即18世纪末叶以降直至20世纪上半叶的晚清王朝、北洋军阀统治以及国民政府统治;"新模式",即中华人民共和国时期的共产党政权。①李文海教授于《中国近代十大灾荒》中对南京国民政府针对1942年旱灾的救济作为提出了是"赈灾"还是"增灾"的质疑。②根据两位教授的观点,并结合相关史实不难发现:北洋政府热衷于军阀混战而置灾荒救济于次位。南京国民政府虽然曾一度努力重建救荒制度体系,但在实践当中其中心却仍在铲除异中共领导下的人民武装。民国时期旱灾发生后政府对灾民的救济整体上仍处于"只知有国而不知有民"的状态,在政治利益和灾荒救济的博弈上天然地侧重于其维护政治利益,再加上政治的腐败,制度执行效果不佳,导致救灾机制并不能很好地发生作用。具体分析如下:

首先,旱灾竟然被当成政治争斗的工具。1929年陕西旱灾时,正逢蒋冯战争期间。南京国民政府在战争爆发时曾对西北灾区给予了一定的关注,比如成立西北工赈委员会,并发行赈务公债等,然而,战争爆发以后,南京国民政府却认为"救陕灾就等于救冯军""救灾等于助冯","故加紧封锁而不畀粮款",在此政策影响下各社会团体也都不敢给西北灾区捐款,在上海"社会无人愿发起为陕西一般募捐,纵有愿者或亦顾

---

① 夏明方:《历史视野下的"中国式救灾"——明清以来中国救灾事业嬗变过程中的国家与社会》,《中华读书报(文化周刊)》2010年12月15日。
② 参见李文海主编:《中国近代十大灾荒》,上海人民出版社1994年版,第282页。

及当道之态度而不敢"①。坐镇北平的何成浚，严格执行蒋介石的封锁政策，将开往陕西的赈粮的列车，先"留难于丰台"，又"阻止于保定"，"不令入豫省境界"。②为对抗蒋介石军队，冯玉祥所领导的西北军所到之处，"皆挖地三尺"，"粮食衣物，则无论何处，俱被搜空，赈粮赈面，悉被夺食"。③1942年旱灾时，中国共产党领导下的晋冀鲁豫边区和晋察冀边区受灾十分严重，而国民党政府却坚持"消极抗日，积极反共"的既定方针，"一面在战场上丢弃城池，避战自保；一面又加紧对抗日根据地的包围和封锁，并指使其军队和官员，在'曲线救国'的幌子下大批投敌，配合日军向抗日根据地发起进攻"④。

其次，救灾被动。具体表现有二：其一，禁止旱灾通报，掩盖灾情。1942年旱灾发生后，蒋介石严密封锁消息。《大公报》对河南严重的旱灾进行了报道，却遭国民党政府停刊三天的处罚。美国记者白修德在《时代》周刊上发表了《等待收成》一文，向世界通报了河南灾情，这引起了当时在美的宋美龄的不满，要求《时代》周刊老板解聘白修德，遭到拒绝。⑤其二，旱灾甚巨，军粮却仍需按时上缴。尽管河南旱灾严重，蒋介石为筹措军粮仍电令各省主席称"本年各省征实征购数额较上年增多，工作进行自应该多方推进"⑥。

---

① 《大公报》，1930年6月30日。

② 冯玉祥：《我所认识的蒋介石》，解放军文艺出版社2002年版，第592页。

③ 《大公报》，1930年2月11日。

④ 参见李文海主编：《中国近代十大灾荒》，上海人民出版社1994年版，第269页。

⑤ 参见白修德著，马清槐、方生译：《探索历史——白修德笔下的中国抗日战争》，三联书店1987年版，第120页。转引自江沛：《"哀鸣四野痛灾黎"：1942—1943年河南旱灾述论》，《河南大学学报（社会科学版）》，2014年5月第3期。

⑥ 周美华编著：《蒋中正总统档案：事略稿本——民国三十一年六月（下）至八月（上）》第50册，台北国史馆2011年版，第645页。

三、新中国防旱抗旱对策研究（1949—2009）

（一）新中国旱灾概况

1949 年至 2009 年之间，我国发生的重大旱灾记录如下表：

年份	受灾地区	受灾面积
1959	西北、华北北部和东北部分地区，黄河中下游和长江中下游主要农业区	全国受旱面积 50710 万亩，成灾面积 16760 万亩
1960	河北、河南、山东、陕西、山西、内蒙古、甘肃、四川、云南、贵州、广东、广西、福建等省区春夏两季连遭干旱，江苏、安徽、浙江、湖北、湖南、江西等部分地区夏季发生干旱	全国受旱面积 57187 万亩，成灾面积 24265 万亩
1961	山东、河南、河北、山西、陕西、内蒙古、辽宁等省区出现春旱，6月到8月江苏、安徽、浙江大部、江西北部、湖北北部、湖南北部、四川东南部及贵州东北部都出现旱情	全国受旱面积 56770 万亩，成灾面积 27981 万亩
1972	北方大部分地区出现干旱，且春夏秋连旱	全国受旱面积 46049 万亩，成灾 20408 万亩，其中北方地区分别占 70% 和 78%
1978	主要集中在长江中下游、淮河流域大部和冀南、豫北，以及晋、陕、宁、鲁等省的大部分地区	全国受旱面积 20253 万亩，减产三成以上的成灾面积 26954 万亩
1982	主要集中北方地区，南方受旱范围小，部分主要冬麦产区春旱重，东北和西北地区东部严重夏伏旱，局部有秋旱	全国受旱面积 3.1 亿亩，成灾面积近 1.5 亿亩，其中东北三省 9978 万亩，成灾 4840 万亩
1986	北方豫、冀、鲁、晋、内蒙古、陕、甘、宁等省区受旱范围广，部分地区旱情十分严重，南方江淮和长江中下游地区较大范围春旱接初夏旱，西南地区也出现少见干旱，东北地区黑龙江黑河地区出现较大旱情	全国受旱面积 46563 万亩，成灾面积 22147 万亩

第二章 我国旱灾防治对策的历史探究

续表

年份	受灾地区	受灾面积
1988	春旱面积最大时遍及全国21个省、自治区、直辖市。春旱以鲁、冀、琼、鄂北、湘北、湘西和苏北、皖北旱情最重。夏旱以华北平原大部、关中、陕南、川东北、鄂北、苏北、皖北等地为主，10月份以后北方冬麦区大部、长江中下游以及西南地区东部秋冬连旱	全国受旱面积49356万亩，成灾22955万亩
1989	北方地区干旱范围较大，南方小，东北、华北、山东、广西伏旱发展快、程度重。	全国受旱面积44037万亩，成灾22893万亩
1990	南方地区伏旱范围大，部分地区伏秋连旱，旱情严重	7月底南方苏、浙、皖、闽、赣、鄂、湘、川、贵9省伏旱面积为9256万亩；9月初南方皖、赣、鄂、湘、粤、桂、川、贵、云等省区受旱面积14824万亩，仅仅湘、鄂、贵、川四省受旱面积就达11276万亩，减产三成以上的成灾面积达6039万亩
1992	7月至8月江淮地区、江南西部、华南西部、西南地区东部出现旱情，8月中旬伏旱波及苏、皖、浙、赣、闽、鄂、湘、桂、粤、川、云、贵、藏等13省区，北方陕、甘、宁、新、豫、鲁、冀、京、内蒙古也出现了旱情	全国受旱面积49470万亩，减产三成以上的成灾面积25573万亩，其中绝收3824万亩
1994	5月中旬至6月中旬，华北、东北和西北部分地区出现春连初夏旱；7月至8月苏、皖、沪、浙、鄂、川及赣、湘局部发生伏旱；入秋以后，津、冀、鲁、豫、晋、陕、皖、新等省区市农田受旱	全国受旱面积45423万亩，减产3成以上的成灾面积25573万亩，其中绝收3789万亩
1995	立春后北方17个省、自治区、直辖市及南方的鄂西北，闽、粤沿海部分地区出现旱情，3月下旬到7月中旬，西北地区和华北西部的陕、甘、宁、青、新、内蒙古、晋出现严重的春夏连旱	全国受旱面积3.52亿亩，其中成灾1.56亿亩，绝收3182万亩，因旱损失粮食230亿千克，造成直接经济损失280亿元

续表

年份	受灾地区	受灾面积
1997	春季旱情主要发生在东北西部、华北北部及西北东部；夏季长江以北大部分地区夏旱迅速	全国受旱面积50271万亩，成灾30015万亩，绝收5937万亩。因旱减收476亿千克
1999	全国先后有30多个省、自治区、直辖市发生了不同程度的旱灾，北方大部和西南东部、华南南部，出现较为严重的冬春连旱，华北大部、西北东部、东北西部、淮河和汉水流域发生严重的夏秋连旱	全国作物受旱面积4.52亿亩，其中成灾2.49亿亩，绝收5888万亩，因旱减收粮食333亿千克
2000	东北西部、华北大部、西北东部、黄淮及长江中下游地区，旱灾极为严重	全国受旱面积6.08亿亩，其中成灾4.02亿亩，绝收1.02亿亩，因旱损失粮食5596万吨，经济作物损失511亿元
2001	河北、山西、内蒙古、黑龙江、安徽、河南、四川、陕西、甘肃、宁夏10个省区旱灾严重	全国受旱面积5.77亿亩，其中成灾3.56亿亩
2002	7月上旬开始至8月份以后，华北大部、西北东部、黄河中下游及西南部分地区发生严重的伏秋连旱，其中山东、河北灾情最重	全国受旱面积3.33亿亩，成灾面积1.99亿亩，粮食损失3130万吨
2003	旱灾严重地区主要分布在湖南、江西、福建、浙江、黑龙江、内蒙古等省区	全国农作物受旱面积3.73亿亩，成灾2.71亩，绝收4470万亩，因旱损失粮食3380万吨
2006	经历冬春旱、夏旱、秋冬旱三个阶段，夏伏旱最为突出，华南及西南部分地区发生了冬春连旱，华北北部、东北西部以及西北的部分地区发生较严重的春旱，黄淮、江淮、汉水流域发生较严重的夏旱，重庆及四川东部发生百年不遇的特大旱。入秋以后华南南部、华北东部，黄淮及江淮冬麦区发生大规模的秋冬旱	全国农作物受旱面积3.11亿亩，成灾面积2.01亿亩，绝收3443万亩，因旱造成粮食损失416.5亿千克

第二章　我国旱灾防治对策的历史探究

续表

年份	受灾地区	受灾面积
2007	华北、西北、黄淮部分地区发生大规模春旱，四川盆地出现初春旱，内蒙古、辽宁、吉林初夏旱严重，黑龙江遭遇史上罕见夏旱，江南及华南大部分地区伏旱严重，12月之后江南及华南又发生特大秋旱连初冬旱	全国农作物受旱面积5.99亿亩，成灾面积2.43亿亩，绝收4786万亩，粮食损失373.6亿千克

（上表根据《中国灾情报告1949—1955年》以及《新中国重大旱灾重大干旱灾害抗灾纪实》整理而成）

新中国成立以来，旱灾的特征主要表现为四个方面：一是旱灾损失和面积较大。20世纪80年代以来，受灾面积和成灾面积占78%，受灾面积和成灾面积排在前五的2000年、2001年、1997年、1992年和1994年均出现在20世纪90年代以后。[1]据《中国水旱灾害公报》统计，全国农作物因旱受灾面积由20世纪50年代平均0.116亿平方千米增长到21世纪初的平均0.25亿平方千米，平均最大的是20世纪70年代，为0.261亿平方千米；成灾面积平均由0.037亿平方千米增长到0.144亿平方千米，平均最大面积是21世纪初；因旱粮食损失由20世纪50年代平均43.5亿千克增长到21世纪初的平均349亿千克。[2]二是旱灾范围扩大且多灾联动。传统北旱南涝，新中国成立后北方旱情在加重的同时，南方多雨区也旱灾频发。我国南方地区旱情以夏伏旱为主，往往影响面大。1990年、1991年、1992年、1994年、1995年、1997年、1998年、2000年、2001年、2002年、2003年、2004年、2006年、2007年，南方多地都发生了不同程度的旱情，其中除1998年、2006年

---

[1] 黄河流域及西北片水旱灾害编委会：《黄河流域的水旱灾害》，黄河水利出版社1996年版，第379页。转引自康沛竹：《新中国成立以来自然灾害对社会发展的影响》，《宁夏社会科学》2005年第6期。

[2] 吕娟：《我国干旱问题及干旱灾害管理思路转变》，《中国水利》2013年8月。

西南地区是春旱外，其他年份都是夏伏旱。①全国或一省范围内旱涝同时都有发生的情形，比如1991年夏季南方发生严重洪涝灾害，而华北和西北地区却发生了严重的夏秋干旱。江苏、安徽、湖北三省夏天遭洪涝，秋季又逢大旱。三是旱灾影响突破了农业领域扩展至林业、牧业、城市生活等各领域。比如1986年全国大旱，造成全国15个省份饮水困难人口达2794万，受旱草场39.66万平方千米，受旱畜牧1083万头。"据不完全统计，曾经发生过干旱缺水的地级以上城市，20世纪70—80年代有16座城市发生32次严重干旱缺水事件，80—90年代有45座城市发生135次严重干旱缺水事件。"②"2000—2007年8年间发生过干旱缺水的城市有331座，其中严重缺水的有175座。"③四是生态破坏严重，生物多样性减少，地下水位下降，土地荒漠化等生态环境恶化现象伴随而生。河北白洋淀自1966年至1988年，共发生6次干淀事件，最短一个月（1971年6月）最长5年（1983年7月至1988年8月）。④

（二）新中国的旱灾防治理念

1. 重视发动群众

1949年12月19日，中央人民政府政务院发布的《关于生产救灾的指示》中指出："生产救灾是关系到几百万人的生死问题，是新民主主义政权在灾区巩固与存在的问题"，"生产自救，整个说起来就是自力更生"。把救灾工作看作"建设新中国的关键问题之一"，"要求各级政府成立生产救灾委员会，帮助灾区逐村逐户定出生产自救计划"。12月22日，中共中央发出《关于切实执行政务院生产救灾指示的通知》，要求

---

① 吕娟：《我国干旱问题及干旱灾害管理思路转变》，《中国水利》2013年8月。
② 吕娟：《我国干旱问题及干旱灾害管理思路转变》，《中国水利》2013年8月。
③ 吕娟：《我国干旱问题及干旱灾害管理思路转变》，《中国水利》2013年8月。
④ 吕娟：《我国干旱问题及干旱灾害管理思路转变》，《中国水利》2013年8月。

第二章 我国旱灾防治对策的历史探究

各地党委特别是灾区的党委必须仔细研究并督促各级人民政府切实执行政务院关于生产救灾的指示。1950年2月27日，政务院政治法律委员会召集内务部、财政经济委员会、财政部、农业部、水利部、铁道部等单位负责人员开会，正式成立了中央救灾委员会，加强对救灾工作的领导，便于救灾工作的有序进行。在中央救灾委员会的领导下，成立了中央生产救灾委员会，在成立大会上董必武做了《关于深入开展生产自救工作》的报告，对救灾工作的方针做了补充，改为："生产自救，节约度荒，群众互助，以工代赈，辅之以必要的救济。"1951年中央人民政府政务院华北行政委员会主任刘澜涛向总理周恩来做的《1951年华北人民战胜旱灾的经验和对1952年防旱抗旱的初步措施》的报告中对于防旱抗旱的介绍第一条就强调："必须充分发动群众。"[1]1952年政务院发布了《政务院关于大力开展群众性的防旱、抗旱运动的决定》，指出："充分做好思想动员与深入发动群众是开展防旱、抗旱运动的关键。"中央人民政府水利部发布的《一九五二年全国农田水利工作总结和一九五三年工作要点》中，强调防旱抗旱运动中水利工作的群众性。1953年政务院又发布了《发动群众继续开展防旱、抗旱运动并大力推行水土保持工作的指示》，指出："水土保持是群众性、长期性和综合性的工作，必须结合生产的实际需要，发动群众组织起来长期进行，才能收到预期的功效。"1965年国务院发布《关于加强防旱抗旱工作的通知》，指出"加强领导，紧紧依靠贫、下中农，充分发动群众，干旱是完全可以战胜的。"2006年颁布的《国家防汛抗旱应急预案》仍旧强调"坚持依法防汛抗旱，实行公众参与，军民结合，专群结合，平战结合。中国人民解放军、中国人民武装警察部队主要承担防汛抗洪的急难险重等攻坚任务"。

---

[1] 参见《1951年华北人民战胜旱灾的经验和对1952年防旱抗旱的初步措施——中央人民政府政务院华北行政委员会主任刘澜涛向周恩来总理的报告》。

2. 强调防旱减灾的重要性

新中国成立后国家一直强调"防旱"的重要性，把"防"作为旱灾治理的关键，为此出台了一系列政策，强调防灾重于救灾。1952年政务院发布了《政务院关于大力开展群众性的防旱、抗旱运动的决定》，指出："各地政府必须把防旱作为长期生产建设事业中的主要工作，除积极动员群众，养成年年防旱的习惯外，并准备有计划地进行农业、林业及水利的基本建设，开展一个深入的、广泛的防旱、抗旱运动。"1958年5月26日到6月18日，内务部召开了第四次全国民政会议，提出"救灾工作必须为农业生产大跃进和消灭自然灾害服务"的要求，并确定了"防重于救，防救结合，依靠集体，农业为主，兼顾副业，互相协作，厉行节约，消灭灾荒"的救灾方针。

（三）新中国旱灾防治的主要措施

1. 组织性措施

（1）召开针对性会议。旱情出现后，针对具体旱情召开一系列重要会议并研究出台防旱抗旱减灾对策。1966年国务院总理周恩来主持召开了北方8省、自治区、直辖市（陕西、山西、河北、山东、河南、辽宁、内蒙古、北京）抗旱会议，会后8省区市成立抗旱工作小组；1972年，国务院召开北方14省、自治区、直辖市抗旱会议，并且成立了抗旱打井办公室；1977年，国务院再次召开北方17个省、自治区、直辖市的抗旱会议。

（2）机构调整。20世纪50年代，农业部、水利部、水电部联合主管全国旱灾防治工作。1971年6月，中央军委、国务院发出通知（国发〔1971〕45号）决定成立由总参谋部、财政部、国家计委、商业部、交通部、农林部、水利电力部组成的中央防汛抗旱指挥部；1977年，因应新情况又成立了国务院抗旱领导小组;1988年国务院、中央军委发布《关于国家防汛总指挥部组成人员通知》(国发〔1988〕34号)决定设立国家防汛总指挥部,国务院抗旱领导小组办公室职能并入国家防汛总指挥部;1992年7月14日,国务院在《关于听取当前防汛抗旱情况汇报的会议纪要》中提出,为强化防汛抗旱的统一调度,将"国家防汛总指挥部"改名为"国家防汛抗旱总指挥部",其办事机构设在水利部,这种机制一直沿用至今。

2. 制度构建性措施

为使旱灾防治工作正规化、规范化,新中国成立以后国家建立和完善了各项防旱抗旱制度,其中最值得关注的制度有两类,分别是:旱情统计汇报制度和抗旱经费制度。前者源于1989年水利部发布的《关于抗旱工作几个问题的通知》,其中要求"各级抗旱办公室每旬定期对本地区旱情进行统计,并要向上级抗旱办公室报一次旱情"。后者的载体主要是1999年9月财政部、水利部公布的《特大防汛抗旱补助费使用管理办法》和《特大防汛抗旱补助费分配暂行规定》(2011年《特大防汛抗旱补助费管理办法》出台后废止)。除了这类制度之外,新中国成立后,国家还陆续出台了一系列旱灾防治的其他制度,具体内容在后面各章将有具体介绍,此处不再赘述。

3. 水利建设措施

1949年以来,我国兴修水利,发展排灌事业,极大提高了农作物的防旱抗旱能力。为更好地满足灌溉水源的需要,1972年国务院领导相关部门专门成立了防旱打井办公室,办事机构设在水利部。为了更好地推进打井灌溉工作,1973年到1979年,国家拨给打井配套资金26亿元,钻机1500台,北方17个省、自治区、直辖市900多个县建成机井220

万眼，发展井灌面积 1.1 亿亩。①在 2008 年第四季度中央追加的 1000 亿元投资中，高达 200 亿元的资金投入水利基础设施建设中。截至 2008 年年底，排灌机械保有量 1800 万台、$5×10^8$ 千瓦，配套机井 9000 万眼，全国有效灌溉面积达 $8×10^7$ 公顷，占耕地总面积的 70%。②国务院及地方各省区市加强水资源的调配规划，新中国成立以来，发展"引滦入津、引滦入唐、引黄济青"等工程，同时加强了水资源统一管理和统一调度，促进了跨地区、跨部门的水事矛盾的解决。

4. 资金保障措施

根据《中国灾情报告 1949—1995》的记载，自 1959 年至 1994 年 36 年来，中央财政补助各省的特大抗旱经费实际支出，合计共 44.92 亿元，平均每年约 1.25 亿元，其中 20 世纪 60 年代平均 0.61 亿元；70 年代 2.05 亿元；80 年代 0.89 亿元；90 年代 5 年平均 1.61 亿元。据调查统计，中央财政补助各省的特大抗旱经费，约占实际抗旱经费开支的 10%，省、地、县各级地方财政补助占 10% 多一些，其余 70%~80% 是由银行贷款和群众自筹的。③1986 年国家给 23 个受旱的省区市拨付特大抗旱经费 11050 万元。④1999 年财政部、水利部专门颁布了《特大防汛抗旱补助费使用管理办法》，规定了特大抗旱补助费主要用于对遭受特大干旱灾害的地区为兴建应急抗旱设施、添置提运水设备及运行费用的补助。特大抗旱补助费的开支范围具体包括：县及县以下抗旱服务组织添置抗旱设备、简易运输工具等所发生的费用补助；在特大干旱期间，

---

① 参见中华人民共和国国家统计局、中华人民共和国民政部编：《中国灾情报告 1949—1995》，中国统计出版社 1995 年版，第 57 页。

② 《旱灾敲响中国农业基础设施警钟》，《澳门日报》2009 年 2 月 9 日。

③ 参见中华人民共和国国家统计局、中华人民共和国民政部编：《中国灾情报告 1949—1995》，中国统计出版社 1995 年版，第 59 页。

④ 参见中华人民共和国国家统计局、中华人民共和国民政部编：《中国灾情报告 1949—1995》，中国统计出版社 1995 年版，第 73 页。

为抗旱应急修建水源设施和提运水所发生的费用补助；为解决特大干旱期间临时发生的农村饮水困难而运送水所发生的费用补助；抗旱中油、电费支出超过正常支出部分的费用补助；为抗旱进行大面积人工增雨所发生的飞行费、材料费及抗旱节水、集雨等抗旱新技术、新措施的示范、推广和应用所发生的费用补助。

（四）对新中国旱灾防治对策的评价——由"运动式"治理向"常态化"治理模式的转变

1. 新中国旱灾应对的"运动式"治理

早在新民主主义革命时期，我党就在应对自然灾害、动员群众、开展群众运动方面积累了不少经验。新中国成立后，党和政府广泛动员群众，开展防旱抗旱运动。1952年5月28日的《人民日报》曾对于动员群众开展防旱抗旱运动进行过细致且形象的报道，报道称："春耕、防旱的宣传任务一经布置到村，村支部就在党、团员会议和宣传员大会上进行动员；同时经过其他各种会议向村干部、人民代表、劳动模范、互助组组长、民兵、妇女识字班学员、小学和民校的教员、读报组长、民间艺人等进行动员。然后以党的宣传员为骨干，吸收宣传工作中的积极分子组成强大的宣传队伍，按组、按户、按片分工包干，一齐出动，向全村群众展开宣传活动。"①现在看来，新中国成立后运动式的防旱抗旱政策是特定时期的产物，在特定的历史时期确实具有较强的实效性，但却也存在欠缺长期性、可持续性和专业性的问题。

在特定时期内，"运动式治理"的旱灾防治政策具有一定的合理性，原因如下：

---

① 孙衷文、冯鲁仁：《农村党组织在春耕、防旱中的宣传工作经验》，《人民日报》1952年5月28日。转引自蒋积伟、唐明勇：《新中国危机动员理念的变迁——以自然灾害动员为例》，《当代中国史研究》2011年第4期。

首先，我国旱情严重且复杂。我国农业仍处于"靠天吃饭"的局面，旱灾频发，多表现为全国性或跨地区旱灾，并且多出现全国或全省范围内旱涝并发，同时还伴随着病虫害的发生和流行等复杂情况。同时，旱灾防治往往涉及产业结构、社会稳定、民生保障等各个方面，需要多个部门（比如水利部、农业部、财政部、交通部等）配合落实，实现各部门管理职责之间的无缝隙连接。较为灵活的"运动式治理"，能够在短期内迅速明确防旱抗旱的目的，并且能够迅速动员各类资源围绕这个目的发挥作用，从而有效规避了政府部门职权之间的冲突问题。其次，新中国成立之初，物质条件比较匮乏，经济社会百废待兴，财政上捉襟见肘，应对旱灾等重大的自然灾害，需要国家整合全民力量进行救济。因此，需要"运动式治理"的运用，通过政治动员，使灾区和非灾区群众迅速掌握党和政府的救灾方针、政策，并在此基础上，唤起群众对救灾工作的回应。最后，"运动式治理"中党和政府对救灾工作的掌控能力极强，不但可以有效避免救灾失控的局面，还可以做到审时度势，总揽全局，协调各方，因势利导，提高灾害治理的效率。

2. 向"常态化治理方式"的转变

旱灾防治的"运动式治理"从属性上来说属于临时政策，不具有稳定性和可持续性。群众运动从本质上来说是以国家意志为主导的，公民的参与是被动的、缺乏个人自主选择的裹挟行为，随着人民自主意识的不断提升，明显已经不适应社会发展的趋势和普遍情势。由此就必须以制定和完善旱灾防治相关法律制度的方式构建旱灾防治的"常态化治理方式"，保证在进行旱灾治理的过程中做到有法可依。20世纪90年代后期进行的旱灾防治法制构建就是对这一趋势和客观要求的因应。但这并不意味着要绝对剔除运动式治理，在旱灾防治的某些领域之内，立法并不能有效发挥作用，因此"运动式治理"仍旧存在和运用的必要性。但是需要注意的是,法治背景下的"运动式治理"不能也不必表现为原先的政治动员,而是应当转变为有法制基础的社会动员。其实,从后面各章的相关论述可知,在现行的旱灾防治法制体系内,社会动员机制是一直存在并发挥重要作用的。

第三章
旱灾防治主体法律制度

一、旱灾防治主体及其法律制度的内涵与外延

（一）旱灾防治主体的内涵与外延

旱灾防治主体的内涵可从权利（力）—义务（职责）的角度界定为参与旱灾预防和应对，享有相关公私法权利（力）、承受相应公私法义务（职责）的组织与个人。如前所述，旱灾防治或曰旱灾治理其实是管理学、灾害学与法学等学科的共有话题，与此相应，关于旱灾防治主体的内涵揭示也应该有风险管理学、灾害应对学与法学等不同学科背景下的研究范式，我们限于本书的法学背景，运用权利（力）—义务（职责）这一法学通用同时也是经典的研究范式，尝试对旱灾防治主体的内涵外延进行揭示。

深入分析上述的旱灾防治主体内涵，不难得出以下分析性结论：

首先，旱灾防治主体是参与了干旱灾害预防与应对过程的主体，它们分别依其特性与能力具体参与干旱灾害预防和应对的一个或者多个阶段，并在各自参与领域发挥实际作用。

其次，旱灾防治主体参与干旱灾害预防和应对各阶段的直接法律依据乃是其依法所享有的具体权利与权力，依法所应当承受的具体义务与职责。权利享有者一般为私法主体，权源载体可能是旱灾防治法律体系

当中的私法性规范，也可能是旱灾防治法律体系当中的公法性规范，在实践中，后一种权源载体更为普遍一些。权力与职责乃是"一枚硬币的正反两个面"，权力享有者因此也必然是职责承受者。权力享有与职责承受者均为公法主体，权源载体也仅以旱灾防治法律体系当中的相关公法规范为表现形式。旱灾防治立法体例不同，权力享有与职责承受的主体范围与类型也各不相同。义务承受者均为私法主体，义务多与权力和职责相对性，因此，旱灾防治法律体系当中的表述权力与职责的公法规范多为义务的法源出处。

最后，旱灾防治主体的具体表现形式乃是组织和个人。组织可以细化为法人与非法人组织，前者包含可能参与干旱灾害预防和应对的国家机关、企业、事业单位、社会团体、农民专业合作社、农村集体经济组织等，后者则主要是指可能参与旱灾防治各阶段的非法人企业、旱灾应对或水资源利用团体、旱灾救助组织以及农户家庭等。个人即自然人，这里不强调自然人或者个人的国籍，用意在于将旱灾预防开始后特定行政区域内的国民、外国人以及无国籍人均纳入旱灾防治的主体范围之内，一体赋予其权利、施以其义务。之所以做此理解，原因有三：（1）面临旱灾时，将非本国人的生存性涉水利益完全排除在考量与保护范围之外悖理于基础理论部分所述的"涉水生存利益绝对优先性"，因此缺乏法理正当性；（2）应对干旱灾害时，不向非本国人施加作为或不作为义务而任其分享旱灾应对利益，或者向非本国人施加重于本国人的作为或者不作为义务，均违反平等原则与国际公法的基本原则；（3）从实务角度分析，将本国人与非本国人一体纳入干旱灾害预防与应对过程，有利于旱灾防治工作的顺利和有效开展。

基于上述内涵解读，我们可以将旱灾防治主体依其性质与享受权利（力）、承受义务（职责）的不同进行三类界分，即旱灾防治公法主体、旱灾防治私法主体与有公法背景的旱灾防治私法主体。第一类主体即是依据旱灾防治的相关公法规范，享有干旱灾害预防和应对权利，承担干旱灾害预防和应对职责的各类国家机关。在法理上，国家立法机关、行政机关、军事机关以及司法机关均有参与干旱灾害预防和应对的可能。此类主体所享有的公法权利和职责如上述乃是互为表里的，因此也可合称为"旱灾防治职权"，这些职权依法理乃是不能放弃且须完全履行的。第二类主体为依据旱灾防治相关公私法规范，享有参与灾害预防和应对过程当中的相应权利，承受第一类主体法定职权作用义务，并在承受相关义务时享有相应补救性权利的组织与自然人。第三类主体则是依据旱灾防治公私法规范，由公法主体组建或者受其支援，承担部分旱灾防治公法职责实现义务的各类法人或者非法人组织。这类主体除了在实现依法所承担的部分公法职责而外，还享有并承担如第二类主体那样的各项权利和义务。经由公法主体组建而成的此类主体，其实现部分公法职责的义务源于组建行为自身，接受公法主体支援的此类主体，其实现部分公法职责的义务则多源于支援条件。由这类主体实现的部分公法职责一般多为旱灾防治公法主体所享有的非核心性或非本质性、由私法主体予以实现更有利于节约成本的相关职权。

（二）旱灾防治主体法律制度的内涵与外延

旱灾防治主体法律制度是塑造、肯认参与干旱灾害预防和应对各类主体，明确各主体的相关权利（力）、义务（职责）的法律规范的总称。

"塑造"具体是指旱灾防治法律制度对参与干旱灾害预防与应对的各类公私法法人或非法人组织的类型、性质、体系等的设计和建构。其中，对各类公法组织的塑造在我国一般被称为"干旱灾害管理体制的构建"，这是我国现行干旱灾害防治制度的形塑重点；所谓"肯认"具体是指旱灾防治法律制度将依据其他法律既已存在的公私法组织和个人纳入干旱灾害预防和应对相关行为实现过程之中，使之成为享有旱灾防治相应权利（力）、承担旱灾防治相应义务（职责）的灾害防治法定主体。"肯认"的目的一般有二：一是为节约干旱灾害防治成本，一是为最大程度上保障干旱灾害所可能影响到的相关涉水公共利益计。"肯认"的具体方式主要有两类：一类是直接式肯认，即通过干旱灾害防治法律制度直接对需要纳入干旱灾害防治主体范围内的既有公私法主体设定权利（力）和义务（职责）。另一类是间接式肯认，即在干旱灾害防治法律制度之内设置激励机制，吸引既有公私法主体主动参与干旱灾害的预防和应对，经由此类肯认参与干旱灾害预防与应对的各类主体，其应有的权利（力）及其获享条件、义务（职责）及其实现要求多以公法上的契约为载体；所谓"明确"则是指旱灾防治法律制度对经过塑造和肯认的各类干旱灾害预防和应对主体，列明其具体行为领域，厘清其于相应行为领域当中的权利（力）、义务（职责）内容及边界，力避相关权利（力）、义务（职责）之间的冲突、重叠与空白。

据上可知，旱灾防治主体法律制度其实主要应当包含两大类规范内容，一是主体性规范内容，二则是权利（力）、义务（职责）性规范内容，两类规范应当呈现出互为前提、密不可分的构成状态，即主体性规范必须附随有相应的权利（力）、义务（职责）性规范，因为欠缺明确行为领域及参与权利（力）、义务（职责）的主体性规范在旱灾预防和应对上并无实际意义；反之，权利（力）、义务（职责）性规范也应当与相应的主体性规范须臾不可分离，因为无明确获享与承受主体的权利（力）、义务（职责）性规范在法理上缺乏正当性基础和实效性。在这两类规范当中，第二类规范应当是形塑的难点和关键所在。依据上段解读，我们认为：权利（力）、义务（职责）性规范所形塑出的行为领域和权利（力）、义务（职责）系谱应当具备三大特性，即全面性、确定性与逻辑美感性。全面性具体体现于两个层面：一个层面强调旱灾防治主体法律制度为各类灾害预防和应对参与主体所划定的行为领域应当涵摄旱灾风险治理所有关键环节，尽量无所遗漏。另一个层面则强调旱灾防治主体法律制度为各类灾害预防和应对参与主体所设置的权利（力）、义务（职责）体系应当足堪使用，其衡量标准乃是相关权利（力）、义务（职责）能否保障各旱灾预防和应对参与主体于法定行为领域内最大限度地发挥出行为效用。确定性首先要求旱灾防治主体法律制度为各类灾害预防与应对参与主体确定边界清晰可辨的行为领域，其次要求旱灾防治主体法律制度为各类灾害预防和应对参与主体确立具体、可行的权利（力）获享与义务（职责）承受条件，再次要求旱灾防治主体法律制度为各类灾害预防与应对参与主体厘定明确的权利（力）、义务（职责）内容与具体实现方式，最后则要求旱灾防治主体法律制度为各类灾害预防和应对参与主体设置具备可操作性的权利（力）受损的救济机制与义务（职责）不履行的责任追究机制。逻辑美感性主要是对各类旱灾预防与应对参与主体所获享权利（力）和所承受义务（职责）体系构成上的要求，具体包含正反两个方面的具体要求。正面要求体现为各类权利（力）、义务（职责）应当呈现出层级性或曰位阶性，上下层级或位阶的权利（力）、义务（职责）之间应当是被实现与实现的关系。上段所述"力避相关权利（力）、义务（职责）之间的冲突、重叠与空白"是反面要求的核心，其主要用于同一层级或位阶的权利（力）与义务（职责）关系的审视上。具体而言，避免冲突是指相关权利（力）、义务（职责）之间在内容上不能相互顶撞，以免抵消其实效性。避免重叠是指相关权利（力）、义务（职责）之间在涵摄对象上尽量减少重复，以免竞合现象大量产生。避免空白则是指相关权利（力）、义务（职责）之间涵摄边界的间距不能太宽，以免在调整范围或者对象上有所遗漏。

以干旱灾害防治的阶段为基准可以将旱灾防治主体法律制度概分为旱灾预防主体法律制度与旱灾应对主体法律制度两大部分。以前述旱灾防治主体的性质为基准又可以将旱灾防治主体法律制度分为旱灾防治公法主体法律制度、旱灾防治私法主体法律制度以及旱灾防治有公法背景的私法主体法律制度三大部分。以前述旱灾防治主体的表现形式为基准则可将旱灾防治主体法律制度分为旱灾防治组织法律制度与旱灾防治个人法律制度两大部分。在下面的法理分析与法制建构过程中，我们将采用第二种分类方式，主要原因在于第一、三种分类方式在法理和适用性上存在着明显不足，具体表现为：以干旱灾害防治阶段为基准的分类对在旱灾预防和应对阶段都将获享权利（力）、承受义务（职责）的主体而言会产生明显的割裂效应。更为重要的是，这类主体往往占据着干旱灾害防治主体尤其是公法组织性主体中的绝大多数，仅在旱灾预防或者应对阶段获享权利（力）、承受义务（职责）的主体并不多见；以干旱灾害防治主体表现形式为基准的分类并未把握住组织类主体之间的本质区别，因此对旱灾防治主体法律制度的构建而言指导意义并不大。

二、现行制度中旱灾防治主体的样态及其权利（力）、义务（职责）

具体规定干旱灾害预防和应对参与主体的现行的正式制度载体主要有二：一为立法，《抗旱条例》及其实现性规章是其主体；二为政策，最新同时也是最集中地对包括旱灾防治主体在内的各类自然灾害防治主体进行全面制度形塑的政策载体乃是《中共中央国务院关于推进防灾减灾救灾体制机制改革的意见》（2016年12月19日）。除了制度载体而外，一些在旱灾防治过程当中发挥着重要作用的公法主体的内部架构与具体职权还体现在其运行规则当中。

以下对我国旱灾防治主体现行法制的总结与阐释即以上段所述三类载体为依据展开。

（一）旱灾防治公法主体的具体样态及其职权

1.各级人民政府及其职权

《抗旱条例》第五条为"各级人民政府"设定了"首长负责制"式的旱灾防治管理体制，这种体制主要通过"统一指挥、部门协作、分级负责"的运作方式来实现。

（1）县级以上人民政府的旱灾防治职权

《抗旱条例》相关条款为县级以上各级地方人民政府直至中央人民政府设定的具体职权及其内容包括：规划权，即将旱灾防治工作纳入本级国民经济和社会发展规划当中予以统一安排的职权（第四条）；财政资金保障权，即通过本级财政预算保障旱灾防治工作得以顺利进行所必需资金之职权（第九条）；强化水利基础设施权（第九条）；完善旱灾防治工程体系权（第九条）；旱灾防治宣传教育权（第十条）；鼓励和支持各种旱灾防治科学技术研究及其成果推广应用权（第十条）；加强农田水利基础设施建设和农村饮水工程建设权（第十六条）；组织做好旱灾防治应急工程及其配套设施建设和节水改造权（第十六条）；调整、优化经济结构和产业布局权，行使的依据是本行政区域内水资源和水环境的承载能力（第二十条）；开展节约用水宣传教育权（第二十一条）；推行节约用水措施，推广节约用水新技术、新工艺权（第二十一条）；建设完善旱情监测网络权，即充分利用本级政府所掌控的现有资源，建设完善监测网络（第二十六条）；监督检查权与处理权。前一项权力的内容为对旱灾防治责任制落实、旱灾防治预案编制、旱灾防治设施建设和维护、旱灾防治物资储备等情况进行监督检查，后一项权力的内容是在检查过程中若发现问题应及时处理或者责成有关部门和单位限期处理（第三十条）；恢复生产和灾后自救帮助权，行使的前提是旱情已经缓解，帮助的对象为本行政区域内的受灾群众（第五十二条）。

(2) 乡镇人民政府的旱灾防治职权

《抗旱条例》相关条款为乡镇人民政府设定的旱灾防治职权及其内容涵括：旱灾防治宣传教育权（第十条）；鼓励和支持各种旱灾防治科学技术研究及其成果推广应用权（第十条）；中小微型蓄水、引水、提水工程和雨水集蓄利用工程的修建权，该权仅限干旱缺水地区的乡镇人民政府获享，行使的原则为"因地制宜"（第十六条）；开展节约用水宣传教育权（第二十一条）；推行节约用水措施，推广节约用水新技术、新工艺权（第二十一条）；根据抗旱工作的需要，加强抗旱服务组织建设权（第二十九条）；监督检查权与处理权。前一项权力的内容为对旱灾防治责任制落实、旱灾防治预案编制、旱灾防治设施建设和维护、旱灾防治物资储备等情况进行监督检查，后一项权力的内容是在检查过程中若发现问题应及时处理或者责成有关部门和单位限期处理（第三十条）；向村民宣传节水和旱灾防治知识权，该权仅限旱灾发生地区的乡镇人民政府获享和行使（第四十二条）；旱灾防治措施的协助落实权（第四十二条）；恢复生产和灾后自救帮助权，行使的前提是旱情已经缓解，帮助的对象为本行政区域内的受灾群众（第五十二条）。

(3) 县级以上地方人民政府专享的旱灾防治职权

《抗旱条例》还对除中央人民政府之外的县级以上地方人民政府参与旱灾预防和应对的相关职权及其内容进行了专门罗列，计有：批准本行政区域旱灾防治规划权（第十三条）；中小微型蓄水、引水、提水工程和雨水集蓄利用工程的修建权，仅限干旱缺水地区的县级以上地方人民政府获享，行使的原则为"因地制宜"（第十六条）；旱期城乡居民生活供水的应急水源储备保障权（第十八条）；旱灾防治物资的储备和日常管理权，获享并行使的主体限于干旱灾害频发地区的县级以上地方人民政府，物资则限于旱灾防治所必需（第十九条）；对抗旱服务组织的扶持权（第二十九条）；特定限水措施的采取权，发动的前提是本行政区域内发生严重干旱和特大干旱,可采取的限水措施包含压减供水指标、限制或者暂停高耗水行业用水、限制或者暂停排放工业污水、缩小农业供水范围或者减少农业供水量、限时或者限量供应城镇居民生活用水等(第三十五条);水源调配权,行使的前提是干旱灾害已经发生,行使的限制有三:一是调配原则,即统一调度、保证重点、兼顾一般。二是保障重点,即优先保障城乡居民生活用水。三是合理原则,即合理安排生产和生态用水(第三十六条)。

需要指出的是,除了上段专为县级以上地方人民政府设定的旱灾防治职权而外,(1)中所述县级以上各级人民政府所获享、行使的相关职权,县级以上地方人民政府也都获享和行使。

(4)省级人民政府和县级人民政府专享的旱灾防治职权

除了上述(1)、(3)所述各项职权而外,《抗旱条例》还为特定地区的省级人民政府、县级人民政府及其派出机构专门设置了旱灾防治的相应职权。具体而言,《抗旱条例》第三十九条专为县级人民政府设定了加强旱灾防治服务组织建设的职权,权力行使的基准是根据旱灾防治工作的需要;第四十三条为旱灾发生地区的县级人民政府派出机构——街道办事处设置了向居民宣传节水和旱灾防治知识的职权和协助落实各项旱灾防治措施的职权;第四十五条为发生特大干旱地区的省级人民政府设置了批准本地区进入紧急抗旱期的职权。

2.各级(类)防汛抗旱指挥机构及其职权

纵观《抗旱条例》相关条款,不难看出,各级(类)防汛抗旱指挥机构具体承担了旱灾应对和恢复职权的大部分,因此详列防汛抗旱指挥机构的旱灾防治职权对于完善我国旱灾防治管理体制而言,应当是基础性工作。

(1) 防汛抗旱指挥机构的性质、组成及基本运作方式

《抗旱条例》当中并未明确规定防汛抗旱指挥机构的性质、组成与运作方式，只是通过相关职权的表述，隐含着防汛抗旱指挥机构的层级设置，即一级人民政府设置一级防汛抗旱指挥机构，亦即中央人民政府与省、市、县、乡镇各级地方人民政府当中均设置防汛抗旱指挥机构。因此，通过各级防汛抗旱指挥机构公开的介绍性资料探究其性质、组成及运作方式就成了唯一可行的途径。然而，令人遗憾的是，除了中央人民政府所属的国家防汛抗旱指挥机构在其官网上有相对详细的关于自己内设机构及运作规则的资料刊载而外，我们未从公开渠道找见任何一个地方防汛抗旱指挥机构关于自身的介绍性资料，大多数地方性防汛抗旱指挥机构仅在官网上彰显其工作成绩。我们认为，对国家防汛抗旱指挥机构性质、组成及运作方式的探究结果，基本上亦可适用于地方各级防汛抗旱指挥机构，这源于三点：一是我国中央人民政府对地方人民政府强有力的掌控和影响能力，二是以较高效率贯彻实施各项旱灾防治法定职责与政策内容的内在要求，三是《抗旱条例》所设置的防汛抗旱指挥体制。[1]所以，本部分以下我们将仅依据收集到的资料，针对国家防汛抗旱指挥机构进行研究。

在实践当中，地方各级人民政府所属防汛抗旱指挥机构的具体称谓为"防汛抗旱指挥部"，中央人民政府所属防汛抗旱指挥机构被称为"国家防汛抗旱总指挥部"。

根据公开资料，国家防汛抗旱总指挥部在国务院领导下，负责领导组织全国的防汛抗旱工作，其组成人员包括总指挥、副总指挥、秘书

---

[1]《抗旱条例》第八条规定：县级以上地方人民政府防汛抗旱指挥机构，在上级防汛抗旱指挥机构和本级人民政府的领导下，负责组织、指挥本行政区域内的抗旱工作。县级以上地方人民政府水行政主管部门负责本行政区域内抗旱的指导、监督、管理工作，承担本级人民政府防汛抗旱指挥机构的具体工作。县级以上地方人民政府防汛抗旱指挥机构的其他成员单位按照各自职责，负责有关抗旱工作。

长、副秘书长及成员。国家防汛抗旱总指挥部当前（截至2017年年底）有25个国务院成员单位，具体包括：中央宣传部、国务院新闻办公室、国家发展和改革委员会、工业和信息化部、公安部、民政部、财政部、国土资源部、住房和城乡建设部、交通运输部、农业部、商务部、国家卫生和计划生育委员会、国家新闻出版广电总局、国家安全生产监督管理总局、国家旅游局、国家能源局、国家海洋局、国家铁路局、国务院三峡工程建设委员会办公室、国务院南水北调工程建设委员会办公室、中央军委联合参谋部、中央军委国防动员部、武警部队、中国铁路总公司。其组成人员当中的成员一般都是这些成员单位的联络员，他们代表各自所在的成员单位参加国家防汛抗旱总指挥部的相关会议。

根据《国家防汛抗旱总指挥部工作制度》（2015年7月17日制定），国家防汛抗旱总指挥部基本上通过会议方式履行其相关职责。会议一般由相关成员单位参加，采用集体讨论、民主决策的方式决定重大问题。会议分为全体会议、紧急会议和专题会议。全体会议由总指挥主持，全体成员参加，议题主要为分析防汛抗旱形势，总结、研究、部署全国防汛抗旱工作，全体会议一般每年汛前召开一次，根据需要可以增加召开次数；紧急会议由总指挥主持，副总指挥、秘书长和有关成员参加，不定期召开。议题主要是：根据各地发生的重大汛情、旱情、灾情等实际需要，研究应急对策和措施，部署抗洪抢险救灾和应急抗旱工作；专题会议是以国家防汛抗旱总指挥部名义召开的研究部署山洪灾害和台风暴潮防御、水库安全度汛、城市防洪、抗旱以及某一流域（或部分地区）防汛、抗旱等专题工作的会议。会议根据总指挥、副总指挥的指示和实际工作需要召开，由总指挥、副总指挥或秘书长主持，有关成员单位和部门派代表参加。国家防汛抗旱总指挥部各成员单位负有按照相关会议的部署、及时研究落实会议决定事项的职责。

《国家防汛抗旱总指挥部成员单位职责》将防汛抗旱总指挥部主要

成员单位的基本职责进行了列述，颇为具体详尽。具体为：中央宣传部应当正确把握全国防汛抗旱宣传工作导向，及时协调、指导新闻宣传单位做好防汛抗旱新闻宣传报道工作。国家发展和改革委员会应当指导防汛抗旱规划和建设工作。负责防汛抗旱设施建设、重点工程除险加固、水毁工程修复计划的协调安排和监督管理。工业和信息化部应当负责指导协调公共通信设施的防洪保安和应急抢护，做好防汛抗旱通信保障工作。根据汛情需要，协调调度应急通信设施。协助征调防汛抗旱应急物资，协调有关工业产品应急生产组织。公安部应当维护灾区社会治安秩序，依法打击造谣惑众和盗窃、哄抢防汛抗旱物资以及破坏防洪抗旱设施的违法犯罪活动，协助有关部门妥善处置因防汛抗旱引发的群体性事件，协助组织群众从危险地区安全撤离或转移。民政部应当组织、协调全国水旱灾害的救灾工作。组织核查灾情，统一发布灾情，及时向国家防总提供重大灾情信息。负责组织、协调水旱灾区救灾和受灾群众的生活救助。管理、分配中央救助受灾群众的款物，并监督使用。组织、指导和开展救灾捐赠等工作。财政部应当负责中央防汛抗旱和救灾经费预算安排、拨付和监督管理。国土资源部应当指导地质灾害应急处置，组织、协调、指导和监督地质灾害防治工作，拟订并组织实施突发地质灾害应急预案和应急处置。住房和城乡建设部应当协助做好全国城市防洪抗旱规划制订工作的指导，指导城镇排水防涝工作，配合有关部门组织、指导城市市政设施和民用设施的防洪保安工作。交通运输部应当指导协调地方交通运输主管部门组织做好公路、水运设施的防洪安全工作，组织做好海上搜救工作。配合水利部门做好通航河道的堤岸保护。指导协调地方交通运输主管部门组织公路、水运等运力，做好防汛抗旱和防疫人员、物资及设备的运输工作。水利部应当承担国家防汛抗旱总指挥部的日常工作，负责组织、协调、监督、指导防汛抗旱的日常工作，对大江大河和重要水利工程实施防汛抗旱调度。负责组织、指导全国防洪抗旱工程的建设与管理,督促地方政府完成水毁水利工程的修复。负责组织江河洪水的监测、预警和旱情的监测、管理。负责防洪抗旱工程安全的监督管理。做好防汛抗旱期间水量优化调度,保障生活、生产用水需求。农业部应当及时收集、整理和反映农业旱、涝等灾情信息。指导农业防汛抗旱和灾后农业救灾、生产恢复及农垦系统、乡镇企业、渔业的防洪安全。协调地方组织台风影响区域渔船回港避风和人员避险。指导灾区调整农业结构、推广应用节水农业技术和动物疫病防治工作。研究提出农业生产救灾资金的分配建议,负责国家救灾备荒种子、种畜禽、饲草料、动物防疫物资储备、调剂和管理。商务部应当加强对灾区重要商品市场运行和供求形势的监测,负责协调防汛抗旱救灾和灾后恢复重建物资的组织、供应。国家卫生和计划生育委员会应当负责水旱灾区疾病预防控制和医疗救护工作。灾害发生后,及时向国家防总提供水旱灾区疫情与防治信息,组织卫生计生部门和相关人员赶赴灾区,开展防病治病,预防和控制疫情的发生和流行。国家新闻出版广电总局应当负责组织指导各级电台、电视台开展防汛抗旱宣传工作。及时报道国家防总发布的汛旱情通报和各地防汛抗旱重要信息。国家安全生产监督管理总局应当负责监督、指导汛期安全生产工作,重点加强对矿山、危险化学品等行业领域安全度汛工作的督查和检查,防范自然灾害引发生产安全事故。中国气象局应当负责天气气候监测和预报预测工作以及气象灾害形势分析和评估,从气象角度对汛情、旱情形势做出分析和预测,及时发布预报预警,参与重大气象灾害应急处置,并向国家防汛抗旱总指挥部及有关成员单位提供气象信息。国家能源局应当负责电力安全生产监督管理和电力应急管理工作,负责电力建设工程和电力设施的防洪安全监督管理,协调保障防汛抗旱电力应急供应工作。国家海洋局应当负责海浪、潮位等监测和预测预报工作,对海洋灾害形势做出分析和预测预报,发布海洋预报、海洋灾害警报,参与重大海洋灾害应急处置。从海洋角度对汛情、旱情形势进行预测研判。及时向国家防汛抗旱总指挥部及有关成员单位提供重大海洋灾害信息。国家铁路局应当监督检查铁路防洪设施的安全、维护、管理和保安工程建设。对铁路防洪工作进行检查指导。督促相关单位清除铁路建设中的碍洪设施。协调组织运力运送防汛抗旱和防疫人员、物资及设备。国务院三峡工程建设委员会办公室应当协助有关方面做好三峡工程建设期间三峡枢纽及库区相关设施的防洪保安工作。国务院南水北调工程建设办公室应当组织南水北调工程建设，负责南水北调工程及设施的防洪保安工作。解放军总参谋部应当根据中央军委命令、指示，按照国家防汛抗旱总指挥部统一部署，负责组织指挥军队和武警部队抗洪抢险、抗旱救灾等重大抢险救灾行动。武警部队应当负责组织武警部队实施抗洪抢险和抗旱救灾，参加重要工程和重大险情的抢险工作。协助当地政府转移危险地区的群众、维护抢险救灾秩序和灾区社会治安。

根据《国家防汛抗旱总指挥部工作制度》，各成员单位除了负有上述各项基本职责之外，还应当履行三项职责，即：相互之间应当加强沟通和联系；应当按要求参加国家防汛抗旱总指挥部组织的防汛抗旱检查、调研和抗洪抢险、抗旱救灾等工作，并及时对防汛抗旱工作提出意见和建议；每年年底应当向国家防汛抗旱总指挥部提交年度防汛抗旱工作总结和下一年度工作安排意见。

国家防汛抗旱总指挥部下设办公室，作为其具体办事机构，设在水利部。根据《国家防汛抗旱总指挥部工作制度》《水利部主要职责内设机构和人员编制规定》（2008年）以及其他公开资料，国家防汛抗旱总指挥部办公室的具体职责包括：负责国家防汛抗旱总指挥部各类会议的筹备工作，负责会议文件的整理和印发，督促会议精神的贯彻落实；根据汛情、旱情和灾情，及时向国家防汛抗旱总指挥部各成员单位通报防汛抗旱工作动态和全国实时汛情、旱情和灾情；根据工作需要，不定期召开联络员会议，交流情况，协调工作。组织各成员单位分析会商、研究部署和开展防汛抗旱工作，并向国家防汛抗旱总指挥部提出重要防汛抗旱指挥、调度、决策意见；组织、协调、指导、监督全国防汛抗旱工作；组织协调指导台风、山洪等灾害防御和城市防洪工作；负责对重要江河湖泊和重要水工程实施防汛抗旱调度和应急水量调度；编制国家防汛抗旱应急预案并组织实施，组织编制、实施全国大江大河大湖及重要水工程防御洪水方案、洪水调度方案、水量应急调度方案和全国重点干旱地区及重点缺水城市抗旱预案等防汛抗旱专项应急预案；负责全国洪泛区、蓄滞洪区和防洪保护区的洪水影响评价工作，组织协调指导蓄滞洪区安全管理和运用补偿工作；负责全国汛情、旱情和灾情掌握和发布，指导、监督重点江河防汛演练和抗洪抢险工作；负责中央防汛抗旱资金管理工作，指导全国防汛抗旱物资的储备与管理、防汛抗旱机动抢险队和抗旱服务组织的建设与管理；负责组织实施国家防汛抗旱指挥系统建设，组织开展全国防汛抗旱工作评估工作；承办国家防汛抗旱总指挥部和水利部领导交办的其他事项。

国家防汛抗旱总指挥部办公室内设10个处室，其中的抗旱一处和抗旱二处负责旱灾防治相关工作。具体而言：抗旱一处主要负责组织、指导、协调、监督北方地区的抗旱工作。职责范围涉及：掌握、分析北方地区旱情、灾情，提出抗旱决策部署和调度意见，指导、监督、落实抗旱救灾措施；归口管理全国抗旱综合业务、抗旱法规及能力建设、抗旱服务组织建设管理等工作，组织指导全国水库蓄水、土壤墒情监测、旱限水位确定和干旱影响评价工作；组织指导和监督北方地区江河湖泊和水利水电工程的抗旱应急调度方案编制及跨流域跨省区的应急调水；抗旱二处则主要负责组织、指导、协调、监督南方地区的抗旱工作。职责范围与抗旱一处基本相似。

（2）县级以上地方人民政府防汛抗旱指挥部的职责

根据《抗旱条例》相关条款，县级以上地方人民政府防汛抗旱指挥部应当行使或履行的旱灾防治职责包含：旱灾防治信息系统的组织完善权。此项职权的内容为：实现成员单位之间的信息共享（第二十六条）。组织编制旱灾防治预案。组织权行使的对象为各成员单位，预案应当包含执行机构以及有关部门的职责、干旱灾害预警、干旱等级划分和按不同等级采取的应急措施、旱情紧急情况下水量调度预案和保障措施等法定内容（第二十七、二十八条）。旱灾防治预案启动权。权力行使的前提有二：一是干旱灾害已经发生，二是旱灾防治预案当中有权力发动的条件和程序（第三十三条）。紧急措施采取权。权力行使的两项前提是发生轻度、中度干旱以及旱灾防治预案当中有规定，权力行使的内容包括：启用应急备用水源或者应急打井、挖泉，设置临时抽水泵站、开挖输水渠道或者临时在江河沟渠内截水，使用再生水、微咸水、海水等非常规水源，组织实施人工增雨，组织向人畜饮水困难地区送水（第三十四条）。应急水量调度方案制订与实施权。权力行使的条件也是两项：一是干旱灾害业已发生，二是旱灾防治预案当中有规定。权力行使的内容为：统一调度辖区内水库、水电站、闸坝、湖泊等所蓄的水量，有关地方人民政府、单位和个人负有绝对服从统一调度和指挥、严格执行调度指令的义务（第三十七条）。组织抗旱服务组织及时解决农村饮水困难、提供抗旱技术咨询服务权。权力行使的前提是干旱灾害已然发生（第三十八条）。组织动员权。权力行使的前提是进入紧急抗旱期。权力内容包括：组织动员本行政区域内各有关单位和个人投入抗旱工作，被动员者负有服从义务（第四十六条）。征用权。权力行使的前提条件也是进入紧急抗旱期。权力内容则体现为：根据抗旱工作的需要，在其管辖范围内征用物资、设备、交通运输工具（第四十七条）。核实统计权。权力内容为：组织有关部门，按照干旱灾害统计报表的要求及时核实和统计所管辖范围内的旱情、干旱灾害和抗旱情况等信息，报上一级人民政府防汛抗旱指挥机构和本级人民政府（第四十八条）。审核发布旱情权（第四十九条）。征用物返还与补偿权。此项职权行使的前提是旱情缓解。权力内容为：及时归还紧急抗旱期征用的物资、设备、交通运输工具等，并按照有关法律规定给予补偿（第五十四条）。分析评估权。此项职权行使的前提亦为旱情缓解。权力内容包括：及时组织有关部门或者委托具有灾害评估专业资质的单位对干旱灾害影响、损失情况以及抗旱工作效果进行分析和评估，有关部门和单位负有积极配合义务（第五十五条）。

（3）国家防汛抗旱总指挥部的职权

通过分析《抗旱条例》的相关规定，国家防汛抗旱总指挥部在旱灾防治过程当中获享和履行的职权可被抽离为：组织、领导全国抗旱工作的职权（第六条）。旱灾防治信息系统的组织完善权。此项职权的内容为：实现成员单位之间的信息共享（第二十六条）。组织编制国家旱灾防治预案权。组织权行使的对象为各成员单位，预案应当包含执行机构以及有关部门的职责、干旱灾害预警、干旱等级划分和按不同等级采取的应急措施、旱情紧急情况下水量调度预案和保障措施等法定内容（第二十七、二十八条）。国家旱灾防治预案启动权。权力行使的前提有二：一是发生严重和特大干旱，二是旱灾防治预案当中有权力发动的条件和程序。权力行使的效果乃是各成员单位因预案启动负有按预案的分工、做好相关工作的义务（第三十五条）。应急水量调度方案制订与实施权。权力行使的条件有二：一是干旱灾害业已发生，二是国家旱灾防治预案当中有规定。权力行使的内容为：统一调度相关水库、水电站、闸坝、湖泊等所蓄的水量，有关地方人民政府、单位和个人负有绝对服从统一调度和指挥、严格执行调度指令的义务（第三十七条）。审核发布旱情权（第四十九条）。分析评估权。此权行使的前提为旱情缓解。权力内容则包含：及时组织有关部门或者委托具有灾害评估专业资质的单位对干旱灾害影响、损失情况以及抗旱工作效果进行分析和评估，有关部门和单位负有积极配合义务（第五十五条）。

(4) 省级人民政府防汛抗旱指挥部特有的两项宣布权

省级人民政府防汛抗旱指挥部除了获享和履行（2）中的相关职权而外，《抗旱条例》还为其专门设置了两项宣布权，分别是进入紧急抗旱期的宣布权和结束紧急抗旱期的宣布权。前者行使的前提有二：一是发生特大干旱，严重危及城乡居民生活、生产用水安全，可能影响社会稳定，二是经过省级人民政府批准；后者行使的前提则仅有特大干旱旱情缓解一项。

(5) 乡镇人民政府防汛抗旱指挥部的职权

仔细分析《抗旱条例》的相关条款，可以总结出乡镇人民政府防汛抗旱指挥部在旱灾防治过程中获享和履行的三项基本职权，分别为：组织动员权。权力行使的前提是进入紧急抗旱期。权力内容包括：组织动员本行政区域内各有关单位和个人投入抗旱工作，被动员者负有服从义务（第四十六条）。征用权。权力行使的前提条件也是进入紧急抗旱期。权力内容体现为：根据抗旱工作的需要，在其管辖范围内征用物资、设备、交通运输工具（第四十七条）。征用物返还与补偿权。此项职权行使的前提是旱情缓解。权力内容为：及时归还紧急抗旱期征用的物资、设备、交通运输工具等，并按照有关法律规定给予补偿（第五十四条）。

(6) 流域防汛抗旱指挥部的职权

根据《抗旱条例》第七条的规定，国家确定的重要江河、湖泊的防汛抗旱指挥机构称为"流域防汛抗旱指挥机构"。各流域防汛抗旱指挥部由有关省、自治区、直辖市人民政府和该江河、湖泊的流域管理机构组成，其基本职责为协调所辖范围内的抗旱工作。流域管理机构承担流域防汛抗旱指挥机构的具体工作。《抗旱条例》相关条款为流域防汛抗旱指挥部设置了以下具体职权，分别为：紧急措施的批准权。权力行使的前提是旱灾应对紧急措施的实施涉及其他行政区域（第三十四条）。应急水量调度方案制订与实施权。权力行使的条件有二：一是干旱灾害业已发生，二是旱灾防治预案当中有规定。权力内容为：统一调度辖区内水库、水电站、闸坝、湖泊等所蓄的水量，有关地方人民政府、单位和个人负有绝对服从统一调度和指挥、严格执行调度指令的义务（第三十七条）。责令改正和警告权。权力发动的条件有二：一是水库、水电站、拦河闸坝等工程的管理单位以及其他经营工程设施的经营者拒不服从统一调度和指挥（第六十条），二是阻碍、威胁防汛抗旱指挥机构、水行政主管部门或者流域管理机构的工作人员依法执行职务（第六十三条）。强制执行和罚款权。该权发动的条件是水库、水电站、拦河闸坝等工程的管理单位以及其他经营工程设施的经营者拒不服从统一调度和指挥，经责令改正和警告之后仍未主动改正其违法行为（第六十条）。责令停止违法行为、采取补救措施和罚款权。权力发动的条件是侵占、破坏水源和抗旱设施（第六十一条）。责令停止违法行为和警告权。权力发动的条件是抢水、非法引水、截水或者哄抢抗旱物资（第六十二条）。

3. 各级人民政府水行政主管部门的旱灾防治职权

（1）县级以上人民政府水行政主管部门的旱灾防治职权

根据《抗旱条例》相关条款，县级以上人民政府水行政主管部门所获享和履行的旱灾防治职权主要包含：农田水利基础设施与农村饮水工程管护组织权。需要注意的是：该权并不包含对相关设施与工程进行直接管理与维护的内容，而是着眼于对管护行为的组织和安排（第十六条）。水资源分配、调度和保护权（第二十二条）。抗旱应急水源工程与集雨设置的组织建设权（第二十二条）。水情、雨情和墒情等信息的提供权。提供对象为本级人民政府防汛抗旱指挥部（第二十二条）。旱灾审核、发布权。该权需要会同其他相关部门行使（第四十九条）。水利工程检查、评估和组织修复权。该权行使的前提是旱情缓解，行使的对象则是因旱灾受到影响的相关水利工程设施（第五十三条）。责令改正和警告权。权力发动的条件有二：一是水库、水电站、拦河闸坝等工程的管理单位以及其他经营工程设施的经营者拒不服从统一调度和指挥（第六十条），二是阻碍、威胁防汛抗旱指挥机构、水行政主管部门或者流域管理机构的工作人员依法执行职务（第六十三条）。强制执行和罚款权。该权发动的条件是水库、水电站、拦河闸坝等工程的管理单位以及其他经营工程设施的经营者拒不服从统一调度和指挥，经责令改正和警告之后仍未主动改正其违法行为（第六十条）。责令停止违法行为、采取补救措施和罚款权。权力发动的条件是侵占、破坏水源和抗旱设施（第六十一条）。责令停止违法行为和警告权。权力发动的条件是抢水、非法引水、截水或者哄抢抗旱物资（第六十二条）。

（2）县级以上地方人民政府水行政主管部门的旱灾防治职权

县、市和省三级人民政府水行政主管部门除了获享和履行（1）中所列旱灾防治职权而外，《抗旱条例》还为它们专门设置了两项职权，即：指导、监督、管理权。权力内容是对本级行政区域内的旱灾防治工作进行指导、监督和管理（第八条）。编制实施抗旱规划权。该权需同同级有关部门一同行使（第十三条）。

必须清楚的是：各级人民政府水行政主管部门除了获享和履行《抗旱条例》所列明的上述旱灾防治职权之外，它们作为本级人民政府防汛抗旱总指挥部的成员单位还承担着助成（2）中所列各项职权的职责，助成方式概有两种：一是以获享和履行防汛抗旱指挥部成员单位惯常职责的方式予以助成，二是以贯彻防汛抗旱指挥部各类会议决议的方式予以助成。

4.各级人民政府其他业务主管部门的旱灾防治职权

除了上述防汛抗旱指挥部和水行政主管部门之外,《抗旱条例》还明确提及了气象、农业、卫生、民政、财政与审计等行政部门,并对它们各自参与干旱灾害预防和应对的基本职权进行了设置。

各级人民政府气象主管部门获享和履行的职权包括：加强气象科学技术研究,提高气象监测和预报水平,及时向人民政府防汛抗旱指挥机构提供气象干旱及其他与抗旱有关的气象信息（第三十三条）。气象干旱监测、预报和实施人工增雨作业权。权力行使的条件为干旱灾害已然发生（第三十九条）。抗旱气象信息发布权（第四十九条）。

各级人民政府农业主管部门获享和履行的职权包括：农用抗旱物资储备管理权（第二十四条）。干旱地区农业种植结构的调整指导权（第二十四条）。干旱地区农业耐旱品种培育和推广应用权（第二十四条）。农业旱情信息提供权。提供对象为本级防汛抗旱指挥部（第二十四条）。农业旱情发布权（第四十九条）。

县级以上人民政府卫生主管部门在干旱灾害发生后应当做好灾害地区疾病预防控制、医疗救护和卫生监督执法工作,监督、检测饮用水水源卫生状况,确保饮水卫生安全,防止干旱灾害导致重大传染病疫情的发生（第四十条）。

县级以上人民政府民政部门在干旱灾害发生后应当做好干旱灾害的救助工作,妥善安排受灾地区群众基本生活（第四十一条）。

各级人民政府财政和审计部门获享和履行抗旱经费和物资管理的监督、检查和审计权,目的在于保证相关经费和物资专项使用,不致被截留、挤占、挪用和私分（第五十六条）。

需要指出的是,这些部门如同水行政主管部门一样,在获享和履行上述各项职权之外,还作为本级人民政府防汛抗旱指挥部成员单位承担着助成职责，助成方式基本同于水行政主管部门。

5.减灾委员会的旱灾防治职权

与前述四类公法主体不同，各级减灾委员会及其预防和应对干旱灾害的具体职权并未体现于任何法律和法规之上，它们的组建以及所获享的相关职权均源于同级或上级人民政府专门的内部规范性文件。因此，意欲厘清各级减灾委员会的内部机构、运行机制和基本职责非得依靠这些规范性文件不可。

通过查阅相关公开资料，我们发现，当下各级减灾委员会如同前述的防汛抗旱指挥机构一样均设置于同级人民政府当中。迄今为止，已经设置了减灾委员会的仅有国务院、省、市、县等四级人民政府，乡镇人民政府当中尚未见有减灾委员会的设置。

另需指出的是，我们通过各种公开途径仅仅收集到了国务院减灾委员会相对较全面的关于其机构、运作和职责的相关资料，其他级别人民政府减灾委员会的相应资料在公开媒体上或者如前述防汛抗旱指挥机构一样均告阙如，或者过于简要，难堪分析之用。因此，我们下面只主要分析国务院减灾委员会的结构、运行及职责，所得结论对其他级别减灾委员而言应当也有适用性。

国务院减灾委员会的官方称谓是国家减灾委员会，其前身为"中国国际减灾委员会"，2005年，经国务院专门批准，改为现名。《国务院办公厅关于中国国际减灾委员会更名为国家减灾委员会及调整有关组成人员的通知》将国家减灾委员会的基本职权原则性地概括为：研究制定国家减灾工作的方针、政策和规划，协调开展重大减灾活动，指导地方开展减灾工作，推进减灾国际交流与合作。减缓旱灾乃是其职权之当然涵括。

国家减灾委员会的组成人员包括主任、副主任、秘书长和委员。如同国家防汛抗旱总指挥部一样，国家减灾委员会实行单位成员制。截至 2017 年，参加国家减灾委员会的国务院成员单位计有 37 个，即中央宣传部、国务院办公厅、外交部、发改委、教育部、科技部、工信部、公安部、民政部、财政部、国土资源部、环保部、住建部、交通运输部、水利部、农业部、商务部、卫计委、国资委、新闻出版广电总局、安全监管总局、统计局、林业局、中科院、地震局、气象局、保监会、自然科学基金会、海洋局、测绘地信局、中央军委联合参谋部、中央军委后勤保障部、中央军委国防动员部、武警部队、中国科协、中国红十字总会、中国铁路总公司。为加强这些成员单位之间的联系和协调，国家减灾委员会专设协调员和联络员，他们一般均由成员单位相关司局负责人或专家担任。

国家减灾委员会内设专家委员会、国家减灾中心和减灾救灾标准化技术委员会。专家委员会由主任、副主任、名誉顾问、委员和专家构成。其基本职责为：为我国的减灾工作提供政策咨询、理论指导、技术支持和科学研究。其主要职责包括：对国家减灾工作的重大决策和重要规划提供政策咨询和建议；对国家重大灾害的应急响应、救助和恢复重建提出咨询意见；对减灾重点工程、科研项目立项及项目实施中的重大科学技术问题进行评审和评估；开展减灾领域重点专题的调查研究和重大灾害评估工作；研究我国减灾工作的战略和发展思路；参加减灾委组织的国内外学术交流与合作。国家减灾中心内设 15 个机构，具体包括：办公室、运行管理中心、数据中心、评估与应急部、卫星遥感中心（国际减轻旱灾风险中心）、航空遥感部、科技标准部、技术装备部、政策研究部、减灾和重点应急工程实验室、灾害评估和风险防范重点实验室、国际合作部、财务部、宣传教育中心和后勤保障部；其基本职责为：减灾救灾的数据信息管理、灾害及风险评估、产品服务、空间科技应用、科学技术与政策法规研究、技术装备和救灾物资研发、宣传教育、培训和国际交流合作,为政府减灾救灾工作提供信息服务、技术支持和决策咨询。相关职责可具体化为:研究并参与制定减灾救灾领域的政策法规,发展战略、宏观规划、技术标准和管理规范;国家减灾救灾信息网络系统和数据库的规划与建设,协助开展灾害监测预警、风险评估和灾情评估工作;协助开展查灾、报灾和核灾工作,为备灾、应急响应、恢复重建、国家自然灾害救助体系和预案体系建设提供技术支持与服务;承担国家自然灾害灾情会商和核定的技术支持工作;负责环境与灾害监测预报小卫星星座的运行管理和业务应用,开展灾害遥感的监测、预警、应急评估工作,负责重大自然灾害遥感监测评估的应急协调工作;负责空间技术减灾规划论证、科技开发、产品服务和交流合作;承担卫星通信、卫星导航与卫星遥感在减灾救灾领域的应用集成工作;协助开展减灾救灾重大工程建设项目的规划、论证和实施工作;开展减灾救灾领域的科学研究、技术开发和成果转化,承担减灾救灾技术装备、救灾物资的研发、运行、维护和推广工作;开展减灾救灾领域公共政策、灾后心理干预和社会动员机制研究;推动防灾减灾人才队伍建设;开展减灾救灾领域的国际交流与合作,负责国际减轻旱灾风险中心的日常工作;开展减灾领域的宣传教育和培训工作;承担国家减灾委员会专家委员会秘书处、全国减灾救灾标准化委员会秘书处的日常工作;负责民政部国家减灾中心灾害信息员职业技能鉴定站工作;承担灾害信息员职业技能鉴定有关工作;为地方减灾救灾工作提供科技支持和服务。减灾救灾标准化技术委员会由主任委员、副主任委员、秘书长和委员组成,主要负责全国减灾救灾、灾害救助等领域的标准化工作。

为方便开展工作,国家减灾委员会下设国家减灾委员会办公室,作为办事机构,负责其日常运行。国家减灾委员会办公室由主任、常务副主任和副主任组成,实行主任负责制,常务副主任负责处理办公室的日常事务。国家减灾委员会办公室的基本职责被设定为:贯彻落实国家减灾委员会各项工作方针、政策和规划；承担减灾的综合协调工作；收集、汇总、评估、报告灾害信息、灾情需求和抗灾救灾工作情况；召开会商会议，分析、评估灾区形势，提出对策；协调有关部门组成赴灾区工作组，协助、指导地方开展抗灾救灾工作；协调各成员单位和地方开展重大减灾活动；负责国家减灾委员会专家委员会各项具体工作；承办国家减灾委员会各项对外联络、协调工作；负责印章保管与使用、文件运转和文书归档等各项具体工作事宜。

6. 人民军队参与旱灾防治的职权、方式与保障措施

从上述关于国家防汛抗旱总指挥部以及国家减灾委员会的成员单位组成情况可以看出：人民军队是干旱灾害应对过程中必不可少的有效突击性力量。《抗旱条例》限于其规制领域，在正文当中并未涉及人民军队参与旱灾防治的方式和职权，但在附则部分肯认了中国人民解放军和中国人民武装警察部队参与旱灾防治的主体资格，并以指引性规定指明人民军队参加抗旱救灾适用《军队参加抢险救灾条例》的相关规定。

根据《军队参加抢险救灾条例》（2005年6月7日），人民军队参加抢险救灾主要获享和履行的职责包括：解救、转移或者疏散受困人员；保护重要目标安全；抢救、运送重要物资；参加道路（桥梁、隧道）抢修、海上搜救、核生化救援、疫情控制、医疗救护等专业抢险；排除或者控制其他危重险情、灾情；必要时，协助地方人民政府开展灾后重建等工作。

《军队参加抢险救灾条例》明确了中央人民政府各部门以及县级以上地方人民政府基于救灾需要与人民军队联系和对接的具体机制，我们将其称为"请求制"，具体内容为：国务院组织的抢险救灾需要军队参加的，由国务院有关主管部门向中国人民解放军总参谋部提出，中国人民解放军总参谋部按照国务院、中央军事委员会的有关规定办理；县级

以上地方人民政府组织的抢险救灾需要军队参加的，由县级以上地方人民政府通过当地同级军事机关提出，当地同级军事机关按照国务院、中央军事委员会的有关规定办理；在险情、灾情紧急的情况下，地方人民政府可以直接向驻军部队提出救助请求，驻军部队应当按照规定立即实施救助，并向上级报告；国务院有关主管部门、县级以上地方人民政府提出需要军队参加抢险救灾的，应当说明险情或者灾情发生的种类、时间、地域、危害程度、已经采取的措施，以及需要使用的兵力、装备等情况；经请求参加抢险救灾的军队应当在人民政府的统一领导下展开救灾活动，具体任务由抢险救灾指挥机构赋予，但具体的抢险救灾行动则应由军队具体指挥。

《军队参加抢险救灾条例》还对人民军队参加救灾的物资和资金保障做了规定，具体为：军队参加抢险救灾时，当地人民政府应当提供必要的装备、物资、器材等保障，派出专业技术人员指导部队的抢险救灾行动；铁路、交通、民航、公安、电信、邮政、金融等部门和机构，应当为执行抢险救灾任务的部队提供优先、便捷的服务；军队执行抢险救灾任务所需要的燃油，由执行抢险救灾任务的部队和当地人民政府共同组织保障；灾害发生地人民政府应当协助执行抢险救灾任务的部队做好饮食、住宿、供水、供电、供暖、医疗和卫生防病等必需的保障工作；军队参加国务院组织的抢险救灾所耗费用由中央财政负担，参加地方人民政府组织的抢险救灾所耗费用则由地方财政负担。

7."国家"及其参与旱灾防治的职权

除了上述较为明确的相关公法主体之外，《抗旱条例》少数职权设置条款还专以"国家"为主体，具体有：国家鼓励和扶持研发、使用抗旱节水机械和装备，推广农田节水技术，支持旱作地区修建抗旱设施，发展旱作节水农业（第十七条）；国家鼓励、引导、扶持社会组织和个人建设、经营抗旱设施，并保护其合法权益（第十七条）；国家鼓励社会组织和个人兴办抗旱服务组织（第二十九条）；国家建立抗旱信息统一发布制度（第四十九条）；国家鼓励在易旱地区逐步建立和推行旱灾保险制度（第五十七条）。这些条款所列述的职权基本上可以分为两类：一类是鼓励、扶助、引导性职权，另一类则是制度形成性职权，与此两类职权相对应的"国家"在机构上的具体表现形态应当具有进一步明晰或曰具体化的可能性。具体应否明晰或细化、明晰或者细化为何种机构、法理依据何在等问题我们将在下述的审视部分详细分析和阐释，此处仅做点题，不再深入。

（二）旱灾防治中有公法背景的私法主体的具体样态及其权利、义务

1. 各级抗旱服务组织及其参与旱灾防治的权利和义务

各级抗旱服务组织都是由其同级人民政府或其旱灾防治部门组建而成的，因此属于由公法组建的私法主体。当前，并无专门规定各级抗旱服务组织架构、运行方式以及旱灾防治权利、义务的中央层面上的立法文件，仅有《县级抗旱服务队建设管理办法》（国家防汛抗旱总指挥部2015年7月制定并发布）与《抗旱条例》当中的零星规定。前者对县级抗旱服务队的组建、管理、运行及其参与旱灾防治的义务进行了规定，后者仅有两个条款涉及相关人民政府针对旱灾服务组织的组建和鼓励职责和相应旱灾服务组织灾害应对的基本义务。另外，需要特别指出的是，国家防汛抗旱总指挥部《关于印发县级抗旱服务队建设管理办法的通知》将广西、贵州、云南、四川、重庆五省区市的防汛抗旱指挥部列为受文单位，是否意味着《县级抗旱服务队建设管理办法》仅适用于西南五省区市，其对于其他地区是否也具备效力，不无疑问。我们的观点是：《县级抗旱服务队建设管理办法》即使仅有五省区市的地域适用效力，但其规制的思路和具体内容对其他地区相应的法制建构而言，也不

乏借鉴意义。

根据实践，各地的抗旱服务组织基本有四级，即省级抗旱服务组织、市级抗旱服务组织、县级抗旱服务组织以及乡镇抗旱服务组织。①其中，县级抗旱服务组织也称抗旱服务队，被各级人民政府作为当前建设扶持的重点，原因概有三点：一是县级抗旱服务队担负着实际参与旱灾应对的多数义务，是名副其实的旱灾服务组织体系当中的"最后一公里"；二是同为基层抗旱服务组织，县级抗旱服务队相对于乡镇抗旱服务组织来说，在人员、资金、设备、技术以及获取政府扶持的便捷性等方面，都较具优势；三是《抗旱条例》第二十九条为县级人民政府设定了加强本级抗旱服务组织建设的明确任务。

根据《县级抗旱服务队建设管理办法》的相关规定，县级抗旱服务队的性质被定位为由县级人民政府或其授权部门审批、县级水利部门组建并管理的抗旱服务机构（第二条）；其组织性内容被列明为：拥有相对稳定的管理人员和专业技术人员，具备工作场所、抗旱设备及仓储库房等开展抗旱服务需要的基本条件和能力（第十八条）；其基本运营方式则被设定为"以服务促建设，以服务促管理""自我维持、自我发展"（第十九条）。

《抗旱条例》第29条为县级以上各级人民政府设置了针对本级抗旱服务组织的扶持职责，《县级抗旱服务队建设管理办法》将此职责细化为资金支持、政策扶持和业务指导，职责承受主体则被扩展为县级以上各级人民政府（第四条）。资金支持中的中央财政支持资金被以"特大抗旱补助费"的科目安排下拨，专项用于支持旱情严重地区县级抗旱服务队购置抗旱应急拉水车、打井洗井设备、移动灌溉设备、移动喷滴灌

---

① 水利部部长陈雷2011年12月2日在加强抗旱服务组织建设管理工作视频会议上的讲话（大力加强抗旱服务组织建设 不断提高抗旱减灾服务能力）中披露："目前，全国已建成各级抗旱服务队14064支，包括省级15支、市级152支、县级2144支、乡镇级11753支。"

节水设备、输水软管、简易净水设备等必要的抗旱设备（第五、六条）；抗旱设备日常管理和维护费用的拨付职责则被明确施予县级财政（第十二条）。

综合《抗旱条例》的原则性规定和《县级抗旱服务队建设管理办法》的细化规定，我们可以将县级抗旱服务队参与旱灾应对过程中相关的法定权利和义务概括为：（1）资金、政策以及业务指导等方面的扶持获取权。《县级抗旱服务队建设管理办法》对"特大抗旱补助费"的获取方式做了相对详细的规定，即：向本级防汛抗旱指挥部以及水利部门提出设备购置请求——由本级防汛抗旱指挥部和水利部门根据请求形成设备购置预案——预案报省级防汛抗旱指挥部和水利部门审核通过——经由政府采购程序采购相关设备；（2）发生干旱灾害时，根据本级防汛抗旱指挥部的要求向农村人畜提供饮水服务的义务；（3）发生干旱灾害时，根据本级防汛抗旱指挥部的要求向相关主体提供抗旱技术咨询等方面服务的义务；（4）发生干旱灾害时，根据本级防汛抗旱指挥部的要求及时实施抗旱应急调水浇地的义务；（5）发生干旱灾害时，主动为群众提供抗旱设备、物资的维修、租赁和技术培训等服务的义务；（6）开展应急抗旱水源工程建设，参与小型水利工程建设、运行维护和管理的义务；（7）组织推广应用抗旱节水新技术、新设备、新工艺的义务；（8）建立健全抗旱设备购置、验收、入库、保管、使用、维修、养护等管理制度的义务；（9）保证抗旱设备专业管理、性能良好，提高设备使用效益的义务；（10）加强队伍建设、落实培训计划、开展实地演练的义务。

除了以上关于县级抗旱服务队的相关权利义务等的规定外，《抗旱条例》第二十九条还为乡镇人民政府设定了强化本级抗旱服务组织建设的原则性职责，市、省以及中央各级人民政府也被设置了强化抗旱服务组织的扶持的原则性职责。《抗旱条例》第三十八条为市、省以及中央各级抗旱服务组织列明了按照本级防汛抗旱指挥部的要求解决受灾地区农村人畜饮水困难以及提供抗旱技术咨询等基础性义务。

2.供水企事业单位及其参与旱灾防治的基础性义务

供水企事业单位当中专门提供城市供水服务的主体在性质上属于市政公用事业，根据《市政公用事业特许经营管理办法》（2004年3月19日由住房城乡建设部制定发布，2015年4月14日修改发布）第二条的规定，意欲成为市政公用事业性质的供水企事业单位，其经营者必须取得特许经营资格，即须由政府按照有关法律、法规规定，通过市场竞争机制（招投标）择取。获得特许经营资格者须与政府签订协议明确其在一定期限和范围内经营供水服务的相关权利和义务。获得特许经营资格的供水企事业单位仍旧依其原有的主体形态和治理结构运营，但需承受一系列的规制性公法负担，其中最基础者，依据《市政公用事业特许经营管理办法》的相关规定，乃有三项，分别是：（1）直辖市、市、县人民政府有关部门有权按照法律、法规规定的原则和程序，审定和监管供水企事业单位的供水服务价格；（2）供水企业事业单位负有未经批准不得擅自停业、歇业的持续运营义务；（3）主管部门负有建立临时接管应急预案并在供水企事业单位依法被取消特许经营权时依据预案临时接管的职责。

供水企事业单位当中专门向农村提供灌溉用水服务的主体在实践中一般为各个灌区的管理机构。根据1981年水利部制定发布的《灌区管理暂行办法》，灌区管理机构的基本设置规则为：以灌溉为主的水库及其灌区，一般设统一的管理机构进行管理。水库及水利枢纽工程规模较大、影响重大或与灌区距离较远的，在上级水利主管机关统一领导下，分设管理机构进行管理。较小河流或同一河段上有多处用水关系密切的灌区，可以按河系或河段建立机构，统一管理（第五条）；灌区管理机构对灌区的灌溉用水实施计划管理（第四章）；灌区管理机构属事业单位，其负有按照企业运营方式进行运作的义务（第三十五条）；灌区管理机构享有三项基础性权利：一是收取水费权，所收水费均留作其运营费用（第三十六条）。二是闲置土地的利用和收益权，闲置土地包括灌溉渠道两旁和相关建筑物周围未利用地，利用方式限于植树造林，林木收益归属灌区管理机构支配（第三十八条）。三是自主经营权，灌区管理单位有进行综合经营并支配留用经营收入以及财务包干结余的权利。

《抗旱条例》第四十三条为供水企事业单位设置了灾害发生时的两项基础性义务：一是强化对供水、水源和抗旱设施管理和维护的义务，二是按照要求启动应急水源的义务，两项义务的实现均以"确保城乡供水安全"为目的。

3. 接受相关公权授益并因此参与旱灾防治的私法主体及其义务

基于《抗旱条例》相关规定，结合法理分析，我们认为接受公权授益并因此负有旱灾防治义务的私法主体主要应当包含以下几类：第一类可称为研发节水技术者。他们基于《抗旱条例》第十七条第一款，一旦获享抗旱节水机械和装备的扶助性授益，即负有相关技术的研发义务。第二类可称为使用抗旱节水技术的农田经营者。他们同样基于第一类主体的法源，在获享抗旱节水设施购置性授益的前提下，负有管护和使用相关设施之义务。第三类可称为抗旱设施的建设、经营者。他们基于《抗旱条例》第十七条第二款，在获享抗旱设施建设和经营方面的授益后，负有按照公权主体的相关要求进行建设和运营的义务。第四类可称为产业结构调整政策的波及者。这些主体主要包括各类工业和服务业企业以及农业经营者，他们基于《抗旱条例》第二十条，一旦获享县级以上人民政府的产业结构调整性授益，随即负有按照产业结构政策要求转产、限产甚至于退出原经营领域的义务。第五类可称为抗旱服务组织创建主体。他们基于《抗旱条例》第二十九条第二款，在享获组建性授益的前提下，负有兴办抗旱服务组织并使其承担一定旱灾应对公法义务之义务。第六类可称为政策性旱灾保险参与者，农业生产经营者尤其是农户乃是其主体。他们基于《抗旱条例》第五十七条，在获享保费补贴性授益时，负担有参加旱灾政策性保险以分散其受灾风险的义务。

（三）旱灾防治中相关私法主体的具体样态及其权利、义务

需要指出的是，上述"接受相关公法授益并因此参与旱灾防治的私法主体"从性质上来讲也属于旱灾防治中的私法主体，为辨析起见，我们这里仅仅阐释未接受公法授益的相关私法主体。根据《抗旱条例》为数极少的原则性规定，这类私法主体具体表现为十类样态：1. "任何单位和个人"。《抗旱条例》第十一条为这类主体设置了明确的依法参与旱灾防治的义务。2. 于旱灾防治中做出突出贡献的单位和个人，他们根据《抗旱条例》第十二条享有接受表彰奖励权。3. 干旱缺水地区的农民集体，他们依据《抗旱条例》第十六条第三款的规定，负有因地制宜修建中小微型蓄水、引水、提水工程和雨水集蓄利用工程的义务。4. 应急水量调度实施方案的波及者，他们依据《抗旱条例》第三十七条的规定，负有服从统一调度和指挥的义务。5. 干旱发生地区的村民委员会和居民委员会，这些自治组织依照《抗旱条例》第四十二条的规定，负有向村民、居民宣传节水抗旱知识和协助旱灾防治各项措施落实的义务。6. 干旱灾害发生地区的单位和个人，他们依照《抗旱条例》第四十四条的规定，负有节约用水、服从当地人民政府发布的决定，配合落实各项旱灾防治措施，积极参加抗旱减灾活动的义务。7. 紧急抗旱期内干旱发生地的单位和个人，他们依据《抗旱条例》第四十六条和第四十七条的规定，负有服从指挥、承担人民政府防汛抗旱指挥机构分配的旱灾防治任务以及配合征用的义务。8. 报刊、广播、电视和互联网等媒体的运营者，他们依照《抗旱条例》第四十九条第二款的规定，负有按照安排及

时刊播抗旱信息的义务。9."受灾群众",他们在旱情缓解之后,依照《抗旱条例》第五十二条,享有针对本级人民政府和有关部门的恢复生产和自救援助请求权。10.紧急抗旱期被征用财物的主体,他们在旱情缓解后,依据《抗旱条例》第五十四条的规定,享有针对有关地方人民政府防汛抗旱指挥机构的财物返还请求权和法定补偿请求权。

三、对现行旱灾防治主体制度的检视

(一)对旱灾防治公法主体相关制度的检视

根据上述内容,不难看出,旱灾防治各类公法主体及其参与灾害预防与应对的基本职权已经构成现行旱灾防治制度尤其是《抗旱条例》的主体性内容,现行制度已经初步形塑出了一个主体类型广泛、职权和参与措施多样化的旱灾防治公法主体体系。但若仔细审视这些制度内容,还是可以发现许多缺漏、重叠、冲突乃至于谬误等制度"毛茬",尚需进一步地"打磨"。

1.各级人民政府及其旱灾防治职权相关规定存在的问题

《抗旱条例》对各级人民政府及其旱灾防治职权的规定存在着以下值得思考的问题:

首先,各级人民政府及其具体参与旱灾预防和应对的各类专业或综合性部门之间的关系不明。如前所述,《抗旱条例》在旱灾预防和灾害发生后的应对等章节中既有对各级人民政府参与旱灾防治的基础性职权的规定,还有针对各级人民政府防汛抗旱指挥机构等综合协调部门以及水利、农业、财政、卫生、气象、新闻等专业主管部门旱灾防治基本职权的界定,两类规范的关系如何,不无疑问。基于法理,对这种关系可以有两种解释:第一,所规定的各级人民政府参与旱灾防治的基础性职权其实涵盖着各级综合或专业性政府部门的旱灾防治基本职权。质言

之，各类综合或专业性部门依法获享的旱灾防治基本职权本质上是其同级人民政府法定的旱灾防治参与职权的实现性权力。基于此种理解，则各类综合或专业性部门仅为其同级人民政府参与旱灾防治基础职权的实现部门，立法在此或者应通过相关规范之间的层级性设置表明这种关系，或者仅应择取实现部门及其职权予以罗列，而不应将二者混杂并列，以免徒增解释和运用上的困难。第二，所规定的各级人民政府参与旱灾防治的基础性职权与各级综合或专业性政府部门的旱灾防治基本职权之间是两立关系，亦即，二者分别实现，并不存在实现与被实现层级性关系。基于此种理解，则各级人民政府与其各类综合或专业性部门在干旱灾害防治过程中，于法定领域内各自发挥着灾害预防和应对的相关作用。所谓"各自"并不意味着两类主体将不发生关联或者相互作用关系，相反，在某些特定作用的发挥阶段，后者当中的某些主体将会基于其为前者组成部分的性质以及灾害防治实际所需，充任前者相关基础性参与职权的实现性主体。但是，需要明确的是：此处所阐释的实现性关系仅是针对前者参与旱灾防治的基础性职权而言的，若将后者所获享的旱灾防治基本职权考虑进来，则并无实现性关系的存在。从各级人民政府参与旱灾防治基础性职权与各级综合性或专业性政府部门旱灾防治基本职权两相并立的解释角度，《抗旱条例》相关规范的并列性设置则可认为具有正当性和可解释性，然而，混杂的主体及其职权性规范罗列实在难以符合逻辑美感层面上的体系性要求。

对于上述两种解释，我们认为第二种应当是《抗旱条例》的立法本意所在，主要原因有二：一是在条例"总分式"的规范体系构成当中，各级人民政府及其所属各类综合协调或专项主管部门被并列于"旱灾预防""抗旱减灾"以及"灾后恢复"等分则性章节当中，立法者将两种主体共同作为灾害预防和应对主体的意图由此可见一斑；二是为各级人民政府及其所属各类综合协调或专项主管部门所设定的相关旱灾防治职权，绝大多数在内容上并无直接关联性，实现性关系因此并无存在可能。这可以从上述第二部分的相关职权罗列当中轻易获知。

其次，欠缺针对中央人民政府旱灾预防和应对参与性基础职权的设置。《抗旱条例》除了为特定地区的县级和省级人民政府专门设置了参与旱灾防治的基础性职权而外，再无关于人民政府的专享性职权规范，中央人民政府的旱灾预防和应对参与性基础职权被归入"县级以上人民政府"所获享的职权体系当中。这种规范设置方式起码存在着两大缺点：其一，仔细分析条例为县级以上人民政府所设置的职权体系不难发现，其中的许多旱灾防治参与职权对中央人民政府而言并无获享的必要或可能。详言之，旱灾防治宣传教育权，鼓励和支持各种旱灾防治科学技术研究及其成果推广应用权，调整、优化经济结构和产业布局权，加强农田水利基础设施建设和农村饮水工程建设权，组织做好旱灾防治应急工程及其配套设施建设和节水改造权，开展节约用水宣传教育权，推行节约用水措施，推广节约用水新技术、新工艺权等基础性职权，鉴于国情和旱情，转由相应的地方人民政府获享应该更能发挥其实效。对旱灾防治责任制落实、旱灾防治预案编制、旱灾防治设施建设和维护、旱灾防治物资储备等情况的监督检查和处理权由中央人民政府获享则在实现上几无可能性。其二，中央人民政府作为全国干旱灾害预防和应对的统筹规划者在制度供给、资金保障以及应对指导等方面均有无可替代的重要作用，但现行条例对此却并无针对性体现，中央人民政府的相关重要职权因此欠缺直接的权源依据。

最后，诸多旱灾防治参与性基础职权条款在内容上存在缺漏。如上所述，《抗旱条例》当中存在着大量规定各级人民政府参与旱灾防治的基础性职权的条款，因为它们所设置者均为旱灾防治的基础性职权，因此在法理上并不要求关于权力的全面性和细节性规定，但是权力内容的完整性应该是基本要求。按照这一要求对照相关条款，我们不难总结出以下三点缺漏：第一，对许多职权的内容表述直接引用政策或生活用语，欠缺较为明确的措施指向性。例如强化水利基础设施权、加强农田水利基础设施建设和农村饮水工程建设权、加强抗旱服务组织建设权等所谓"强化权"，以及组织做好旱灾防治应急工程及其配套设施建设和节水改造权等所谓"组织权"，其强化和组织的内容、施力点、作用机制等到底为何，组织到什么程度才算"做好"，"加强"和"强化"到底有无区别等问题，不但不清楚而且也无丝毫方向性指向可供文义解释使用。第二，某些重要职权欠缺未来面向，最典型的莫过于对干旱灾害预防而言至关重要的旱情监测网络建设、完善权的设置，该权行使的内容被明确为"充分利用本级政府所掌控的现有资源"，这将导致资源掌控丰荠不均的各地方政府所建设的旱情监测网络彼此有别，全国统一性旱情监测网络的建设进程因此将受阻碍。第三，所有内容被表述为"鼓励和扶持"的授益性职权，均无明确的授益方式或措施方面的形塑内容，权力实现与否及其效果如何因此无法检验。

2.各级防汛抗旱指挥机构和减灾委员会及其旱灾防治职权相关规定存在的问题

通过审视上述《抗旱条例》相关条款以及涉及两类机构的政策和规程，我们发现这些问题主要表现在以下几个方面：

第一，防汛抗旱指挥机构的性质、构成以及运作方式等基础性组织问题并未在立法上得以体现。《抗旱条例》仅仅罗列了各级人民政府防汛抗旱指挥机构旱灾防治（主要是灾害应对）的基本职权，但对其协调议事机构的主体性质、参与议事决策的相关组织成员构成、对相关问题的议决方式及其相应的法律效力等组织性问题未曾提及，而留由各级防汛抗旱指挥部自行制定的内部规程予以规定，其他立法载体中也未见涉及这些问题的规范，这将产生时间和理论上的双重问题。实践上的问题主要表现为：各级防汛抗旱指挥机构因欠缺统一的组织性规定会出现各自构成和运作方式上的差异性，难以从根本上保障国家旱灾防治法律和政策的一以贯之。更为严重的是，因为欠缺组织性立法规范的强制要求，某些人民政府限于人力、财力抑或狭隘的政绩观很可能会对组建防汛抗旱指挥机构阳奉阴违。课题组曾于2012年与2017年两次分赴辽宁省朝阳市与青海省各地市、县进行过调研，结果发现：许多基层人民政府或者一直就未曾设置过防汛抗旱指挥机构，或者仅仅将防汛抗旱指挥机构的牌子挂在水利部门了事，并未实际进行过任何组织建设行为。理论上的问题则主要表现为：公法机构的职权获享一般都必须以健全的组织性立法为前提和基础，组织性立法和职权性立法共同构成公法机构的"两轮"或曰"两翼"，缺一，公法机构则将无法正常运转。欠缺组织性立法规范的各级防汛抗旱指挥机构在运行和职权实现上必然存在法理缺陷，当这种缺陷经由相关职权实现途径显性化时，通过公法内部监督和外部诉讼机制为人所诟病的可能性将激增。

第二，防汛抗旱指挥机构与其组织成员之间在涉及干旱灾害预防和应对的职权设置上关系晦暗不清。《抗旱条例》在"旱灾预防""抗旱减灾"以及"灾后救济"等分则中针对各级防汛抗旱指挥机构设置了旱灾防治的系列职权，同时也针对其现有的绝大多数公法性组织成员设置了旱灾防治的相关职权，两类权力是何关系，并不明确。到底后者是前者的实现性权力，还是二者之间是并立的关系，颇费思量。如果是实现性关系，后者就无罗列的必要，因为防汛抗旱指挥机构通过其协调议事机制形成的相关决议对参与议事的组织成员具有当然的约束力，组织成员负有实现决议内容的公法义务和责任。但若相关决议所施加于组织成员的公法义务已经超越了其固有的职权范围，则需要立法载体重新进行相应职权的设置；如果是并立关系，二者倒是有同时列明的必要，但在法理上必须明确的是：所列明的后者在性质上应当是与前者无甚关联性的职权。

第三，各级减灾委员会的组织性与职权性规范在现行立法上均未体现，各级减灾委员会俨然一个"法外之物"。基于上述第二部分的相关阐释，既存的各级减灾委员会实质上是根据相关政策以及政府内部的组建性文件存续并实际参与干旱灾害预防和应对，尤其是灾害救助工作的，《抗旱条例》以及其他相关立法中都欠缺其性质、组成、架构以及旱灾防治系列职权的规范。无丝毫法源依据但却能以公权主体资格具体参与旱灾防治，并做出各类具有外部法律效力的公权行为，以法治理念观之，实乃咄咄怪事。

第四，防汛抗旱指挥机构与减灾委员会之间涉及干旱灾害防治时的关系为何，亦不明确。如上述，二者在性质上都应为协调议事机构，而且通过比对发现，它们在组织成员的构成上存在着绝大多数的重合。这样的两类机构在干旱灾害预防和应对时是共同发挥作用而作用领域各有侧重，还是一者为另一者的下属机构，作用领域和相关职权呈现细化与被细化、实现与被实现的关系，这些重要问题因减灾委员会"法外之物"的面相而不明确。但从实践来看，两类主体的同时存在明显具有"叠床架屋"之嫌，原因有三：其一，依《抗旱条例》，防汛抗旱指挥机构几乎获享了干旱灾害预防和应对所需协调性职权的全部，减灾委员会在职权分享上已无置喙余地；其二，根据课题组和其他学者的调研，在许多地方减灾委员会的架构完善程度远远不如防汛抗旱指挥机构，减灾委员会并无实效性则是形成这种局面的主要原因；其三，在实践当中，减灾委员会在运行上主要依托民政部门从事灾害救助工作，但民政部门同时也是防汛抗旱指挥机构的组成成员，其依据固有的救济职权同时实现着减灾委员会与防汛抗旱指挥机构的双重协调性决议，这除了徒增权力实现成本而外，并无多大实际意义。

第五，如同前述对各级人民政府旱灾防治参与权的规定一样，《抗旱条例》也为防汛抗旱指挥机构设置了几类欠缺措施指向性的所谓"组织权"。相关权力及其内容缺漏具体表现为：（1）旱灾防治信息系统的组织完善权仅强调权力实现的效果，即实现成员单位之间的信息共享，却无措施性内容；（2）组织编制旱灾防治预案权当中的所谓"组织"是否就是协调议事形成决议，并不明确；（3）组织抗旱服务组织及时解决农村饮水困难权当中的组织到底是怎样一个组织法，是命令要求、政府采购，还是授益鼓励；（4）组织动员权应当通过什么机制实现。这些缺漏将在很大程度上影响到权力实现的实效性，同时也为防汛抗旱指挥机构赋予了范围过于宽泛的自由裁量权，与法治理念并不相符。

3. 各级人民政府业务主管部门及其旱灾防治职权相关规定存在的问题

深入解读《抗旱条例》针对各级人民政府业务主管部门旱灾防治职权的设置条款，我们发现：除了具有上述的与防汛抗旱指挥机构旱灾防治职权设置条款之间的关系难以辨明这一缺陷之外，这些条款还存在两个方面的缺陷：首先，对水利部门之外的其他业务主管部门旱灾防治的职权设置大都极其原则，多为仅一条的原则性规定。这种情形其实更增加了防汛抗旱指挥机构与作为其成员的业务主管部门在旱灾防治职权关系上的辨析难度。其次，同样存在大量欠缺措施指向性的所谓"组织权""加强权（强化权）""做好权"规范。具体包括水利部门的农田水利基础设施与农村饮水工程管护组织权和抗旱应急水源工程与集雨设置的组织建设权，气象主管部门的加强气象科学技术研究、提高气象监测和预报水平权，卫生主管部门在干旱灾害发生后做好灾害地区疾病预防控制、医疗救护和卫生监督执法工作权，以及民政部门在干旱灾害发生后干旱灾害的救助工作权等职权。

4. "国家"及其参与旱灾防治权力相关规定存在的问题

如上述,《抗旱条例》以专门条款为"国家"设置了参与干旱灾害预防和应对的总共两大类五项权力,即作为鼓励、扶助、引导性权力的鼓励、扶持研发、使用抗旱节水机械和装备,推广农田节水技术,支持旱作地区修建抗旱设施、发展旱作节水农业,鼓励、引导、扶持社会组织和个人建设、经营抗旱设施,鼓励社会组织、个人兴办抗旱服务组织等权力,以及作为制度形成性权力的抗旱信息统一发布制度建立权和在易旱地区逐步建立和推行旱灾保险制度权。两类权力中的第二种在法理上可被认定为是为相关法制形塑主体设定的立法规范制定权,权力内容可被延伸解读为两个层面:一是权力行使层面,即权力主体所享有的规范制定权应当予以实现,而不能推脱长期不实现或者怠于实现。当然,权力主体在权力实现时机、方式等方面还是享有一定程度上的自由裁量空间的。二是规范形塑层面,即权力主体应当以合法、全面及适当的方式形塑相关立法规范。合法要求相关立法规范的形塑应当严守上位法所限定的规制边界,不可僭越,规范内容的形成也务必要与法治理念下通行的法理相适应,不能相悖。全面要求所形塑的相关立法规范务必要尽量囊括旱灾信息统一发布与旱灾保险机制得以构建和运作的必要构成要件,不可有所欠缺或者遗漏。适当则要求所形塑的相关立法规范要具备可操作性和实效性。在当下,尤其要重视对常年干旱地区、农村地区、贫困地区、水生态严重脆弱地区等的倾斜和照顾,所设计的相关措施或手段与立法规范形塑目的之间的适配性应当是判断适当与否的根本标准。两类权力当中的第一种在法理上的面相则比较多样,起码可以做出两种分析,即行政权性质的分析和立法规范制定权性质的分析。依第一种分析思路,鼓励、扶助与指导性权力可被定性为授益性行政行为的做出权。根据公法法理,此类做出权与负担性行政行为相比权源依据较为宽泛，生效预算科目中的列明、依法形成的旱灾防治相关政策、规划、计划和项目等均可作为其权源依据。在当下，鉴于国情、旱情，此类做出权还需受制于形式和实质公平两项原则，形式公平原则要求相关授益性行政行为的做出必须给予所有潜在受益者均等的参与机会，不能设置不合理的门槛或者无正当理由排除某些潜在受益者，实质公平原则要求相关授益性行政行为要适当向常年干旱地区、旱灾防治能力脆弱地区、水生态环境脆弱地区等倾斜和偏向。依第二种分析思路，鼓励、扶助与指导性权力可被定性为系列授益性立法规范的制定权，此类权力的内容同于与本段前述的制度形成性权力，此处不再重复。

以上段所阐释的法理为依据，仔细分析《抗旱条例》中以"国家"为主体的相关权力设置条款，不难发现两大缺陷：第一，行政法规的性质及其适用效力限制了制度形成权获享主体的范围和最终实现形式。具体而言，国务院及其各部委将成为相关权力获享的主体，部门规章、中央政府层面上的政策以及其他规范性文件将成为相关权力的最终实现形式，法律无法依据此处的权力化身为抗旱信息统一发布制度、旱灾保险制度以及相关授益性制度适法载体，制定旱灾防治法律也由此具备了部分必要性。第二，对相关鼓励、扶助和指导性权力的规定过于简略，措施指向、授益条件、受益范围等必需性规范内容欠缺。对制度形成权的规定有过分赋予立法自由裁量权之嫌，一些应当具备的限制性内容均告阙如。

除了对上述规定的检视而外，关于人民军队参与干旱灾害应对的相关规定也存在着缺憾，最典型者莫过于欠缺关于人民军队参与灾害应对的具体方式、各级人民政府及其相关部门与人民军队针对旱灾应对的职权衔接机制以及人民军队参与旱灾应对的明确性职权等方面的法律性规定，前述两部条例（即《抗旱条例》和《军队参加抢险救灾条例》）限于其性质、位阶和效力适用范围，均无法针对这些问题进行全面而适当的规定，因此需要一个法律载体来更好地完成这些任务。

（二）对有公法背景的旱灾防治私法主体及其相关权利、义务规定的检视

通过分析，我们认为，《抗旱条例》以及其他配套性法规当中所包含的关于有公法背景的旱灾防治私法主体类型及其相关权利和义务的规范存在着以下主要问题：

首先，欠缺关于抗旱服务组织性质、层级设置以及基本运营机制等方面的基础性规定。《抗旱条例》当中自始至终未见关于抗旱服务组织性质和运营方式的任何规定。关于抗旱服务组织的层级设置，条例也未有明确规范，只是可以通过对其唯一涉及抗旱服务组织组建问题的第29条第1款的解释，得出三点结论：（1）县级和乡镇两级应当配建抗旱服务组织，因为该款第一句为县级和乡镇人民政府明确设置了组建抗旱服务组织的职权。（2）省、市两级似乎也是有抗旱服务组织的，因为该款第二句为县级以上地方人民政府设置了明确的扶持抗旱服务组织的职权，若无这两级抗旱服务组织，省、市人民政府的扶持职权将因欠缺对象而无法行使。至于省、市两级抗旱服务组织由谁组建、如何组建，该款则无规定。（3）国家级抗旱服务组织是否应当存在、由谁组建、如何组建，该款亦无规定。《县级抗旱服务队建设管理办法》仅有关于县级抗旱服务队的性质和基本运营原则的规定。县级抗旱服务队被定性为由县级人民政府或其授权部门审批、县级水利部门组建并管理的抗旱服务机构，"以服务促建设，以服务促管理""自我维持、自我发展"则被确定为其基本运营原则。至于县级以下及以上各级的抗旱服务组织是否存在、若存在共有几级、它们各自又该如何运营等均未规定。这些基础性规定的欠缺使得抗旱服务组织变成了一类在立法上身份并不十分明朗、似有似无、若隐若现的主体，其参与旱灾预防和应对的资质性前提因此

并不牢靠，许多实际问题由此而生，课题组和相关作者的实证研究则生动地呈现出了这些问题。2017年8月，课题组赴青海省调研时，发现该省抗旱服务组织尤其是基层抗旱服务组织在建设和运营等方面存在着以下4个方面的问题：(1)全省仅有的64个抗旱服务组织全部都设在县、乡两级，县级以上是否应当设置抗旱服务组织各级政府及其水利部门也都不清楚。(2)64个抗旱服务组织的平均规模与抗旱减灾要求不相适应，政府资金投入的职权和领域并不明确。青海十年九旱，自20世纪90年代以来，旱灾几乎连年发生，程度连年增加，这对抗旱服务组织的建设和服务水平提出了更高的要求，但现有的抗旱服务组织规模和能力远远不能满足这种新要求，大部分设备已经老化报废，不能正常使用，但却长期得不到补充和更新，32支县级抗旱服务队年平均投入资金仅200万元，32支乡镇级抗旱服务队年平均投入仅10万元，而且这些资金大部分被用于抗旱物资储备，抗旱服务组织建设方面的投入几乎为零。(3)各级抗旱服务队多为临时机构，没有专门的机构编制和人员编制，大多数人员均为临时抽调，人员不稳定，掌握抗旱技术不全面，服务不到位。(4)由于抗旱服务组织的服务对象多为农牧民群众，因此基本上都是无偿服务，这就导致服务的量越大，亏损就越大。提供有偿服务所获资金的归属以及使用权限等也不明确。有作者基于调研，发现陕西省县级抗旱服务组织在建设、运营方面存在着两大问题：(1)体制机制不顺，抗旱服务组织运行不稳。抗旱服务组织建设之初指导思想重点强调的是社会化服务功能。长期以来，抗旱服务组织承担了抗旱灌溉、拉水送水、排洪除涝等服务工作，这些服务均为公益性质。而陕西省县级抗旱服务队中有20支为差额拨款事业单位，32支为自收自支事业单位，这些服务队要靠有限的经营收入维持运行，尤其是在每年的抗旱或者排涝的紧要关头，抗旱服务队接到群众要求和政府指令后紧急出动，不计成本，尽管解决了群众困难，但却给部分服务队留下了债务，自身发展举步维艰，对抗旱服务组织良性循环造成一定的影响。（2）经费保障不足，抗旱服务能力不强。县级抗旱服务队设备购置完成后，设备运行成本、管理和维护保养费用增加，而这部分增加的费用没有正常的投入渠道，全省100支县级抗旱服务队中仅有5%左右将设备运行管理费列入财政预算。随着人员工资、油电费和物价的上涨，抗旱服务成本进一步加大，仅靠自主经营，抗旱服务工作很难正常开展，服务能力范畴受限，部分县级抗旱服务队因经费缺乏导致其健康发展无法保障。[①]有旱灾防治实务部门工作人员，基于其多年感受，将江西省县级抗旱服务组织建设和运营上所存在的主要问题概括为：（1）已建立的94支县级抗旱服务队均由县（市、区）编委统一下文成立，但仍有部分地方县级抗旱服务队未能做到专职专能，有的与卫生防疫、森林防火等共用一套人马，有的挂靠在一些下属单位或水利部门内部调剂。目前各级抗旱服务队开展的工作以管理为主，服务出动次数偏少，加上编制少，技术人员难以引进，阻碍县级抗旱服务队进一步发展。（2）抗旱服务收费属于经营性收费，但是目前各地并没有收费标准，难以做到有据可依。且抗旱服务队有偿收费难以实行，首先在旱情严重时县级抗旱服务队只能按县政府要求无条件进行抗旱救助，难以顾及经济账；其次是农户的抗旱有偿服务意识薄弱。受灾群众认为抗旱服务组织提供抗旱服务，解决抗旱难题，是党和政府对百姓的关心和照顾，不应收费；再次，抗旱服务的对象主要是受旱区群众，在遭受旱灾，特别是连续遭灾后，群众本身已损失严重，加上农业收益低，很多群众即使愿意也无能力支付微薄的服务费。（3）大部分县级抗旱服务队因缺乏市场经济意识，欠缺多种经营能力等因素，仅仅依靠出租挖掘机设备进行一定的维养，在市场经济

---

① 参见郑公社等：《陕西省抗旱服务组织建设管理经验及发展思考》，《中国防汛抗旱》2014年第2期。

环境中开展多种经营举步维艰。①另有作者将江苏省、市、县三级抗旱服务组织在建设和运营方面存在的问题罗列为：（1）省、市、县三级纵向发展水平不平衡，市与市、县与县之间横向发展水平也不平衡。具体而言：全省三分之一的防汛抗旱服务组织发展较好，三分之一的防汛抗旱组织一般，另外三分之一较差。发展好、实力强的防汛抗旱服务组织，固定资产规模超过500万元甚至1000万元，年抗旱浇地能力达到10万亩以上；发展差、实力弱的防汛抗旱服务组织仅有三五个人，几十台设备，固定资产只有几十万元，与承担的防汛抗旱减灾任务不相匹配。（2）大部分防汛抗旱服务队属差额拨款事业单位或自筹自支事业单位，人员工资经费按编制人数的一定比例由财政承担或不承担，财政投入明显不足，经费缺口大，仅仅依靠自身力量开展少量有偿服务、微利经营，发展难度越来越大。（3）各地在防汛抗旱服务队的单位定性和人员定编问题上存在一定随意性，且普遍编制太少，与其所担负的抗洪抢险、抗旱排涝任务不相适应。尤其是部分防汛抗旱服务组织处于挂靠、合署办公的状态，独立性极差，人员不稳、抽调拉用频繁，导致设备无人维修保养、防汛抗旱难以组织开展，部分防汛抗旱服务组织陷入"瘫痪"状态。②还有作者将新密市抗旱服务组织的建设运营问题总结为两大方面，即：（1）市抗旱服务队成立以来，一直为自收自支性质事业单位，无财政经费。在抗旱时期无条件服从上级调遣无偿为群众提供服务，非抗旱时期靠租赁设备收取少量费用。所收取费用连维修设备都不够，正常的人员工资和办公经费更无法保证。虽然这几年上级不断加大抗旱资金拨付力度，但都用于设备购置，抗旱应急工程建设，明令禁止

---

① 参见李霖：《江西省抗旱服务组织建设管理现状及发展探讨》，《中国防汛抗旱》2014年第4期。
② 参见傅亮等：《江苏省防汛抗旱服务组织建设的调查与思考》，《江苏水利》2014年第8期。

列支人员及办公经费,因此,抗旱服务队相当困难,面临严重的生存问题,更谈不上发展壮大。(2)抗旱服务组织自收自支企业化管理现象严重,虽然各乡镇已明确抗旱小分队,但其实无明确编制人员和经费,导致乡(镇)级抗旱服务队积极性不高,不利于抗旱服务队良性运行。①

其次,缺乏针对乡镇一级抗旱服务组织的建设和管理性规定。根据上述第一点,《抗旱条例》为县级和乡镇人民政府设定了明确的本级抗旱服务组织的组建职权,然而,《县级抗旱服务队建设管理办法》却仅仅针对县级抗旱服务队的建设和管理进行了相关规范设计,乡镇一级抗旱服务组织的组建性规定尚付阙如。县级抗旱服务组织与乡镇一级抗旱服务组织共同作为我国抗旱服务组织体系的"神经末梢",在城乡二元化的国情和旱情之下具有极其重要的意义和作用,理应加强。县级抗旱服务组织因较乡镇一级抗旱服务组织具有更为重要的承上启下作用而被专门性制度予以规制,无可厚非,然而,乡镇一级抗旱服务组织较县级抗旱服务组织所具有的与旱灾防治服务需求者更为亲近的关系,却也要求对其亦应有专门的组建性规范体系。

再次,对抗旱服务组织所获享的旱灾防治相关权利和义务的规定存在不完善之处。具体而言:1.抗旱服务组织基于其私法性质所应当获享的财产权和经营权以及该两权与其组建者的相关公权之间的关系等均未见规定。这在根本上不利于抗旱服务组织自身的发展壮大。2.抗旱服务组织的三项扶持获取权仅仅存在于《县级抗旱服务队建设管理办法》这一规章层面之上,位阶亟待提升,因为这将有利于其更好地履行所承担的各项旱灾防治的公法义务。3.《抗旱条例》与《县级抗旱服务队建设管理办法》为抗旱服务组织设定了两大类旱灾防治义务。一类可称为"基于要求的义务",具体包括:(1)发生干旱灾害时,根据本级防汛抗

---

① 参见李会东:《新密市水利抗旱服务队发展思路及建议》,《河南水利与南水北调》2016年第12期。

旱指挥部的要求向农村人畜提供饮水服务的义务。(2) 发生干旱灾害时，根据本级防汛抗旱指挥部的要求向相关主体提供抗旱技术咨询等方面服务的义务。(3) 发生干旱灾害时，根据本级防汛抗旱指挥部的要求及时实施抗旱应急调水浇地的义务；另一类则可称为"主动参与的义务"，具体包括：(1) 发生干旱灾害时，主动为群众提供抗旱设备、物资的维修、租赁和技术培训等服务的义务。(2) 开展应急抗旱水源工程建设，参与小型水利工程建设、运行维护和管理的义务。(3) 组织推广应用抗旱节水新技术、新设备、新工艺的义务，以及各项内部管理性义务。三项"基于要求的义务"的负担和履行前提仅仅被原则性规定为"根据本级防汛抗旱指挥部的要求"，过于宽泛，容易为滥用权力打开方便之门。另外，此三项义务负担和履行所需成本费用的支付以及可否营利等问题也未见规定；三项"主动参与的义务"的负担和履行同样欠缺前提条件的设置，受灾主体的请求是否足以构成此类义务的发动条件，并不明确。此三项义务的负担和履行是否可以按照运营机制获利，未做规定。另外，此三项义务不履行或者不完全履行的相关公私法责任也未被涉及。

最后，接受相关公权授益的各类私法主体，因参与授益所应当负担的旱灾防治相关义务未见规定。如前所述，《抗旱条例》相关规范所涉及的此类主体共有六类，即获享抗旱节水机械和装备扶助性授益的技术开发者、获享抗旱节水机械和装备扶助性授益的农田经营者、获享抗旱设施建设和经营授益的建设和经营者、产业结构调整政策的波及者、享获组建性授益的抗旱服务组织创建者以及获享保费补贴的政策性旱灾保险参与者。

(三) 对旱灾防治私法主体相关制度的检视

审视《抗旱条例》当中到的十类私法主体及其权利、义务规范，可以发现存在着以下主要缺陷：

首先，针对私法主体的总体性权利、义务规范存在重大问题。《抗旱条例》第十一条为"任何单位和个人"设置了"依法参加抗旱"的基本义务。基于该条所涵括之内容、主体的外延范围以及居于条例总则部分这三点，我们可以很容易将其定性为针对所有参与旱灾防治私法主体的总体性权利、义务规范。在法理上，这一规范应当成为所有参与旱灾防治私法主体所获享的相关权利和义务的终极性来源，亦即参与旱灾防治私法主体所具体获享的权利和义务设置条款都应当以该规范为上位规范或曰来源性规范，由此形成一个"金字塔式"的旱灾防治权利义务规范群。以条例为载体的这一现行规范，若依法理审视，则最少存在着两个大的缺陷：(1) 权利、义务设置失衡。该条仅仅包含了义务性内容，而未见任何权利性表述。这种失衡将产生两个方面上的问题：一是在规范内容的解读上，会让人产生私法主体参与旱灾防治时只会担负义务而不能获享权利的误解。二是在规范体系上，将会产生设置私法主体所享权利的相关规范欠缺上位规范的逻辑缺陷。(2) 仅有的义务性表述因为过于原则，难以反映总体性权利义务规范的性质。总体性权利义务规范当中的义务性表述应当具有对下位义务形塑的指引作用，义务的基本类型因此是必不可少的，现行规范"依法参加抗旱"这一表述明显不涵括义务的基本类型，指引作用由此也无从发挥。

其次，为干旱缺水地区的农民集体所设置的相关工程的修建义务欠缺法理依据。《抗旱条例》第十六条第三款规定，干旱缺水地区的农民集体负有因地制宜修建中小微型蓄水、引水、提水工程和雨水集蓄利用工程的义务。这一义务设置欠缺法理依据的主要原因有二：其一，根据前述的基本原理，旱灾防治在根本上是国家或曰政府的职责，相关引、储水工程的设计、建设、运营和管护等构成旱灾预防工程性措施的必备内容，适时采取这些工程性措施理应属于国家或曰政府的旱灾防治职责，条例将这些本应由国家或曰政府负担的职责施加于农民集体身上显有规避应有职责之嫌；其二，农民集体即使负有旱灾防治义务，该义务的来源也仅应为保护其成员人身与财产利益所需。这种需求反映在权利—义务结构上，即：成员基于其普遍性的旱灾防治需求以及自身在面临旱灾时的脆弱性，向农民集体依据集体议事规则提出采取相关工程性措施的请求，农民集体因经由集体议事规则生成的集体意志而最终承担相应的义务。更为重要的是，根据国情和旱情，干旱地区的农民及其集体经济组织在面临干旱及其灾害时，鉴于其财力、人力以及知识等方面的脆弱性现状，相关法制理应设计出倾斜式扶助机制，赋予其请求扶助的完善权利，而不是"雪上加霜式"地进行义务施加。不考虑农民实际承受能力的义务施加，在实效性上不具可行性。

最后，相关义务和权利的规定不完善。义务规定上的不完善之处主要体现为：《抗旱条例》第四十六条为紧急抗旱期内干旱发生地的单位和个人所设置的服从指挥和承担分配的旱灾防治任务等义务欠缺边界设置以及因义务履行所产生相关费用的求偿权。因此类义务直接源于政府的旱灾应对组织动员权，对相关私法主体权益影响甚巨，所以这里所述的欠缺性内容应当是必需的。权利上的不完善之处则主要体现为：《抗旱条例》第五十二条为各级人民政府及其有关主管部门在旱情缓解之后所设置的帮助受灾群众恢复生产和灾后自救的职责未明确转化为"受灾群众"的恢复生产和自救援助请求权。尽管基于法理，此种请求权从职权设置性的内容当中不难推导出来，但是，明确的赋权性规定在适用上无疑更具可操作性，因为它避免了法律解释的这道手续。一旦赋予"受灾群众"恢复生产和自救援助请求权，则相关规范在设计时就应当明确权利的措施性内涵，亦即应当充分体现权利援助性内涵所指向的措施类型。

四、旱灾防治主体法律制度构建和完善的建议

根据上述第三部分所揭示的缺陷和问题,我们认为对现行旱灾防治相关主体法律制度的建构和完善必须要从以下几个方面着重入手:

1. 基于法治国家理念的要求,需要重点做到以下三点:(1)对参与干旱灾害预防和应对的公法主体务必要全部纳入立法当中,不可留有法外主体,经由政策创设参与旱灾防治公法主体的现象应当尽快摒弃。具体而言,各级人民政府减灾委员会如有留存必要,则应当为旱灾防治主体性立法规范所明确承认,不可再留由国务院的规范性文件予以确认参与旱灾防治的主体资格。(2)基于第一点所形塑的主体性法律规范应当全面体现相应公法主体的层级结构、内部构造以及基本运作规则等组织性内容。这一点对于本部分所阐述的所有旱灾防治公法主体都有适用意义。(3)对参与干旱灾害预防和应对的各项基础性公法职权应当在相应的主体性法律规范当中予以明确、全面罗列。

2. 将各级人民政府及其参与旱灾防治的基础职权与各级人民政府相关主管部门及其参与旱灾防治的职权并立,在立法当中将两类主体及其各自参与性职权分列为两章或者两节当是可行选择。在形塑各级人民政府及其参与旱灾防治的基础性职权时,首先应当列明参与干旱灾害预防和应对的人民政府的层级体系,可考虑使用"××人民政府依照本法以及其他法律参与干旱灾害的预防和应对"这样的规范表述方式。其次则应当全面罗列各级人民政府参与干旱灾害预防和应对的各类基本职权。职权设置当中务必应当包含两项内容:一是职权行使的具体领域,即干旱灾害预防和应对的具体环节,二是职权所包含的措施性内涵,即职权实现所需的行为方式。在形塑各级人民政府相关主管部门及其参与旱灾防治的职权时,针对各级人民政府及其参与性基本职权的相关要求同样适用,只是需要注意的是:最好应当在一个条款当中全部容纳主体肯认

性内容与职权设置性内容，复款模式是可行选择。依据此模式，一条立法规范应当于第一款明确承认相关主管部门参与干旱灾害预防和应对的主体资格，以下各款则按照该主体可能在其中发挥作用的具体领域分别设置相应的参与职权，职权越多，职权设置性条款亦应越多。

3. 在形塑各级人民政府及其参与干旱灾害预防和应对基本职权时，应当将中央人民政府与地方各级人民政府分列，为中央人民政府专门设置以下参与性基本职权：（1）制度形成权，即赋权中央人民政府得以行政法规形式具体化旱灾防治相关法律规定。（2）全局性规划权，即赋权中央人民政府制定并实施全国性旱灾防治规划、于其他规划当中设置旱灾防治性内容，以及将相关规划内容纳入国民经济和社会发展规划之中。（3）资金保障权，即赋权中央人民政府在中央财政预算当中专设全国干旱灾害防治科目并予以实施。（4）帮扶权，即赋权中央人民政府以财政转移支付及其他方式帮扶干旱及其灾害应对能力较弱的地区或特定群体。如果认为有必要，可在地方各级人民政府及其参与旱灾防治基本职权部分专门针对常年干旱地区、水生态极其脆弱地区以及极端贫困地区的各级人民政府设置特殊的旱灾防治参与性基础职权，职权内容应当主要围绕降低相关弱势群体与产业的旱灾脆弱性进行设计。考虑到干旱灾害应对能力的城乡二元差异，并基于城乡一体化旱灾防治理念，有必要将地方人民政府及其参与旱灾防治基本职权部分为县、乡（镇）两级人民政府设置针对农业与农村旱灾防治的基本职权，具体职权内容应当涵括水权配置与保障、农业结构调整、节水农业扶持、农田水利基础设施建设与管护、灾害救助、灾后恢复、灾情统计等。为了保障这些职权的推行能力，还有必要设置纵向的财政转移支付机制。

4. 进一步完善人民政府既存的相应职权。相关职权的完善应当主要从以下三个方面着手：（1）明确强化水利基础设施权、加强农田水利基础设施建设和农村饮水工程建设权、加强抗旱服务组织建设权等"强化权",以及组织做好旱灾防治应急工程及其配套设施建设和节水改造权等"组织权"的措施性内容。前者中前两项的措施性内容主要应当包含计划(项目)安排、资金保障、建设监管、管护运营等,第三项的措施性内容则应当包含编制安排、资金保障、业务指导等。后者中第一项的措施性内容应当包含计划(项目)安排、资金保障、建设监管、管护运营等,第二项的措施性内容则应当包含产业结构调整、补贴等。具备了明确措施性内容的"强化权"和"组织权"可以分别使用"××人民政府应当采用某某措施强化××"与"××人民政府应当采用某某措施组织做好××"这样的表述方式;(2)删去旱情监测网络建设、完善权当中"充分利用本级政府所掌控的现有资源"这一表述,加入"尽快形成统一的旱情监测网络和信息共享平台"这样的目标性表述;(3)各类以"鼓励和扶持"冠名的授益性职权中所包含的补贴给付、技术支持、政府采购抑或业务指导等具体授益方式或措施均应当明确,规范表述可设定为"××政府应当采取某某措施对××行为进行扶持和鼓励"。

5. 将各级人民政府防汛抗旱指挥机构及其旱灾防治职权与各级人民政府减灾委员会及其旱灾防治任务进行合并与归并,形塑新的旱灾防治机构及其职权体系。具体而言,对新型旱灾防治机构的塑造应当以其获享的旱灾防治专门性职权为依据。总结各级人民政府防汛抗旱指挥机构与减灾委员会的职权和任务可知,旱灾防治系列职权从性质上可以概分为两大类,一类可称为协调性议事和决策权,其以协调各参与旱灾防治的主管部门之间的职权,力促它们采取统一的旱灾预防和应对行为为核心内容;另一类则可称为防治措施采用权,具体包括旱灾防治信息系统的组织完善权、组织编制和启动旱灾防治预案权、紧急措施采取权、应急水量调度方案制订与实施权、组织抗旱服务组织及时解决农村饮水困难权、组织动员权、征用权、灾情核实统计权、旱情审核发布权、旱情分析评估权、进入紧急抗旱期的宣布权和结束紧急抗旱期的宣布权等职权。两类专门职权既可以委由一个旱灾防治机构行使，又可以分设两种不同性质的旱灾防治机构分别获享。若基于第一种机构设置思路，则应当形塑出一个原防汛抗旱指挥机构那样性质的防治机构。但是为了全面预防和应对包括干旱灾害在内的各类自然灾害，此类防治机构不应当再专以某一项自然灾害的防治为任务，而应当负责所有类型自然灾害的防，其内部可依自然灾害类型设置各类分机构。总分机构均实行如同原防汛抗旱指挥机构与减灾委员会那样的单位成员制，主要以协调会议的方式履行议事决策权与防治措施采取权，经会议所形成的协调性决议和措施采取决定，对所有单位成员都有约束力。总机构之下可设日常事务处理机构，负责协调会议的组织、与各成员单位之间的日常联系沟通、有效决议和决定的监督执行等。若基于第二种机构设置思路，则应当形塑出两类性质迥异的旱灾防治机构分别获享协调性议事和决策权和防治措施采取权。具体而言，获享第一类职权的机构应当被形塑为纯粹的协调议事性机构，该机构同样采取单位成员制的组成形式和协调会议式的职权实现方式，但职权行使的结果却仅是形成对各单位成员产生职权协调效果的决议，并不生成具体防治措施的采取决定。获享第二类职权的机构应当被形塑为专门的旱灾防治主管部门，其依法获享前述各类旱灾防治措施的采用权。当然，如果单就协调性议事和决策权而言，也还有第三种权力主体的形塑思路，即不再设置专门的权力获享机构，而是由立法明确将其授予各级人民政府，由政府通过议事和决策机制予以实现。如此一来，协调性议事和决策权就被定性为一项临时性权限而非常设权限，是否行使、何时行使、如何行使等都因此成为人民政府自由裁量权的内容。

我们总体倾向于第二种机构设置思路。主要原因有三：一是协调性议事和决策权与防治措施采用权性质和内容迥然相异，实现方式的侧重点也明显不同，因此设置不同的机构分别获享较为合理；二是将协调性议事和决策权定性为临时性权限委由人民政府依自由裁量权的行使方式予以实现不利于旱灾预防和应对的可持续性，是危机应对理念的表现，与风险管理的理念明显相悖；三是在国外先进立法例上，将协调性议事和决策权与防治措施采用权分别由不同机构行使。在美国，《1998年国家干旱政策法案》促成了"国家干旱政策委员会"的建立，委员会依法以"联邦协调咨询机构"的面目出现，主要职责在于为"创造一个综合的、协调的联邦政策"而向总统提供必要的咨询建议。[1]至于具体的旱灾防治措施则由农业部等联邦主管部门以及各州具体采取。日本2003年修订的《灾害对策基本法》既设置了负责协调中央政府各部门之间、中央政府机构与地方政府以及地方公共机关之间有关防灾方面关系的中央防灾会议，[2]又在中央内阁专设防灾担当大臣，具体负责在灾害发生时综合调整各中央省厅的灾害应对。[3]

需要特别指出的是，2018年3月17日十三届全国人大一次会议批准的《国务院机构改革方案》新组建了应急管理部，由其获享将水利部水旱灾害防治职权、民政部救灾职责以及国家防汛抗旱总指挥部和国家减灾委员会的全部职权整合归并后所形成的相关职权。[4]由此，以下问题将产生：(1) 从应急管理部部级单位的科层位置来看，其所获享的诸多新型职权在性质上都应当是自然灾害防治措施的采用权，而不应当包含协调性的议事和决策权，因为要使应急管理部协调其他与其处于相同科层位置部委的旱灾防治职权明显力有不逮。但从改革方案的表述来看，立法机关及中央人民政府将国家防汛抗旱总指挥部和国家减灾委员会的全部职权——协调性议事和决策权与措施采用权——悉数移转给应

---

[1] 具体可参见 PUBLIC LAW 105—199 之（2）。
[2] 参见滕五晓等编著：《日本灾害对策体制》，中国建筑工业出版社2003年版，第43页。
[3] 参见滕五晓等编著：《日本灾害对策体制》，中国建筑工业出版社2003年版，第46页。
[4] 具体参见《国务院机构改革方案》第一部分之（七）。

急管理部的意图却又是明确的。应急管理部因此地位颇为尴尬。(2)化解尴尬处境的最直接方法就是适当提升应急管理部的科层位置或曰行政级别,使其地位略高于其他相关部委,从而为协调性议事和决策权的顺利行使奠定政治基础,但如此一来,维系中央人民政府内部架构的行政权力体系就可能失衡,而且也打破了长久以来所形成的行政惯例,一系列实际问题将会迭次出现。(3)化解尴尬处境的另一种方法则是不提升应急管理部的科层位置或曰行政级别,而是专为其协调性议事和决策职权设置实现机制,即为相关同级部委明确设置服从其协调性议事和决策职权的职责,但如此一来,又会产生同级部委若不履行或者不完全履行该职责时,政治责任如何追究的问题。应急管理部要想切实追究相关政治责任,非得求助于更上位的政治权威不可。

除了上述三点问题以外,方案当中关于组建应急管理部的相关表述当中还存在着以下两方面的问题:(1)应急管理部成立之后,国家防汛抗旱总指挥部和国家减灾委员会是否继续存在,并不明确。从法理上分析,国家防汛抗旱总指挥部和国家减灾委员会的整体职权一旦被移转,两类公法主体即丧失了存在的必要和可能,因为任何公法主体在组织上的存续时间都应当与其所获享职权的存续时间共始终。然而,从方案的相关表述来看,我们又无法断然做出国家防汛抗旱总指挥部和国家减灾委员会将随着应急管理部的成立而被撤销的结论,因为方案欲撤销某部、委、局时,都使用了"不再保留某(部、委、局)"这样明确的表述方式,而在组建应急管理部的段落当中,又仅仅述明了"不再保留国家安全生产监督管理总局",未提及撤销国家防汛抗旱总指挥部和国家减灾委员会的问题。(2)以"应急"为新部命名,专就旱灾防治而言,似有不妥。"应急"作为一个法律概念,在我国现行立法上仅出现在《突发事件应对法》上。根据该法第三条的规定,应急措施所针对的乃是"突然发生"的突发事件①,但干旱及其成灾规律却又告诉我们:干旱灾害并非突然发生的灾害,而是缓慢、累积演化而成的灾害。让一个从冠名来看似乎仅处置突发灾害的部门来预防和应对缓发性灾害,有名实不副之嫌。

另外,从归并整合的相关部门与职权来看,新组建的应急管理部在总体上获享的是针对两类事实的管理职权,一类为针对水旱灾害、地质灾害、森林火灾、地震灾害等自然灾害的防治权,另一类则是针对火灾和安全生产事件等突发事件的应急处置权。将干旱灾害与其他各类自然灾害的防治以及突发事件的应急处置等统一于一个部门负责,确有整合资源、易成合力的优势。但是,鉴于各类自然灾害之间以及自然灾害与突发事件之间在形成机理、所要求的防治和处置措施的内容和侧重点、相关措施的施力点等方面均存在巨大差异,过于强调统一管理而忽视针对性无疑将有损于相关防治和处置措施采用的精准性。更为重要的是,欲应对性质各异、缓急不一的各类灾害和事件,需要应急管理部做好财力、人力、物力和技术等各方面的万全准备,这对一个新组建的部门而言,难度可想而知。

基于以上各段所揭示的三个层面上的问题,我们对应急管理部的组建提出如下完善建议:(1)将归并其中的协调性议事和决策权抽离出来,依据前述针对协调议事和决策机构的第二种和第三种形塑思路,或者交由新组建的在科层位置或曰行政级别上高于国务院各部委的专设协调性机构获享,或者交由国务院获享,新部仅留针对各类自然灾害和突

---

① 《突发事件应对法》(2007年8月30日第十届全国人民代表大会常务委员会第二十九次会议通过)第三条:本法所称突发事件,是指突然发生,造成或者可能造成严重社会危害,需要采取应急处置措施予以应对的自然灾害、事故灾难、公共卫生事件和社会安全事件。按照社会危害程度、影响范围等因素,自然灾害、事故灾难、公共卫生事件分为特别重大、重大、较大和一般四级。法律、行政法规或者国务院另有规定的,从其规定。 突发事件的分级标准由国务院或者国务院确定的部门制定。

发事件的应对和处置性措施的采用权。（2）明确撤销国家防汛抗旱总指挥部和国家减灾委员会。但鉴于国情和旱情，可允许长期干旱地区和水生态脆弱地区的地方各级人民政府基于其旱灾防治需求仍旧保留防汛抗旱指挥机构，其仍旧按照原来的议事决策机制运作，依然获享着协调性议事和决策权与防治措施的采用权。（3）考虑将"应急管理部"更名为"自然灾害与突发事件管理部"，在其内部分设自然灾害类防治机构与突发事件处置机构，由前者具体负责《抗旱条例》《防洪法》《防震减灾法》等的执法，由后者具体负责《消防法》《安全生产法》《突发事件应急法》等的执法。

6. 进一步完善协调性议事、决策权与措施采用权以及各类"组织权"和"强化权"的细化内容。就措施采用权而言，其中的旱灾防治信息系统组织完善权，应当明确信息系统所需软硬件的资金投入、运作管理等措施性内容。就协调性议事和决策权而言，其中的组织编制旱灾防治预案权，应当明确经由协调会议方式形成预案制订决议这样的组织性措施。就旱灾防治权而言，其中的组织抗旱服务及时解决农村饮水困难权，应当明确服务的基本内容、服务的提供者、引发具体服务行为的方式（命令、授益性补贴、政府采购）等内容；其中的组织动员权，应当明确组织动员的具体机制、实现方式以及私权受损时的补偿途径等内容；其中的农田水利基础设施与农村饮水工程管护组织权，应当明确管护模式、主体以及内容；其中的抗旱应急水源工程与集雨设置的组织建设权，应当明确计划、资金投入、建设以及管护等措施性内容；其中的加强气象科学技术研究、提高气象监测和预报水平权，应当明确针对相关技术研究的扶持或鼓励性措施；其中的灾害地区疾病预防控制和医疗救护等工作的"做好权"，应当明确防治的重点和基本措施类型；其中的干旱灾害救助工作权的"做好权"，同样应当明确救助的重点以及基本措施类型等。

7. 以法律规范为载体，对具体参与干旱灾害应对的人民军队类型，人民军队参与的领域、重点、基本方式以及职权，各级人民政府及其相关部门与人民军队就灾害应对进行职权衔接的机制等问题进行原则性规定。

8. 以法律规范为载体，对以"国家"为主体的制度形成权性质的鼓励、扶助和指导性职权进行确认，并对权力内容进行重构。具体而言：首先应当确定制度形成的主体和立法文件的载体形式。其次还应明确鼓励、扶助和指导等权力实现所需要的基础性措施类型、授益条件、受益范围、施力重点等。措施类型在鼓励性权力当中一般包含补贴、贷款扶持、政府采购、税收优惠等资金性授益内容，在扶助性权力当中通常包括信息提供、技术支持、协助推广、市场开拓、相关政策优惠等内容。在指导性权力当中则应当涵括技术和运营优化建议、市场和法律风险的警示等内容。授益条件的设置往往依相关措施所欲达成的目的而设。受益范围主要包括受益主体和授益限度两个方面，前者的择取应当尤为注意公开和公平，后者的设置则意在避免损害受益主体独立性和勤勉精神等现象的出现，授益资金最大额度、扶助以及指导行为的边界等是常用且有效的规制内容。施力重点应当依据理论和实际两个方面具体确定，所谓理论是指旱灾形成、防治的规律以及旱灾防治各类公权在法治理念下应当具备的内容，所谓实际则是指基于国情、区情、水情以及旱情，尤其是城乡二元化的旱灾脆弱性等实际情况，预防和应对旱灾所涉及的相关利益诉求。

9. 对抗旱服务组织的相关规定进行完善。具体而言：（1）明确抗旱服务组织的两种类型，即政府组建的抗旱服务组织与私法主体组建的抗旱服务组织。（2）针对政府组建的抗旱服务组织，应当明确其全额财政拨款事业单位的性质，同时应当确定其体系结构与具体拨款职责。省、市、县、乡（镇）四级的体系机构在当下应当是合适的，各级地方人民政府应当被设置向其同级抗旱服务组织的财政款项拨付职责，县、乡（镇）两级抗旱服务组织应当被作为组建重点，应当明确对常年干旱地区、水生态严重脆弱地区和贫困地区县、乡（镇）两级抗旱服务组织的财政纵向转移职责。（3）罗列政府组建的各级抗旱服务组织具体参与旱灾防治的具体领域和基本义务。现行制度针对县级抗旱服务组织的相关规定基本合理，可以继续沿用，并可扩展适用至乡镇抗旱服务组织。对省、市抗旱服务组织的作用领域和义务的设置，应当重点关注相关政策、计划、项目的参与制定和对县、乡（镇）两级抗旱服务组织的业务指导、技术援助、信息服务、运营帮扶等内容。（4）确定政府组建的各级抗旱服务组织所获享的基础性权利，具体应当包含：财产权，即对因财政拨付和运营收入等所形成的各类财产享有不受干涉的占有、使用权和一定的处置权。在依法不承担旱灾防治义务时的自主经营权，按照市场价格有偿提供各类旱灾或水利服务乃是自主经营权的核心。在依法承担旱灾防治义务后，享有必要费用索取权，索取的对象可以设定为政府，也可以设定为因义务受益的自然人、法人和非法人组织。（5）设置对政府组建的各级抗旱服务组织财产、运营和义务负担情况的审计、监管和评估法律制度。（6）设置明确的私法主体组建抗旱服务组织的基本条件，具体可考虑资金、技术、设备、专业人员、场地等内容。为私法主体组建抗旱服务组织提供可供选择的组织形式，公司、专业合作社、合伙、私人企业等均可考虑。（7）确认私法主体所组建抗旱服务组织的财产权和自主经营权。（8）划定私法主体所组建抗旱服务组织的经营范围和具体运营领域。范围和领域的确定应当根据干旱灾害预防和应对的实际所需。对私法主体所组建抗旱服务组织与政府组建的抗旱服务组织之间经营范围和运营领域的协调是应当考虑的重点。（9）设置针对县、乡（镇）两级政府与私法主体组建的抗旱服务组织的帮扶法律制度。现行立法当中针对县级人民政府所组建抗旱服务组织的设备采购、资金补助等帮扶措施可以继续沿用。对乡（镇）人民政府所组建抗旱服务组织帮扶措施的形塑需要重点考虑设备购置、技术帮扶、基层水利建设项目的基建和管护委托、水生态维护和修复性项目的承担、农村与农业水利服务的特许经营等内容。对私法主体组建的抗旱服务组织的帮扶措施可以考虑设立程序的简化、运营资金的优惠性贷款、干旱灾害预防和应对服务的政府采购、旱灾防治器械购置与燃油补贴以及税收优惠等内容。(10) 形塑农民旱灾防治合作组织组建和帮扶的基础性法律制度。该制度首先应当明确赋予农民集体组织成员依自己所需组建合作性旱灾防治服务组织之权利。服务组织的法律形式既可以是依据《农民专业合作社法》而设立的具有法人资格的专业合作社，也可以是临时合伙性的互助协会。对于常年干旱地区以及水生态极端脆弱地区，应当鼓励农民组建旱灾防治服务专业合作社，鼓励措施可以考虑设立条件的适当减让、运营费用的贷款扶持、灾害防治必需设备的购置补贴、灾害防治技术和信息帮助等内容。形塑的难点在于如何适当划定农民合作性旱灾服务组织与政府以及私人所组建抗旱服务组织的服务领域，以避免资源浪费与恶性竞争。可行的思路应当是：在面对干旱灾害时，农民合作性旱灾防治服务组织的服务领域应当以其成员自力救济的最大能力为界，政府和私人所组建抗旱服务组织则应当以农民自力救济力不能及的领域为其发挥作用和运营的空间。为进一步明确起见，最好列明农民合作性旱灾防治服务组织成员资格以同一集体经济组织成员为限，服务组织仅为成员服务并遵循非营利或者微利性服务宗旨，若欲吸纳非集体经济组织成员加入或者为非成员提供盈利性服务，则应适用私法主体所组建抗旱服务组织的相关规范，丧失相应的优惠待遇。

10. 明确接受公法授益性援助（尤其是资金补贴）的私法主体所应承受的旱灾防治公法义务及其实现机制。相关义务的优质载体应当是授益性援助合同，其实现机制的构建重点则应当置于对义务履行情况和效果的监督以及不履行或者不完全履行义务时的公法责任。在可能的情况下悉数追回所接受的相关利益、追回不能时的赔偿以及暂时或者永久取消再次获取授益的资格等可考虑作为相关责任的承担方式。

11. 在旱灾防治私法主体的总体性权利、义务规范当中彰显权利性内容，最好列举出具体权利类型，例如财产权、经营权、参与相关公法授益时的平等待遇权、救济权等。将干旱缺水地区农民集体的相关工程修建义务可做两种处理：一是明确该义务借由集体意志所激发，并且设置集体意志形成与义务履行集体监督的机制；二是将该义务转性为源于公法授益性援助的附随性公法义务，依据上述的监督和实现机制予以具体实施。确定为紧急抗旱期内干旱发生地单位和个人所设置服从指挥和承担旱灾防治任务等义务的具体边界、激发机制以及因义务履行所生相关费用的求偿权。将为各级人民政府及其有关主管部门在旱情缓解之后设置的帮助受灾群众恢复生产和灾后自救的职责转化为受灾群众恢复生产和自救援助请求权，明确权利的基础性内容和具体的请求对象，资金援助、信息和技术帮扶、物质帮助、税收减免以及就业扶助等应当成为请求权的核心内涵。

第四章
旱灾防治规划法律制度

一、旱灾防治规划的概述

（一）旱灾防治规划的界定

由于降水量分布不均、区域水资源短缺等自然因素，缺少大规模的水源工程、水资源矛盾日益突出、水环境问题突出、水资源利用效率不高等社会因素，旱灾问题长期未能得到有效解决，对此可以采取的诸多对策如水源工程建设的加强、调水工程建设的加快、旱情监测预警系统建设等均离不开旱灾防治规划（计划）制度。此处之规划，是一个宽泛的概念，包含的内容极其广泛，既包含旱灾防治基础设施建设和维护的内容，也包含水量分配和管理的内容，还包括旱灾防治系列公私权行为发动的依据等内容。因此规划涉及不同利益主体的不同利益，并对不同利益具有不同的考量和分析。另外，旱灾防治规划如同其他规划一样，典型表现是对未来情景的预先判定并基于该判定对相关行为进行的提前安排。

旱灾防治规划应该具有七个特点：一是公众参与性。公众参与度越高越有利于规划智力水平的提升，其是规划制订过程中必不可少的环节。二是综合性。即规划包含的相关利益和内容极其广泛，涉及的相关主体较多，因此其制订和实施有赖于各类主体之间的紧密配合，其实效性的最大发挥则必须各类利益得以协调，各项内容得以实现。三是灵活性。规划属于事前行为，要为旱灾防治实践保留一定的灵活性空间。四是复杂性。旱灾防治规划涉及多部门、多学科、多领域工作因而具有复杂性。干旱现象的复杂性，也决定着干旱规划的系统性。五是针对性。即规划针对旱灾防治中的关键性和节点性问题而展开预先设计。六是可操作性。规划的可操作性是规划的生命力所在，规划设置的相关目标和实现目标的措施类型必须要充分因应一国特有的国情、水情和旱情。七是时序性。规划具有阶段性与时效性，应循序渐进地推进。

基于不同的标准可以对旱灾防治规划进行分类。基于旱灾防治规划的适用范围，可以划分为基本防治规划、业务防治规划和地区防治规划。日本既是如此，《日本灾害对策基本法》上所设置的包括旱灾防治规划在内的灾害防治规划即是三大类：一是防灾基本计划，其由中央防灾会议制订。二是防灾业务计划，其由行政机关的首长或指定公共机关制订，针对具体事务或业务。三是地区防灾计划，即特定区域内的防灾计划，主要包括以下内容：对于没有跨地区的防灾计划，由该地区防灾会议，即都道府县、市镇村的防灾会议制订；对于跨地区的防灾计划，则通过所跨地区的协商会制订。即针对跨越两个以上都道府县区域的全部或部分的地区，由都道府县防灾会议的协商会制订的计划；针对跨越两个以上市镇村区域的全部或部分的地区，由市镇村防灾会议的协商会制订的计划。基于旱灾防治所处城乡地域，可将其划分为旱灾防治城市规划与旱灾防治农村规划。就农村规划而言，主要涉及乡村水资源布局与水利基础设施的建设和改善、亲水型生态环境模式的构建、产业结构分析等以及基于该分析的产业结构的调整（从传统农业转向"结合雨水收集、城镇规划、风景园林规划的新农业"）等。①基于规划周期的长

---

① 参见王南、刘滨谊：《基于集水造绿的黄土高原半干旱区乡村规划生长方式探讨》，《华中建筑》2016年第1期。

短，可划分为长期、中期与短期旱灾防治规划。此外，基于辩证关系，可分为环境制约型规划、经济制约型规划、社会制约型规划、经济社会环境协调型规划等。

（二）旱灾防治规划的目标与基本原则

旱灾防治规划的实体性与程序性内容的设计，均是围绕目标而展开且为目标之实现而服务的，因此，科学确定旱灾防治规划的目标具有重要意义。旱灾防治规划基于复合生态系统理论、环境承载力理论以及空间结构理论，应遵循党和国家最新方针政策，遵守法律、法规、规章与规范性法律文件，体现旱灾地区的特定区域情况，协调社会、经济、环境发展与需求。有学者认为，旱灾防治规划旨在阻断不合理的水周期①，规划目标图谱应如下所示：

干旱程度	城乡生活用水	工业生产用水	农业生产用水	生态环境用水	重点部门、单位和企业用水
中等干旱	有保障	有保障	不遭受大的影响	不遭受大的影响	
严重干旱	有保障	损失降到最低	损失降到最低		
特大干旱	用水安全				尽量保证

水利部的2008年12月《抗旱规划技术大纲》对抗旱规划的目标表述是："中等干旱时，城乡生活、工业生产用水有保障，农业生产和生态环境不遭受大的影响；严重干旱时，城乡生活用水有保障，工农业生产损失降到最低程度；特大干旱时，城乡居民生活饮用水有保障，尽量保证重点部门、单位和企业用水。"有学者在此基础上，更进一步提出

---

① 不合理的水周期有以下阶段：意识—关注—恐慌—降雨—冷漠—干旱，之后又回到了意识—关注—恐慌。旱灾防治规划旨在提出互相配合的评估和应急响应程序，以"消除恐慌"。

了具体的规划目标,认为"抗旱规划目标应体现应急抗旱的需求,等级不同则规划目标与重点保障对象不同,应急工程规划应紧紧围绕目标而展开:中等干旱时重点保障主产区灌区的农业关键区、非灌区农业关键期、生态核心区基本用水;严重干旱时重点保障分散用户农村饮用水、重点工业、重点部门、重点行业及灌区关键用水;特大干旱时重点保障城镇与农村居民饮用水、重点工业、部门与行业及农业关键期用水"[①]。这种观点,体现出本书基础理论部分所述的利益优次顺位,因此深值赞同。

为了实现上述目标旱灾防治规划应遵循何种原则?我国学者很少对此展开阐述,仅有的观点整理如下。一种观点认为,极端干旱区规划应遵循以下原则:科学性原则,即体现科学内涵与科学规律(科学抗旱,合理避灾;调整结构;重民生);系统性原则,即综合考虑经济、社会与环境等因素;规划评价原则,即要有法定数据来源,可对其效果进行优劣评价;导向性原则,即能够引导公民与社会组织的行为,集聚社会力量展开旱灾防治工作。一种观点认为,旱灾规划原则分为两个层面,基本原则与具体原则。基本原则是整个旱灾规划均需遵守的原则,而具体原则涉及的范围更广,包括旱灾防治区域节水型生态农业规划应遵循的原则、旱灾防治村镇规划应遵循的原则、旱灾防治城市规划应遵循的原则等。对于节水型农业规划而言,应遵循以农业自然条件为基础的原则,即在规划中应考虑到地表物质组成、小气候状况、地形条件、作物类型等自然条件;与社会经济条件相结合的原则,即考虑到农业发展水平、劳动力条件等因素;行政区域完整性原则,即为管理与操作之便,宜在一定行政区域内统一规划与调配。

有学者认为极端干旱区环境规划编制应遵循:重视持续发展与协调

[①] 参见张润平:《陕西省抗旱应急水源工程规划思路初探》,《陕西水利》2010年第3期。

发展原则；统筹规划原则；点面结合，突出重点原则；实事求是、因地制宜、发挥优势原则；政府主导、社会参与、市场运作原则；科学性、前瞻性与可操作性的有机统一原则。①有学者认为，小城镇的综合防灾减灾规划应遵循：合法性原则（在现有法律法规体系之下，使其具有法定意义，从而可以强制实施）；合理性原则（因地制宜，切实可行）；完整性原则；公众参与原则（使公众参与到规划中，了解规划内容，进而主动实施规划活动，促进规划目标的实现）；系统性原则（注重灾前、灾中、灾后规划的系统性）、动态性原则。②有学者对干旱区城市环境综合整治发展规划展开研究，认为其应遵循以下原则：一是综合控制原则，即综合运用法律、行政、经济等多重手段进行规划控制。二是公众参与原则，即通过公众参与监督抗旱，既要注意公众参与的积极性，也要注意公众参与的代表性，还要注意公众参与的程度与质量。三是可操作性原则，即通过规制影响评价机制来确保规划与抗旱实践的契合性及可操作性。四是循序渐进原则，即常规性与阶段性、整体性与连续性结合，确保规划的可持续性。③

纵观以上诸原则，我们可以总结为以下关键性表述：系统性、可考核性、导向性原则；基本原则与具体原则；整体性保护原则、就地保护和积极恢复相结合原则、硬性与柔性保护相结合原则；保护与建设并举的原则、突出城市特色与发挥资源、生态环境优势的原则因地制宜而分步实施的原则；经济效益、生态效益和社会效益协调统一的原则；重视协调原则；突出重点、由点到面原则；政府主导、社会参与、市场运作原则；科学性原则；经济、环境与社会目标协调统一原则；水资源与周

---

① 参见杜宗明：《极端干旱区县域环境保护规划实证研究》，新疆大学硕士论文，2011年。
② 参见唐兰、鲁长亮：《小城镇的综合防灾减灾规划》，《防灾博览》2009年第4期。
③ 参见吴春梅：《基于公众参与的干旱区城市环境综合整治发展规划研究——以乌鲁木齐市为例》，新疆大学硕士论文，2015年。

边系统相互作用原则、动态与风险性原则、公众接受原则（技术可行、经济合理与公众接受）、滚动发展原则；"生态优先"的原则；合法性原则（在现有法律法规体系之下，使其具有法定意义，从而可以强制实施）、合理性原则（因地制宜，切实可行）、完整性原则、公众参与原则（使公众参与到规划中，了解规划内容，进而主动实施规划活动，促进规划目标的实现）、可行性原则；整体性原则、系统性原则（注重灾前、灾中、灾后规划的系统性）、动态性原则；规划控制原则、可操作性原则。以上原则的表述中存在一些重叠，笔者认为除去重叠部分应该保留一些基本原则，即科学性、可考核性、合法性原则。基于此，结合规划的具体内容构建一些具体原则，而这些基本原则与具体原则是一脉相承的，体现在规划的实体性内容与程序性内容之中。

  旱灾防治规划时应考虑许多因素，尤其要注意不同因素之间的衔接与协调关系。例如，美国干旱地区城市规划更加强调气候、环境与规划的关系，强调规划与建设的效能：基于气候考虑的规划，具体考虑降水的变化与储存、利用昼夜温差、利用太阳辐射（太阳能冷却技术的运用）；基于环境考虑的规划，具体考虑水的利用方式（人工引导径流、储存）、绿色生态环境营造。干旱地区城市特有形式，充足的、荫凉的公共空间、不寻常的农业生产时机、设计和建设存储能量的特殊的装置、使用旱生植物覆盖城市开敞地面、发展循环用水系统以及固体垃圾废水化处理等。基于《日本灾害对策基本法》第三十五条、四十三条与四十四条的规定，在日本的防灾基本计划中，必须考虑如下因素：国土现状及气象概况；防灾上必要的设施及设备的配备概况；从事防灾业务人员的情况；防灾上必要的物资需求情况；防灾上必要的运输或通信情况；以及其他中央防灾会议认为必要的事项。此外，不同的指定行政机关的首长在制订防灾业务计划并实施时，要考虑不同计划之间的相互调整，从而形成有机的整体；该都道府县相互间地区防灾规划不得同防灾业务规划相抵触；该市镇村相互间地区防灾规划不得同防灾业务规划以及该市镇村所属都道府县的都道府县地区防灾规划相抵触。

此外，规划及其实施还应该考虑相关的政策方针、法规、行政体制、资金投入体制等制度性因素。在当下，尤其应当注意协调旱灾防治规划与国民经济社会发展规划，空间规划，城市总体规划，城市饮用水水源地安全保障规划，流域、区域和城市水资源规划，农村饮水安全工程规划，灌区节水改造规划，病险水库除险加固规划以及农业区划等相关规划之间的关系，避免旱灾防范规划与以上其他相关规划之间的重复、遗漏与冲突。

二、抗旱规划的现行制度及其问题

我国旱灾防治规划的法律制度，主要体现在 2009 年《抗旱条例》的第十三、十四、十五条。

第十三条主要规定了抗旱规划的编制主体，即"县级以上地方人民政府水行政主管部门"与"同级有关部门"；基于法条中的"会同"二字可以判断，前者与后者的关系之中，应以前者为主；此外，应当以行政区域的划定来确定编制主体。同时这些法条还规定了起草的抗旱规划的批准程序及抄送要求，即"报本级人民政府批准后实施，并抄送上一级人民政府水行政主管部门"。

第十四条主要规定了编制抗旱规制时应考虑的因素，包括"国民经济和社会发展水平、水资源综合开发利用情况、干旱规律和特点、可供水资源量和抗旱能力以及城乡居民生活用水、工农业生产和生态用水的需求"。该条还原则性地规定了不同级抗旱规划之间，以及同级的抗旱规划与其他规划之间的衔接与协调性要求。第十五条主要规定了抗旱规划应当具备的主要内容，即："抗旱组织体系建设、抗旱应急水源建设、抗旱应急设施建设、抗旱物资储备、抗旱服务组织建设、旱情监测网络建设以及保障措施等"。

纵观以上制度内容的规定，我们不难看出，抗旱规划制度中在实体性内容、程序性内容与价值取向方面均存在问题。就实体性内容而言，现行制度对旱灾防治规划制度实体性内容做了概括性规定，但具体每一部分应包括哪些内容，具体该如何设计，缺乏明确的规定，这会导致规划权滥用和规划涉及范围内相关私权保护不周延等一系列问题，因此需要完善和细化。就程序性内容而言，现行制度欠缺对旱灾防治规划程序性制度的系统规定。就规划的价值取向而言，现行制度并未体现出侧重于向农村地区倾斜的实质公平价值观。

三、抗旱规划现行制度的完善建议

（一）完善抗旱规划的实体性内容

广义上，抗旱规划内容非常庞杂。例如，有学者认为规划内容应包括水利建设规划，节水型农业、节水型经济发展规划，水资优化配置和用水调度规划，旱作农业发展规划，旱情测报和预报信息系统规划等。[①]同时，各类规划涉及的内容也不相同。狭义的抗旱规划内容，基于《抗旱条例》第十五条的规定，应当主要包括抗旱组织体系建设、抗旱应急水源建设、抗旱应急设施建设、抗旱物资储备、抗旱服务组织建设、旱情监测网络建设以及保障措施等。2008年《抗旱规划技术大纲》将抗旱规划的内容设定为：旱灾情况调查评估、抗旱应急（备用）水源工程、旱情监测预警系统、抗旱指挥调度系统、抗旱减灾管理体系、规划实施效益评价和环境影响评价、规划实施保障措施等。

我们采用狭义的立场，认为我国旱灾防治规划实体性内容主要应该从以下方面细化与完善：

---

① 参见郑烨：《旱灾的危害及防治措施》，《河南水利与南水北调》2011年第23期。

1. 抗旱应急（备用）水源工程规划。该工程规划旨在应对中度以上干旱，属于解决受旱地区城乡居民饮水，以及重点工业、农业和生态核心区基本用水而建设的水源工程及配套工程。基于2008年《抗旱规划技术大纲》，其分为城镇、农村抗旱应急水源工程和生态应急补水工程。城镇抗旱应急备用水源工程旨在保障严重干旱期间城镇生活和重要企业用水。农村抗旱应急水源工程又分为农村饮用水抗旱应急水源工程和农业抗旱应急水源工程，前者用于保障严重干旱期农村居民饮用水安全，后者用于保障在干旱期间维持必要的农业生产用水。生态应急补水工程用于保障干旱期间生态核心区基本生态用水，应主要包括已建抗旱水源工程维修改造和配套的自来水管道维修改造工程、水源工程、提水工程、引水工程等。此外，基于经济社会发展水平、水资源（地表水源、地下水源与其他水源）承载能力等的实际情况，可能还要考虑地表水工程、地下水工程以及集雨工程、污水处理再利用工程、微咸水利用、海水利用等工程类规划。

上述各类规划内容首先应保证生活用水的优先地位，同时凸显区域特点。具体而言，生活用水应当优先于工业用水及其他产业用水；区域特点不同，规划重点也应当有所不同。例如，东北地区由于水源相对丰沛，应以流域水资源配置总体格局为提前；黄淮地区由于河湖生态亏缺且地下水超采严重，应加强蓄、引、提、调工程的联合安排；西北地区干旱缺水，应加强水源工程建设并配置机动抗旱设备；长江中下游地区由于水源较丰富，应注意规划抗旱应急水源工程的合理性；西南地区由于季节性缺水问题严重，应加强抗旱应急蓄、引、提水能力建设等的规划。其次还应注意加强与其他规划内容的充分衔接。以陕西为例，应注意抗旱应急（备用）水源工程规划与城市水源地安全保障规划的衔接、农村人饮工程安全规划、大型灌区续建配套与节水改造规划以及病险水库除险加固专项规划的衔接。①

2. 旱情监测预警系统。旱情监测预警系统规划应主要包括三部分内容：一是旱情监测系统（站网布置、信息传输和接收、数据管理等）的建设规划，主要应当关注涉及旱情信息采集站、土壤墒情监测站、水质监测站等基础设施的建设规划；二是旱情分析预测系统的建设和配置规划；三是旱情预警系统的建设和运行规划，尤其要注意预警的前瞻性。由于该系统是主动型防旱抗旱的重要和必备手段，基于其建设和配置现状，今后应着重从以下方面进行细化和完善：旱情监测站网的布设规划，既要避免重复建设规划，也要避免规划"空白"。既要维护已建旱情监测站，也要适度增加新检测站点；不断完善和改进信息采集与传输系统；提出符合地情的旱情分析评估方法，编制旱情预报方案，更好地发挥旱情预警机制的功能和作用。

3. 抗旱指挥调度系统规划。抗旱指挥调度系统包括抗旱会商系统和调度决策系统（应急响应等级分析、实时调度模型、调度方案选取等），其主要功能在于为抗旱工作提供决策支撑，是抗旱减灾工作的决策支撑。基于当前的制度现状和旱情水情，今后在进行抗旱指挥调度系统规划时应注意从以下几方面加以完善：一是以省级指挥调度系统建设为重点，提出抗旱指挥调度系统建设方案；二是对旱情预警应有良好的响应机制；三是完善抗旱会商、指挥决策部分的体制机制建设和功能发挥，并做好对系统内各部分的集成，构建好抗旱指挥调度平台，充分注意中央、省、地（市）三级响应机制的相互衔接和顺畅运行。

4. 抗旱减灾管理体系规划。抗旱减灾管理体系规划主要包括组织机构与政策法规、抗旱投入机制与抗旱物资储备、抗旱服务组织建设、抗旱减灾基础研究和新技术（新工艺、新技术、新设备）的应用、抗旱宣

---

① 参见张润平：《陕西省抗旱应急水源工程规划思路初探》，《陕西水利》2010年第3期。

传培训等内容。基于现状，今后应当着重从法规制度、组织机构、预案体系、财政投入、物资储备、抗旱服务队等不同层面不断健全相关的制度内容和运行程序的合理化，努力做到使相关规划成为体系内各类行为和项目发动的必备前提和基础。

（二）完善抗旱规划的程序性制度内容

如上所述，对于干旱灾害而言，事前预防比事后应对要更为有效和节约成本。而规划程序的设定，则会更好地促进干旱防治规划的制订与实施。但如上所述，我国抗旱规划的程序性制度内容严重缺失。比较而言，国外在旱灾防治规划的程序性制度内容方面可以为我们所借鉴。尤其以巴西与美国为典型。

通过考察巴西旱灾防治规划制订和实施程序可知，其一共需要历经十个步骤：第一步，设立专门工作组以确保不同利益主体的参与及他们之间的充分联系和沟通，专门工作组被称为干旱委员会，成员涵括不同利益群体代表，其功能以促进各类群体之间的利益协调为目的。第二步，明确设定不同层级的干旱政策与规划目标。这些目标是设置后续相关旱灾防治规划措施的前提和指引，所有的措施都应当围绕这些目标的最大化实现而被设计。第三步，预测不同部门以及用户之间在规划过程中可能存在的利益冲突及其矛盾，以及在处理这些利益矛盾中需要采取的措施。这是非常重要的利益协调性内容，也是措施内容当中最为核心的组成部分。第四步，编制目录表，涵盖自然界、生物界、公共机构、人类资源、财政与法律条款。第五步，编制干旱规划。第六步，完善干旱规划，推荐备选方案，并加强相关主体之间的信息沟通。第七步，界定规划执行可能存在的技术与科学问题。第八步，执行干旱规划。第九步，制订教育和培训方案，提高公众意识。第十步，制定干旱评价程序。①

美国的干旱规划在制订和执行的核心程序上与巴西类似②，总体上分为四大部分：第一部分为编制规划做出组织上、人力物力上的支持；第二部分为编制与实施规划；第三部分为公众教育；第四部分为干旱规划的评定方法。具体也分为十个步骤：第一步是建立一个由联邦和州政府代表、大学的代表、甚至于环境公益组织、媒介代表组成的干旱防治的权威组织，负责监督和协调规划编制，审查和推荐对策方案。第二步是由该组织制定干旱政策，制订规划的总目标与每一项专门的目标，在此过程中应考虑政府在减灾中的作用、规划的范围（受灾地区、经济脆弱部门、部门间矛盾）、人力与经济资源量、规划的法律含义、规划评价。第三步是避免和解决环境与各用水经济部门间的矛盾。为此目的的实现，发布信息应该常态、全面与准确，规划过程中应考虑公众意见和环境组织意见，应设立干旱咨询委员会（DAC）作为常设机构来协助水用户之间矛盾的解决。第四步是自然、生物和人类资源的以及资金与法律等方面的考量因素。具体包括确定资源的脆弱性，确定天然资源、生物资源、人类资源、财政制约以及法律约束（尤其是水权的约束）、各州应急权力。第五步是编制干旱规划。在编制的过程中主要由三个独立委员会发挥监测、影响评价和采取对策的作用并相互协作。第六步是论证所需的研究工作和制度的缺陷，以加强完善规划工作。第七步是科学与政策问题的综合，即加强科学与决策团体交流与了解，促进科学与政策的有机结合，以确定方案与可利用资源是否可行。第八步是实施规划（规划过程的极点）。最具特色的内容是在执行规划之前选择最佳时机、合适地区进行干旱模拟实验，并通过媒介把实验信息向公众通报。第九

---

① 参见尚连武：《巴西的干旱规划和管理》，《甘肃气象》1990年4期。
② 参见王维弟、唐纳德·A.威尔海特：《干旱规划——政府制定过程》，《水利规划》1995年第3期。

步是建立多级教育与培训计划。这项计划应该是一项长期的计划，因为防旱教育是一项持久的工作，而理念的养成与观念的改变并非朝夕可以实现。第十步是建立评价干旱规划的程序。由于规划是对旱灾现实的一种事前与事后周而复始的回应，是需要不断更新变化的，因此旱灾防治规划应从经济效益、生态效益和社会效益三方面展开评价，并基于评价结果而调整规划。在制定该程序时应考虑以下因素：新技术、法律行为、行政领导人更换等。这种评价不仅包括干旱后的评价，即灾后恢复等，也包括干旱之前对规划的可能实施效果的评价；不仅包括对抗灾机构的评价，也包括对评估过程的评价；不仅包括政府部门的自我评价，也包括专门机构与第三方的评价。

借鉴以上先进经验，基于我国在旱灾防治规划程序性制度内容方面的严重欠缺，建议从以下方面加以完善：第一步，设立国家旱灾防治委员会，确保其他主体在规划中的充分参与并对其关系加以协调。第二步，设立不同层级的旱灾防治规划目标。目标的设置可以考虑先由中央政府设置全国性目标和具体的约束性内容，然后授权各级地方政府结合中央和上级政府所列相关目标以及本地实际情况设置本级旱灾防治的具体目标，各级目标之间要具有实现与被实现关系，各类目标之间要注意相互协调，涵括范围比较周延。第三步，预测各类公私法主体之间在规划实施过程中围绕有限的水资源可能产生的利益冲突，并提出解决路径，其关键在于相关涉水利益的调整。第四步，列明旱灾防治规划在执行过程当中可能会遭遇到的限制因素，具体应当涵盖自然、生物、公共机构、财政与法律等，并提前设置因相关因素造成规划执行障碍时的解决思路和具体方法，但必须注意要以法治理念为基础。第五步，编制旱灾防治规划，规划内容不但要充分反映现行旱灾防治立法上的具体要求，更要反映前四步的相关成果。第六步，完善旱灾防治规划。这一程序当中，向社会公布并确保和各类主体尤其是利益受到规划影响主体的公众参与权是关键和核心。第七步，规划执行前相关技术和科学问题的识别。这是确保规划实际效果的技术性前提，因此需要相关科技组织和人员的充分参与，并适当保障公众的知情权。第八步，执行旱灾防治规划，相关旱灾防治措施的具体实施和发挥效果是关键，同时也要考虑相关私主体在规划实施造成其权益受损时的异议权和救济途径。第九步，公众旱灾防治知识的教育与意识培养，关键在于有效的宣传，针对学校和媒体宣传义务的具体设定应当是可行的办法。第十步，制订旱灾防治规划实施过程当中以及实施完成后的习惯评价程序。规划所设定目标的实现程度以及相关措施的实际效果应当成为评估的核心基准。法治遵守程度、社会感观等因素也应当被充分考虑。

（三）修正抗旱规划的价值倾向

由于城乡在抗旱中资金、物质等方面实力存在差异，加之乡村在旱灾所受之影响不仅包括生存用水，而且包括赖以生存的粮食成本及产出，因此应该明确旱灾防治规划在资金保障、用地保障以及基础设施等方面应该对乡村有所倾斜。这种理念在前文已有所论述，且在后文旱灾防治保障机制中也有所论述，故此次不再赘述。这种理念应当贯穿到上述旱灾防治规划程序之中的各个阶段，应当深入旱灾防治规划各级各类目标以及相应措施的设计当中，并应当影响旱灾防治规划效果评估基准的塑造。

第五章
旱灾防治信息法律制度

一、旱灾防治信息及其制度

（一）"信息"与"信息管理"

"信息"，在英、法、德和西班牙文中均采用"information"一词，日文中称为"情报"，我国台湾地区谓之"咨讯"。简而言之，信息是指音讯、消息、通信系统传输和处理的对象，也就是人类社会传播的一切内容，其形成包括信息源、内容、载体、传输、接受者，具体有数据、文本、图像和声音四种形态。人们可以通过获得识别自然界和社会的各种信息来区别不同事物。

信息管理是在管理过程中，人们收集、加工和输入、输出信息的总称，包括信息收集、信息传输、信息加工和信息储存等过程。信息收集就是收集、获得原始的数据和信息；信息传输是指信息在时间和空间上的转移；信息加工是将信息的形式和内容予以改变和处理；信息储存是信息以一定的方式予以保存；信息输出就是信息能让外界予以知晓。信息管理的要求是及时和准确，所谓及时就是要及时地发现和收集信息，并能将信息快速予以传递；所谓准确，就是要求原始信息可靠、统一，避免信息虚假和多样。信息管理需要建立原始信息收集制度，要有专门的机构收集原始信息；建立专门的信息渠道制度，明确部门、机构在信息收集、发布方面的职责和义务；建立信息反馈制度，即及时发现计划和决策执行中的问题，并组织进行有效的控制和调节，定期分析数据信息，建立快速而灵敏的信息反馈系统。

（二）旱灾防治信息管理

旱灾防治信息的管理是旱灾防治工作的重要内容，及时准确地掌握这些信息，可为各级政府和有关部门制定旱灾防治对策和措施提供重要的依据。

1. 旱灾防治信息的内容

根据信息的性质和来源，旱灾防治的信息一般包括基础信息、实时旱情信息、抗旱统计信息和旱情综合信息。

基础信息是与旱灾防治有关的基础地理信息、社会经济信息、农业基本信息、灌溉面积信息、农村人口和大牲畜信息、水利工程信息、服务组织信息、缺水城市情况和公用水情况、重点生态干旱脆弱区信息、水量调度方案、抗旱组织机构、法规、应急预案、历史旱灾信息和历史遥感数据等。[①]旱灾防治部门一般收集的基础信息包括：历史灾情，主要包括辖区内历年的农业受旱、人畜饮水困难、城市干旱缺水等情况的统计数据；自然地理信息，包括地形地貌、河流水系、水文气象等；社会经济信息，人口、国内生产总值等社会经济信息；水资源及水利工程建设情况，如水资源状况、抗旱工程情况；农业信息，包括耕地总面积、有效灌溉面积、农作物种植结构及耕种和灌溉制度；供用水信息，如用水定额、供水量、用水量等；管理信息，包括防旱和抗旱组织机构、政策法规、应急预案、服务组织、物资储备等。

---

① 刘树坤：《中国水旱灾害防治：战略、理论与实务》，中国社会出版社2017年版，第383页。

实时旱情信息由气象、水文、墒情等监测站点监测和上报，包括气象、水情、土壤墒情、水质和农情等信息。气象信息主要是降雨、蒸发、历史雨量和气温、气温特征数据及气象预报等数据。地表水和地下水监测信息有重要水库湖泊水源地水位、蓄水量、入库流量和下泄流量，重要河流取水口水位、水量，地下水位、可利用水量，重要水量调度控制性工程和控制断面实时流量数据。土壤墒情信息，即农业区耕地不同深度的墒情数据及相关信息。此外，还有遥感信息、水质信息和农情信息。

旱灾防治统计信息由各级抗旱指挥部办公室统计工作人员按照国家防汛抗旱总指挥办公室发布的《关于印发〈水旱灾害统计报表制度〉的通知》的规定逐级汇总、上报，主要包括农业统计报表、城市缺水报表、人饮困难统计报表等。

旱情综合信息主要是在启动旱灾防治应急响应期间，根据工作要求和旱情发展趋势，以文字材料形式及时上报当前旱情和抗旱工作等情况，如气象和水文情况、当前旱情及形势分析、防旱和抗旱工作措施和成效、下一步工作意见和各项损失等。

2. 旱灾防治信息的报送和发布

在旱情预报和启动抗旱应急响应的期间，旱灾防治的相关机构按照规定向上级机关上报有关旱情信息。在无旱情发生时，相关机构应当将水利工程的利用、维护、新增或扩建等信息向上级报送。旱情信息一般由所在县级以上人民政府水行政主管部门会同同级民政部门审核、发布。为了扩大防旱抗旱宣传教育，增强全社会防旱抗旱减灾的意识，相关机关在公布旱情和旱灾信息时应通过报刊、广播、电视、网络等多种媒体，及时发布旱情及抗旱信息。

（三）旱灾防治信息制度的内容

根据信息管理和旱灾防治信息管理的基础理论，旱灾防治制度应当包括：第一，旱灾防治信息的采集和监测制度，主要是采集与防旱和抗旱相关的基础性信息以及监测实时的旱情信息。第二，旱灾防治信息的报送和评估制度，即有关旱情信息的自下而上和从上向下地传送以及有关机构和专家对旱情信息的分析评估。第三，旱灾防治信息的共享和公开制度，是指旱灾防治的相关部门能够共享有关旱情信息，经过有关机构认定的旱灾防治的信息向社会公众的告知制度。第四，灾后信息的统计制度，主要是统计旱灾过后的受损、所采取措施的效果等情况。

旱灾防治信息制度构建和完善时应当做到四点：第一，主体明确，即无论是信息制度中的哪个机制，都必须是权利、义务的主体清楚、职责明晰。第二，客体明确，即旱灾防治相关的信息必须全面、具体、真实、及时。第三，内容明确，即旱灾防治信息制度的权利和义务必须具体。第四，责任明确，违反旱灾防治信息制度应当承担的法律后果必须清楚，便于追究相应的法律责任。

（四）我国旱灾防治信息的相关立法

与旱灾防治信息制度相关的立法主要有，2016年的《中华人民共和国水法》（以下简称《水法》）、2007年的《中华人民共和国水文条例》（2017年第三次修改）（以下简称《水文条例》）、2009年的《中华人民共和国抗旱条例》（以下简称《抗旱条例》）、2007年的《中华人民共和国信息公开条例》（2019年修订）（以下简称《信息公开条例》），以及地方性抗旱立法，如《安徽省抗旱条例》《湖北省抗旱条例》《江西省抗旱条例》《宁夏回族自治区防旱抗汛条例》《山西省抗旱条例》《天津市防洪抗旱条例》《云南省抗旱条例》《浙江省防汛、防台、抗旱条例》

《重庆市防汛抗旱条例》等，此外一些地方政府还通过了实施《抗旱条例》的细则。[①]

《抗旱条例》是根据《水法》制定的，目的是预防和减轻干旱灾害及其造成的损失，保障生活用水和协调生产、生态用水，从而促进经济社会的可持续发展，其中有12条规定与旱灾防治的信息相关[②]，该条例是旱灾防治信息制度最重要的法规。《水法》第十六条规定了水资源的调查、水文和水资源监测、水文资料公开制度。《信息公开条例》是为了保障公民、法人和其他组织依法获取政府信息，提高政府的工作透明度，促进依法行政而制定的信息公开制度。《水文条例》详细规定了水文的监测和预报、水文资料的汇交保管和使用与相应的法律责任制度。

二、旱灾防治信息的采集和监测制度

干旱是全球范围内影响广泛的自然灾害，成因包括气象、水文、地理条件等多种复杂的因素。旱灾主要是源于自然降水持续偏少导致河流和湖泊的水位过于偏低，水体面积减少，农作物缺水而绝收，森林火灾风险增大，直接影响到工农业生产和居民日常生活。所以，如果早期能预见干旱何时开始，并积极采取相应的措施，将大大减少干旱对生产和生活的影响。分析、预测旱情必须具有准确的干旱监测信息。

（一）旱灾防治信息采集和监测现状

第一，监测站的网络化建设不足。目前的水情、雨情、地下水、水质等基础水文监测站主要是由水利部门组织建设的，直接为抗旱监测的

[①]《河南省实施〈抗旱条例〉细则》《陕西省实施〈抗旱条例〉细则》《四川省〈抗旱条例〉实施办法》等。
[②]《抗旱条例》的第二十一、二十二、二十三、二十四、二十五、二十六、二十七、二十八、三十四、四十二、五十五和五十八条。

旱情站点很少，且布局不合理，没有形成一个覆盖全国的旱情信息采集网络。气象部门的土壤水分监测站主要在城市，数量也少。农业部门的墒情监测站密度低，缺乏相关旱情信息监测的配套设施。因此，水利、气象和农业部门建立的既有的旱情监测站点并不能满足旱灾防治工作的需要。

第二，采集和监测的信息量不足。影响旱情的因素很多，所以评估旱情除了各监测站点直接监测的数据信息外，还需要社会、人口、地理等信息。旱情监测的效果有4个主要约束因素：旱情数据收集的频率、空间分辨率、采用单一指示因子或指数代表干旱条件以及干旱影响的多样性和复杂性、可靠的干旱预测工具。我国水文站和其他旱情监测站在监测频率、信息内容和监测工具方面都不能适应旱灾防治工作的信息需要。

（二）旱灾防治信息采集和监测的立法现状

1. 旱灾防治信息采集和监测的立法

根据我国现行法律法规的规定，旱灾防治信息采集和监测的主体主要是县级以上人民政府和防旱抗旱机构、水行政主管部门等。根据《水法》第十六条的规定，县级以上人民政府水行政主管部门和同级有关部门调查本区域水资源情况，县级以上人民政府负责水文和水资源信息系统的建设工作，水行政部门和流域管理机构负责水资源动态监测。根据《水文条例》第二十条的规定，水文机构应当加强水资源的动态监测工作，发现被监测水体的水量情况发生变化可能危及用水安全的，应当加强跟踪监测和调查，及时将监测、调查情况和处理建议报所在地人民政府及其水行政主管部门。《抗旱条例》规定县级水行政主管部门和有关部门负责提供水情、雨情和墒情；各级气象主管机构负责气象监测；农业主管部门负责农业旱情信息；供水部门负责供水和用水信息；县级以上人民政府应当完善旱情监测网络，县级以上人民政府防旱抗旱指挥机构应当组织完善抗旱信息系统。

从我国现行的立法来看，旱灾防治信息采集和监测的对象主要是水文信息、气象信息和墒情信息等。如《水法》规定的"水文资料"，《水文条例》规定的"水文监测资料"，《抗旱条例》规定的"水情、雨情和墒情信息""气象信息""农业旱情信息""供水、用水信息"以及"干旱灾害影响、损失情况、抗旱工作效果"等。同时，国家层面的立法对旱灾防治信息的规定较粗、较少。

2. 旱灾防治信息采集和监测的地方立法

我国许多省、自治区和直辖市结合《抗旱条例》制定了地方性的实施细则或条例，其中个别条款涉及旱灾防治信息的采集和监测。如《陕西省实施〈抗旱条例〉细则》要求"各级人民政府"加强旱情监测站点建设，配置旱情监测设施和完善监测网络系统，同时要求县级以上水利、农业、气象等部门提供水情、雨情、墒情、农情和供水等信息。《湖北省抗旱条例》规定乡镇政府、街道办事处负责本行政区域内干旱预防和抗旱减灾的组织协调工作，明确相应机构或人员，承担旱情收集、监测等工作；县级以上水行政主管部门和其他有关部门负责提供水情、雨情、墒情、农情和供水用水等信息；县级以上气象主管机构、水文机构应掌握降雨、墒情实况，分别预测降雨趋势和河流、湖泊、水库水情趋势，地勘机构应对易旱区地下水源进行普查。《广西壮族自治区抗旱条例》规定县级以上防汛抗旱机构成员单位提供天气、雨情、水情、水质、墒情、农情和供水用水等信息；抗旱预案启动后，气象、水文、水利、环境保护、农业、卫生计生、民政等相关部门应当加强对天气、水量、水质、墒情、农情、灾情的监测和分析，提高预测、预报频率，为抗旱减灾提供科学依据。《河北抗旱规定》要求县级以上政府防汛抗旱指挥机构应当完善旱情监测网络和抗旱信息系统，加强干旱灾害监测；县级以上的水利、气象、国土资源、农业等有关部门应提供水情、雨情、墒情、农情和供水用水等信息。《宁夏回族自治区抗旱防汛条例》规定县级以上人民政府抗旱防汛指挥机构应当建立健全抗旱防汛监测预警体系；气象、水文、国土资源、农牧、住房和城乡建设、民政等部门应当向本级抗旱防汛指挥机构报送气象、水情、墒情、供用水、灾害等抗旱防汛信息和资料。《重庆市防汛抗旱条例》要求乡镇人民政府、街道办事处在上级人民政府防汛抗旱指挥机构领导下统计、核实、上报灾情；村（居）民委员会应当开展防汛抗旱知识宣传，传达转移、避灾等信息，协助统计灾情等；市、区县（自治县）人民政府防汛抗旱指挥机构应当加强雨情、水情、墒情、农情等防汛抗旱信息的收集、分析；区县（自治县）人民政府所在城镇、其他防汛抗旱重点城镇和流域面积200平方千米以上的河流，应当规划建设雨情、水情和墒情监测站网。

（三）旱灾防治信息采集和监测的立法问题评析

从我国旱灾防治信息采集和监测的现实和立法来看，我国相关的法律规定存在如下问题：

第一，旱灾防治信息采集和监测的主体存在缺陷。首先，信息采集和监测的主体范围太小。现行立法中规定的主体主要是县级以上人民政府及其水利、气象、农业部门、水文监测站，但存在的问题是，抗旱信息主要涉及县级以上政府、水利、农业和气象部门，还与国土、供水、民政、住房和城乡建设等部门相关，如果仅仅将旱灾防治信息采集和监测主体明确为政府、水利、农业、气象和水文监测部门，明显导致其他信息缺乏责任主体。其次，信息采集和监测的主体级别限定在"县级以上人民政府"，但实际上真正了解旱情，能体会到干旱影响的却是农村基层政府，但现行立法没有明确乡镇人民政府、街道办事处和村集体在旱情信息采集方面的职责。

第二，采集和监测的信息范围较窄。相关立法中规定的旱情信息主要是水情、雨情、墒情、气象信息、农业旱情、供水和用水信息、干旱灾害影响、损失情况和抗旱工作效果等。但是，旱灾防治需要的信息范围是十分广泛的，具体应当包括：自然地理情况，自然地理位置、地形地貌、国土面积、主要河流和湖泊、气温、降水量、蒸发量、径流量等；经济社会发展情况，行政区域、人口、国内生产总值；耕地面积、播种面积、有效灌溉面积、种植结构、粮食产量等；水资源开发利用概况，水资源总量、开发利用现状和相关情况等；旱灾概况；本地旱灾简况、旱灾发展规律和趋势，旱灾对城乡人民生活、工农业生产、生态与环境以及经济社会发展的影响，典型干旱年旱灾简况，包括旱灾发生的主要成因、影响情况和主要抗旱减灾措施评价，抗旱能力，本地区主要抗旱工程和非工程体系现状情况，城市主要供水水源及工程现状，大江大河主要取水口和供水能力，等等。

第三，相关的法律责任不完善。虽然《抗旱条例》规定了"滥用职权、徇私舞弊、玩忽职守的其他行为"直接责任人应承担的法律责任，但是该规定太原则，在具体适用时需要严格地推理和论证。由于立法没有规定政府有些部门在旱灾防治信息采集和监测中的职责，所以存在无法适用该规定追究相关部门直接责任人法律责任的问题。相关立法要求"县级以上人民政府"应当完善旱情监测网络，但是监测网络是否完善，缺乏相应的指标要求和法律责任规定，导致这种规定形同虚设。

第四，个别地方立法虽有创新，但大部分仍有不足。《防旱条例》通过后，许多省、自治区、直辖市依据《水法》《抗旱条例》等法律法规制定了本地的抗旱条例或实施办法，河北、重庆等地方立法中增加了旱灾防治信息采集和监测的主体和相应的信息内容，具有一定的先进性，但是大多数地方立法仅仅是对《抗旱条例》相关规定的翻版，在信息监测的主体、内容和法律责任方面没有任何的具体化或者创新性规定，无法满足旱灾防治工作的信息需求。

三、旱灾防治信息的报送和评估制度

旱情报送是指旱情监测部门和其他获知旱情信息的单位和个人将相关信息报告给旱灾防治指挥机构。旱情评估是指根据获取的旱情信息，依据一定的程序，按照相应的标准，对区域受旱状况的评估，包括农业旱情评估、牧业旱情评估、城市旱情评估、区域综合旱情评估等。农业旱情，即农作物的受旱情况，是指土壤水分供给不能满足农作物发芽或正常生长要求，导致作物生长受到抑制甚至干枯的现象；牧业旱情，即牧草受旱情况，是指土壤水分供给不能满足牧草返青或正常生长要求，导致牧草生长受到抑制甚至干枯的现象；城市旱情，是指因干旱导致城市供水不足，导致城市居民和工商企业供水短缺的情况；区域综合旱情，是指某一区域内农业、牧业受旱和城乡居民因旱饮水困难的综合情况。①干旱的发展是一个逐渐的、连续的过程，而且促使旱情形成和发展的原因很多，从不同角度评估旱情，结果可能不同。评估的目的是为旱灾防治决策提供科学依据，进而优化资源配置，尽可能预防和减少干旱对社会、经济发展带来影响。所以，旱灾防治信息的报送和评估对及时了解旱情、掌握区域干旱发展形势，科学制订防旱抗灾计划，尽可能减轻旱灾损失和影响具有重要的决策参考价值。旱情信息报送和评估有助于提高旱灾预警水平，有助于保障城乡供水安全、粮食安全等。

---

① 刘树坤主编：《中国水旱灾害防治：战略、理论与实务》，中国社会出版社2017年版，第488页。

（一）旱灾防治信息报送和评估机制的国内外现状

国际上，美国、英国、印度等国家都十分重视干旱信息的评估。美国从 1999 年开始由国家干旱减灾中心、农业部、商务部和内务部，利用气象、水文、土壤墒情、遥感等多源信息进行旱情监测评估，并每周将结果向社会公众发布。美国旱情监测评估机制当中还建立了专家验证反馈机制，即根据全国各地专家志愿者的反馈意见进行修改后得到最终结果，使得干旱监测评估更准确、更客观。美国旱情信息评估结果可以作为旱情发生和评判的主要依据，可以指导农业和畜牧业制订救灾和补贴方案，还可以为供水、农场主决策和农产品价格等提供服务。英国 2012 年后大力开展干旱检测评估信息化建设，2015 年建立了干旱监测网络系统，但是该系统目前还不能做到实时监测。印度较早即启动了干旱灾害预警系统建设，其空间部和农业部在 1989 年联合完成了"国家农业旱情评估和管理系统"，该系统利用农作物信息、水库水位和地下水信息，结合遥感监测，进行干旱监测预警，并提供用水评估。系统提供的服务包括邦和县的农作物状况的影像和地图、与干旱相关的参数（如降水量与受影响区域）、农业干旱评估地图和报告等。[①]

我国旱灾防治监测评估信息化建设较晚，但是国家防总、水利、气象、农业等部门积极开展相关研究和工作，不断提高我国的旱情监测和评估水平，提高了预防和抗旱的能力。具体而言：(1) 国家防总、水利部共同建设了国家防汛抗旱指挥系统，加强了抗旱信息系统建设，实现了对农业、城市、因旱饮水困难和区域的综合旱情评估。(2) 气象部门开发了"全国旱涝气候监测、预警系统"，国家气候中心联合国家气象卫星中心及中国气象科学研究院等单位进行每周一次的联合干旱会商

---

① 参见苏志诚、孙洪泉：《国内外干旱监测评估信息化建设现状分析及建议》，《中国防汛抗旱》2017 年第 3 期。

会,参考土壤墒情和遥感干旱监测结果,发布干旱监测和预警公报。(3)农业部门根据气象部门发布的旱情监测信息,进行农业旱情监测。(4)遥感部门运用遥感干旱监测系统,不定期向有关部门发送旱情监测图表报告。

虽然我国旱灾防治信息报送和评估取得了不少成绩,但仍存在一些不足:第一,缺乏系统的旱灾防治信息评估系统。我国现有的众多抗旱信息系统基本的功能是基础信息查询和日常工作管理,不提供干旱评估功能,无法发挥为抗旱决策服务的功能。第二,缺乏准确、客观的综合旱情评估技术。目前的旱情评估主要是利用气象、水文、墒情等信息进行旱情判断,并没有形成一套成熟的评估机制。第三,旱灾防治信息共享机制有待加强,旱情信息数据共享严重不足,影响了旱情的评估,制约了旱灾防治信息化的可持续发展。

(二)旱灾防治信息报送和评估的立法现状

我国有关旱灾防治信息报送和评估的规定主要体现在《抗旱条例》中。根据条例,县级以上水行政主管部门和其他有关部门应及时向防汛抗旱指挥机构提供水情、雨情和墒情信息,具体由气象部门气象干旱及其他与抗旱有关的气象信息,农业主管部门提供农业旱情信息,供水部门提供供水、用水信息。条例同时要求县级以上防汛抗旱指挥机构实现成员单位之间的信息共享;发生轻度干旱和中度干旱时将采取的涉及其他行政区域的措施报共同的上一级人民政府防汛抗旱指挥机构或者流域防汛抗旱指挥机构批准,涉及其他有关部门的,应当提前通知有关部门;旱情解除后及时拆除临时取水和截水设施,并及时通报有关部门;旱情缓解后应当及时组织有关部门分析和评估干旱灾害影响、损失情况以及抗旱工作效果,有关部门和单位应当予以配合,主动向本级人民政府防汛抗旱指挥机构报告相关情况,不得虚报、瞒报。此外,条例还规定虚报、瞒报旱情、灾情的应承担的行政责任和刑事责任。《水文条例》规定，错报水文监测信息造成严重经济损失的，汛期漏报、迟报水文监测信息的，擅自发布水文情报预报的，丢失、毁坏、伪造水文监测资料的，对直接负责的主管人员和其他直接责任人员依法给予处分；构成犯罪的，依法追究刑事责任。

为了增强旱情评估的标准性，水利部、气象局等部门还制定、发布了相关的国家标准。2006年国家气象局制定了《气象干旱等级》，这是我国首次发布的用于监测气象干旱的国家标准，结束了我国之前气象干旱检测和评估方法多样，各地和各部门不统一的情况，标志着我国气象干旱监测和评估有了统一的标准。2008年水利部发布了《旱情等级标准》，制定了农业旱情、牧业旱情、城市旱情的评估指标和等级划分标准，区域农业旱情、区域牧业旱情、区域因旱饮水困难、农牧业综合旱情、区域综合旱情的评估指标和等级划分标准，干旱过程及旱情频率的确定标准等。2014年水利部公布了《干旱灾害等级标准》，这是第一部专门的旱灾害评估和等级划分技术标准，为干旱灾害评估提供了明确的方法和依据。[①]该标准主要明确了干旱灾害等级，规定了农业干旱灾害评估指标、牧业干旱灾害评估指标、城市干旱灾害评估指标以及因旱饮水困难评估指标等，确定了各种干旱灾害等级划分标准。

我国大多数地方立法在旱灾防治信息报送和评估方面的制度与《抗旱条例》的规定基本类似，但有少数地方也有制度创新之处。如《重庆市防汛抗旱条例》第二十一条要求市、区县（自治县）人民政府防汛抗旱指挥机构定期进行防汛抗旱会商，并对洪旱灾害和发展趋势进行评估、分析和预测。《广西壮族自治区抗旱条例》第十五条、《宁夏回族自治区抗旱防汛条例》第十七条均要求县级以上人民政府防汛抗旱指挥机

---

① 成福云、吴玉成、刘洪岫：《〈干旱灾害等级标准〉解读》，《中国防汛抗旱》2014年第2期。

构组织有关部门开展旱情、灾情会商，对旱情、灾情发展趋势做出预测和评估，为抗旱指挥决策提供依据。《河北省抗旱规定》规定了虚报、瞒报旱情、灾情、拒不提供抗旱相关信息、不按规定配合旱灾评估工作和滥用职权、徇私舞弊、玩忽职守等行为应当承担行政责任和刑事责任。《天津市防洪抗旱条例》第三十一条要求市和区、县防汛抗旱指挥机构在旱情发生时组织有关部门确定干旱等级；第二十九条规定旱情缓解后，县级以上人民政府防汛抗旱指挥机构应当及时组织有关部门，或者委托具有灾害评估专业资质的单位分析和评估干旱灾害影响、损失情况以及抗旱工作效果。

（三）旱灾防治信息报送和评估的立法评析

从我国旱灾防治信息报送和评估的现状和立法来看，虽然《抗旱条例》《水文条例》和地方性立法对旱灾防治信息报送和评估有所规定，但还存在如下问题：

第一，缺乏明确的旱情评估部门。从国家层面的立法来看，仅仅规定了水利、农业、气象、供水等部门向县级以上防汛抗旱指挥机构提供相关旱情信息，但是没有规定旱灾防治信息的评估机构。在地方立法中，仅有重庆、宁夏等少数地方规定由防汛抗旱指挥机构组织有关机构进行旱情评估，大多数地方立法没有明确规定。由于缺乏统一的旱情信息评估机构，将导致各机构之间关于旱情的评估结果不一致，从而影响干旱应急措施的采取方式和效果。

第二，欠缺准确、客观评估旱情的综合旱情评估技术性规定。[①]目前，国家气象部门发布干旱监测图主要是基于降水和湿度等气象信息进行评估，土壤墒情、遥感监测结果仅仅是会商时的参考数据。农业部门

---

① 苏志诚、孙洪泉：《国内外干旱监测评估信息化建设现状分析及建议》，《中国防汛抗旱》2017年第3期。

依托中国气象局发布旱情监测信息，遥感部门发送旱情监测图报告。此外，辽宁、陕西、云南、广东、宁夏等地也积极开展自身的旱情评估信息化建设。总体而言，目前的干旱旱情评估主要是利用气象、水文、墒情、遥感等信息进行的研判，并没有形成一种评估旱情的综合旱情评估技术性规定，仅列明了水情、雨情、墒情、农情、供水和用水信息。在缺乏综合旱情评估技术、方法和手段性规定的情况下，难以对旱情发展趋势进行科学的分析和评估，不能很好地指导抗旱活动。

第三，有关旱灾防治信息报送和评估的法律责任不完善。《抗旱条例》仅仅规定"虚报、瞒报"旱情和灾情应当承担相应的法律责任，并没有规定"拒不提供抗旱相关信息""迟延提供抗旱信息""提供信息不全面"等情况下的法律责任，也没有规定"不配合防旱抗旱信息评估工作""信息评估工作中严重失职"等行为的法律责任。虽然河北等少数地方的立法比《抗旱条例》规定的法律责任较为完善，但是大多数地方性立法都在重复《抗旱条例》的原则性规定，同时也就承继了该条例的不完善性缺陷，这样会导致相关部门负责人在防旱抗旱信息报送和评估中的责任心不足，最终影响旱灾的评估实效。

四、旱灾防治信息统计制度

旱灾防治信息统计即旱情统计，是为了及时、准确、全面地了解旱情和灾害情况，科学评估旱灾，根据国家批准，按照统一制定的统计表式、填报范围、实施办法，以及统计标准、统计指标解释、计算方法，并有原始记录做依据，搜集整理汇总统计资料的系列行为。旱情统计为旱灾防治决策提供依据，对于防旱抗旱措施的采取和应对效果具有重要意义。

（一）旱灾防治信息统计制度概述

1.《统计法》及其《实施条例》

旱情统计是国家统计制度的一种，其实施必须遵守我国关于统计工作的相关立法。《统计法》的适用范围是各级人民政府、县级以上人民政府的统计机构和有关部门组织实施、开展的统计活动。国务院1987年公布并于2017年修订了《统计法实施细则》，细则是在总结相关立法实践经验的基础上，从源头着手规范统计调查活动，构建依法统计工作的制度保障。

2.旱情统计的专门规定

旱情信息是防旱决策的重要依据，是否及时、准确，直接关系到防旱决策的准确性和有效性，所以《抗旱条例》第四十八条规定了旱情的统计制度、第五十五条规定了旱情的评估和核实制度。根据条例的规定，县级以上政府防汛抗旱指挥机构一方面要组织有关部门按照干旱灾害统计报表的要求，及时核实和统计所管辖范围内的旱情、干旱灾害和抗旱情况等信息，报上一级人民政府防汛抗旱指挥机构和本级人民政府；另一方面，在旱情缓解后，要及时组织有关部门分析和评估干旱灾害影响、损失情况以及抗旱工作效果。在国家防汛抗旱总指挥的高度重视下，1999年国家防汛抗旱总指挥部和国家统计局联合下发了《关于印发水旱灾害统计报表制度的通知》，同时发布了《水旱灾害统计报表制度》（以下简称《制度》），并以统计数据作为旱灾防治决策的主要依据。为适应新时期旱灾防治工作的需要，在2004年和2009年由相关部门对《制度》进行了完善和修改。现行的《制度》明确规定了旱灾统计的具体内容，严格细化了灾情的报送制度，同时开发了全国抗旱统计软件，使统计工作规范化、制度化和信息化。2008年民政部发布的《自然灾害情况统计制度》中规定的自然灾害也包括旱灾,因此相关制度内容也适用于旱灾信息的统计工作。

(二)旱灾防治信息统计的实施性规定

1.《水旱灾害统计报表制度》中的实施性规定

第一,旱情统计的范围和内容。旱情统计的范围包括因降水少、水资源短缺,对城乡居民生活、工农业生产造成直接影响的旱情,以及旱情发生后给工农业生产造成旱灾损失。具体统计的内容包括:旱情发生的时间、地点、受旱面积、受旱程度,对城乡居民生活、工农业生产造成的影响,以及抗旱情况、抗旱效益等。统计报表的内容基本涵盖了旱灾统计所需掌握的基本情况,如农田作物的种植面积、作物的具体受旱面积(其中轻旱、重旱、干枯分别是多少)、旱地缺墒面积、因旱饮水困难人数、各水利工程蓄水情况、机电井出水不足个数等数据。

第二,旱情统计的报表。统计报表制度是统计工作的重要内容,包括报表目录、表式和填表说明。报表目录明确各种报表的填报单位(报送单位)、调查对象、报送时间和报送方式程序等要求事项。表式是指统计表的具体格式,表内要求填报的指标项目以及表外填报的各项补充资料。填报说明即编制每种报表的填报说明是指明表式中各种问题的理解和填写方法以及有关注意事项。填表说明应包括填报范围(或汇总范围)、统计目录、指标解释、统计分组(类)或有关的划分标准及代码等问题。旱情统计报表有《农业旱情动态统计表》《农业抗旱情况统计表》《农业旱灾急抗旱效益统计表》《城市缺水及水源情况统计表》《城市干旱缺水及抗旱情况统计表》《干旱缺水城市基本情况及用水情况统计表》《干旱缺水城市供水水源基本情况统计表》等六种表格。

第三,旱情统计的组织方式。旱情统计报表制度由国家防汛抗旱总指挥部制定,报表由国家统计局审核同意后,国家防汛抗旱总指挥部办公室具体组织实施,逐级落实到各级防汛抗旱指挥部。各级防汛抗旱指挥部要协调好各成员单位的工作,各单位要做好本部门、本行业的旱情统计工作,并将统计数据及时报送同级防汛抗旱指挥部。各省级防汛抗旱指挥部必须认真实施报表制度,按规定向国家防汛抗旱总指挥部办公室和所属流域防汛抗旱指挥部报送统计表。各级流域防汛抗旱指挥部必须认真执行报表制度,按规定向国家防汛抗旱总指挥部办公室报送统计表。

第四,旱情统计的报送。旱情统计的不同报表在不同时期实行不同的报送要求,如《农业旱情动态统计表》和《农业抗旱情况统计表》,在出现旱情到启动Ⅳ级抗旱应急响应期间,每周三上报一次;在启动Ⅲ级和Ⅱ级抗旱应急响应期间,每周一和周四各上报一次;在启动Ⅰ级抗旱应急响应期间,每日上报一次。《农业抗旱情况统计表》(年报)、《农业旱灾及抗旱效益统计表》(年报)、《城市干旱缺水及抗旱情况统计表》(年报)在每年12月底以前上报。《城市干旱缺水及水源情况统计表》是建制城市出现供水短缺时开始填报,在供水短缺持续期间实行月报,即每月第一个工作日上报。《干旱缺水城市基本情况及用水情况统计表》《干旱缺水城市供水水源基本情况统计表》每年根据情况数据更新一次。旱情严重时,除正常填报旱情统计报表外,还需报送旱情和抗旱行动方面的书面材料和图片等。受旱地区出现较大范围降水过程,旱情出现明显变化时,要及时上报降水对旱情的影响情况。如果林业、牧业、水产养殖、水运交通、水力发电、乡镇企业等方面因旱情造成损失,应在抗旱工作阶段总结、年终总结中加以反映。

第五,灾情核实。旱灾结束后,防汛抗旱指挥部按照灾情大小,分级派出灾情核实工作组。对于重特大灾害,省级防汛抗旱指挥部办公室要组织核灾工作组赴灾区核实灾情。重特大灾害结束后或每月月底及每年年底,各级防汛抗旱部门应与民政、农业、海洋渔业等相关部门核实灾情并上报。

2.《自然灾害情况统计制度》的实施性规定

第一，有关自然灾害统计的目、范围和内容。自然灾害情况统计的目的是及时、准确、客观、全面地反映自然灾害情况和救灾工作情况。自然灾害的范围包括干旱、洪涝灾害等。自然灾害统计的内容包括灾害发生的具体时间、类型、受灾的范围、灾害所造成的损失以及救灾工作的实施情况等。

第二，统计工作的组织。自然灾害情况的统计工作具体是由各级人民政府的民政部门进行组织、协调和管理，并接受同级政府统计机构的业务指导。民政部负责全国自然灾害情况的汇总、发布等管理工作。地方民政部门开展自然灾害情况统计报送工作，按照《统计法》及本制度的规定提供统计资料，不得虚报、瞒报、漏报、迟报，不得伪造和篡改，应当严格执行本制度中有关的自然灾害统计报表格式、指标设置、统计口径等规定，并且使用国家自然灾害灾情管理系统报送灾情。乡镇（街道）为统计单位，县级以上地方人民政府民政部门为上报单位。

第三，旱灾情况报告。主要反映旱灾灾情的发生、发展情况。旱情初期，群众生活受到一定影响时，县级人民政府民政部门向地（市）级人民政府民政部门进行初报（含乡镇数据），地（市）级、省级人民政府民政部门逐级将汇总数据（含分县数据）上报至民政部。在旱灾灾情发展过程中，地方各级人民政府民政部门每 10 日续报一次，灾害过程结束后及时予以核报。填报的表式是《自然灾害情况统计快报表》《救灾工作情况统计快报表》，同时上报反映相关灾情和救灾工作的文字说明。对于启动国家或地方应急响应的，须附反映受旱情况和旱灾救助工作的照片。

（三）旱灾防治信息统计制度存在的问题

1. 旱情统计的实施主体制度不完善

按照《抗旱条例》和《水旱灾害统计报表制度》的规定，由县级以上政府防汛抗旱指挥部协调成员单位完成统计工作，这样将可能存在如下问题：第一，各级防汛抗旱指挥部成员单位主要是本级政府的部门，由于旱灾防治信息关系到防旱设施建设和运行情况、旱情救灾补助领取等方面内容，导致利益多元，并且我国统计表的调查制度不完善，所以旱灾防治相关数据统计过程中很容易受到地方政府的干预。第二，缺乏明确的数据统计单位。数据来自基层，旱情状况只有农村和城市的基层最清楚，所以有些旱情数据必须由村集体、乡镇或街道办事处具体统计，但《抗旱条例》并没有相关规定。第三，旱情核实不能发挥监督作用。旱情由防汛抗旱指挥部门上报，然后又由其进行核实，导致信息上报和核实主体混同，无法发挥应有的监督作用。

2. 旱情统计数据的衔接性规定缺乏

旱情统计涉及水利、农业、气象、民政等部门，工作十分繁杂，因此就要求各级防汛抗旱指挥部门必须协调好各成员单位的职责，做到分工明确、职责明确，各单位之间能相互配合和衔接。特别是我国当前存在水旱灾害统计报表和自然灾害情况统计制度情况下，避免防汛抗旱指挥机构和民政部门在旱情统计方面存在漏报、重复统计和数据矛盾的问题就显得十分必要。但现行制度尚缺乏各类配合和衔接性保障措施的规定。

3. 旱情统计的评估、调查制度不完善

由于统计人员的技术水平、统计数据的逐层上报、地方政府的干预、多个部门的分别统计等原因，往往会导致统计数据失真，因此需要

构建相应的旱情统计调查或评估制度，以甄别不实信息。但是现行的制度当中并没有表现为旱情数据统计抽样调查、重点或典型调查等制度类型。再加上现代化通信工具、卫星监控、遥感技术等技术手段运用得尚不充分，导致不能有效监督和查实统计数据的真实准确性，也就无法实现旱情同级信息反馈的时效性。

五、旱灾防治信息的共享和公开制度

掌握及时、准确的信息是旱灾防治决策的基础和前提，也是民众知晓和应对旱情的基础和动力。政府进行旱灾防治决策时，决策的科学性有赖于防旱抗旱信息的全面性和真实性，所以，分散于各个部门之间的旱灾防治信息应当实现共享。现代社会，信息已成为个人活动的基础，每个人需要大量信息来做出行为抉择，信息是个人生存和发展的重要因素。旱灾防治信息事关每个人的生活和生产，对每个人的利益具有重要影响，因此政府拥有和保存的大量旱灾防治信息应当适当地予以公开，以切实有效地促进公众对旱灾防治信息知情权的实现。

（一）旱灾防治信息共享、公开的立法

1.《信息公开条例》的规定

《信息公开条例》是国务院发布的，旨在保障公民、法人和其他组织依法知晓政府信息，提高政府工作的透明度，促进依法行政，并且充分发挥政府信息对居民生活、生产和经济发展的服务作用制定的信息公开方面的比较完善的法规。条例明确了政府信息公开的主体、公众获取政府信息的方式和内容、政府信息公开的方式以及相应的法律责任。旱灾防治相关私法主体完全可以依据条例的相关规定主张依法应当公开的旱灾防治信息向自己或社会公开。

2.《抗旱条例》的规定

《抗旱条例》中与旱灾防治信息共享和公开相关的规定主要有：第一，信息共享制度。条例要求县级以上人民政府防汛抗旱指挥机构组织完善抗旱信息系统，实现成员单位之间的信息共享。第二，信息统一发布制度。旱情由县级以上人民政府防汛抗旱指挥机构统一审核和发布；旱灾由县级以上人民政府水行政主管部门会同民政部门审核和发布；农业灾情由县级以上农业主管部门发布；与抗旱有关的气象信息由气象主管机构发布；报刊、广播、电视和互联网等媒体，应当及时刊播抗旱信息并标明发布机构名称和发布时间。第三，擅自向社会发布旱灾信息的依法应当承担行政责任或刑事责任。

3.地方立法中的相关规定

关于防旱抗旱的地方性立法中，主要规定了旱灾防治信息的共享制度和发布制度。如《宁夏回族自治区抗旱防汛条例》规定抗旱防汛指挥机构成员单位之间应当实现信息资源的共享，并要求抗旱防汛指挥机构在组织有关部门会商后依法发布有关抗旱防汛信息；县级以上人民政府抗旱防汛指挥机构统一发布旱情动态等信息，水行政主管部门和民政、农牧等有关部门审核发布水旱灾害，国土资源主管部门审核发布地质灾害，气象主管部门发布与抗旱防汛有关的气象信息，其他任何单位和个人不得擅自向社会发布抗旱防汛信息。虚报、瞒报旱情、汛情和擅自向社会发布抗旱防汛信息的，由所在单位或者上级主管部门、监察机关责令改正，对直接负责的主管人员和其他直接责任人员依法给予处分。《广西壮族自治区抗旱条例》规定县级以上人民政府防汛抗旱指挥机构应当根据成员单位提供的信息组织有关部门开展旱情、灾情会商；县级以上人民政府防汛抗旱指挥机构在干旱灾害发生后，如果启动抗旱预案，应当采取相应干旱等级的抗旱应急响应措施，并将情况报告给上一级人民政府防汛抗旱指挥机构；在旱情缓解或者解除后，应当及时降低应急响应措施级别或者解除抗旱应急响应措施，并对外发布相关信息。《陕西省实施〈抗旱条例〉细则》要求县级以上人民政府防汛抗旱指挥机构通过防汛抗旱指挥系统专用通道和公共通信网，建立和完善旱情的采集、传输、接收、处理、发布等信息系统；抗旱预案应当包括旱情、旱灾信息的收集、分析、报告、通报等内容。

（二）旱灾防治信息共享、公开制度存在的问题

1. 信息共享机制不健全

我国旱灾防治的立法中虽然规定了旱情信息共享制度，但这仅仅是旱情紧急时期的部门之间的信息共享，在日常干旱管理中难以实现，日常的旱灾防治信息资源由各个部门分别管理，形成"信息孤岛"。同时，也没有规定防汛抗旱指挥机构未履行信息资源共享职责的法律责任。

2. 信息公开的主体不明确

《政府信息公开条例》规定政府信息可以由制作机关也可以由保存机关公开，但是该规定是否包括行政机关获取的其他行政机关制作的信息并不明确。由此导致同一旱灾防治信息由制作机关和保存机关重复公开的情况，也可能导致信息制作机关和保存机关推卸责任都拒绝公开的情况。从《抗旱条例》及其相应的地方立法来看，旱灾防治信息公开的主体主要是县级以上人民政府抗旱防汛指挥机构、水行政主管部门、气象主管部门、农业主管部门，针对其他相关部门并没有规定信息公开的职责。

3. 信息公开的范围狭窄

《政府信息公开条例》虽然规定了行政机关应当公开的信息范围，但过于笼统，且《抗旱条例》没有将应当主动公开的信息予以具体化。

同时《政府信息公开条例》规定了过于宽泛的不予以公开的情形，导致很多防旱抗旱信息不能主动公开。《抗旱条例》中规定的主动公开的信息仅仅是"旱情""旱灾""农业灾情""气象信息"，并没有包括抗旱基础设施信息、应急措施信息等。

4. 信息共享和公开的时间不明

信息的及时性直接关系到防旱抗旱决策的科学性和防旱抗旱措施的实施效果，但是无论是《政府信息公开条例》，还是《抗旱条例》都没有明确行政机关公开信息"及时"的具体时间要求，从而可能导致信息的迟报。

5. 信息共享和公开的法律责任薄弱

《抗旱条例》欠缺旱灾防治信息共享机制没有建立或者不够完善的法律责任，从而导致该机制在旱情紧急时期不完善或者平时无法实施。从《抗旱条例》有关信息公开的法律责任来看，只规定了擅自向社会发布信息的法律责任，没有规定向社会虚报、瞒报、迟报、误报旱情信息的法律责任。地方抗旱立法也很少涉及防旱抗旱信息公开方面的法律责任。

六、完善旱灾防治信息制度的思路

旱灾防治信息作为旱灾防治工作中的重要内容，能否及时、全面、真实地掌握这些信息，直接关系到防汛抗旱指挥部决策的科学性和其他部门、个人采取旱灾防治应对措施的方案和效果。结合我国旱灾防治信息立法存在的问题，应当从下述几个方面完善我国的旱灾防治信息制度。

(一)完善旱灾防治信息主体制度

第一,扩大旱灾防治信息的监测主体,将环保部门、自然资源部门和城建部门等都纳入旱灾防治信息监测的主体,明确其监测任务。第二,将村、乡镇和街道办事处作为旱灾防治信息的采集和上报主体,建立科学的综合旱情评估机构。第三,建立旱情统计机构和核实机构分离的机制,充分发挥旱情核实机构的监督职能。第四,结合《政府信息公开条例》,将旱灾防治信息公开的责任主体具体化,建立"谁制作谁公开、谁保存谁公开"体制和机制。

(二)细化旱灾防治信息的内容

第一,监测的信息除了气象信息、墒情信息、水文信息、供水和用水信息外,还应当增加地下水信息、水质信息、农情信息等实时旱情信息。第二,报送和评估的旱情信息应当包括水情、雨情、墒情、农情、供水和用水信息、抗旱工程、管理信息、旱灾史情等。第三,应当明确旱灾防治信息公开的具体内容,特别是与旱灾防治相关的政策信息、工程信息等。第四,确立旱灾防治信息"公开为原则、不公开为例外"的基本原则,充分保证相关信息的公开性。

(三)完善旱灾防治信息系统

第一,明确旱灾防治部门和机构在信息监测系统建设中的具体任务,增加监测网点和监测频率、提升监测水平,形成完善的旱情采集和监测系统。第二,搭建旱灾防治信息的报送系统和旱情分析系统,实现旱情信息能快速、准确地实现报送,达到信息流程的系统化。第三,出台旱情信息共享的具体办法,通过建立完善的数据信息共享平台,打破目前信息资源在部门之间、地域之间和业务之间的分割状态,真正实现旱情在防汛抗旱指挥部成员之间的共享。第四，通过细化旱灾防治信息公开的内容，建立统一的旱情数据库，完善相关部门信息公开的制度，方便公众了解或获取相关信息。

（四）完善旱灾防治信息的法律责任

法律责任不明或者不健全，将导致制度无法得到很好的实施。因此需要明确县级以上人民政府及其相关部门在旱灾防治信息监测网络、共享平台、报送系统、公布和公开渠道等方面建设的具体职责，进而明确相应的行政责任和刑事责任；要求相应的机构和部门在信息监测、报送、评估、公布和公开方面做到及时、真实、全面，并规定相应的法律责任，特别是明确迟报、漏报、误报的具体法律责任。

第六章
旱灾防治基础设施法律制度

一、旱灾防治基础设施概述

（一）旱灾防治基础设施的概念

旱灾防治基础设施在实践当中也被称为防旱抗旱基础设施。我国立法中没有明确使用"防旱抗旱基础设施"一词，《抗旱条例》采用了"抗旱设施"，《农田水利条例》规定的是"农田水利设施"，《水法》使用了"水利基础设施""水工程"等概念。就目的而言，防旱抗旱基础设施是为了达到开源节流，并能增加预防和应对旱灾效果的设施，由此，我们认为防旱抗旱基础设施包括但不限于蓄水工程、饮水工程、提水工程、调水工程、节水灌溉工程、抗旱应急水源工程等工程设施。防旱抗旱工作需要解决水源和控制用水量的问题，所以防旱抗旱基础设施主要是水源工程和节水工程。

水源工程主要包括蓄水工程，即利用自然条件将河水、湖水、塘坝水、降雨等分散的水资源拦截、蓄水的工程，如水库、塘堰、水池等。具体包括引水工程、提水工程、调水工程、开采地下水以及水毁、老化工程的修复、改造和已建工程的配套等。引水工程，即通过在河流、河谷上筑坝或其他方式拦截水资源，再通过渠道设施引入灌区的一种抗旱措施，包括了无坝引水和有坝引水两种方式。提水工程是将河流、湖泊、水库、池塘、排水渠中的水进行提取，进行防旱抗旱的固定泵和临时机动扬水泵设施。调水工程，将水资源从丰沛地区调往干旱地区，从而满足农业灌溉和城市发展水资源需求的管渠设施等。开采地下水，主要是为防旱和抗旱进行开采地下水的有机电井群的水源地建设和田间机电井的开挖等。水毁、老化工程的修复、改造和已建工程的配套，主要是利用冬修水利的时机对汛期水毁的引水工程、蓄水工程、输水工程、灌溉设施和老化工程的修复、改造和配套，提升工程运行能力。此外还有组织机动运水和利用雨洪资源等设施。①

节水工程是在农业、工业和居民生活用水过程中，采用现实可行的技术和措施，达到减少水资源浪费、提高用水效率和效益目的的工程。农业领域的节水、保水工程措施主要有：通过收集、储存雨水和修建引水、提水工程从水源上提高水资源利用效率；通过高效的输水和配水工程在输水过程中提高水资源利用率；农田灌溉节水措施主要是采用先进的节水灌溉技术和方法、灌区改造、科学灌溉的奖惩机制等减少现有水资源在田间的损失和浪费；土壤保墒、作物保水和选培抗旱、节水新品种是通过旱作农业技术、喷施抗旱剂、种植抗旱和节水的植物使得有限的水资源得到有效利用。②

从上述分析来看，防旱抗旱基础设施是包括了水利工程、农田水利工程、水利水电工程、水工程、水利基础设施、节水工程等在内的一个综合性概念。

（二）基础设施在防旱抗旱中的意义

在防旱抗旱工作中，相关基础设施能解决水资源在空间、时间上的

---

① 参见刘树坤主编：《中国水旱灾害防治：战略、理论与实务》，中国社会科学出版社2017年版，第102—103页。

② 参见刘树坤主编：《中国水旱灾害防治：战略、理论与实务》，中国社会科学出版社2017年版，第103—104页。

第六章　旱灾防治基础设施法律制度

不均匀，从而保障城镇生活、工业用水、农村饮水、农业灌溉等用水需求，为国家水安全和经济可持续发展发挥着重要作用。

水利对改善农业生产条件和农村生活水平、保护区域生态环境和促进农村经济发展具有不可替代的作用。我国是一个农业大国，且水旱灾害多发，水利工程等基础设施不仅是农业的命脉，也是经济社会发展不可替代的基础支撑和生态环境改善不可分割的保障系统。农田水利建设是防旱抗旱、促进农业丰收的重要措施，不但可以确保农民口粮，解决基本生活，稳定农村社会，而且还可促进农业种植结构，提高农业生产效率，促进农业现代化。开展农田水利建设，治理农村河道，建设小型水景观，整治水环境，可以防止农村环境恶化，改善农村水环境和生活环境。因此，建设和管理好防旱抗旱基础设施关系到我国"三农"问题的解决、国家粮食安全的保障、社会秩序的稳定和生态环境的保护。

水资源成为制约我国城市发展重要因素，防旱抗旱基础设施是我国城镇化、工业化的重要保证。随着国民经济的发展和城镇化进程的加快，我国城市水资源越来越紧缺，城市地位越来越重要，但我国661个城市中有400个缺水，100多个严重缺水，而城市水资源涉及国民经济的各个方面，水资源短缺已成为制约城市持续发展的重要瓶颈。就城市水资源而言，河流、湖泊等地表水是其主要来源，但是地表水因为降雨、区域等原因存在时间上和空间上分配得极不均匀，防旱抗旱基础设施可以通过蓄水、引水、调水、提水等工程调节水资源在时间和空间上的分配，实现水资源的合理利用。因此，防旱抗旱等基础设施对城市发展和工业用水具有特殊的保障作用。

为实现防旱抗旱目的的基础设施具有较强的公共性，因此承载和体现着毋庸置疑的公共利益。公共性主要是指防旱抗旱设施的受益群体和参与者众多。防旱抗旱设施遍及全国各地，分布广泛，与工业生产特别是农业生产、生活关系密切，是一项公共性事业。防旱抗旱事业涉及国民经济发展的方方面面，需要政府、企业和个人，特别是农民的广泛参与，所以防旱抗旱设施的建设、管理、运营需要全社会的广泛参与。旱灾防治基础设施所承载和体现的公共利益主要表现为涉及的利益主体数量较多且不确定，各类主体在根本利益上的一致性和共享性等特征。具体而言，除个人家中的水窖、浅水井外，大部分的防旱抗旱设施的受益群体是广泛的，如小型水库、堰塘、泵站和水渠可以向成千上万的用户供水，中型和大型水利设施的使用者更多，且这种基础设施资源向所有使用者公平开放，这些设施不但具有灌溉、提供水资源的功能，而且具有防洪、除涝、防止疾病传染等公益功能。纵然有些小型水利工程或抗旱措施仅仅满足于个体或者少数主体，但其发挥的防旱抗旱功能依然是具有公益性的。

（三）我国旱灾防治基础设施的现状和存在问题

1. 防旱抗旱基础设施的现状

新中国成立后，我国立足于防洪、旱灾防治等目标进行了大规模的水利工程基础设施建设。目前，我国已经将水安全上升为国家战略，治水理念不断升华，水利基础设施建设全面加快，水利改革全面推进，依法治水管水得到加强，基本形成大江大河防洪减灾体系和比较完善的水资源配置格局，初步形成农田灌溉排水体系，提高了水资源保护能力。

"十二五"期间，全国水利建设完成投资达到 2 万亿元，年均投资 4000 亿元，是"十一五"年均投资的 2.9 倍，有力保障了水利基础设施建设的需要。解决了 3.45 亿农村人口的饮水安全问题，农村饮水安全问题基本解决。南水北调东中线一期等一批工程建成通水，新增年供水能力 380 亿立方米，流域区域水资源配置格局不断完善，中等干旱年份可以基本保证城乡供水安全。农田水利基础设施持续加强，新增农田有效灌溉面积 7500 万亩、高效节水灌溉面积 12000 万亩，农田灌溉水有效利用系数提高到0.532，为全国粮食连续增产提供了有力支撑。①

2016年是"十三五"规划的开局之年，全年水利建设完成投资6099.6亿元，比2015年增加647.4亿元，其中建筑工程完成投资4422亿元，安装工程完成投资254.5亿元，机电设备及工器具购置完成投资172.8亿元，其他完成投资1250.3亿元。在全年完成的投资中，水资源工程建设完成投资2585.2亿元；用于大中型项目的投资1080亿元，小型及其他项目的投资5019.6亿元。在农村水利建设方面，全年农村饮水安全巩固提升工程完成投资240亿元，截至2016年年底农村自来水普及率达79%；中央投资用于灌溉和节水改造161.5亿元，安排实施高效节水灌溉、田间渠系配套、"五小水利"工程等小型农田水利建设和管护资金366.9亿元；全年新增有效灌溉面积1561千公顷，新增节水灌溉面积2495千公顷，新增高效节水灌溉面积1455千公顷。②

2. 防旱抗旱基础设施存在的问题

第一，防旱抗旱的基础设施建设不足，工程年久失修，预防和抵抗旱灾能力偏低。随着国民经济的快速发展，我国有些地方仍存在有水源无工程或者有工程但配套不足的情况。我国大多数20世纪70年代前修的水利设施设计标准和建设质量较低、配套设施不足，许多基础设施年久失修、效益衰减。这些都导致我国的水利基础设施的数量不能满足经济社会发展的要求，水利基础设施的建设规格和标准不能满足经济社会发展的要求，水利基础设施的区域分布不能够满足区域经济发展的要求。③这些问题严重影响了水源的供给，特别是在干旱之年需要保障城市和农村的用水安全。

---

① 《水利改革发展"十三五"规划》第5页。
② 水利部编：《2016年全国水利发展统计公报》，中国水利水电出版社2017年版，第1—6页。
③ 崔江红：《云南农村干旱治理研究》，中国书籍出版社2015年版，第109页。

第二，防旱抗旱基础设施的一体化程度低下。这种一体化体现在两个方面：一是从城市和农村层面来看，不但城市和农村水利服务没有实现均等化，而且城市和农村水资源开发、分配、处理相互独立，城市的供水来自农村，但城市供水基础设施是一个封闭的体系，不向沿途农村开放，从而导致城市和农村的水利服务形成分割的系统。二是从水的综合利用来看，水资源开发、利用、处理和再利用没有一体化。当前城市水资源的综合利用率非常低，城市向农村索取更多水资源，致使农村旱灾防治的应对能力不足。农村水资源综合利用的基础设施几乎空白，使得农村水资源在干旱年份难以满足抗旱的需求。

第三，柔性水利基础设施建设不足。所谓柔性水利基础设施就是用来帮助各种水利设施收集、蓄存雨水和地表径流的辅助设施，包括集雨坪、沟渠、塑料管、塑料膜等设施。[①]由于这种柔性水利基础设施建设不足，"五小水利"基础设施不能将有效的降雨蓄存起来，导致各种水利基础设施功能不能充分发挥，从而影响到防旱和抗旱能力。

第四，空中水资源开发利用的设施建设不足。大气中蕴含大量的水资源，在条件成熟时可以通过人工方式与雨雪的方式降落，即人工增雨，具体是在适当的条件下以人工干预的方式，影响空中云的物理过程，促进大气中水资源转化为降水，从而有效缓解旱情。但我国利用空中水资源的技术程度还不高，相关设施配置落后，利用空中水资源的能力还有待提高。

二、旱灾防治基础设施制度的主要内容

（一）制度概览

我国防旱抗旱基础设施存在的诸多问题，与当前相关制度的完善程

---

① 崔江红：《云南农村干旱治理研究》，中国书籍出版社2015年版，第111页。

度有密切关系。2014年《环境保护法》是我国环境保护的基本法，其中第十九条规定了建设项目的环境影响评价制度，第三十条规定了开发利用自然资源时的生态环境保护要求，第三十六条规定了国家对节水型设施的鼓励制度，第六章中的法律责任也可在旱灾防治基础设施规划、建设和运营中适用。

2016年《水法》是我国水资源开发、利用、节约、保护的综合性法律，其中许多条款与防旱抗旱基础设施直接相关。第一章总则中的第一、四、五、六、八、十、十一条，第二章水资源规划中的第十九条，第三章水资源开发利用中的第二十一到二十九条等条款均与防旱抗旱基础设施建设有关；第四章水资源、水域和水工程的保护中的第三十一、三十三、三十五、三十八、四十一、四十二、四十三条则规定了防旱抗旱基础设施的保护要求；第五章中的第五十、五十三条规定了水资源节约使用的设施建设；第七章中的法律责任对惩治防旱抗旱基础设施建设、运营等过程中的违法行为具有重要意义。

2009年的《抗旱条例》是根据《水法》制定的预防和减轻干旱灾害，保障用水安全，促进社会全面、协调、可持续发展的专门性法律。其中第三、九、十六、十七、十八、二十一、二十二、二十四、二十五、三十四、五十三、六十条等均与防旱抗旱基础设施制度有关。随后，四川省、云南省、天津市等地方政府纷纷制定了《抗旱条例》的具体实施办法，进一步明确了防旱抗旱的基础设施制度。

2016年《农田水利条例》是为了加快农田水利发展、提高农业综合生产能力、保障国家粮食安全，由国务院通过的行政法规，共八章四十五条，全面规定了农田水利的规划程序、工程建设、运行维护、排水灌溉、保障与扶持等事项。

除了上述立法文件之外，党中央和国务院的有关文件也高度重视水利建设。2005年中央一号文件决定中央财政设立小型农田水利设施建设的补助资金，2005年国务院办公厅转发《关于建立农田水利建设新机制的意见》，明确了农田水利工程规划、设计、投资、建设和运营中的责任，强调农户的参与。2011年中央一号文件《中共中央国务院关于加快水利改革发展的决定》是新中国成立以来第一个关于水利的综合性文件，明确提出把水利作为国家基础设施建设的优先领域，强调农田水利工程产权制度和管理体制的改革。

此外，有些水利设施兼具防洪和抗旱功能，所以2016年《防洪法》中的有些条款与防旱抗旱相关。为保障水利工程的顺利进行，国务院2017年修订了《大中型水利水电工程建设征地补偿和移民安置条例》。

总结上述相关规定，我们可以概括出现行旱灾防治基础设置法律制度的以下主要内容。

（二）防旱抗旱基础设施权属制度

防旱抗旱基础设施的权属是指关于防旱抗旱基础设施归谁所有、由谁管理和运营以及由此产生的法律后果等规范群。它是防旱抗旱基础设施制度中最重要的、不可或缺的内容。以下主要阐述防旱抗旱基础设施的所有权、管理权和运营权等三个权利内容。

有关防旱抗旱基础设施的所有权，早在1983年的《水利水电工程管理条例》（2008年失效）第四条当中就有规定，根据该条："国家投资修建的水利、水电工程，属全民所有……民办公助或社、队自筹资金修建的水利、水电工程，属社、队集体所有。"《农田水利条例》第五条规定："国家鼓励和引导农村集体经济组织、农民用水合作组织、农民和其他社会力量进行农田水利工程建设、经营和运行维护……"《水利部、财政部关于深化小型水利工程管理体制改革的指导意见的通知》（水建管〔2013〕169号）规定，按照"谁投资、谁所有、谁受益、谁负担"的原则，对于小型水利工程的产权，个人投资兴建的工程，产权归个人

第六章　旱灾防治基础设施法律制度

所有；社会资本投资兴建的工程，产权归投资者所有，或按投资者意愿确定产权归属；受益户共同出资兴建的工程，产权归受益户共同所有；以农村集体经济组织投入为主的工程，产权归农村集体经济组织所有；以国家投资为主兴建的工程，产权归国家、农村集体经济组织或农民用水合作组织所有，具体由当地人民政府或其授权的部门根据国家有关规定确定。由此可见，根据历史上的和现行的相关制度规定：国家投资的水利工程由国家所有；社会资本投资建设的小型水利工程由投资者所有；村集体投入为主的水利工程由村农民集体所有；国家投资为主的小型水利工程，国家、村集体和农民用水合作组织都有可能成为所有人，具体归谁所有由地方人民政府或者其他部门根据有关规定确定。

关于防旱抗旱基础设施的管理权，按照1983年《水利水电工程管理条例》第四条的规定，国家投资修建的水利工程，有的可以由国家管理，有的可以委托给集体代管；对于民办公助或社、队自筹资金修建的水利工程，由集体管理或根据需要由国家管理。《农田水利条例》第四条规定：对全国水利工作的管理和监督由国务院水行政主管部门负责，地方行政区域农田水利的管理和监督工作由县级以上地方人民政府水行政主管部门负责，未明确相关工程的管理主体，但是否可以将相关工程的管理权广义地理解为该条当中的"管理权"的内涵，值得探讨。《抗旱条例》第十六条第二款规定：县级以上人民政府水行政主管部门应当组织做好农田水利基础设施和农村饮水工程的管理和维护。从这些规定来看，防旱抗旱基础设施的管理可以是国家管理和集体管理两种方式，国家管理主要是由县级以上地方人民政府的水行政主管部门负责。

关于防旱抗旱基础设施的运营权，《农田水利条例》第十八条分别明确了不同的运营主体，具体是：由政府投资建设的大中型农田水利工程由县级以上人民政府按照工程管理权限确定运行维护单位，农村集体经济组织筹资筹劳建设的农田水利工程由农村集体经济组织或者其委托的单位、个人负责运行维护，政府与社会力量共同投资建设的农田水利工程由投资者按照约定确定运行维护主体等。同时该《条例》第四条第三款要求乡镇人民政府做好本行政区域农田水利工程建设和运行维护等方面的工作；第五条规定国家鼓励和引导其他社会力量参与农田水利工程的运营。

（三）防旱抗旱基础设施规划制度

1. 防旱抗旱基础设施规划的内容

我国现行法律中并无关于旱灾防治基础设施规划的专门内容，旱灾防治基础设施规划常常隐含在相关的规划当中。具体而言，蕴含防旱抗旱基础设施建设或者与其有关联的法定规划主要有：第一，农业发展规划。《农业法》第十五条要求县级以上人民政府制定农业发展规划。该条并未明确说明农业发展规划的内容，但防旱抗旱基础设施是保障农业健康发展的重要措施，所以农业发展规划中应当是包括有防旱抗旱基础设施建设内容的。第二，国民经济发展规划。《水法》第五条明确规定水利基础设施建设是政府国民经济发展计划的内容。第三，水资源开发利用规划。《水法》第二十四条规定了开发、利用水资源的流域规划和区域规划、综合规划和专业规划。综合规划是根据经济社会发展需要和水资源开发利用现状编制的开发、利用、节约、保护水资源和防治水害的总体部署；专业规划是指防洪、治涝、灌溉、航运、供水、水力发电、竹木流放、渔业、水资源保护、水土保持、防沙治沙、节约用水等规划。这些规划都涉及旱灾防治基础设施建设的相关内容。第四，抗旱规划。《抗旱条例》明确将抗旱应急水源建设、抗旱应急设施建设等保障措施作为抗旱规划的内容。第五，农田水利建设规划。《农田水利条例》对农田水利建设规划进行了全面的规定，国务院水行政主管部门负责全国农田水利规划，县级以上人民政府水行政主管部门负责本行政区域农田水利规划;农田水利规划应包括发展思路、总体任务、区域布局、保障措施等内容;县级农田水利规划还应包括水源保障、工程布局、工程规模、生态环境影响、工程建设和运行维护、技术推广、资金筹措等内容。

2.防旱抗旱基础设施规划的编制原则

编制防旱抗旱基础设施规划时要求规划的科学性。首先,编制规划时要综合考虑多种因素,如经济社会发展水平、水土资源供需平衡、农业生产需求、灌溉排水发展需求、环境保护。[①]编制抗旱规划应当充分考虑本行政区域的国民经济和社会发展水平、水资源综合开发利用情况、干旱规律和特点、可供水资源量和抗旱能力以及城乡居民生活用水、工农业生产和生态用水的需求。[②]其次,编制规划要注重调查实际,如制订规划必须进行水资源综合科学考察和调查评价[③];编制农田水利规划前必须开展农田水利调查,而且必须将这种调查结果作为编制农田水利规划的依据。[④]再次,强调规划编制的民主参与进而提高科学性,即要求编制规划时允许社会公众参与,如《农田水利条例》第八条第二款要求县级水利行政主管部门在编制规划时要征求农村集体经济组织、农民用水合作组织、农民等方面的意见。最后,强调规划之间的协调性和衔接。如《水法》中要求流域内的区域规划和流域规划、专业规划和综合规划应当一致,流域综合规划、区域综合规划应当与国民经济和社会发展规划以及土地利用总体规划、城市总体规划和环境保护规划相协调,兼顾各地区、各行业的需要。《农田水利条例》规定编制土地整治、农业综合开发等规划涉及农田水利的,应与农田水利规划相衔接,还要

---

① 参见《农田水利条例》第七条第一款。
② 参见《抗旱条例》第十四条。
③ 参见《水法》第十六条。
④ 参见《农田水利条例》第八条第一款。

征求本级水行政部门的意见。从而形成以农田水利规划为宏观依据整合各类农田水利建设项目,促使各方投入形成合力、工程建设形成体系。

3.防旱抗旱基础设施规划的编制程序

《水法》第十七条规定了水资源规划的编制程序,具体是国家确定的重要流域综合规划由国务院水行政主管部门会同国务院有关部门和地方政府编制,报国务院批准;跨省流域综合规划和区域规划由有关流域管理机构会同江河、湖泊所在省级政府水行政主管部门和有关部门编制,分别经有关省级人民政府审查提出意见后,报国务院水行政主管部门审核;国务院水行政主管部门征求国务院有关部门意见后,报国务院或者其授权的部门批准。其他河流的流域综合规划和区域综合规划,由县级以水行政主管部门会同同级有关部门和有关地方人民政府编制,报本级人民政府或者其授权的部门批准,并报上一级水行政主管部门备案;专业规划由县级以上人民政府有关部门编制,征求同级其他有关部门意见后,报本级人民政府批准。《农田水利条例》对农田水利规划的程序做了明确规定:水利部负责编制的全国农田水利规划需要报国务院或者国务院授权的部门批准公布,县级以上地方人民政府的水行政主管部门负责编制本级农田水利规划,报本级人民政府批准公布。同时规定下级政府的水行政主管部门在编制农田水利规划时必须以上级农田水利规划为依据,并向上一级人民政府水行政主管部门备案;对于确实需要修改的农田水利规划,还要按照原来的审批程序重新报送审批。

4.防旱抗旱基础设施规划的效力

防旱抗旱基础设施规划一经批准即具有相应的法律效力,表现为三个方面:其一,经批准的规划具有确定性,不能随意修改。如《水法》第十八条规定"规划一经批准,必须严格执行。经批准的规划需要修改时,必须按照规划编制程序经原批准机关批准";《农田水利条例》第八条第二款要求批准的农田水利规划确实需要修改时要履行原审批程序报送审批；第十条规定了农田水利规划实施的具体职责，如县级以上人民政府水行政主管部门和其他有关部门按照职责分工负责实施农田水利规划；且水行政主管部门应当会同本级人民政府有关部门对农田水利规划实施情况进行评估，并将评估结果向本级人民政府报告。其二，经批准的规划是有关防旱抗旱基础设施建设的依据。《水法》第十九条要求建设水工程时必须符合流域综合规划；在江河、湖泊上建设水工程必须取得相应机构按照管理权限签署的符合流域综合规划要求的规划同意书，否则不得开工建设。《农田水利条例》要求经批准的农田水利规划是农田水利建设和管理的依据，因此在规划区域内进行农田相关的防旱抗旱设施建设和管理，必须按照已有的农田水利规划进行。其三，避免规划之间因冲突导致失去效力或者效力减弱，要求相关规划之间的协调和衔接。《水法》要求流域内的区域规划要服从流域规划，专业规划要服从综合规划。《农田水利条例》明确要求编制涉及农田水利的土地整治、农业综合开发等规划时，应与农田水利规划相衔接。《抗旱条例》则规定："抗旱规划应当与水资源开发利用等规划相衔接。下级抗旱规划应当与上一级的抗旱规划相协调。"

（四）防旱抗旱基础设施建设制度

1. 防旱抗旱基础设施建设的责任主体

我国现行立法中规定的防旱抗旱基础设施建设的责任主体有国家、县级以上人民政府和县级以上人民政府水行政主管部门三类。

第一类是国家，其职责是大力推行、推广节水的措施、新技术和新工艺，发展节水型工业、农业和服务业[①]；鼓励和支持开发、利用、节

---

① 参见《水法》第八条第一款。

约水资源的先进技术的研究、推广和应用①；鼓励在水资源短缺地区对雨水和微咸水进行收集、开发、利用和淡化②；采取措施加强农业和农村基础设施建设③；对缺水地区发展节水型农业给予重点扶持④；鼓励和引导社会力量进行农田水利工程建设，并依法保护投资者的合法权益⑤；鼓励和支持研发、使用抗旱设施，推广节水技术，支持旱区修建抗旱设施，发展旱作节水农业；鼓励、引导、扶持社会组织和个人建设抗旱设施。⑥

第二类是各级政府，具体职责是建立节水技术开发推广体系，培育和发展节水产业⑦；推广节水灌溉方式和节水技术，对农业蓄水、输水工程采取防渗漏措施⑧；城市人民政府采取措施提高生活用水效率和提高污水再生利用率⑨；加强农田水利设施建设，发展节水型农业，严控非农业建设占用灌溉水源，禁止他人非法占用或毁损农田水利设施⑩；加强水利基础设施建设，完善抗旱工程体系⑪；加强农田水利基础设施建设和农村饮水工程建设，组织做好抗旱应急工程及其配套设施建设和节水改造，因地制宜修建中小微型蓄水、引水、提水工程和雨水集蓄利用工程⑫；县级人民政府根据农田水利规划组织制订农田水利工程建设年度实施计划，统筹协调有关部门和单位安排的与农田水利有关的各类

---

① 参见《水法》第九条。
② 参见《水法》第二十四条。
③ 参见《农业法》第六条第二款。
④ 参见《农业法》第十九条第二款。
⑤ 参见《农田水利条例》第五条。
⑥ 参见《抗旱条例》第十七条。
⑦ 参见《水法》第八条第二款。
⑧ 参见《水法》第五十条。
⑨ 参见《水法》第五十二条。
⑩ 参见《农业法》第十九条第一款。
⑪ 参见《抗旱条例》第九条。
⑫ 参见《抗旱条例》第十六条。

工程建设项目；乡镇人民政府协调社会力量开展农田水利工程建设的有关工作。①

第三类是县级以上人民政府水行政主管部门，具体责任是组织建设抗旱应急水源工程和集雨设施。②

2.防旱抗旱基础设施建设的具体要求

《农田水利条例》规定了农田水利工程建设要遵守以下制度：一是国家农田水利标准。农田水利标准由国家、省级标准化部门、水行政主管部门按照法定程序和权限制定。二是节约使用土地资源。县级以上人民政府按照农田水利规划保障农田水利工程建设用地需求，但在建设中应当节约集约使用土地。三是工程质量安全管理制度。建设单位负责工程质量安全、公示工程建设，同时县级以上水行政主管部门和其他有关部门分别加强对工程建设的监督管理。四是严格工程验收。使用国家财政资金建设的农田水利工程竣工后由县级政府组织验收，并邀请有关专家和集体经济组织、农民用水合作组织、农民代表参加；使用社会资金建设的工程竣工后由投资者和受益者组织验收；使用政府和社会的共同资金建设的工程竣工后由县级政府部门、社会投资者和受益者共同组织验收。验收时，大、中型农田水利工程应当按照水利建设工程验收规程进行，小型农田水利工程验收按省级水行政主管部门和有关部门制定的办法进行。验收合格的农田水利工程才能由县级水行政主管部门造册登记。

（五）防旱抗旱基础设施管理和维护制度

防旱抗旱基础设施竣工验收后，管理和维护好这些工程设施有利于

---

① 参见《农田水利条例》第十二条。
② 参见《抗旱条例》第二十二条第二款。

发挥其防旱抗旱能力。我国现行立法与防旱抗旱基础设施的管理和维护相关的规定主要有：第一，国家的相关职责。如国家鼓励、引导、扶持社会组织和个人建设、经营抗旱设施；国家建立饮用水水源保护区制度；国家对水工程实施保护。第二，地方政府的职责。如做好干旱期城乡居民生活供水的应急水源储备保障工作；监督检查抗旱责任制落实、抗旱预案编制、抗旱设施建设和维护、抗旱物资储备等情况，发现问题并及时处理；建立农田水利工程运行维护经费合理负担机制；采取措施保障本行政区域内水工程的安全。第三，相关部门的职责。供水管理部门应当组织有关单位，加强供水管网的建设和维护，提高供水能力，保障居民生活用水；水工程管理单位应当定期对管护范围内的抗旱设施进行检查和维护；水行政主管部门和农田水利工程所有权人应当加强对农田水利工程运行维护工作的监督，督促负责运行维护的单位和个人履行运行维护责任；水利、水电工程管理单位要确保工程安全，充分发挥工程效益；各级水利电力主管机关及水利、水电工程管理单位要切实加强工程管理，建立技术档案，制定技术管理办法或实施细则，计划地培养工程管理人才。第四，其他社会主体的责任。工程运行维护单位和个人要建立健全运行维护制度，加强对农田水利工程的日常巡查、维修和养护，按照有关规定进行调度，保障农田水利工程正常运行；农村集体经济组织、农民用水合作组织、农民等发现影响农田水利工程正常运行的情形的，有权向有关机构和部门报告。第五，其他普遍性规定。禁止非法引水、截水和侵占、破坏、污染水源；禁止破坏、侵占、毁损抗旱设施；禁止危害农田水利工程设施；不得擅自占用农业灌溉水源、农田水利工程设施；工程建设占用农业灌溉水源、灌排工程设施，或者对原有灌溉用水、供水水源有不利影响的，建设单位应当采取相应的补救措施；单位和个人有保护水工程的义务；禁止在水工程的范围内从事影响水工程运行和危害水工程安全的活动。

（六）防旱抗旱基础设施的资金制度

我国防旱抗旱基础设施的建设资金的主要规定有：第一，水利、水电工程可以是国家投资、民办公助或社、队自筹资金。[①]第二，县级以上人民政府应将抗旱工作所需经费纳入财政预算[②]；各级人民政府应当建立和完善抗旱减灾要求相适应的资金投入机制。[③]第三，《农田水利条例》较全面规定了农田水利的资金机制。首先规定了农田水利建设的资金投入方式，即实行政府投入和社会投入相结合的机制。具体是大中型农田水利工程建设以政府投入为主，鼓励社会资本投入。小型农田水利工程建设采取政府投入、农民投资投劳和社会资本投入相结合的方式，国家采取财政奖补、民办公助等方式组织引导农民投资投劳参与农田水利工程建设。其次规定了政府投入的资金来源和社会资本的鼓励机制，即县级以上政府按照有关规定从国有土地出让收益（入）中计提一定比例资金专项用于农田水利建设；国家通过公开信息引导社会资本申报农田水利工程建设项目，通过提供技术支持和人员培训服务，指导投资者做好工程设计、建设和管理，通过财政支持和补助、用地和用电优惠等政策鼓励社会资本投入农田水利建设。

（七）防旱抗旱基础设施责任制度

涉及防旱抗旱基础设施的法律责任主要是刑事责任和行政责任，其中在下列情形下要追究刑事责任：第一，不履行职责而构成犯罪的。水行政主管部门或者其他有关部门以及水工程管理单位及其工作人员，不履行监督职责或者发现违法行为不予查处，不依法履行农田水利管理和

---

① 参见《水利、水电工程管理条例》第四条。
② 参见《抗旱条例》第四条。
③ 参见《抗旱条例》第五十条。

监督职责的，负有责任的领导人员和直接责任人员构成犯罪的，依法追究刑事责任。第二，毁损防旱抗旱设施而构成犯罪的。侵占、毁坏水工程及堤防、护岸等有关设施，构成犯罪的，追究刑事责任；侵占、盗窃或者抢夺农田水利、水文监测和测量以及其他水工程设备和器材，贪污或者挪用国家水利建设款物，构成犯罪的，追究刑事责任。第三，影响水工程功能发挥，构成犯罪的，如在水工程保护范围内从事影响水工程运行和危害水工程安全活动的；堆放、建设阻碍农田水利工程设施蓄水、输水、排水的物体或者擅自占用农业灌溉水源、农田水利工程的；旱情解除后，拒不拆除临时取水和截水设施的；水库、水电站、拦河闸坝等工程的管理单位以及其他经营工程设施的经营者拒不服从统一调度和指挥构成犯罪的。上述承担刑事责任的情形如果不构成犯罪的，有关部门可以追究行政责任，造成损失的，还要承担民事赔偿责任。

三、防旱抗旱基础设施制度存在的主要问题

（一）专门性规定欠缺

从我国现行立法来看，虽然《水法》《农业法》《防洪法》等法律中均涉及防旱抗旱设施，但均是蜻蜓点水。作为防旱抗旱的重要立法——《抗旱条例》规定了防旱抗旱基础设施的建设、管理和维护。基础设施是重要的防旱抗旱措施，但《抗旱条例》并没有专章对防旱抗旱基础设施予以规定，没有对其概念进行明晰，也没有明确防旱抗旱基础设施的公益性和公共性，直接影响防旱抗旱设施建设、管理等方面的责任划分。

（二）管理职能交叉、权限不清

从中央和地方的职责划分来看，我国防旱抗旱基础设施的建设和管

理主要是地方事权，中央主要提供政策指导、规划、标准制定和资金支持等，而不具体参与建设。尽管 2014 年水利部《关于深化水利改革的指导意见》提出"国家水安全战略和重大水利规划、政策、标准制定……作为中央事权"，"区域水利建设项目、水利社会管理和公共服务作为地方事权"，但这种事权划分都是原则性的，并不明确。中央将相关专项经费转移支付地方，地方决定经费使用时可能导致将农田水利等设施建设置于非重要地位。从部门之间权限来看，我国水资源开发由水利部门管理，农村用水由水利部门管理，城市用水由城建部门管理。防旱抗旱基础设施的建设管理涉及多个部门，包括水利部门、农业部门、自然资源部门、有关部委的农业开发和现代农业等项目管理部门，部门之间建设重点有所不同，建设内容交叉多。从所有权来看，纵然《农田水利条例》规定了防旱抗旱基础设施的产权，但是受落后体制的影响，我国早期的一些农田水利工程一般由国家主导，并由工程所在的地方政府承建，然后交由当地群众使用。长期以来，这种方式导致农田水利工程的所有权不明晰，建设、管理、使用各环节相互脱钩，建设的只管建，使用的只管用，导致农田水利工程管理方面出现真空状态，造成农田水利工程维护管理不明确。

（三）资金投入机制存在缺陷

我国现行立法中没有明确中央、地方和个体在防旱抗旱基础设施建设、管理和运营方面承担的各自比例。我国人均耕地面积少，农业经营规模小，效益低（特别是种植粮食），农户承担能力弱，粮食安全形势严峻，所以农户不可能在防旱抗旱设施方面投入过多。改革开放后，实行"统分结合的"双层经营体制，但集体经济组织名存实亡，农户很难有效组织防旱抗旱设施的建设和管理。并且农村大量青壮劳动力外出务工，基层政府动员能力逐步减弱，农民非农收入比重明显上升，农业效益低，农民参与修建防旱抗旱设施积极性不高。自 2011 年中央一号文件规定从土地出让收益中提取 10% 用于农田水利建设和维护，各地政府用于农田水利的资金增长较快，但相对于水利工程和其他设施的资金需要仍有缺口，政府资金投入仍需加大。中央和地方的投资比例没有明确规定，部门之间的分配不具体，缺乏协调。虽然中央出台了一些支持农田水利的政策，但实践上，地方政府不愿意利用银行贷款，农民组织和农户个人贷款资格认定难，信贷风险大，收益低，缺乏担保物，制约了商业信贷对农田水利的投入。农田水利工程等防旱抗旱设施公益性强，对于效益较低的农田水利工程，很难引入市场机制。

（四）项目多头规划、衔接性差

我国防旱抗旱的基础设施点多、面广、数量多，涉及部门多，资金渠道多，建设标准不统一。防旱抗旱的基础设施，比如农田水利、节水措施等建设的需求、周期、资金投入缺乏统筹考虑。涉及防旱抗旱基础设施的中央投资渠道有水利的、财政和水利结合的、国土整治的、农业综合开发的等，但是各个部门之间却习惯各自为政，相关工程规划和布局缺乏统一考虑，建设标准不一，具体要求各异，整体推进难度大，导致有些项目重复建设，整合难度大。

（五）管护责任不清、权责不对称

对于一些小型防旱抗旱设施，国家、集体、农户之间的权利义务没有明确界定，工程的建、管、用分离。工程建设的不管理、管理的不建设、用水的不管建设和管理，造成农村小型水利设施基本是有人用、没人管。长期以来，我国资金投入上重视水利工程建设特别是重视大中型水利工程，重视骨干工程设施，而对工程的管理、小型工程和配套工程不够重视，造成小型工程"国家管不到、集体管不好、农民管不了"。

农业水费中国家只收取斗口以上国有水利工程的运行维护成本，并不包括小型水利工程的管理和维护费用，但农户并不知情，只是认为水价由国家定，水费由管区管理单位收取，那么政府就应当负责投资和管护，这些都是相关制度不明确导致的后果。

（六）受益者参与不足、积极性不高

在我国水利设施的立项、建设等阶段的相关制度当中，没有设置受益用户参与机制，导致在具体的工程管理中，使用者和受益者一直未能参与其中。特别是作为防旱抗旱设施的直接使用者和受益者——农民，在水利设施管理中的地位一直是缺失的，即使在市场化改革后农民逐渐成为小型水利设施的投资者，但也常常不是管理主体。现实中，政府以维护农民利益、防旱抗旱为名进行的政策改革和项目申请，在具体执行时却缺乏农民的参与，导致政策改革和项目实施往往转变为追求经济效益最大化和彰显政绩的行为，并不能真正考虑农民的诉求。在这种管理模式中，也没有建立"自下而上"的诉求表达机制，导致农民对包括农田水利设施在内的许多防旱抗旱基础设施的管理漠不关心。

（七）节水激励机制不足、水资源利用率低

我国水资源按亩均算只有 1300 立方米，是世界平均水平的一半，但我国水资源粗放低效利用，全国农田灌溉用水有效利用系数极低，个别地方不足 0.4，全国粮食作物水分生产率也远低于世界先进水平。所以，我国防旱抗旱设施需要注重节水型工程的推广和适用，但我国目前的相关制度在激励机制方面明显不足，具体表现为原则性规定过多，缺乏执行力和约束力，导致节水制度难以落实。我国每年排放数百亿吨的废水，其中工业废水处理率在 70% 左右，生活污水处理率仅 10% 左右，大部分污水未经处理直接排入江河，可见水资源综合利用制度也存在许多问题,相关规定不具体和欠缺可操作性是导致执行效率低下的主要原因。

四、国外旱灾防治基础设施制度及其经验

(一)印度防旱抗旱基础设施的财政政策及其经验

印度人均水资源约为1603立方米,水资源时空分布不均导致供需不均衡。印度有耕地1.5亿公顷,其中60%多的耕地分布在干旱区,所以从20世纪50年代初,政府就开始重视水利建设,起初政府注重大型水利工程,随后采用大中小型工程相结合的方针,重视机井的修建和利用。到2008年,印度农田灌溉面积达到6200万公顷,耕地灌溉率达到43%。印度的水利工程建设资金来源多元,有政府财政拨款、贷款、农民投入、外资引入等多种形式,且主要用于农田灌溉。大中型水利灌溉工程(骨干渠道、渠道建筑物、干渠、支渠、斗渠和农渠)的建设、维修和更新改造全部由政府投资,即中央和地方两级政府拨款或贷款,大中型灌溉工程水费基本不收或者收很少;小型灌溉工程(主要是小型水源、小型灌区,不含大中型灌溉工程末级渠系)的建设和更新改造政府补助50%,农民负责50%;贫困地区的小型水利工程的建设、维护和改造费用全部由政府承担;使用喷灌、滴灌等节水技术灌溉的农户可以获得政府25%到50%的补助。[①]

从上述印度防旱抗旱基础设施的资金政策来看,其主要经验可以概括为三点:第一,资金来源多元化,极力增加用于农田水利的资金数量,从而保障农田水利设施的建设的运营。第二,整体而言,政府投资占绝大部分,充分体现了农田水利的公益性。根据印度宪法,防洪等水

---

① 中国灌溉排水发展中心:《国内外农田水利建设和管理对比研究(参阅报告)》,第76—77页。

利工程全部由政府投资，由各邦负责修建的防洪等水利工程是国家公益性工程。印度主要通过征收水税来维持灌溉排水设施的运行和维护成本，贫困地区的工程设施维护费全部由政府承担。第三，注重外资的引入，即积极通过向外国政府或国际金融机构获得国际贷款和无偿援赠等方式解决国内农田灌溉设施建设资金的短缺，同时也引进了西方的先进技术和管理经验。

(二) 日本农田水利基础设施建设和管护政策及其经验

日本国土面积较小，耕地面积十分有限，虽然水资源相对丰富，但由于山地为主的地形，雨水来临导致大量河水汇入大海，很难用于灌溉，因此日本政府非常重视对农业生产有重要意义的水利建设，使得55%的耕地面积可以灌溉。

在农田水利建设方面，日本输水干渠多用预制混凝土修建，用管道取代斗、农渠，管网自动化、半自动化给水，注重旱地喷灌和微灌技术的运用，重视区域内灌溉用水的循环利用。日本水利建设的投资主要来源于政府财政，对不同规模的水利工程由不同的财政负担。国营项目，即受益覆盖面积超过3000公顷的水利工程由国家财政提供75%的资金，县一级承担23.4%的财政支持，剩余由市、町、村和受益户共同承担；都道府县项目，县一级财政主管的水利工程，中央承担50%、县承担25%，其余由市、町、村和受益户均担；团体项目，即农户共同修建的小型水利工程，中央政府给予45%的补助。日本在农业基础设施建设方面有专门的法律制度，详细规定了水利建设的审批程序、标准要求和具体实施方法等内容。

根据建设主题和项目类型，日本农田水利工程的产权形式主要有三种：第一，国家建设的国营项目，产权可以是国家所有，也可以转让给市、町、村或土地改良区所有。产权归国家所有的工程，可以由国家直接管理，也可以委托都道府县、市町村或土地改良区管理。第二，都道府县项目的产权可以归都道府县所有，也可以转让给市町村或土地改良区所有。产权为都道府县的工程，可以由都道府县直接管理，也可以委托市町村或土地改良区管理。第三，团体营项目为市町村、土地改良区等相应团体所有或管理。

日本农田灌溉供水的骨干工程的建设和运营费用由政府承担。政府对其拥有的骨干农业供水工程不收水费，对土地改良区建设投入属于补助性质，不回收投资成本。因土地的改良设施具有公共性和公益性，国家因此一般都给予相应补贴。

日本上述的农田水利相关政策经验，概括起来主要有四：第一，特别重视节水设施的建设和使用，从而减少了水资源在运输和灌溉中的浪费，有利于发挥有限水资源的功效。第二，注重水资源的综合利用，大量水田灌溉用水通过河道、池塘在区域内反复利用，有利于区域内水生态环境保护。第三，充分彰显农田水利设施的公益性，中央和地方各级政府在工程建设、维护中承担绝大部分资金支出责任，即使农户建设的工程也给予相当比例的财政补助。第四，农田灌溉水利设施的所有权、管理权和维护的义务比较清晰，政府尽可能将所有权和管理权下放，并注重受益用户参与工程设施的管理和维护。

（三）以色列在农业节水灌溉的措施及其经验[①]

以色列人均水资源占有量是 300 立方米，不足我国人均占有量的七分之一，是一个极度缺水的国家。以色列 50 年来的灌溉面积从 3 万公顷增加到 25 万公顷，但是农业用水总量的比重从 75% 以上减少到 55%

[①] 此部分主要参阅杨永泽：《我国农田水利设施供给机制研究》，西南财经大学硕士学位论文，2011，第 46—47 页；陈少林：《西部大开发的水利需求及发展战略研究》，中国海洋大学博士学位论文，2011 年 6 月，第 97—98 页。

左右，这完全是因为其在水资源方面拥有先进的开发、利用、管理制度和节水技术。

为了提高水资源的配置和综合利用率，以色列采取了下述措施：一是投资建设调水工程解决水资源空间分布不均问题。北水南调国家输水工程通过国家输水工程控制系统来综合分配水量，为全国65%的城市和农村提供工业生产和生活用水。二是科学利用地下水，旱季合理开采地下水，雨季通过管道补给地下水，从而使地下水位保持平衡。三是修建蓄水设施，通过水库和小型拦蓄工程拦蓄地表径流达到水资源时空分布均匀。四是注重海水淡化，以色列南部有些城市通过海水淡化提供大部分生活用水。五是重视人工降雨，以色列人工降雨技术发达，每年通过人工降雨可以获得十分之一的水资源。

以色列还特别重视水综合利用政策的运用：首先，对水资源（地表水、地下水和空中水）整体规划、统一调度和使用。其次，将节约用水作为一项基本国策，同时注重综合利用用水。通过法律、行政、经济等多种措施鼓励在各个领域研究、推广、使用节水技术，喷灌和滴灌在农业灌溉中各占一半，农业用水率超过95%。通过废水回收和再利用减少对淡水的需求，废水回收率达到75%。再次，严格用水许可，不允许随意开发水资源，即使农民自家土地上打井也要获得事先批准。最后，通过补贴等方式鼓励发展灌溉设施，水源和管网的建设和管理费用都由国家承担，田间配套设施的费用由国家补贴30%，节水灌溉还可以获得长期低息贷款。

以上所述的以色列的相关做法当中蕴含着以下值得重视的经验：运用多种手段科学、合理利用水资源。通过大型调水工程和蓄水工程分别平衡水资源的空间和时间的分布。通过节水、回收废水、海水淡化综合利用水资源。国家出资或补助建设水工程设施，凸显其公益性特点。

（四）美国农业水利建设的相关制度及其经验①

美国农田水利管理采取中央与地方分权、政府与民间分工的方式。总体上，政府负责灌区的建设和管理。联邦政府的垦务局、自然保护局和陆军工程兵团相互分工负责相关水利工程的建设和管理，州及下级政府的水资源管理部门负责本区域水资源的开发和水利工程的建设和管理。具体由垦务局和地方水利部门建设和管理大型灌溉水源工程和骨干输水工程，陆军工程兵团建设和管理少量供水工程，自然保护局指导灌溉排水。美国的灌区管理机构是用水者自主成立的非营利性组织，具有法人地位。灌区设立董事会，每个用水者均可以参与竞选。灌区管理机构向上游供水公司购买灌溉用水，然后分配给各用户，由于实行"自负盈亏、保本运行"原则，向用水者供水的价格由灌区根据成本自主确定。

美国农田水利投资主体众多，大型灌溉水源工程或骨干灌溉网络由联邦和州政府投资，产权归联邦或州政府所有。灌区设施由用水者投资，根据股份划分产权。对于农业供水工程，联邦政府投入65%，州及地方政府投入35%，政府的这种投资不是无偿的，需要用水户偿还。灌区的工程建设由灌区管理机构建设，费用由受益农户分担，灌区和农户可以向政府申请长期低息和无息贷款，政府还为农户捐赠投资的20%。

农业水费由供水工程水费和灌区工程水费构成，供水工程水费由用水单位向灌区收取，包括供水工程的投资费用、最低运行维护费和可变成本费用。灌区工程水费包括工程建设投资折旧和运行维护费用。美国联邦政府对农业用水给予一定的政策优惠，即供水单位不能以盈利为目

---

① 本部分主要参阅中国灌溉排水发展中心：《国内外农田水利建设和管理对比研究（参阅报告）》，第124—134页；陈少林：《西部大开发的水利需求及发展战略研究》，中国海洋大学博士学位论文，2011年6月，第90—93页。

的，但要偿还工程运行维护和部分投资。州政府投资的水利工程，用水户要支付运行费、分摊的投资和利息及其他费用。

美国上述的制度经验可以基本概括为以下几点：第一，建立了与本国工业化技术支持相适应的灌溉方式。20世纪50年代开始，美国即利用先进的工业技术，发展适合家庭农场大型喷灌技术，到当代，大规模的农田水利建设已经基本完成。第二，重视水资源利用率和环境保护。美国农田水利通过工程改造和技术革新，不断提高灌溉用水效率，推广精准灌溉、水质监测、污水回收利用等环保措施。第三，由联邦政府、州政府及地方政府、民众共同参与农田水利工程建设和运行管理，且各自权责明确。第四，建立了政府投资和市场融资相结合的农田水利投资机制，联邦政府基本将农业用水作为准公益性事业，并给予大力扶助。

五、我国防旱抗旱基础设施制度的完善建议

（一）明确防旱抗旱基础设施的概念和性质

防旱抗旱设施界定不明将影响工程设施的范围、资金投入、建设和管护责任等法律问题，所以建议在修改《抗旱条例》或者在制定《防旱抗旱法》时明确防旱抗旱设施的概念。概念的界定一般有概括式、列举式和综合式。概括式就是从法律意义上揭示出防旱抗旱设施的本质属性，这种定义方式比较抽象，可以包括的范围广泛，但是不具体，需要严格的论证才能予以判断。列举式是将概念涉及的工程设施予以一一罗列，此种定义方式非常明确，可以清晰看到概念的指向，但是存在列举不完全的问题。综合式是概括和列举相结合的方式，能有效弥补概括式和列举式的不足，是一种更为科学的定义方式。

界定防旱抗旱基础设施，首先必须明确其目的和内容。从目的来看，预防干旱发生、减少干旱灾情是防旱抗旱基础设施的目的，但不是唯一目的，不排除有些水利设施具有的综合功能。从内容看，水利工程设施是防旱抗旱的基础设施，但还应当包括相关的附属设施。其次应当明确防旱抗旱基础设施的具体样态，如蓄水工程、引水工程和提水工程等。基于这两点，我们认为防旱抗旱基础设施应当被明确界定为具有防旱抗旱功能的工程设施，具体应当涵括蓄水工程、引水工程、提水工程、调水工程、节水灌溉工程、渠道防渗工程、水源涵养和人工增雨、抗旱应急水源工程、农田水利工程等工程类型。

防旱抗旱基础设施的性质是指其公益性还是营利性，这将直接影响相关制度的定位和塑造。防旱抗旱相关工程的公益性程度决定了国家财政的投入和补助力度，以及管理和维护的责任划分等。虽然防旱抗旱基础设施的公益性已经在理论和实践当中得到普遍认可，但是却没有从法律上予以明确规定，导致其在一些具体制度当中体现不够，一些本应当由政府财政负担的工程项目却委由社会资本投资，一些本应由中央财政负担的大型工程项目却被设定为地方财政负担项目，这些都催生了一系列社会经济问题，当旱灾来临时，相应的负面效果将会不可避免地发生。因此，应当在相关法律中明确防旱抗旱基础设施的公益性，并根据具体工程设施的公益性程度规定政府的投入和补助制度。

（二）明确防旱抗旱基础设施的建设方向

防旱抗旱除了要保证水源和输水工程外，还应当提高水资源的综合利用率，即一方面要注重节水，另一方面要注重水的综合利用。在防旱抗旱工程的设计、施工和运行中要始终确立节水理念，在具体实施中要根据自然环境、水土条件和区域特点，发展不同形式的节水灌溉模式，不但重视工程节水，而且要重视管理节水，这就要求除了鼓励节约用水之外，还要提高水的综合利用率。在灌区升级改造中，还要注意发挥灌区的生态功能，建设环境友好型生态灌区。

建立节水型社会，第一要在基础设施规划、设计、建设阶段就要体现节水理念。在财政允许的范围内，合理规划、科学设计，尽可能采用节水的方案、节水的设计、节水的施工方式。第二在财政允许的范围内，由国家负责承担对干旱缺水地区节水灌溉水源和管网的新建和管理费用，并对田间配套的节水设施给予一定比例的补助。第三，由国家出台政策，对发展节水灌溉的农户允许长期低息贷款。第四，建立供水单位定额管理制度，即为供水单位制定基本供水量，丰水之年供水少，补贴供水单位；缺水之年用水多，补贴用户，通过这种机制鼓励供需双方自愿节水。第五，建立用水定额制度，实施超定额累进加价，对定额范围内的用水实施基本水价，低于定额用水的按照节水量由政府回购，超过定额用水的累进加价，从而鼓励用水者积极节约用水。

完善水资源综合利用机制，具体建议包括：第一，鼓励废水回收再利用，对废水净化处理的企业和使用中水的用户给予政策支持，从而让同样数量的水重复发挥其功效，减少对水资源的利用。第二，鼓励农业灌溉与排水结合，将排水再利用或补充地下水。

建立促进城乡水利协调、统筹发展，构建城乡一体化的防旱抗旱基础设施机制。具体建议为：在防旱抗旱基础设施的资金投入上，强调政府财政对农村的倾斜；在防旱抗旱基础设施上，注重城市工程设施和农村工程设施的互联互通，实现水资源向城乡居民平等开放，改变城市和农村供水设施各自封闭运行的状态。

(三) 细化防旱抗旱基础设施权属

我国相关法律中没有明确规定防旱抗旱设施的权属，权属规定仅仅体现在国家的一些政策性规定上，即：谁投资、谁所有、谁受益、谁负担，国家投资为主建设的工程产权归国家、村集体和农民用水合作组织所有。政府鼓励将小型农田水利工程产权移交给管理主体。这些规定较为原则，缺乏具体可操作性规定，实际上是由政府来决定水利工程是否移交，导致有利可图的工程政府舍不得移交，无利可图的工程农户不愿意接手管理。所以，应当结合工程的性质、类型和规模等因素，将具有防旱抗旱功能的小型工程设施产权移交给村集体所有，其他工程设施的产权依然属于国家。

合理确立防旱抗旱基础设施的管理主体和权责。首先，完善建设前期工作和建设后运行管护等制度建设。其次，改变现在防旱抗旱设施只是根据工程规模大小来确定管理体制的方式，而应该在明晰所有权和管理权的基础上，根据工程规模大小、重要程度、管理难度等因素设计具体的管理体制。再次，将防旱抗旱设施分为国管工程、群管工程和个人管护工程。最后，在工程权属登记证书上明确注明管护的责任主体和责任人。

在明确所有权和管理权的基础上，规范防旱抗旱设施的运营机制。根据防旱抗旱设施的权属、公益性、规模等因素确定具体的运营模式。对公益性较弱的小型工程设施，可以通过产权转让的方式设置运营机制；对公益性较强的小型工程设施可以实行承包经营；对于大中型防旱抗旱设施则必须由国家负责运营。

（四）明确各级政府和部门在防旱抗旱基础设施中的权限和职责

根据水利部《关于深化水利改革的指导意见》的规定，关于防旱抗旱基础设施的事权划分，中央事权主要涉及国家水安全战略、重大水利规划、政策和标准的制定等，地方事权涉及区域水利建设、水利社会管理和公共服务。但是，这种划分是原则性的，并不明确，欠缺可操作性以及可持续性。所以应当结合防旱抗旱基础设施的公益性、重要性、战略性，发挥各级政府的比较优势，合理配置相应的权责。中央应从国家水安全的高度加强对防旱设施建设的统一指导，在相关政策、标准和规划制定、跨省统筹协调和资金投入中发挥主导作用，运用政策和资金工具，掌控防旱抗旱设施发展的方向和建设重点。地方政府主要是结合区域特点，在防旱抗旱具体工程建设运行管理方面承担主要责任。总体上就是要加强中央在防旱抗旱设施中的统一指导和主要责任，对中央与地方、政府和受益者在防旱抗旱设施规划、投入、建设和管理等方面的权责划分，特别是对资金投入比例的要求予以明确规定。

整合防旱抗旱基础设施有关部门之间的职能，完善部门协调机制。我国防旱抗旱基础设施建设和管护涉及多个部门，部门之间存在职能交叉，导致建设、规划、管理等存在一系列问题。因此，应当整合涉及防旱抗旱基础设施建设和管理方面的权责，尽量减少部门之间的权责交叉。进一步完善防旱抗旱基础设施建设、管理、运行等相关部门之间的协调机制，减少它们之间的冲突和矛盾，以发挥防旱抗旱基础设施的最大功效。

（五）完善防旱抗旱基础设施的规划和建设制度

完善防旱抗旱基础设施发展规划制度，增强规划的科学性、权威性和协调性。各级政府应当结合本地实际组织编制防旱抗旱规划，具体根据不同区域的社会、经济和社会需求，考虑农村社会结构、农业经营和种植结构等因素，制定防旱抗旱基础设施的发展思路、建设内容、建设重点、建设标准、建设和管理方式等，从而强化防旱抗旱基础设施规划的科学性，并根据国家政策和经济发展变化情况，不断完善相关规划。各级防旱抗旱基础设施规划经批准后具有法律效力，各级政府区域内的防旱抗旱设施应当按照规划建设和投资，加强与相关专业规划的相协调，推进各类工程同步推进，发挥出整体效益。

建立政府主导、农民参与的防旱抗旱设施建设机制。在项目建设前期，应形成项目调查、申报、审查、公示、审批、勘察和开工建设等工作程序，明确项目的申报主体和实施主体，确定工程产权的属性和权属范围，强化不同利益相关者的参与。根据防旱抗旱设施的工程规模、集中程度、受益范围和难易程度等因素，在保证资金安全、调动农民积极性和保证工程质量的前提下确定项目的建设主体及其责任。由中央层面统一防旱抗旱设施的建设标准，并严格实施。

（六）完善防旱抗旱基础设施的建设资金投入和运营费用机制

完善我国防旱抗旱基础设施的资金投入制度，建立政府为主、农户投入为辅、社会资本适当补充的多元机制。首先，根据防旱抗旱设施的公益性程度制定资金的投入机制。对于社会效益显著但经济效益低下的领域，政府应当大力支持和投入，突出财政资金的公益性；对于社会效益一般但经济效益较高的领域，政府应当适当引入民间资本。其次，合理划分中央、地方和农户的投入责任。应当通过立法的方式明确地将中央在防旱抗旱基础设施资金投入的范围、重点和比例确定下来，特别是国有的防旱抗旱基础设施应由国家无偿投入，小型设施以国家投入为主，农户小额投入。

同时还应当完善我国防旱抗旱基础设施运营费用的承担机制。我国现行农业供水价格按照补偿供水生产成本和费用的原则核定，但实际中这些费用难以抵偿成本，甚至连工程运行维护都不够。因此，应当建立"以工补农"的价格补偿机制，将水资源统一管理，统筹非农供水收入，保持全社会供水收支总体平衡。对于国有大中型防旱抗旱设施的建设费用全部由国家承担，不从水费中提取，免除骨干工程水费，同时建立节水激励机制。对于小型防旱抗旱设施的运行费用从土地出让金、群管水费、财政资金和灌区水费返回部分分别承担。针对不同农作物采取不同的水价政策，给予粮食作物水价优惠，对其他经济作物可以适当提高水价。

（七）扩展防旱抗旱基础设施的融资机制

积极引导民间资本投入经济效益较高的领域，如具有综合功能的水利工程，即不但有防旱抗旱功能，而且还具有工业供水、发电、养殖等能产生经济效益的功能，以及经济作物灌溉设施等。允许经济作物节水灌溉系统在明确产权归属的情况下，可以用于抵押贷款。通过保险和基金机制分担防旱抗旱设施的贷款风险，充分调动金融机构对防旱抗旱设施的信贷积极性，大力推行防旱抗旱设施贷款贴息政策和延长贷款期限。

第七章
旱灾防治利益协调法律制度

一、旱灾防治利益协调法律制度的内涵、外延以及其构建原理

（一）旱灾防治利益协调法律制度的内涵

旱灾防治利益协调法律制度的基本内涵可以概括为：以干旱灾害预防和应对过程当中的各类利益协调为内容的法律规范群所构成的法制体系。

我们可从以下几个层面入手来深入解读上述内涵：

首先，旱灾防治利益协调法律制度以利益协调为内容。之所以要协调利益，根本原因是存在着利益竞争和冲突的情形，并且这种情形在极大程度上影响着干旱灾害各类预防和应对措施实效性的发挥。具体而言：依据本研究第一部分所述之相关法理，发生竞争和冲突的利益类型可概分为两大类，一类是私人利益，另一类则是基于不特定私人利益的抽离而形成的公共利益或曰社会利益。前者可以细化为私人涉水利益和私人非涉水利益，后者所据以抽离的私人利益则均为涉水性利益，因此又可称为涉水公共利益或者涉水社会利益。私人涉水利益之间发生竞争的情形因特定区域内可用性水资源禀赋总量有限而生，一般发生在干旱灾害尚未形成的阶段，对呈现出竞争关系的各类利益依据特定的价值判断进行固化构成干旱灾害规划、水权配置等预防性措施的前提和核心。私人涉水利益之间发生冲突的情形仅因干旱灾害所引致的特定区域内水

资源可用量急剧减少而生，发生在干旱灾害形成且已经严重到相当程度之时，对呈现冲突关系的各类利益依据特定的价值判断进行弃留则构成干旱灾害应对性措施的主要构成部分；当干旱灾害发展到一定阶段之时，涉水公共利益与非涉水性私人人身和财产等利益在实现上发生冲突的情形常会凸显，对此基于特定的价值判断和原则进行化解构成干旱灾害应对尤其是应急措施的主要内容。

其次，上述利益协调发生在干旱灾害预防和应对阶段，并构成干旱灾害预防和应对法律制度构建的关键。如上段所述，对各类公私利益进行协调的必要性要么源于干旱灾害尚未成灾之时相关利益竞争关系的生成，要么源于干旱已经成灾亟须处置之时相关利益冲突关系的生成，固化、弃留以及化解等协调手段因此分别构成干旱灾害预防性和应对性措施的组成部分。这里强调利益协调之于干旱灾害预防和应对法律制度的关键性，主要是基于两个层面上的考虑：从法制实现的实效性层面上来说，对相关公私利益竞争和冲突关系的协调或者是其他措施继而采取的前提，又或者是其他措施有效推行的条件。水量规划和水权配置是前者的典型，欠缺它们，旱灾防治相关设施建设和管护主体的确定、水权调整等均无法推行。干旱灾害组织动员机制则是后者的典型，没有它，旱灾防治预案就缺乏实施的条件；从法理重要性的层面上而言，对相关公私利益竞争和冲突关系的协调因涉私人生存、人身和财产等基础性利益之限缩而极具重要性，法制构建理应予以重点关注。关键性明显不意味着利益协调构成干旱灾害预防和应对法律制度之全部，因此，旱灾防治法律制度除利益协调内容而外还应包含其他内容。依据本研究第一部分所述旱灾治理的相关理论，"其他内容"似应主要涵括旱灾检测与预报、旱灾防治计划、旱灾防治基础设施建设与管护、旱灾防治资金保障、旱灾防治物资储备以及灾后救助等措施。这些措施的法制形塑在本研究其他部分均有专述，此处不再赘言。

最后，旱灾防治利益协调法律制度在外观上表现为法制规范体系。体系化主要表现在内外两个方面：就内部而言，协调上述各类公私利益竞争或者冲突关系的法制规范基于协调对象和手段的同质性形成规范群，群内各规范之间在内容上具备相辅相成性，在适用效力上则具备应有的层级性；就外部而言，前述具有同质性的各个规范群相互之间在施力作用上呈现出衔接性，在效力上则呈现出解释、适用所要求的位阶性。内部体系所涵括的各类同质性规范群构成旱灾防治利益协调法律制度的分制度，各项分制度依外部体系排列构成旱灾防治利益协调整体性法律制度。之所以要强调旱灾防治利益协调法律制度的体系性主要目的在于保障旱灾防治利益协调性规范内容在法理上的逻辑美感，在适用以及创设亟须性规范上的方便迅捷。

(二) 旱灾防治利益协调法律制度的外延涵括

基于上述内涵揭示的第一、三点，依旱灾防治过程当中需要进行协调的相关公私法利益竞争和冲突的关系类型以及协调手段的不同，我们可以将旱灾防治利益协调法律制度所应当涵括的具体法律制度做以下简要描述：

1. 生存型取水权优先配置法律制度

该制度主要协调生存涉水利益和产业涉水利益等私人利益之间的竞争关系，核心协调手段乃是经由相关利益的权利形塑将基于价值衡量的意欲型利益并存状态予以固化，并设置相应的权利实现促导机制。所形塑的权利类型为取水权，形塑的重点、难点和关键点在于各类取水权水量获享性内容的确定。所谓"意欲型利益并存状态"是指法制形塑者所希望的竞争性利益之间应当具备的并立状态，其实质乃是一种目的型或曰理想型利益勾连状态，而非实际的利益勾连状态，但却以实际的利益勾连状态为基础。

2.生存型取水权优先实现法律制度

该制度主要协调生存涉水利益和产业涉水利益等私人利益之间的冲突关系，核心协调手段乃是基于价值衡量的权利留存和舍弃。留存并实现者为合于特定价值判断之权利，相反，舍弃者则为不合于特定价值判断之权利。生存型取水权优先配置法律制度是该制度的前提和基础，原因主要有二：一是两类法律制度所涉及的利益类型相同，二是对各类所含利益不同的取水权要进行留弃性价值判断，必须要首先明确相关权利的内容和边界，尤其要明确水量获享性内容，因为相关权利冲突的根本即源于此。

3.旱灾应对中的公法负担法律制度

该制度以协调涉水型公共利益与私人人身、财产利益在实现上的冲突为目的和主要内容，主要协调手段是旱灾应对的组织动员和财物征用，组织动员是私人行为上的负担，财物征用则是私人财产上的负担。

以上三类法律制度共同构成旱灾防治利益协调法律制度体系。其中，生存型取水权优先配置法律制度是旱灾防治利益协调法律制度的前提性制度，主要作用领域在干旱灾害预防阶段；生存型取水权优先实现法律制度是旱灾防治利益协调法律制度的核心性制度，主要作用领域在干旱灾害应对阶段；旱灾应对中的公法负担法律制度则是旱灾防治利益协调法律制度的重要组成，主要作用领域在干旱灾害应对过程当中的紧急处置阶段。

（三）旱灾防治利益协调法律制度构建的基本原理

这里所谓的基本原理是指旱灾防治利益协调法律制度构建所应当遵循的基础性原则与法理。"构建"既包括对新法律制度的形塑，又包括对既有法律制度的完善抑或重构。"原则"是指旱灾防治利益协调各类法律规范及其群落所据以构建的原理和准则,其涵摄内容主要是立法技术上的语言表述和逻辑性要求。"法理"则是指对旱灾防治过程中的各类公私利益竞争和冲突状态进行决断和后续处理所应当依据的通识性法学理论。如前述,由于旱灾防治利益协调法律制度各构成性制度均涉及私人生存、人身以及财产等基础性利益的限缩,而这些基础性利益又构成国民宪法上基本权利的内核,因此,法治国家相关理论应当作为相关法律制度构建的重要法理依据。另外,本研究第一部分经由利益法学分析思路所抽离出的生存型涉水利益绝对保护、城乡实质公平等理论,也应当构成相关法律制度构建的主要法理来源。

具体而言,旱灾防治利益协调法律制度构建所应当遵循的基本原理有以下几个方面的内容:

1. 明确性与逻辑美感

明确性是对旱灾防治利益协调性法律规范在表述和内容上的要求。具体而言:生存型取水权优先配置法律制度所涵括的相关法律规范,首先必须确定生存型取水权的存续和行使领域,亦即权利所保护之生存涉水利益的具体类型。其次需要列明生存型取水权的权能类型,即权利可据以实现的所有行为方式或曰途径。再次务必划定生存型取水权可获享的水量边界。最后则需要备置生存型取水权实现不畅的救济机制与滥用的防范、矫正机制。生存型取水权优先实现法律制度所涵括的相关法律规范,首先必须明确列举生存型取水权必需优先予以实现的前提条件,力避原则性或者抽象性过强的表述,以免权力滥用。其次应当表明生存型取水权优先实现的具体内容,优先于哪些权利与如何优先实现应是其核心。最后则应当配备生存型取水权优先实现的保障机制、权力滥用防范机制以及因权利优先实现所生利益失衡状态的平衡机制。相关公法负担法律制度所涵括的法律规范，首先需要列明旱灾应对组织动员权与财物征用权发动的具体条件。其次必须明确旱灾应对组织动员权与财物征用权行使的主体和程序。再次要确定旱灾应对组织动员权与财物征用权的内容、边界以及权力行使所生公私利益失衡的填补方式。最后则要设置旱灾应对组织动员权和财物征用权侵害私权时的救济机制。

逻辑美感是对旱灾防治利益协调性法律规范及其群落在排列与架构上的要求。根据该项要求，生存型取水权优先配置性法律规范及其群落首先要以既存的关于水资源国家所有权与其实现机制以及取水权获享等相关宪法和法律规范为前提和基础，避免相应法律规范之间抵牾现象的出现。其次应当呈现出相互之间的逻辑关联性。这种关联性或者表现为一种相互推导关系，或者表现为一种相互实现关系，或者表现为一种基于事物本质的勾连关系。最后则应保证相互之间在作用领域、措施以及法律效力等方面不会产生冲突与叠床架屋现象。此处的后两点同时也是生存型取水权优先实现性法律规范及其群落以及公法负担施加性法律规范及其群落在排列、架构上的逻辑要求，不再重复。

2.利益衡平

利益衡平要求旱灾防治三项利益协调法律制度当中均要包含针对受损私益的矫正或者补偿性机制和制度，以达相关利益之间的均衡状态。因协调措施而生的利益实现层面上之失衡状态乃是催生此项原则及其实现机制的前提和原因。具体而言：在生存型取水权优先配置法律制度当中，因固化而生的生存涉水利益优先于其他涉水利益的不平衡状态，将催生出针对生存型取水权的形塑边界以及针对劣后性取水权的特别制度安排；在生存型取水权优先实现法律制度当中，因留弃所生的生存涉水利益优先于其他涉水利益的不平衡状态，将催生出针对生存型取水权的优先实现边界以及针对劣后性取水权不能实现时的补偿制度；在旱灾防治公法负担法律制度当中，因组织动员以及征用等所生的涉水公共利益优先于人身和财产等私益的不平衡状态，则将催生出动员权和征用权等公权的限制性发动机制以及对有特别牺牲者的补偿制度。

基于利益衡平所形塑的各项补偿或者矫正性机制和制度在性质上构成其相对应的旱灾防治利益协调法律制度的必备性内容，缺乏它们，相关利益协调法律制度则因无正当性而欠缺构建的法理基础。

3. 法律优位

法律优位是对旱灾防治利益协调法律制度载体位阶的特别要求，其具体内容为：旱灾防治利益协调法律制度的基础性内容只应当以立法机关所制定的法律为载体，除法律以外的下位阶立法以及政策等规范性文件都不可作为载体。所谓的基础性内容主要是指固化、留弃、组织动员以及财产征用等利益协调性措施的基础性构成，具体内容在上述第一点明确性部分当中已有详列，不再赘述。之所以强调法律优位，主要是基于以下法理：首先，固化作为生存型取水权优先配置中的利益协调措施涉及各类取水权类型和权能的形塑，基于立法权限，其应当以法律为载体。根据《立法法》第八条第二款第八项与第九条之规定，除委任立法而外，民事基本制度概应由法律加以规定。物权的民事基本制度性质尽人皆知，取水权体系作为用益物权的重要构成又已为我国民法法理以及《民法典》"物权编"所肯认[1]，因此，取水权类型以及权能等作为民事基本制度的组成而为法律所确认在立法法上应当并无法理障碍。其次，生存型取水权优先实现中的留弃措施因涉及对非生存型取水权在实现上的暂时或永久性压制，基于法治国家理念下的法律保留原则，理应留由

---

[1] 原《物权法》在第三编"用益物权"的"一般规定"中明确规定：依法取得的探矿权、采矿权、取水权和使用水域、滩涂从事养殖、捕捞的权利受法律保护（第一百二十三条）。该条最终被原样保留于《民法典》"物权编"当中。

法律进行规定。法律保留原则要求"涉及基本政治经济制度，特别是涉及公民基本权利的，必须由立法机关制定法律予以调整"[①]。各类非生存型取水权因利益内涵的不同在性质上可归入我国宪法上的财产权抑或劳动权（营业权）等基本权利类型之中，其实现受压制在本质上则可解读为对基本权利的限制，限制程度因受压制的内容和时间而有不同。对各类非生存型取水权进行不同程度限制的相应条件与法律后果经由法律予以明确应当是法律保留原则的内在要求。最后，旱灾防治公法负担制度中的组织动员与财产征用等措施均涉及个人自由权与财产权等基本权利的限制乃至于剥夺，根据第二点所述法律保留原则以及《立法法》第八条第二款第（五）、（七）两项以及第九条的规定[②]，只能由法律对其发动条件、程序及其法律后果等内容加以规定。

4.遵循比例

遵守比例的基本内涵可概括为：各项利益协调性法律制度内容的设计，尤其是固化、留弃、组织动员以及财产征用等协调性措施的设置均应严格遵循公法上的比例原则，以防立法权滥用和私权横遭不当毁损。从性质上分析，遵守比例应当是针对三项旱灾防治利益协调法律制度所据以构建的利益衡量所提出的基准性要求，具体理由有三：其一，各项利益协调性法律制度由于均涉及公私利益之间的竞争或冲突，因此其形塑或者完善离不开对相互竞争或冲突的各类利益勾连状态的决断。此种决断操柄于立法者，常常表现为形成特定立法目的的某种价值性政治判断；其二，对竞争或冲突等利益勾连状态进行价值判断，必须判断基

---

① 罗豪才、湛中乐主编：《行政法学（第四版）》，北京大学出版社2016年版，第30页。
② 《立法法》第八条规定：下列事项只能制定法律：（五）对公民政治权利的剥夺、限制人身自由的强制措施和处罚；（七）对非国有财产的征收、征用。第九条规定：本法第八条规定的事项尚未制定法律的，全国人民代表大会及其常务委员会有权作出决定，授权国务院可以根据实际需要，对其中的部分事项先制定行政法规，但是有关犯罪和刑罚、对公民政治权利的剥夺和限制人身自由的强制措施和处罚、司法制度等事项除外。

准,而基准无外乎两个来源,一是法律或法理上的来源,前者如上位阶法律,后者如通识性法教义,二则是法外来源,包括执政党与国家的政策考量、社会公认的道德和秩序规则等;其三,作为第二点所述第一类基准来源的比例原则已经成为现代法治国家理论的重要组成部分,对立法和行政行为均有普遍约束力,其所内涵的相关思路和原则对担负利益竞争和冲突化解职责的三项协调性法律制度而言尤有启发与效用,因此,堪为基准。

在大陆法系的公法理论当中,适用于立法的比例原则,其内涵、外延以及适用等被学者做了几个层面上的抽离①:

首先,在基本内容层面,该原则强调目的与手段之关系,当一项立法措施有助于达成某一特定目的时,必须符合该原则。

其次,在适用层面,该原则基于所有公权侵害公民权利,尤其是限制基本权利的情形,其本质乃法律限制基本权利之界限,立法者在制定使公民有负担之法律时,有遵循该原则之义务。

再次,在违宪审查层面,该原则要求立法者的立法目的和手段必须要接受宪法约束,但也要承认立法者在立法手段适当性与必要性方面享有价值评判的特权或曰裁量权。

最后,在主要内涵层面,该原则催生出了阶段性审查模式,即应当按照"目的正当性—手段适合性和必要性—手段狭义比例性"三个阶段对立法行为进行逐次推进式审查。具体审查程序为:如立法目的不合法,即可断定不合该原则,无须进行立法手段审查;如立法目的通过审查,即应进行立法手段适合性审查,若未通过,也可断定为不符合该原则,无须进行必要性审查;如立法手段通过适合性审查,则应进行立法手段必要性审查,若未通过,亦可断定为不符合该原则,无须进行狭义

---

① 参见林锡尧:《行政法要义(第四版)》,元照出版有限公司2016年版,第57—63页。

比例性审查。三个阶段的审查内容和基准各不相同，具体而言：在立法目的正当性审查当中，首先需要依据相关法规的文义、立法理由、立法程序资料、法规体系解释等确定立法目的，再就该目的所涉及或依据之相关法规判断其适当性；在立法手段适合性审查阶段，关注的重点乃是立法所形塑之相关措施是否有助于已经正当性审查的立法目的之达成，并不强调达成目的之措施的唯一性，如某项措施需与其他措施相配合方能达至目的，亦合于适合性要求；立法手段的必要性要求立法者必须从可达成所欲目的的诸多已经适合性审查措施当中择取对公民基本权利侵害最小的手段予以适用，具体基准有二，即（1）除所择取之措施而外，是否另有本质上可达成相同效果之措施存在。（2）另存之措施较已择取之措施，是否对公民基本权利侵害较小，若否，则必要性证成。在进行具体审查时，还必须要全面斟酌和衡量公共利益（尤其是行政费用负担）与第三人利益，若某一措施对公民基本权利侵害确属较小，但却对公共利益（尤其是行政费用负担）与第三人利益容易造成过度负担的，亦非必要性所需；立法手段的狭义比例性要求：某项法定措施即使为法定目的实现所必要，但若其所生之不利后果与其所欲达成目的之内涵利益两相比较，前者明显大于后者，则不得设定。此阶段审查的重点在于对法定措施所欲之公益与必须侵害之基本权所涵括私益二者加以衡量，后者遭受限制或者损害愈甚，前者实现或保护之必要性则应愈强，反之，前者实现或保护之必要性愈弱，后者遭受限制或者损害的必要性则应愈轻。

　　基于上述原则：生存型取水权优先配置法律制度在构建之前，首先应当证成在相关涉水利益产生竞争的情形下，生存型取水权优先于其他取水权被予以配置的法理正当性。其次需要审查固化这一利益协调性措施之于生存型取水权优先配置这一立法目的的适合性。再次还要论证与其他可能的协调性措施相比，固化符合必要性要求。最后则需全面衡量被优先配置的生存型取水权所含利益与被劣后配置的其他取水权所含利益在实现效果上是否得失相当。生存型取水权优先实现法律制度在构建以前,首先应当证成在相关涉水利益产生冲突的情境中,生存型取水权优先于其他取水权被予以实现的法理正当性。其次需要审查留弃型措施所含诸行为方式是否足以助成生存型取水权优先实现这一立法目的。再次还要论证在涉水利益严重冲突的极端情形之下,留弃型措施具有唯一可用性。最后则需衡量被留存并实现的生存型取水权所含利益与被舍弃并暂行或者永久限制实现的其他取水权所含利益在后果上是否得失相当。旱灾防治公法负担法律制度在构建之前,首先应当证成组织动员与财产征用制度所据以形塑的目的及其必要性和正当性。其次需要分别审查组织动员机制与财产征用制度之于其形塑目的的适合性,即它们是否有助于其形塑目的的达成。再次还要论证与其他可能存在的措施相比,组织动员与财产征用是否具备必要性。最后则需要全面衡量组织动员和财产征用所欲达成的公共利益与其所限制、损害的私人利益之间的得失程度。

二、生存型取水权优先配置法律制度

(一)相关基础性范畴及立法目的的证成

根据前述第一部分所揭示之利益类型及其相关分析结论,我们将生存型取水权界定为以饮用、卫洁、粮食种植以及良好生态环境存续等生存涉水利益为内核或曰保护实现对象的取水权体系,具体可分为饮用取水权、卫洁取水权、种粮取水权、生态取水权等权利类型。生存型取水权在性质上归属于我国《民法典》所明定的"取水权"这一用益物权。生存型取水权优先配置是指在生存涉水利益与产业等其他涉水利益发生竞争状态时,以权利形式使前者保证优先实现的权利形塑方法，对此方法进行规制的系列法律规范则称为生存型取水权优先配置法律制度。

对生存型取水权优先配置法律制度的立法目的进行证成，需要从两个方面进行：第一个证成方面需以前述第一部分所揭示之生存涉水利益绝对优先性法理为基础。基于该法理，在水资源可用总量配置过程当中，以生存涉水利益为保护对象的配置方式务必要保证生存涉水利益相较于其他涉水利益优先的实现可能性。以行政权力为基础配置方式时，生存涉水利益的优先实现可能性主要应当通过相关规划与计划上的优位性安排来实现；以权利为基础配置方式时，生存涉水利益的优先实现可能性则主要应当经由权利客体的优先保障与权能的倾斜来实现。从我国现有水资源以及水权的配置与形塑法制来看，两种配置方式并存，且前一种方式在很大程度上构成第二种方式的前提和基础，这也是诸多学者将取水权定性为"特许物权"或曰"准物权"的根本原因之所在。第二个证成方面需以我国宪法上所形塑的水资源国家所有制为基础。水资源国家所有制在法制构建上主要产生两个层面的要求：一是法律及其下诸多下位性立法的创制者负有及时、精准地将水资源国家所有制转化为国家所有权，并厘清和确定权利性质、边界、权能和保障机制等的职责，若不履行或者不完全履行，则有立法怠惰之嫌。二是立法者依据前述转化职责在形塑水资源国家所有权时，应当承袭水资源国家所有制所据以生成的政治性价值判断，不可背弃，若背弃之，则欠缺宪法正当性。作为社会主义国家公有制经济基础组成部分的水资源国家所有制，全面、公平地保证国民生存基础并借此促成国民发展利益的充分实现乃其根本政治目的之所系，生存型取水权优先配置系列法律制度的形塑即是立法者积极、正当履行这两个层面法制构建职责的生动体现。

（二）水资源与取水权配置的现行法制

1. 水资源配置的法制现状

水资源配置的基础性法制安排体现在现行《水法》第四十四条至第四十七条当中，具体解读如下：

《水法》第四十四条主要涉及水资源宏观调配权的配置与实现。根据该条，水资源宏观调配主要经由各级水中长期供求规划予以实现，水中长期供求规划制订和实施权即构成水资源宏观配置权的权力内容。具体而言：水中长期供求规划可概分为全国和跨省、自治区、直辖市规划与地方规划两类，地方水中长期供求规划又可细化为省、市、县三级规划。各地水的供求现状、国民经济和社会发展规划、流域规划以及区域规划是各级水中长期供求规划制订的法定依据，水资源供需协调、综合平衡、保护生态、厉行节约与合理开源等则是各级水中长期供求规划制订的法定原则。全国和跨省、自治区、直辖市水中长期供求规划制订、实施权的实现机制被设定为：国务院水行政主管部门会同有关部门制订规划后，报国务院发展计划主管部门审批，获批规划由国务院水行政主管部门组织实施；地方三级水中长期供求规划制订、实施权的实现机制则被设定为：各级人民政府水行政主管部门会同本级有关部门依据上一级水中长期供求规划制订本级规划后，报本级人民政府发展计划主管部门审批，获批规划由各级人民政府水行政主管部门组织实施。

《水法》第四十五条主要涉及水量分配权与调度权的配置与实现。根据该条，水量分配权与调度权的实现必须以流域水量分配方案以及水量调度预案为依据。详言之：以流域为单位的水量分配方案以调蓄径流与分配水量为内容，水中长期供求规划是其制订的上位阶依据。跨省、自治区、直辖市水量分配方案的制订权属于流域主管机关和利益所涉的省级人民政府，批准权归属国务院或其授权部门，获批方案的实施权则由利益所涉的省、自治区、直辖市人民政府享有。其他跨行政区域水量分配方案的制订权归于各行政区域共同的上一级人民政府水行政主管部门以及利益所涉的地方人民政府，批准权属于本级人民政府，获批方案的实施权则由利益所涉的地方人民政府享有；水量调度预案仅在旱灾紧急情况发生时启动和实施，其制订、批准与实施权的获享主体同于水量分配方案，不再赘述。

《水法》第四十六条主要涉及年度水量分配权和调度权的配置与实现。根据对该条规定的解读，年度水量分配权和调度权的实现必须以年度水量分配方案与调度计划为基础。年度水量分配方案和调度计划的形成需要两类依据：一是第四十五条所述的已经获批的水量分配方案，这是上位阶方案依据。二是年度预测来水量，这是现实需要依据。年度水量分配方案和调度计划的制订和实施权由县级以上各级地方人民政府水行政主管部门或者流域主管机构享有。经批准的年度水量分配方案和调度计划将对相关地方人民政府产生法律约束力，相关地方人民政府负必须服从的义务。

《水法》第四十七条主要涉及总量控制和定额管理相结合用水制度的基础性内容。根据该条，用水定额乃是用水总量控制的前提和基础，用水总量的年度控制则依靠年度用水计划进行。各行业用水定额的制订权归省、自治区、直辖市人民政府有关行业主管部门，审核权属于省、自治区、直辖市人民政府水行政主管部门和质量监督检验主管部门，公布权则由省、自治区、直辖市人民政府享有；年度用水计划的制订权由县级以上各级地方人民政府发展计划主管部门和水行政主管部门享有，计划应当依据经过审核的各行业用水定额、技术经济条件以及水量分配方案确定的可供本行政区域使用的水量制订。

对上述各基础性法律规定进行细化的乃是部门规章性质的《水量分配暂行办法》（水利部2006年制定，2008年2月1日实施）。办法细化的制度内容可以概括如下：

（1）对水量分配及其相关概念进行了界定。具体而言："水量分配"被界定为对水资源可利用总量或者可分配的水量向行政区域进行逐级分配，确定行政区域生活、生产可消耗的水量份额或者取用水水量份额。"水资源可利用总量"被界定为包含地表水资源可利用量和地下水资源可开采量，并扣除两者的重复量；"可分配的水量"被界定为在水资源开发利用程度已经很高或者水资源丰富的流域和行政区域或者水流条件复杂的河网地区以及其他不适合以水资源可利用总量进行水量分配的流域和行政区域，按照方便管理、利于操作和水资源节约与保护、供需协调的原则，统筹考虑生活、生产和生态与环境用水，确定的用于分配的水量；"经水量分配确定的行政区域水量份额"被定性为是实施用水总量控制和定额管理相结合制度的基础；"跨省、自治区、直辖市的水量分配"被界定为以流域为单元向省、自治区、直辖市进行的水量分配；"省、自治区、直辖市以下其他跨行政区域的水量分配"则被界定为以省、自治区、直辖市或者地市级行政区域为单元，向下一级行政区域进行的水量分配（第二、三条）。

（2）明确了水量分配的基本原则，即：公平和公正，充分考虑流域与行政区域水资源条件、供用水历史和现状、未来发展的供水能力和用水需求、节水型社会建设的要求，妥善处理上下游、左右岸的用水关系，协调地表水与地下水、河道内与河道外用水，统筹安排生活、生产、生态与环境用水（第五条）。

（3）规定了行政区域水量分配的核算指标。该指标由流域主管机构在制订流域水量分配方案时，与利益所涉的各省级人民政府协商确定；确定依据包括：流域及各行政区域用水实际和经济技术条件，先进合理的用水水平，流域内有关省、自治区、直辖市的用水定额标准；"综合协调平衡"则被明确为确定原则（第七条）。

（4）规定了预留水量份额。该份额设定的目的被确定为：满足未来发展用水需求和国家重大发展战略用水需求。流域或者行政区域的水资源条件是份额设定的前提和基础。份额设定权被以裁量权的形式授予水量分配方案制订机关以及利益所涉的各省级人民政府，份额的管理权则由水量分配方案批准机关决定（第八条）。

（5）设定了水量分配方案的确定机制，即：水量分配方案制订机关应当进行方案比选，广泛听取意见，在民主协商、综合平衡的基础上，确定各行政区域水量份额和相应的流量、水位、水质等控制性指标，提出水量分配方案，报批准机关审批（第九条）。

（6）明确了水量分配方案的五项必备性内容，即：流域或者行政区域水资源可利用总量或者可分配的水量；各行政区域的水量份额及其相应的河段、水库、湖泊和地下水开采区域；对应于不同来水频率或保证率的各行政区域年度用水量的调整和相应调度原则；预留的水量份额及其相应的河段、水库、湖泊和地下水开采区域；跨行政区域河流、湖泊的边界断面流量、径流量、湖泊水位、水质，以及跨行政区域地下水水源地地下水水位和水质等控制指标（第十条）。

（7）增补了年度水量分配方案和调度计划的制订依据，明确了年度水量分配方案和调度计划的核心内容。如上所述，《水法》第四十六条列举了年度水量分配方案与调度计划制订的上位阶方案依据和现实需要依据，办法则增补了用水需求和水工程运行情况两项依据。另外，办法还明确地将用水时段和用水量列为年度水量分配方案和调度计划的核心内容（第十二条）。

（8）将水量调度权的发动前提由《水法》第四十五条规定的"旱情紧急情况发生"扩展为"旱情紧急情况或者其他突发公共事件发生"，水量调度权的行使依据相应地变更为两种，即经批准的旱情紧急情况下的水量调度预案或者突发公共事件应急处置预案（第十二条）。

若从公权的角度分析上述法律规定，不难总结出我国现行水资源配置权力的系谱，即水资源配置权主要应由水资源宏观调配权、水量分配权、水量调度权、用水定额权、年度用水计划权等五类权力构成。其中的水量分配权可分为长期水量分配权与年度水量分配权，水量调度权可分为旱灾等紧急情况下的水量调度权与年度水量调度权，用水定额权则可分为行政区域用水定额权、行业用水定额权和预留水量定额权。这些权力之间呈现出错综复杂的实现性关系，具体而言：水资源宏观调控权主要经由长期水量分配权与旱灾等紧急状态下的水量调度权来实现，长期水量分配权借由年度水量分配权来实现，年度水量调度权又是年度分配权的主要实现手段；行业用水定额权的实现将在很大程度上助成长期水量分配权的实现，因为行业用水定额的确定是行政区域用水定额确定的前提和基础，行政区域用水定额又构成长期水量分配方案的核心性必备内容；与行政区域用水定额权相同，预留水量定额权也内涵并派生于长期水量分配权之中，因为预留水量定额的确定乃是长期水量分配方案中的必备内容，其管理权限则由长期水量分配方案批准机关决定；行业、行政区域用水定额权与年度用水分配权催生出年度用水计划权，该计划权是水资源配置权力系谱当中的最末端，因此在性质上是各上位阶水资源配置权共用性的实现工具。

有学者将我国水资源配置的程序依据相关法制概括为三个大的环节，即：第一环节，向各行政区域分配水资源可用总量或者可分配的水量份额。第二环节，根据批准的水量分配方案和年度预测来水量制订年度水量分配方案和调度计划。年度调度计划制订的目的在于：便于根据适时的用水需求和水工程运行情况，参考年度可供水量情况，对水量进行适时调整，保障合理用水，抑制不合理需求，以达到供需总体平衡。第三环节，实施水量调度。水量调度必须符合年度水量分配方案和调度计划，实行年度水量调度计划与月、旬水量调度方案和实时调度指令相结合的调度方式。水量实时调度是根据实时水情、雨情、旱情、墒情、水库蓄水量以及用水情况,对已经下达的月、旬水量调度方案做出调整。①

还有实务部门的作者对塔里木河的水资源分配程序进行了实证研究,总结出四个主要阶段,即:塔里木河四大源流与干流之间水量的配置;塔里木河四大源流流域内水量的配置以及干流流域内水量的配置;地州内部各市县、兵团农业师内各团场之间的水量配置;各用水户组织或者具体用水户用水量的配置。②这一成果对于常年干旱地区水资源配置机制的构建具有启示意义。

2. 取水权配置的法制现状

对取水权配置进行基础性规定的是现行《水法》第四十八条至第五十五条,对这些法律规范进行解读可以在很大程度上探知取水权配置的立法本意。

《水法》第四十八条规定了取水权的产生机制、获取条件和基础性内涵。依规范内容:取水权的产生机制被设定为许可制,即意欲获享取水权者按照取水权许可制度的相关规定向水行政主管部门或者流域管理机构申请,经许可后获得取水权,表彰权利的法律文件为取水许可证;取水权获取的条件被明确为缴纳水资源费;家庭生活和零星散养、圈养畜禽等少量饮用水的取水权获取被豁免许可和缴费;取水权许可机制以及缴费的细化性内容被明确授权国务院以下位阶立法予以规定;取水权的获享主体被规定为"单位"和"个人",以体系解释法,此处的"单位"应当包含民法上的各类法人和非法人组织,"个人"则应当包含自

---

① 参见裴丽萍:《可交易水权研究》,中国社会科学出版社2008年版,第180—183页。
② 参见贾绍凤等:《中国水权进行时——格尔木案例研究》,中国水利水电出版社2012年版,第59—60页。

然人以及作为自然人组合形态的家庭（含农村承包经营户与个体工商户）。取水权的利益内涵被限定为直接从江河、湖泊等地表水流以及地下水当中获取并使用水资源。

《水法》第四十九条更进一步地明确了取水权的利益内涵，即获取和使用水资源应当计量，并应当遵从经批准的用水计划。

从《水法》第五十、五十一、五十二、五十四条的相关表述当中，我们可以抽离出立法所肯认的取水权类型，即：农业取水权（第五十条）、工业取水权（第五十一条）、城市生活取水权（第五十二、五十四条）和农村生活取水权（第五十四条）。

《水法》第五十三条和第五十五条表明了当代各类取水权实现的两种具备基础性和普遍性的途径，即：经由供水企业实现以及经由供水工程实现。

国务院为履行上述《水法》第四十八条所委托的立法职责，出台了行政法规性质的《取水许可与水资源费征收管理条例》（2006年），其中针对取水许可的细化性规定主要可概括为以下十个方面：

（1）将取水权利益内涵当中的"获取"明确为利用闸、坝、渠道、人工河道、虹吸管、水泵、水井以及水电站等取水工程或者设施取得水资源。

（2）设定了取水许可体制。取水许可实行分级审批，具体而言：长江、黄河、淮河、海河、滦河、珠江、松花江、辽河、金沙江、汉江的干流和太湖以及其他跨省、自治区、直辖市河流、湖泊的指定河段限额以上的取水，国际跨界河流的指定河段和国际边界河流限额以上的取水，省际边界河流、湖泊限额以上的取水，跨省、自治区、直辖市行政区域的取水，由国务院或者国务院投资主管部门审批、核准的大型建设项目的取水以及流域管理机构直接管理的河道（河段）、湖泊内的取水均由流域管理机构审批；其他取水由县级以上地方人民政府水行政主管部门按照省、自治区、直辖市人民政府规定的审批权限审批。

（3）将豁免许可和缴费的取水权获享情形扩展为：农村集体经济组织及其成员使用本集体经济组织的水塘、水库中的水的；家庭生活和零星散养、圈养畜禽饮用等少量取水的；为保障矿井等地下工程施工安全和生产安全必须进行临时应急取（排）水的；为消除对公共安全或者公共利益的危害临时应急取水的；为农业抗旱和维护生态与环境必须临时应急取水的。

（4）规定了取水权许可的基本规则。主要表现有五：一是规定了各类取水权许可时的考量原则，即应当首先满足城乡居民生活用水，并兼顾农业、工业、生态与环境用水以及航运等需要。二是赋予省、自治区、直辖市人民政府对同一流域或者区域内各项取用水根据实际情况确定先后顺序的权力。三是确立了取水权许可的规划或计划前提，即必须符合水资源综合规划、流域综合规划、水中长期供求规划和水功能区划。四是明确了取水权许可的水量前提。此类前提又内含着两种类型：一类可称为流域与行政区域内取水许可总量。详言之，即流域内批准取水的总耗水量不得超过本流域水资源可利用量，行政区域内批准取水的总水量，不得超过流域管理机构或者上一级水行政主管部门下达的可供本行政区域取用的水量，批准取用地下水的总水量，不得超过本行政区域地下水可开采量。五是批准的水量分配方案是确定流域与行政区域取水许可总量控制的依据；另一类则可称为按行业用水定额核定的各行业用水量，省、自治区、直辖市人民政府水行政主管部门和质量监督检验管理部门负责指导并组织实施本行政区域各行业用水定额的制定。

（5）设置了取水权许可听证制度，即许可机关若认为取水权许可涉及社会公共利益，则应当向社会公告，并举行听证。取水权许可若涉及申请人与他人之间重大利害关系的，许可机关在做出许可前，应当告知申请人、利害关系人。申请人、利害关系人要求听证的，审批机关应当组织听证。

（6）确定了取水许可证的内容和期限。取水许可证应当包含六项内容，即：取水单位或者个人的名称（姓名），取水期限，取水用途，在江河、湖泊、地下水多年平均水量情况下允许的最大取水量，水源类型，取水、退水地点及退水方式、退水量。取水权人要求变更取水许可证载明事项的，应当依照规定向原许可机关申请，经批准办理相关变更手续；取水许可证有效期限一般为5年，最长不超过10年。有效期届满，需要延续的，取水权人应当在有效期届满45日前向原许可机关提出申请，原许可机关应当在有效期届满前，做出是否延续的决定。

（7）确立了取水许可证注销制度，即取水权人连续停止取水满2年的，由原许可机关注销取水许可证。但由于不可抗力或者进行重大技术改造等原因造成停止取水满2年的，经许可机关同意，可以保留取水许可证。

（8）允许取水权有条件地转让。允许转让的条件有三：一是转让的取水权必须是权利人通过调整产品和产业结构、改革工艺、节水等措施节约出来的。二是转让的取水权以其剩余有效期和取水额为限。三是转让必须经原许可机关批准，并办理权利变更手续；取水权转让的细化性规定被授权国务院水行政主管部门经由下位阶立法予以规定。

（9）设置了取水权人年度取水计划制度。取水权人的年度取水计划由取水许可机关依照本地区年度取水计划、取水权人提出的年度取水计划建议，按照统筹协调、综合平衡、留有余地的原则向取水权人下达。其中的"本地区年度取水计划"由相关主管机构根据批准的水量分配方案，结合实际用水状况、行业用水定额、下一年度预测来水量等制定。"取水权人提出的年度取水计划建议"则由取水权人在每年的12月31日前向许可机关报送；取水权人因特殊原因需要调整其年度取水计划的，应当经原审批机关同意。

(10) 设置了取水权水量限制制度。限制主要包括两种，一种是年度取水量限制，限制的情由被明确为：自然原因导致水资源不能满足本地区正常供水的，取水、退水对水功能区水域使用功能、生态与环境造成严重影响的，地下水严重超采或者因地下水开采引起地面沉降等地质灾害的。限制权由取水权许可机关享有和行使；另一种则是重大旱情发生时的紧急限制，限制权同样由取水许可机关获享。

基于以上解读，取水权配置的法制内容基本上可以被概括为三大部分，即取水权形塑、取水权生成与取水权调整，以下分别进行阐释。

取水权形塑也可称为取水权外形的塑造，是指对取水权类型与内容的肯认与塑造，相关立法乃其基础性实现途径。据上所述，现行法律和行政法规所肯认的取水权基本类型包含：城乡居民生活取水权、农业取水权、工业取水权、生态环境取水权以及航运取水权；各类取水权所通用的权能或曰实现方式计有获取水量、使用水量、在特殊情形下转让剩余水量；各类取水权的最长存续期间为10年，一般为5年；各类取水权附随着两项基本义务，一是经常使用义务，若连续2年不使用，权利人需承受权利被注销之不利后果。二是退水义务，该义务若不履行或者不完全履行，权利人亦需承受不利之法律后果。

取水权生成也可称为取水权内涵的塑造，是指对各类取水权已为法所塑造之内容进行相应充实，从而使各类取水权具备现实可实现性，基于取水权获取申请的许可机制是其唯一实现途径。根据上述行政法规的相关内容，借许可，由相应公权主体对各类取水权内容进行的充实主要体现在以下几个层面之上：（1）对各取水权所内含的取用水量予以确定。从根本上讲，确定的水量乃是各取水权获取、使用、转让等权能存续以及实现的前提和基础，同时也是这些权能发挥作用的标的和对象，欠缺水量，各取水权就永远是载于法条之上的虚置性权利，无法"落地"。总结上述第一、二两部分的相关阐释，我们可以将各类取水权取用水量的确定阶段梳理为：将流域水资源可利用总量或者可分配水量向省、自治区、直辖市分配，确定省级行政区域内生活、生产可消耗的水量份额或者取用水水量份额——将省级行政区域内生活、生产可消耗的水量份额或者取用水水量份额向各市分配，确定市级行政区域内生活、生产可消耗的水量份额或者取用水水量份额——将市级行政区域内生活、生产可消耗的水量份额或者取用水水量向各区县分配，确定各区县行政区域内生活、生产可消耗的水量份额或者取用水水量份额——相关部门制订年度水量分配方案，确定本级行政区域内生活、生产年度可消耗的水量份额或者年度取用水水量份额以及用水时段——相关部门制订年度用水计划——相关部门向各取水权人下达具体用水计划，明确年用水量。(2) 对各取水权所内涵水量的来源予以确定。确定的内容包含水源类型——地表水抑或地下水与水源地两类。(3) 对各取水权的具体存续期间予以确定，确定的最长期限为 10 年。(4) 对各类取水权所附随的退水义务予以明确。明确的内容包括退水地点、退水方式、退水数量以及质量等。

　　在取水权生成的四层内容当中，对各类取水权内涵取用水量的确定是重点和关键所在，但针对此问题，现行法制却存在着两大不明确性：首先，取水权申请的发起阶段不明确。取水权申请人应该在水量确定的哪一阶段发起申请，法律和法规并未明确规定，取水权申请所针对的水量对象因此晦暗不明。这将在法理上产生重大疑问：取水权申请人所欲取用的是三级（省级、市级、区县级）水量分配方案确定的水量份额（生活、生产可消耗的水量份额或者取用水水量）还是年度水量分配方案确定的年度水量份额（生活、生产可消耗的年度水量份额或者取用水水量），抑或是年度用水计划确定的年度用水量？若为第一种，是三级水量分配方案确定的水量份额均可作为取用对象，还是仅仅其中一级水量分配方案确定的水量份额可作为取用对象？可作为取用对象的各类水量份额性质为何？若为第二和第三种，年度水量份额与用水量的性质又该如何界定？其次，源于公法裁量权的预留水量份额，其性质、归属、限制以及使用等都不明确。这可能会引发权力滥用问题，主要表现为：因缺乏针对裁量权的明确限制而引发过度预留，从而挤占取水权获享空间；因归属与使用方式不明而产生不当使用、过度使用以及怠于使用等问题。

对于上述两点不明确之处，我们尝试做出如下解答：首先，取水权申请的发起阶段应当定位于上述水量分配诸阶段当中的第三阶段完成之后，即将市级行政区域内生活、生产可消耗的水量份额或者取用水水量向各区县分配，确定各区县行政区域内生活、生产可消耗的水量份额或者取用水水量份额之后，取水权申请人即可依许可机制发起取水权申请。之所以做出如此理解的关键原因在于：唯有在该阶段完成之后，各项潜在取水权所能使用的水量份额才可最终确定。如此一来，两个法理上的问题亦将随之而生，即：其一，此阶段完成之后所分配给区县的水量份额性质如何？取水权申请人对此类份额有无权利抑或法益。其二，前两个阶段完成后分别形成的省级水量份额与市级水量份额性质如何？取水权申请人对此两类份额有无权利抑或法益？针对第一个问题，我们认为：依据我国水资源国家所有的现行宪法和法律规定及其所蕴含之法理，区县水量份额在尚未借由取水权许可生成为取水权内容之前在性质上应该解释为水资源国家所有权的内容，其待取水权生成之时即随国家所有权使用性权能与其母权的分离而构成取水权的关键内容。取水权申请人在获许可之前，对区县水量份额并无法律上的任何权利，但在正式进入许可程序之后，则对其具有相应值得保护的利益，具体利益类型得依据相关法制以及申请人实际所需基于价值判断进行抽离。限于本研究主题，此处仅做思路探析，并不打算深入开来；针对第二个问题，我们认为：基于与第一个问题相同的法理依据，省、市两级水量份额在性质上也应该解释为水资源国家所有权的内容,它们共同构成国家所有权派生取水权这一机制存立与运行的前提和基础。取水许可申请人与省、市两级水量份额之间并无法律上的关联,因为在后者尚未细化为区县水量份额之前,前者尚无存在之可能。详言之,只有基于后者的区县水量份额确定之后,取水许可机制才有发动可能,只有许可机制发动,申请许可的各项资质性条件才能确定,只有资质性条件确定,各类潜在取用水主体才能依条件进入许可程序成为取水许可申请人。因此,取水许可申请人对于省、市两级水量份额并不存在任何权利或法益。可能会有人认为:依据宪法,国家所有即全民所有,因此,水资源国家所有权应体现全体国民的水利益诉求,取水许可申请人作为国民应当在终极意义上对省、市两级水量份额获享一定权益。这种终极意义上的解释在政治学与宪政体制等层面上有被证立的可能,但在部门法意义上却明显欠缺法理依据和证成工具或逻辑。其次,依据前述水资源国家所有权的宪法、法律规定及其法理,预留水量在性质上应当解释为水资源国家所有权在派生取水权时的保留内容,归属主体无疑应当是国家,其如何使用则为国家之自由,国家既可以通过直接支配方式使用之,也可以借由派生取水权的方式使用之,第一种方式需要细密的支配规则,第二种方式则表现为取水权的再次许可。

取水权调整是指对于形塑并已经生成的诸项取水权的取用水量进行调节的公法行为。之所以将取水权调整界定为公法行为,是因为其所据以发动的权源乃是前面水资源配置部分述及的水量调度权,具体包括年度水量调度权与旱灾等特殊情形下的水量调度权两种。两类水量调度权的实现机制集中体现在行政法规性质的《黄河水量调度条例》(国务院 2006 年制定并实施)与部门规章性质的《黑河干流水量调度办法》(水利部 2009 年制定并实施)当中。根据这两部立法载体的相关规定:在"首先满足城乡居民生活用水的需要,合理安排农业、工业、生态环境用水"这一原则之下,年度水量调度权的实现依托于一系列的水量调度计划、方案与指令。具体而言,作为年度水量调度权直接行使依据的年度水量调度计划一般依据经批准的水量分配方案和年度预测来水量、水库蓄水量,按照同比例丰增枯减、多年调节水库蓄丰补枯的原则,在综合平衡申报的年度用水计划建议和水库运行计划建议的基础上制订。经批准的年度水量调度计划是制订并下达月水量调度方案的主要依据。当用水达到高峰时,还可以根据需要制订并下达旬水量调度方案。已下达的月、旬水量调度方案可根据实时水情、雨情、旱情、墒情、水库蓄水量及用水情况等以下达实时调度指令的方式做出调整;旱灾等特殊情形下水量调度权的启动和实施以相关紧急状态下的水量调度预案为前提和基础。详言之,旱情等紧急情况下的水量调度预案一经制订,即应经国务院水行政主管部门审查,报国务院或者国务院授权的部门批准。水量调度预案实施方案以经批准的水量调度预案为基础制订。出现旱情等预案所列明的紧急情况时,依据水量调度预案及时调整取水及水库出库流量控制指标,必要时,还可以对主要取水口实行直接调度。

上面所引述的相关法制内容反映出:经许可机制生成的各项取水权,其所内涵的取用水量并非一经确定即永久固定,相反,其受到行政权持续的调节与更正。这种行政权对既有私权关键性内容介入性干预的法理何在?值得深入思考。从立法目的角度而言,立基于国家所有制的水资源统一规制以及水量计划配置模式之下的管理便捷性可成为思考的切入点;从取水权人利益维护角度而言,探析介入性干预对权利所摄利益内核在实现上的不利影响,并以此与立法目的所蕴含之国家和社会利益进行对比衡量亦可成为思考的切入点。限于本成果的主题,此处仅做提示性揭示,拟另文专述。

在取水权调整的实践当中,有一种为常年干旱地区所实行的所谓"适时水权"管理模式,塔里木河流域的取水权配置是其典型。根据调研资料介绍：自 2001 年开始，塔里木河流域一改过去"以需定供"的供水方式，采取适时水权的管理模式，即根据源流天然来水的丰枯变化情况，按照供水保证率的设计原理，科学合理地研究制订丰枯增减的水权分配方案。根据提前预报的来水量，利用各条源流的来水频率曲线，求出年来水频率，然后按照实际的来水量和用水情况，进行适时调控，滚动修正，依此确定年内水权。[1]具体操作方式为：根据水情，将流域适时水权调度年定为每年 10 月 1 日至次年 9 月 30 日。其中每年 10 月 1 日至次年 6 月 30 日为非调度期，7 月 1 日至 9 月 30 日为调度期。塔里木河流域管理局根据预测的源流年度来水，考虑生态用水的需要，制定年度调度指标 $W_{年}$。在非调度期，各源流的流域管理局向塔里木河流域管理局上报每月的用水量，算出非调度期已用水量 $W_{非}$。塔里木河流域管理局综合 $W_{年}$、$W_{非}$ 以及上一年的适时水权结余 $W_{余}$，制订调度期的水量调度预案。调度期内实行旬月调度，调度旬初，各源流流域管理局按照调度预案的要求及时向塔里木河流域管理局上报上一旬引水实况，塔里木河流域管理局根据水文部门提供的上一旬断面实测水量，结算上一旬水账，并按照滚动修正、多退少补的原则，依据当旬预测的断面来水情况，制订当旬适时水权调度计划，于当旬的前两天下达调度指令。对于塔里木河流域管理局下达的调度指令，各源流流域管理局及时分解适时水权，并下达调度指令至各行政区及建设兵团，以此类推，逐级分解调度指标直至最终水户。每月一总结，余缺水权转入下一月的水权调度中。调度期结束，进行年度水权总结，汇总得出 $W_{余}$ 计入下一年的水权分配预案当中。[2]不难看出，这种适时性的取水权调整方式最典型的特

---

[1] 参见贾绍凤等：《中国水权进行时——格尔木案例研究》，中国水利水电出版社2012年版，第60页。

[2] 参见贾绍凤等：《中国水权进行时——格尔木案例研究》，中国水利水电出版社2012年版，第61页。

征莫过于将法定的年度水量调度权与干旱灾害等特殊情形下的水量调度权合二为一形成水量适时调度权，并依此对各类取水权的水量内涵进行较两种法定水量调度权更为频繁的调节与修正。对于旱灾频发的常年干旱地区而言，这种做法具有一定的普遍适用意义，因此值得总结。但却有两个问题需要探讨和注意：一是与法定的年度水量调度权和旱灾等紧急状态下的水量调度权相比，水量适时调度权对于既存取水权的利益内核影响更大也更深远，其存立的法理正当性因此更应该被证成，该从哪些角度入手进行证立，需深入思考；二是"适时水权"的称谓易生"取水权并不稳定而是具有即时性"的错觉，这将让人从根本上对取水权的权利属性产生怀疑。说"取水权并不稳定而是具有即时性"是"错觉"的原因在于：针对取水权所含取用水量的调节与更正虽然涉及对权利关键内容的干涉，但此种干涉还远未达到整体变更权利的程度，取水权除取用水量之外的相关权能和内容均未受根本性影响。前述"错觉"之所以会让人怀疑取水权的权利性质则是因为在法理上任何一种权利所涵括的核心利益都必须具备持久性，"昙花一现"式的生活利益在价值判断上一般都不具备被保护的必要性，在立法技术上也没有被形塑为法益或者权利的可能性。因此，将"适时水权"改称为"取水权适时调整"或者"水量适时调度"恐怕要更为妥帖一些。

3. 对现行法制的评述——以生存型取水权优先配置为目标

纵观上述关于水资源和取水权配置的法制现状，不难看出：其中针对生存型取水权优先配置的规范设置要么过于原则，要么存在重大欠缺，具体而言：第一，既存的水资源配置法律制度为相关配置权的行使设置了"统筹安排生活、生产、生态与环境用水"这一原则性要求，从中无法解读出生活、生态等生存型用水绝对优先于生产型用水的内涵，相反，"统筹安排"的表述却容易让人解读出"生存型用水与生产型用水具体如何配置概属配置权人自由裁量范围"这样的意味。第二，既存的系列水资源配置权在内涵形塑和实现机制或方式上均欠缺保障生存型用水被优先配置的相关内容，相应的水资源配置定额、规划、计划、方案、预案等都呈现出对所有类型用水"一视同仁"的中立特色。对生存型用水的倾向性规范都难觅其踪，更遑论优先配置性的规范了。第三，既存的取水权配置法律制度当中缺乏针对取水权具体类型的形塑性规范，生存型取水权所内含的权利称谓及其权能等因此无法源基础。第四，既存的取水权配置法律制度在设置取水权许可考量原则时规定"应当首先满足城乡居民生活用水，并兼顾农业、工业、生态与环境用水以及航运等需要"，两个问题由此而生：一是仅仅强调城乡居民生活用水的优先性明显的涵摄不足，因为根据本成果基础理论部分所揭示的"生存型涉水利益"内涵，生态环境用水在重要性上应当是与生活用水不相上下的，它们二者共同构成"生存型涉水利益"。二是在水量紧缺状态下，若可用（可分配）水量仅能敷"首先满足"之用，则"兼顾"之目的必不能实现，如此矛盾该如何协调，并不明确。第五，既存的取水权配置法律制度当中并无明确、系统地保障"城乡居民生活用水"等被"首先满足"的实现机制，各类取水权生成性制度安排如同前述水资源配置权实现机制一样亦呈现出"不偏不倚"的中立状态。第六，既存的取水权配置法律制度赋予省、自治区、直辖市人民政府确定同一流域或者区域内各项取水权先后顺序的裁量权，这会产生如下疑问：此项裁量权的行使是否应当遵循前述的取水权许可原则。若应遵循，裁量权的行使对象是否仅应限于城乡居民生活取水权之外的其他取水权，质言之，裁量权的行使应当以城乡居民生活取水权的优先保证为前提。若不应遵循，则"首先满足城乡居民生活用水"这一原则的实效性势必会因裁量权的行使而被抵消殆尽。更为严重的是，若允许省级人民政府完全以裁量权设定各项取水权的先后顺序，则容易出现全国各地各项取水权内容与效力不统一的状况,因为水资源丰沛地区与常年干旱地区对各项取水权先后顺序的敏感程度必然不一。第七,既存的取水权配置法律制度对于取水权调整也仅规定了与水资源配置以及取水权许可相同的原则,相应的问题因此也有同质性,不再重复。

(三)生存型取水权优先配置法律制度的构建

鉴于上述法制缺漏,我们认为应当在旱灾防治的法制体系当中涵括生存型取水权优先配置法律制度。生存型取水权优先配置法律制度应着重从以下几个方面入手进行相应的内容构建:

1.在《水法》和旱灾防治基本法等相关法律上明确生存型取用水绝对优先于农业、工业、航运业等产业用水的水资源配置基本原则。基于本研究成果第一部分对生存型涉水利益的揭示,生存型取用水具体应当涵摄城乡居民生活取用水以及生态环境保护取用水等两种水用途。

2.依据上述原则为用水定额权的行使设定限制性规则。限制性规则具体表现为:在确定各行业用水定额时,应当保障定额权行使范围内城乡居民生活用水以及相关生态环境用水得到优先保证,质言之,即应当在先保证本地区城乡居民生活用水以及相关生态环境用水所需水量得到充分满足的前提下,再确定其他产业用水所需水量;依据本研究成果第一部分所揭示的生存型涉水利益,农业用水因与城乡居民生存利益之关联较其他产业用水更为紧密,故在各产业用水定额设定时亦应优先保障;获享优先保障地位的各用水在具体确定定额时应当以现行经济和社会条件之下相关需水主体正常生活和生产所需用的通常水量为原则。各项限制性规则的充分设置能够有效防止裁量性用水定额权的滥用或者不当行使。

3.依据第一点所述原则为水量分配权的行使设定限制性规则。相关规则具体应当设置为:在将水资源可利用总量或者可分配的水量进行逐级分配时，应当基于已确定的生存型取用水定额，明确各级行政区域内可消耗水量份额或者取用水水量份额当中的城乡居民生活以及生态环境用水量，并单独列明于相应的水量分配方案之内，以利于配置和监督。

4.将优先满足一定行政区域内城乡居民生活、生态环境以及粮食生产等用水设置为预留水量动用的原则之一。设置此项优先性原则的主要理由在于：依据上述分析，预留水量既然在法理上仍旧归属于国家，其动用自然应当依据国家需要。然而，国家需要的多样性以及作为国家意志实现主体的各级政府不可避免的自利性将在很大程度上妨碍预留水量被主动用于满足各类生存涉水利益。此项原则其实与第二点所述限制性规则发挥着相似的作用，即防止自由裁量权滥用或者不当使用。

5.借由《民法典》"物权编"和《水法》形塑涵括生存型取水权在内的取水权体系。根据法制惯性与水情、国情，我国在当前以及今后相当一段时期内所亟须的取用水应当包含城乡居民生活取水权、生态环境维护（保护）取水权、农业生产取水权、工业生产取水权、航运水权等权利类型。五项权利因涵摄利益的多层次性在法理上还有细分的空间，但为保持权利稳定性计，建议暂不细分，可留待今后因应生活利益变迁所需再行细分。各项权利具体所涵摄的利益类型、权能以及权利实现机制等应当成为法律形塑的重点与关键。

6.经由《水法》《农业法》、旱灾防治基本法等明确农业取水权之中的种粮取用水利益优先于其他农业取用水利益以及工业生产取水权、航运取水权的法律地位。这种优先地位主要源于本研究成果第一部分所揭示的粮食生产之于国民生存利益实现之重要性。在常年干旱或极端干旱地区，可以考虑设置农业取水权与粮地承包经营权之间的密切关联与互动机制。此种机制的基本内容可概括为：农业取水权与粮地承包经营权共同设定（获取）、共同存立和行使、相互附随转让以及共同灭失[①]，《农村土地承包法》和《土地管理法》应为其法制载体，共同设定的条件、基准、基本程序，共同存立和行使的基础性规则，相互附随转让的条件、程序与法律效力，以及共同灭失的情形和法律后果等则应为其构建之重点。

7.以《水法》及其下位阶实现性立法为载体，重塑生存型取水权优先配置性生成机制。如上所述，体现为行政许可的现行取水权生成机制难以凸显生存型取水权优先配置性内容，仅有的考量原则实难防范省级人民政府在各类取水权排序上法定裁量权的滥用，因此有必要重构。重构还可以沿用原有的行政许可机制，只不过要明确生存型取水权应予优先配置性内容。为此，建议从以下几个方面着重入手：（1）将前述受限制的用水定额权和水量分配权两权行使的结果——包含生存型取用水定额的各行业用水定额以及单列出生存型用水量的各级水量分配方案，作为各取水权获批最为关键的前提和基础；（2）严格依据已经为法所确定的取水权类型及权能确定拟予许可的取水权种类；（3）基于相应级别的水量分配方案，确定拟许可的各类取水权所可能涵括的水量。具体操作程序应为：在可分配水量当中，先以生存型取水权定额水量为基准，列扣各类生存取水权所应涵括的水量。针对剩余水量，可依据其他取水权之间法定的先后顺序再依次确定各权所应涵括水量，也可授予特定许可机关视实际情况确定其他各取水权所涵括水量的裁量权。依前者，若可分配水量为法定顺序在前的取水权所涵括尽时，法定顺序在后的取水权则无法生成。依后者，裁量权主体则可依据区情、水情将剩余水量在其

[①] 缺水地区的司法实务当中已经出现了认识到土地承包经营权与灌溉取水权应当同时取得的判决。甘肃省张掖市中级人民法院在"上诉人邓会、曲月珍与被上诉人吕守拓财产损害赔偿纠纷"一案的判决〔〔2014〕张中民终字第91号〕中认为："在被上诉人取得上述土地使用权后，应享有与上诉人同等的水井灌溉用水权"。

他取水权之间按照一定比例予以配置。这种重塑后的机制将对与其相关联的其他两类取水权配置法制产生直接影响：第一类是对各类取水权的排序。如上所述，我国现行法制上并无此类明确性规范，只是在取水权配置的考虑原则上有相关性表述而已。那么，是否有建构此类规范的必要性呢？答案将因前述针对其他取水权所涵括剩余水量的确定程序而有不同：若遵从第一种程序，就有必要在除生存型取水权之外的各产业取水权之间列明先后顺序，以利剩余水量的配置，若遵从第二种程序，则无列明必要。但无论如何，生存型取水权优先配置性生成机制当中，取水权先后顺序的排列仅仅应当存在于除生存型取水权而外的其他各类取水权之间，这一点必须明确；第二类乃是取水权顺序排列裁量权的设置。依据前述，现行法制概括性地授予了省级人民政府依据实际情况自行确定包括生存型取水权在内的各类取水权先后顺序的裁量权。基于已有的分析结论，这类裁量权不但在法理上欠缺坚实的正当性，而且易生弊端，理应舍弃。但若依前述，对剩余水量采取第二种确定程序时，则可考虑将此类裁量权转换为其他取水权之间先后顺序的确定裁量权。

8.我们虽然强调生存型取水权优先配置的绝对性，但这种强调绝不意味着对其他取水权忽视甚至无视，相反，为了达到各类涉水利益之间的均衡，还有必要构建针对其他取水权的倾斜性实现制度。相关制度的构建可从正反两个方面进行：正面可考虑设置各类生存取水权水量节约扶助、生存型取水权剩余水量优先向其他取水权人转让和被注销生存型取水权水量优先向其他取水权人配置等三类法律制度。第一类制度所鼓励节约的水量乃是第二类制度存在和运作的前提和基础，扶助措施可以考虑资金和技术支持。后两类制度所针对的剩余水量在转让和再配置时，生存型取水权之外的其他取水权权利人有优先获取的资格，但获取的法律方式却不一样，在生存型取水权剩余水量优先转让法律制度当中，似应赋予其他取水权人同等条件下优先于生存取水权人的购买权，在被注销生存型取水权水量优先配置法律制度当中，赋予相关其他取水权人水量配置申请权则更为妥当一些；反面则可考虑设置生存型取水权用水定额年度评估与调整机制。该机制的基本运作规则为：生存型取水权用水定额应当每年评估一次，评估的基准乃是各取水权人用水情况、来年可分配水量变动预测以及各取水权人节约用水的情况等。评估应当尽量采取公开性与专业性。评估结果一旦形成，则应当根据其进行各类生存取水权用水定额的调整，调整的结果可能是整体或者部分调低各类生存取水权用水定额，可能是保持各类生存取水权定额不变，也可能是提高生存型取水权的用水定额，如果出现第一种情况，基于生存型取水权用水定额的剩余水量就会产生，这些剩余水量还应当借由其他取水权人水量配置申请权来进行配置。

三、生存型取水权优先实现法律制度

生存型取水权优先实现法律制度是指在法定情形下保障各类生存取水权所涵括水量优先于其他取水权被配给，并对因此造成的相关涉水利益失衡状态进行矫正为内容的法律规范群。基于该定义，我们不难推导出生存型取水权优先实现法律制度的如下更为细化的三点内涵：

1.该法律制度与生存型取水权优先配置法律制度的本质区别在于：其以城乡居民生活、生态环境保护、各产业取水权已获享为前提，仅仅涉及既存权利的实现问题，而不涉及权利本身的形塑和生成问题，因此，也可以说该法律制度其实是以生存型取水权优先配置法律制度为前提和基础的。

2.该法律制度主要应当包含三部分核心内容：一是引发生存型取水权优先实现的法定情形，主要表现为严重到一定程度的旱灾。二是生存型取水权优先实现的内容和方式。内容是保障权利所涵括水量优先于其

他取水权被配给，方式则表现为优先性水量配给的权源、机制与相关法律后果。三是因生存型取水权优先实现而生的相关涉水利益失衡状态的矫正。

3.因生存型取水权优先实现而生的相关涉水利益失衡状态在权利层面上具体表现为：在可用水量极端有限的情形之下，各生存取水权因其所涵括水量被优先配给而导致各产业取水权应涵括之水量不足配给的"厚此薄彼"式的权利实现状态，亦即，生存型取水权因优先实现而给其他取水权在实现上造成了不利或曰负担。需要注意的是，这种私权对私权造成的不利或负担在本质上不同于下面将要涉及的旱灾组织动员和征用法律制度，因为后两类制度本质上为公法负担性制度，以旱灾防治公权力对相关私人人身和财产等私权所施加之不利或负担为其存立基础。

生存型取水权优先实现法律制度立法目的证成的法理依据与推演逻辑基本上同于生存型取水权优先配置法律制度，因此，这里不再重复，直接转入法制现状。

（一）与生存型取水权优先实现相关的法制现状

纵观旱灾防治与水资源相关既存法制，直接、明确且系统规定生存型取水权优先实现的法律规范并不存在，我们仅能在《抗旱条例》与《取水许可和水资源费征收管理条例》的几个原则性条款当中觅到一些"蛛丝马迹"。

具体而言：《抗旱条例》第三十五条第二款赋予旱灾发生地县级以上地方人民政府在严重干旱和特大干旱发生时采取压减供水指标、限制或者暂停高耗水行业用水、限制或者暂停排放工业污水、缩小农业供水范围或者减少农业供水量、限时或者限量供应城镇居民生活用水等措施的权力。①依文义以及条例第一条所彰显之立法目的，此五项措施的采取应该有依次性的先后顺序，即位置在后者的措施的采取应当以位置在前者的措施已经采取且不能奏效为条件，除非已经用尽所有前置性措施，否则不可对城乡居民生活取用水利益进行限缩。各类措施所针对和影响之涉水利益在立法者眼中的轻重程度因此不难推导出来：高耗水行业取用水利益要劣后于农业生产取用水利益，农业生产取用水利益则又要劣后于城乡居民生活取用水利益，生存型取水权在实现层面上的优位性意蕴由此可见一斑。如果说这一结论主要是基于法律解释和推理的话，那么第三十六条对相同主体旱灾防治概括性职责的表述则更为直接地彰显出保障生存型取水权优先实现的目的。依据该条，县级以上地方人民政府在发生旱灾时负有"按照统一调度、保证重点、兼顾一般的原则对水源进行调配，优先保障城乡居民生活用水，合理安排生产和生态用水"的职责。

《取水许可和水资源费征收管理条例》第四十一条第二款赋予取水权申请审批机构在发生重大旱情时对"取水单位或者个人的取水量予以紧急限制"的权力，结合第五条第一款②关于取水权许可基本原则的规定，可以认为：水量紧急限制权的行使应当以优先满足城乡居民生活用水等取水权的实现为目的，亦即水量紧急限制权一般仅能以生存型取水权之外的其他取水权为作用对象，不到万不得已，不能轻易针对城乡居民生活等取水权发生作用。

以上述生存型取水权优先实现法律制度应含内容为审视基准，不难

---

① 《抗旱条例》第三十五条第二款规定：严重干旱和特大干旱发生地的县级以上地方人民政府在防汛抗旱指挥机构采取本条例第三十四条规定的措施外，还可以采取下列措施：（一）压减供水指标；（二）限制或者暂停高耗水行业用水；（三）限制或者暂停排放工业污水；（四）缩小农业供水范围或者减少农业供水量；（五）限时或者限量供应城镇居民生活用水。

② 《取水许可和水资源费征收管理条例》第五条第一款规定：取水许可应当首先满足城乡居民生活用水，并兼顾农业、工业、生态与环境用水以及航运等需要。

发现既存相关法制的如下缺漏：1. 未见关于生存型取水权涵括水量优先保障配给的明确规范；2. 仅有的涉及生存型取水权优先实现的条件性规定并不统一，《抗旱条例》当中有两种表述，即"发生严重干旱和特大干旱"与"旱灾发生"，《取水许可和水资源费征收管理条例》则仅表述为"发生重大旱情时"；3. 生存型取水权涵括水量优先配给机制亦不统一，《抗旱条例》赋予县级以上人民政府五项水量限缩措施采取权，《取水许可和水资源费征收管理条例》则规定了取水许可申请审批机构的水量紧急限制权；4. 因生存型取水权优先实现所产生的私权负担如何矫正，未有规定。

（二）立法例与框架性法制构建建议

总结相关立法例，生存型取水权优先实现法律制度至少都包含两部分基本内容：首先为取水权调整性规范，其中又含两点——取水权实现调整与取水权调整机制。取水权实现调整主要规制因旱灾导致诸项水权的同一标的——水资源无法满足所有诉求时，应当优先实现取水权类型，以及其他取水权内容之相应调整。对于此项内容，我国台湾省"水利法"（2000年颁布）第十八条第一款及第二十条有明确规定，即："用水标的之顺序：一、家用及公共给水。二、农业用水。三、水力用水。四、工业用水。五、水运。六、其他用途。""登记之水权，因水源之水量不足，发生争执时，用水标的顺序在先者有优先权；顺序相同者，先取得水权者有优先权，顺序相同而同时取得水权者，按水权状内额定用水量比例分配之或轮流使用。其办法，由中央主管机关定之。"《以色列水法》（1991年修订）第六条虽列明了与我国台湾立法相近之水权内容，即"任何水权均与下列水的用途相联系；如果用途不适当，水权也就失去意义；水的各项用途如下所列：（1）生活用水；（2）农业用水；（3）工业用水；（4）劳动、贸易和服务用水；（5）公共用水"。但未如我国台湾"立法"那样明确各用途之间的优先次序,却在第三十七条(a)之(2)中规定:"在水资源短缺的情况下,有些用途要优先于其他用途,这种做法适用于具体用途计划中的各种不同用水。"可见,我国台湾"立法"遵循的是固定水权次序的立法思路,无论具体情形如何,法律所设定之水权次序都是有普遍约束力的;以色列立法则体现出"具体情况具体对待"的特色。鉴于国情,我国台湾"立法"的思路可资借鉴。

取水权调整机制则是指具体践行取水权实现调整内容的方式和方法。对此,主要有两种立法例:一是行政调整,具体手段又有不同,我国台湾"水利法"将其设置为"主管机关"对相关水权之"停止、撤销或限制"权[1],《以色列水法》则将其设置为"农业部长"以"控制和调节供水和需水"为内容之管理规定的颁发权。[2]二是水权主体之间的协商,典型的是《日本河川法》(1995年修订),其为水权人设置了在"异常枯水"情形下"必须磋商"的义务,"河川管理者"仅在磋商无果且当事者提出申请时,依法享有"必要的斡旋或调停"权。[3]与我国现行《水法》水量分配及调度制度与理念相配套,行政调整似应成为优先选

---

[1] 我国台湾"水利法"第十九条第一款规定:水源之水量不敷公共给水,并无法另得水源时,主管机关得停止或撤销前条第一项第一款以外之水权,或加使用上之限制。

[2]《以色列水法》第三十七条"配额用水区用水的调节和控制"(a)规定:如果农业部长宣布某一配额用水区并认为不能保证该地区的供水完全满足宣布配额用水区以前的需水量要求,则他有权在与水利委员会及供水委员会咨商后,通过发布管理规定来控制和调节该配额用水区的供水和需水。这些规定包括:(1)关于最大耗水量、水质观测及供水条件等的规定;并按照水的具体用途、不同季节、每天的用水小时数、土壤类别和性质,以及地理、卫生保健或其他标准将配给水的水量、水质观测及供水条件等进行分级。(2)在水资源短缺的情况下,有些用途要优先于其他用途,这种做法适用于具体用途计划中的各种不同。

[3]《日本河川法》第五十三条"枯水时用水的调整"之(1)规定:由于异常枯水而使与许可有关的用水发生困难的情况下,取得许可的用水者必须就用水的调整相互进行必要的磋商。之(3)规定:河川管理者在第(1)项的磋商无果的情况下,有当事者提出申请时,或认为不马上调整用水会严重影响到公共利益时,则可以就用水的调整进行必要的斡旋或调停。

择，但日本立法例所具备的激发相关水权人积极应对旱灾、节约行政成本等优点也值得我们学习。生存型取水权优先实现法律制度应当在原则上设置行政调整方式的同时，例外规定在无涉紧急状态或急需实现之公共利益时，用水量受限之相关取水权人可自行协调，政府主管机关则有协调指导权及协调不能时的裁决权（依申请或职权）。

其次应为取水权损失补偿的基础性规范。此种规范因是前述取水权调整规范的附随性规范，因此，在比较法上较为普遍。我国台湾及以色列的水立法对此都有原则性规定，但具体内容各有特色：我国台湾"立法"将损失补偿依其原因分为两种：一是为保证公共用水，"主管机关"因依法行使"停止、撤销或限制"权而对相关水权造成损失的补偿，其数额由"主管机关按损害情形核定补偿，由公共给水机构负担之"。二是依法规定之优先顺序，取得水权在后但却优先用水者，如致在先水权人受有重大损害时，依法给予的"适当补偿"，补偿金额由双方议定，不能时，由主管机关按损害情形核定。[1]以色列立法则将因"水行政长官"命令某水权人"不再从过去的水源地取水，而改从另一水源地取水"所致之损害补偿责任，原则性地设置为"国家财政"负担，具体由索赔者和"水行政长官"之间协议，不成时，则由法庭做出裁决。[2]日

---

[1] 我国台湾"水利法"第十九条第二款规定：前项水权之停止、撤销或限制，致使原用水人受有重大损害时，由主管机关按损害情形核定补偿，责由公共给水机构负担之。第二十条第一款规定：水源之水量不足，依第十八条第一项第二款至第六款用水标的顺序在先，取得水权登记在后而优先用水者，如因优先用水之结果，致登记在先之水权人受有重大损害时，由登记在后之水权人给予适当补偿，其补偿金额由双方协议定之；协议不成，由主管机关按损害情形核定补偿，责由优先用水人负担之。

[2]《以色列水法》第四十四条"对提出配额的补偿"规定：(a) 凡因按本节提出配额用水而使其土地范围内的水井或水设施的价值下降的供水单位或用水户，以及由于水行政长官按第四十二条(2)所发指示而受到损害者，有权向国家财政要求补偿，除非这种配用水是由于现行开采方式使该地区水资源被耗尽而实施的。(b) 如果索赔者和水行政长官之间在赔偿金额、支付方式和期限方面达不成协议，则法庭应做出裁决。(c) 农业部长有权在与水利委员会咨商后，按本条要求提出有关计算补偿的办法。

本立法虽未明确补偿性规范，但却于水权内容调整规范中列明"必须互相尊重"对方的水权[①]，联系到自行协商的调整机制，可以认为，日本法其实是将补偿归入相关水权人的协商范围之内的，遵循私法自治原则。我国台湾的立法例较全面地考虑到了取水权受限的情形，可操作性较强，因此值得借鉴。生存型取水权优先实现法律制度在设置取水权负担损失补偿的基础性规范时，应当与上述取水权实现调整之内容相配套，采用分别立法的模式，将补偿机制设计为基于公共供水安全等公益实现目的因公权限制而生之国家补偿，以及因行使法定优先取水权而对其他取水权人所致损害之私人补偿，对两种补偿都可设置诉权。

对于生存型取水权优先实现行政调整机制所应当包含的机构、程序、方式、对私人协调的指导内容、裁决程序、法律救济，以及取水权负担损失的国家补偿条件、原则、计算方式、程序及私人补偿之范围与原则等具体实现性制度内容，可授权施行法性质的下位立法予以具体规定。

四、旱灾应对中的公法负担法律制度

（一）内涵与外延

所谓旱灾应对中的公法负担法律制度是指以干旱灾害应对过程当中各类旱灾防治参与私法主体相关公法性负担的设定为内容的法律规范群。深入解读含义可以引申出如下更为具体的内涵：

第一，该法律制度所欲设定的诸种公法负担均以干旱灾害已经发生且有应对的紧迫需要为条件。这一点在本质上不同于生存型取水权优先配置等干旱灾害预防性法律制度，因为这些制度的预防特性决定了它们

[①]《日本河川法》第五十五条"枯水时用水的调整"之（2）规定：在进行第（1）项的磋商时，当事者必须互相尊重其他的用水。

都是以干旱尚未成灾为前提和目的的。

第二，该法律制度所涵摄的公法负担主体限于依法参与干旱灾害应对过程的各类私法主体，包括自然人、法人以及非法人组织，具体类型在本研究成果"旱灾防治主体法律制度"部分有详述，此处不再赘述。

第三，该法律制度为相关私法主体所设定者乃公法性质之负担，即以旱灾防治相关公法为载体抑或直接源自旱灾防治相关公权力的不利益，具体表现为积极作为性或者消极容忍性义务。

第四，该法律制度为相关私法主体设定各类公法负担之目的仅限于维护或实现与私法主体受限之私益相比更为重要之利益，而判断何者更为重要则需基于特定的价值基准。因此可以说，该类法律制度的建构与完善始终离不开相关利益的衡量。

第五，该法律制度在外形上表现为呈现出一定逻辑关系的一系列法律规范，而非单独法律规范或者不具有逻辑关联性的零散规范。逻辑关系通常表现为上下位阶法律规范之间的实现性关系。

根据本部分前述内容，我们认为在当前，旱灾应对中的公法负担法律制度主要应当包含两类制度内容：一为旱灾应对组织动员制度，一为旱灾应对财产征用制度。以下就两类制度的法制现状进行介绍。

（二）法制现状

涉及旱灾应对组织动员的相关规范主要表现为《抗旱条例》中的三个条款，即第四十四条、第四十五条和第四十六条。

《抗旱条例》第四十四条为干旱灾害发生地区的单位和个人设置了"服从当地人民政府发布的决定，配合落实人民政府采取的抗旱措施，积极参加抗旱减灾活动"等三项原则性的公法义务。依文义，可对此三项法定义务做出如下内涵揭示：1.三项义务应当既涵括积极作为义务，也涵括消极不作为义务，这不难从"积极参加"和"配合落实"这个表述的文义内涵当中推导出来；2. 积极作为与消极容忍义务具体由当地人民政府经"决定"确定，相关人民政府由此获享义务（负担）设定裁量权，何时设定、因何设定、为谁设定、设定什么等均属裁量范围；3. 积极作为与消极容忍义务应当以实现政府各类旱灾应对措施为主要内容，这一点也可以理解为义务（负担）设定裁量权行使的限制性规则。

《抗旱条例》第四十五条明确了旱灾应对组织动员机制启动的前提条件——进入紧急抗旱期。根据法条：1. 进入紧急抗旱期的现实紧迫性表现有三，即：发生特大干旱，严重危及城乡居民生活、生产用水安全，可能影响社会稳定。三项紧迫性应当同时具备，缺一不可。2. 进入紧急抗旱期的宣布权归属省、自治区、直辖市的防汛抗旱指挥机构。3. 前项宣布权的行使应当经过审批和报告这两项前置程序，审批权由省、自治区、直辖市人民政府获享，报告对象则为国家防汛抗旱总指挥部。4. 结束紧急抗旱期的宣布权仍旧归属省、自治区、直辖市的防汛抗旱指挥机构，但权力行使前应当履行向国家防汛抗旱总指挥部报告的前置程序。

《抗旱条例》第四十六条直接涉及旱灾应对组织动员制度的内容。依据法条：1. 进入紧急抗旱期后，有关地方人民政府防汛抗旱指挥机构负有组织动员职责。当然，依据公法法理，此种职责同时也是职权。2. 组织动员权（职责）的基础性内容为：组织动员本行政区域内各有关单位和个人投入抗旱工作。3. 组织动员权（职责）一经行使将产生如下法律效力：所有单位和个人必须服从指挥，承担人民政府防汛抗旱指挥机构分配的抗旱工作任务。

依据成果前述内容，涉及旱灾应对财产征用制度的相关规范主要表现为《抗旱条例》当中的四个条款，即第四十四条、第四十五条、第四十七条以及第五十四条。其中的第四十四条、第四十五条为与旱灾应对组织动员制度共用之法条，具体内涵不再重复。

《抗旱条例》第四十七条规定了旱灾应对财产征用的基础性制度内容，即：1.财产征用权归属有关地方人民政府防汛抗旱指挥机构。2.财产征用权所据以发动的条件有二：一是该地区已经进入紧急抗旱期，二是财产征用权人认为征用可满足抗旱工作之需要。3.财产征用权人应当在其管辖范围内行使权利。作为财产征用权人的地方人民政府防汛抗旱指挥机构，其具体管辖范围在本研究成果"旱灾防治主体法律制度"的法制现状总结当中有详述。4.财产征用权行使所针对的标的限于物资、设备和交通运输工具。

《抗旱条例》第五十四条规定了征用财产返还与补偿的基础性制度内容，即：1.征用财产返还与补偿的前提为"旱情缓解后"，紧急抗旱期被依法宣布结束；2.征用返还与补偿的主体同于财产征用权主体，即有关地方人民政府防汛抗旱指挥机构；3.征用财产返还应当及时；4.征用财产补偿应当依据有关法律；5.征用财产返还与补偿的标的是物资、设备和交通运输工具等。

纵观上述规范现状，不难发现以下亟须弥补的法制缺漏：

第一，未列明旱灾防治参与诸私法主体在旱灾应对组织动员机制启动之后的基本义务类型，而是委由义务设定裁量权来具体确定，这不但在法理上与本部分前述法律保留原则相悖，而且在实践当中易生私权被随意或者过度侵害之弊端。

第二，将旱灾防治参与诸私法主体在旱灾应对组织动员当中应负之义务限定为政府各项旱灾应对措施的实现性内容将产生两个层面上的问题：在法理层面上，基于法律保留原则之精神实质，对私权设定公法负担，必应借由法律进行，否则，私权即有动辄遭受公权侵害之不可预见之危险。将私法主体应负之义务限定为政府旱灾应对措施的实现性内容其实是将相关公法义务的设定委由行政权予以确定，明显不合于法理；在实践层面上，政府各项旱灾应对措施除少部分以法定职权（责）面目出现而外，大部分表现为政策性措施，具备灵活性和短期存续性，若将私法主体应负之义务限定为这些政策措施的实现性内容，则其势必随相关政策措施类型或者施力重点的因应性改变而不断转变，义务主体负担之重由此可见一斑。

第三，对进入紧急抗旱期的三项紧迫条件的表述过于原则，不见"特大干旱""严重危及""可能影响社会稳定"等条件的具体判定基准抑或相关基准的委任立法规定，旱灾应对组织动员权与财产征用权的动用由此在立法上欠缺可行性。

第四，以防汛抗旱指挥机构为主体的紧急抗旱期进入和结束宣布机制不能适应现阶段政府机构改革的大趋势。如本研究成果"旱灾防治主体法律制度"所述，当前进行的国务院机构改革已经将国家防汛抗旱总指挥部的全部职责归入新组建的"应急管理部"，原应由国家防汛抗旱总指挥部获享的紧急抗旱期进入宣布批准权当然也应归入应急管理部，但是，各地方人民政府机构是否改革、何时改革等却并不明确，因此出现了紧急抗旱期进入和结束宣布权仍旧由未改革的省级人民政府防汛抗旱指挥机构获享、进入宣布批准权却实际上已经归属新组建的应急管理部这样的法实不符状态。

第五，旱灾应对组织动员制度的基础性规定过于原则，存在关键内容上的缺漏。具体而言：1.组织动员的措施类型以及各类措施的基本内容未见规定；2.组织动员的对象仅被原则性表述为"相关单位和个人"，基本的主体形式亦未见规定；3.组织动员权行使的限制性规则缺乏，难以有效防止权力的不当使用或者滥用；4.组织动员权的法律效力规范不完整，仅规定了权利行使后组织动员对象的服从义务，对基本义务类型以及义务不履行所可能产生的法律责任等均未规定；5.源于组织动员权的私权受损救济或救助机制亦不明确。

第六，在地方政府机构改革的背景之下，以防汛抗旱指挥机构为主体的旱灾应对组织动员机制存在不稳定性。详言之，地方政府将来若如同国务院那样也组建应急管理部门以替代防汛抗旱指挥机构，组织动员权必将移转至新组建的部门；地方政府若仍旧留用防汛抗旱指挥机构，组织动员权就不会发生移转；若部分地方政府组建应急管理部门，部分地方政府保留防汛抗旱指挥机构，组织动员权的获享则将出现不统一的情形。

第七，将旱灾应对财产征用权的行使限定于权力人管辖范围之内存在不敷紧急抗旱所需之嫌，因为地方人民政府防汛抗旱指挥机构协调决策机关的性质决定了其管辖范围的狭隘性。

第八，对旱灾应对财产征用权内容的规定过于原则，具体表现为：1.征用权行使的基本程序未见规定；2.征用权行使后财产返还与补偿的前提条件未见规定，何种情形之下应当返还，何种情形之下又应当补偿不明确；3.财产返还的基础性规则与程序未见规定；4.将财产补偿的原则、标准、方式、程序等关键性问题转引至"相关法律"的规定实际上欠缺可操作性，因为在现行法制当中，就连财产征用的专门性法律制度都尚付阙如，更不用说征用补偿的操作性规范了。

第九，在地方政府机构改革的背景之下，以防汛抗旱指挥机构为主体的旱灾应对财产征用制度也存在与旱灾应对组织动员机制相同的不稳定性，具体情形不再重复。

（三）框架式构建建议

第一，明确旱灾防治各类私法主体参与灾害防治的基本义务类型及其核心内容。为了更为全面地因应干旱灾害防治之需，我们建议应当在立法上形塑两大类义务类型：一类是配合相关灾害防治公权实现的义务，可称为配合性义务；另一类是响应旱灾防治相关立法号召性规定或者基于自身性质而主动负担的义务，可称为主动性义务。前一种义务的负担和履行以相关灾害防治公权启动和实现为前提,后一种义务则以旱灾防治立法之上既存的相关号召性义务设定以及源于自身性质的义务内涵为履行条件。依据水资源配置和防旱抗旱现行法制,1.配合性义务主要应当包含以下内容:获享取水权人服从应急水量调度的义务。获享取水权人服从应急水权调整的义务,具体包括高耗水行业取水权人依调整命令限制或者暂行营业的义务、工业取水权人依调整命令限制或者暂停排污的义务、农业取水权人依调整命令容忍灌溉用水供应受限或者禁绝供应的义务、城乡居民生活取水权人(集中供水)依调整命令限制供水的义务、城乡居民生活取水权人(零散自行取水)依调整命令容忍用水受限的义务。各级抗旱服务组织应同级人民政府要求供应农村生活用水以及提供抗旱服务咨询的义务。各类医疗救护机构和组织依照卫生主管部门要求检测水质防治疫病的义务。媒体按照要求及时、全面、客观发布灾害信息的义务。2.主动性义务则应当主要包含两部分内容:各类私法主体依照《抗旱条例》第十一条的号召保护抗旱设施、依法参加抗旱的义务。村民委员会与居民委员会等基层自治组织为其成员提供灾害应对服务的义务。

第二,在明确上述两大基本义务的基础上,在一定条件限制下,考虑设置各类私法主体服从相关旱灾应对公权的概括性义务。质言之,即授予旱灾应对相关公法主体针对各类私法主体一定程度上的义务设定裁量权。之所以有如此考虑,主要原因在于旱灾演化程度以及损害后果的复杂性和难以把控性,一定裁量权的授予可以在某种程度上因应旱灾应对的现实需求。限制性条件可以原则性地表述为:相关作为或者不作为义务的设定,应当与干旱灾害可能造成危害的性质、程度和范围相适应;在作为与不作为义务当中,应当优先设定不作为义务。在不作为义务当中,应当优先设定有利于最大限度地保护相关私法主体合法权益的义务。

第三,根据国情和旱情,除了上述义务而外,我们还建议考虑设置三类新型义务,分别是:1.粮食种植业者在取水权可动用水量范围之内积极灌溉的义务。设置此项义务的理由还是基于粮食之于国民生存的极端重要性,另外,稳定紧急抗旱期内的社会、经济秩序也是重要的考虑因素。负担义务的业者范围可以限定为两类:一类是在粮食主产区内或者基本农田之上依合法权源种植粮食者,另一类是在常年干旱地区种植粮食者。基于上述第一点所述,此项义务既可以设置为配合性义务,由特定公权力激发,也可以设置为主动性义务,由义务者自行发动。履行义务的必要费用可以考虑由政府补贴,补贴额度应当依义务类型的不同而有高低,对主动性义务的补贴额度肯定应远高于配合性义务。违反义务的法律责任则可以考虑设置为责令粮地的上位权利人无偿收回粮地使用权。2.特殊干旱地区城乡居民的搬移义务。特殊干旱地区是指常年干旱导致生存条件已经严重毁损,不再适合居住,且亟须进行水生态修复的地区。义务类型应当为配合性义务,即义务相对的应当是相关地方政府的生态移民职权。义务履行除了应当具备生存和生态条件而外,还应当以妥善、合理的安置措施已经备置为前提。3.禁止囤积生活必需品及违法涨价的义务。

第四,明确紧急抗旱期三项条件的具体化职责。在行政机构改革的背景之下,可以考虑以法律明确授权应急指挥部制定详细的三项条件量化指标,报国务院备案。相关指标应当包含在旱灾应对预案当中,细化为相应权力的发动条件;因应国务院机构改革趋势,将紧急抗旱期进入和结束的宣布权明确授予应急指挥部,并细化宣布权的具体行使方式、途径以及法律效果。

第五,为平衡利益起见,遵照前述比例原则的内涵和精神实质,还应当形塑旱灾应对组织动员权限制规则。限制规则建议从积极和消极两个方面分别设置。积极方面的规则直接针对组织动员权本身,可以设置的内容包括：1. 明确组织动员权的最长存续期间，如半年，期间一过，即使紧急抗旱期尚未宣告结束，组织动员权也告消灭，相关私法主体不会再承担作为或不作为公法义务。2. 规定组织动员权行使的基本原则。可以仿照上述第二点义务设定裁量权的限制条件，将组织动员权行使的基本原则表述为：相关权力的行使应当与干旱灾害可能造成的社会、经济危害的性质、程度和范围相适应；有多种措施可供选择的，应当选择有利于最大限度地保护公民、法人和其他组织权益的措施。3. 为组织动员机关设置保障相关义务主体人身安全的附随义务。消极方面规则主要是赋予受组织动员权不利影响的私法主体必要的救济权，救济途径包含行政复议和行政诉讼。救济内容则主要包含调整、停止相关义务以及因义务履行所受损失的补偿与赔偿。

第六，列明相关组织动员义务的豁免主体。旱灾应对组织动员义务当中作为义务的施予主体如为自然人，则应当有年龄限制，超过年龄或者不足年龄者，不承担相关义务。另外，因怀孕、患病而不具备劳动能力者也不承担相关义务；作为义务的施予者如为法人或者非法人组织，承担义务将显著不利于国家利益或者社会公共利益实现的，也不承担相关义务。

第七，旱灾应对财产征用法律制度主要从以下几个方面着手进行完善：1. 将征用权授予县、市人民政府，以利于旱灾应对工作的顺利开展；2. 将征用权的发动前提原则性地表述为：干旱灾害应对所需，不宜过于细致，这将意味着紧急抗旱期内的市、县人民政府享有裁量权性质的财产征用权，其对权力何时发动享有自由判定权；3. 明确征用权行使后财产返还与补偿的前提条件，前者应当为财产尚存且使用性能并未遭受严重毁损，后者应当为财产已经不存在或者虽然存在但其使用性能已经遭受根本毁损，不堪再用；4. 立法应当明确：财产征用并不消灭征用财产上既存的相关权利，只是暂时停止相关权利的效力，征用结束后，财产返还的，财产上的原有权利自然恢复，财产无法返还的，财产上的原有权利则代位存在于补偿之上；5.征用财产的补偿可以有两种方式，一是同等实物补偿，二是市场价值补偿，财产权人可以在两种补偿方式当中选择；6.赋予财产权利人针对征用财产返还和补偿的救济权。

第八章
旱灾防治保障法律制度

一、旱灾防治资金保障法律制度

（一）旱灾防治资金保障的现实需求

旱灾防治规划涉及的内容非常宽泛，既涉及复杂的程序性内容，也涉及复杂的实体性内容，而实体性内容又包括但不限于抗旱应急水源建设等工程性建设、诸如抗旱设备等抗旱物资保障，而这一切均需要大量的资金作为保障，因此可以说，没有资金保障防旱抗旱的目标无法实现，正所谓"巧妇难为无米之炊"。

事实上，目前抗旱能力不足的主要原因也是资金不足。[1]城市居民投资能力强但不直接参与抗旱，农村居民投资能力弱却直接参与抗旱，这种"倒挂"模式导致抗旱资金不足；此外，全社会参与资金之间的整合力量没有发挥作用；而基础设施保障能力不足的主要原因也是因为资金不足。外出打工成为主要家庭收入，导致空心村的形成，进而导致村级抗旱组织匮乏，分散抗旱自救成本高企，农民抗旱补助较低而抗旱成本高企。以上问题均可某种程度归结为抗旱资金之不足。

实践中，防旱抗灾资金来源主要包括中央财政拨付、省级财政拨付、市县级自筹资金，以及乡村及群众自筹。由于防旱抗旱的性质，在

---

[1] 崔江红：《提高云南农村抗旱能力研究》，《水利发展研究》2014年第5期。

以上诸种来源中，最主要的来源是财政拨付。例如，中央财政2011年、2014年分别拨款13亿元、100亿元支持抗旱救灾工作。其中，2011年财政款中2亿元综合财力补助、8亿元抗旱救灾专项资金、3亿元用于股东资产投资；2014年款项中专门针对小型水库建设的有50亿元、应急备用井项目为5.5亿元，引调提水工程为44.5亿元。①

（二）旱灾防治资金保障制度现状与问题

防旱抗旱工作的良好开展离不开资金支持与保障。为了保障防旱抗旱工作的顺利开展，2011年出台了《特大防汛抗旱补助费管理办法》（以下简称《办法》），一些省和部分地（市）级财政基于此《办法》也出台了适应本省及本地区防旱抗旱工作实际的相应规范性文件、规范资金的使用和管理工作。《办法》规定资助的目的是补助抗旱、应急抢险工作，针对的旱灾有"特大"级别的限制，补助对象是省、自治区、直辖市、计划单列城市以及新疆生产建设兵团。

首先，《办法》在总则中明确了加强补助费管理的目的在于提高资金使用效益（第一条），属于中央财政预算安排的专项补助资金，针对的是严重干旱（第二条）；明确了地方各级财政部门增加抗旱资金投入的责任，以及其在困难时向中央财政申请补助费的权利（第三条）；明确了补助费分配使用时应遵循"以人为本"的理念，突出政策性、及时性和有效性（第四条）。

其次，《办法》对补助费的使用范围进行明确，即"特大抗旱的支出"，主要包括抗旱信息测报费、抗旱设备添置费、抗旱设施应急维修费、抗旱应急设施建设费、抗旱用油用电费、中央物资储备费用以及其

---

① 参见《中央财政再次拨付抗旱救灾资金13亿元支持贵州等西南省区抗旱救灾》，《农村财政与财务》2011年第10期；关芳：《中央财政下拨100亿元补助资金支持实施全国抗旱规划》，《中国水利》2014年第14期。

他费用,并列举了三类不得在特大抗旱补助费中列支的情形(第六条)。

再次,《办法》规定了补助费申报分配规则:明确了申报主体、申报对象与程序(第七条、第九条、第十条);明确了分配补助费时应考虑的以下相关因素:由于旱灾而导致临时饮水困难的人口数量以及牲畜数量,遭受旱灾的农作物面积、缺墒缺水的待播耕地的面积,以及地方政府和相关部门抗旱的投入及其财力状况(第八条)。

最后,《办法》规定了监督管理制度:明确了各省(区、市)财政、水利部门,新疆生产建设兵团、农业部、水利部门对抗旱物资材料和设备的管理职责(第十一条);明确了专款专用,上述主体确保资金安全、规范、有效的职责(第十二条);上述主体的监督检查职责以及上报财政部与水利部的义务(第十三条);上述主体接受审计等相关部门的监督检查的义务(第十四条)。

但由于《办法》对相关主体的规定较为笼统,直接表现为不同主体为抗旱工作该投入多少、如何投入的责任不够明晰;另一个问题在实践中更为突出,即抗旱救灾资金拨付机制与抗旱应急响应机制缺乏同步性,直接影响抗旱工作进程与效果。[①]详言之:

1. 时效性差。抗旱资金下达较晚,影响抗旱工作正常进行。资金拨付进度赶不上应急响应启动的节奏——自下而上的层层核报与自上而下的层层下拨所必然导致的较长周期,造成资金拨付与资金需求之间的时效性较差,抗旱工作由此受阻。常见的表现为,由于自筹资金不到位导致拨付资金无法及时下达,资金短缺进一步导致两种质量受影响的情形:或者,半拉子工程;或者,工程完整但质量低下。

[①] 参见王冠军、张秋平、柳长顺:《构建与国家防汛抗旱应急响应等级相适应的分级投入机制探讨》,《前沿》2009年第17期。具体存在以下一些突出问题参见王冠军、张秋平、柳长顺:《构建与国家防汛抗旱应急响应等级相适应的分级投入机制探讨》,《前沿》2009年第17期。

2.责任不明。主要是指中央和地方投入责任不明确。抗旱财政支出秉持"分级负担、地方为主"的原则,但由于投入额度规定不明导致地方对中央的依赖。

3.监管困难。一方面存在很多财务方面的问题,另一方面抗旱之后资金转化的资产,在没有发生旱灾的年份,由于地域、信息或制度的限制,容易产生"沉淀"从而导致抗旱资金效用大打折扣。此外,某种程度上,还存在抗旱重建设轻管理的情形。由于年年失效而年年修理,导致重复投入而不断浪费。但是对其监管却困难重重,一是由于投入责任规定不明确导致投入责任考核困难,二是投入资金后续监管不足。

(三)旱灾防治资金保障制度的完善

1.中央与地方各级政府之间责任应划分明确。责任划分明确意味着明确资金投入主体、投入数额与投入时间。具体而言,应明确国家抗旱响应等级相适应的分级投入机制。界别之上,即"特大旱灾",由中央承担资金,而此界别之下,则由地方政府承担资金。此外,应该明确各级政府的投入责任,并建立责任考核机制。总之,应当遵循"责任明确、适度分担、因地制宜、动态调整"的责任划分原则。

2.金融机构应在旱灾防治资金保障中发挥作用。一方面,在抗旱防灾过程中,各地银行也要承担起相应的社会责任,把工作重点转移到抗旱工作中,从人力、资金、工作机制方面支持抗旱工作。例如,为了协助企业以及其他主体对抗旱灾能力的增强,在贷款以及结算等方面应在特殊时期向有利于抗旱的工作倾斜。在信贷资金发放方面,优先用于抗旱物资生产经营上;在资金结算方面,优先于抗旱结算需要。历史上,金融机构在抗旱防灾中曾发挥过重要作用,例如2006年四川省遭遇百年一遇旱灾,省联社抗旱贷款优先、抗旱贷款利率优惠、抗旱贷款期限延长、抗旱贷款手续简化等综合发力,总计发动万名员工与百亿资金,在抗旱中发挥了重要作用。

3. 应活化抗旱资金所转化而成的资产。活化意味着对"抗旱资金所转化而成的资产"进行充分利用。例如，在旱灾过后对闲置的抗旱物资对外承包或租赁，减缓抗旱物资价值贬损的速度。或者，拍卖"抗旱资金转化成的国有资产"以回收资金。或者，把部分剩余抗旱资金或抗旱物资投入于工程中开展股权合作，从而解决抗旱资金供给不足的问题。

4. 加强对抗旱资金的管理。具体而言，可以借鉴之前一些成功的实践经验，一是对抗旱资金实行专账管理；二是在部分地区与某种程度的旱灾防治中采取见物不见钱的投入方式——县级相关部门直接供给抗旱所需材料与设备而不划拨资金；三是抗旱资金整合度的高低决定着抗旱效果的优劣，因此应消除"自扫门前雪"的理念，以一个部门为主体来整合其他部门、企业与社会捐赠的抗旱资金，促使其发挥最大效用；四是加强"从使用前的考察论证，到使用中的拨款范围，直到完工后的检查验收"的全程管理；五是落实资金使用责任制。

5. 建立发挥农民主体作用的激励机制。具体应当包括户用抗旱水利基础设施建设激励机制（主要通过物质补助）；完善抗旱蓄水激励机制（补助）；推进小型水利管理体制改革；"空心村"用补助聘请"劳力"的激励机制，即将用于为"空心村"送水的资金聘请邻近村庄青壮年劳力来帮助"留守老人和儿童"蓄水。[①]激励机制的核心在于，通过加大补助标准和补助范围，对其形成主动抗旱之激励，激活其水利投资的积极性。

6. 设立国家和地方层面的干旱援助基金。此处主要借鉴美国的干旱援助基金制度。根据《美国干旱预防法》第121条，在联邦应急管理局内部设立干旱援助基金，目的在于为地方政府及基础服务提供商提供技

---

① 参见崔江红：《提高云南农村抗旱能力研究》，《水利发展研究》2014年第5期。

术和财政援助，帮助其开发减灾措施，解决与干旱有关的人类健康、环境、经济与安全等问题，提供资金用于扩大有关干旱、水资源保护战略和新型供水技术的技术传播、开展灾后评估和建议活动。资金分配考虑地区间的差别，禁止将基金用作与提供干旱援助无直接关系的联邦职员的工资。可以借鉴美国做法，在我国中央层面和各地方设立各级干旱援助基金，以应对各地干旱防治资金之不足。立法的重点应当置于基金来源、运营、保值、适用情形和具体额度、日常监管以及效果评估等方面。

7. 设立减免受灾者相关税费制度。典型的如减免或暂缓征收受灾者的地方税及其他应交款项；或者，受灾时无偿或低价使用中央政府或地方政府提供的国有物品。这一做法，在日本《灾害对策基本法》早已有之。其第八十五条规定有二：一是国家可以依照其他法律采取减免或暂缓征收受灾者的国税及其他国家负责征收的款项等援助措施。二是地方公共团体可以依照其他法律或该地方公共团体的条例所规定的事项，采取减免或暂缓征收受灾者的地方税及其他由地方公共团体负责征收的款项等援助措施。其第八十六条亦规定有二：一是当国家在灾害发生时为确保应急措施的实施在确认必要的情况下出借或提供使用国有财产或国有物品时，国家可无偿提供或低于时价水平提供。二是当地方公共团体在灾害发生时为确保应急措施的实施在确认必要的情况下出借或提供使用属于该团体的财产或物品时，地方公共团体可以依照其他法律规定该出借或提供使用为无偿性质，或将规定为低于时价的水平。

8. 明确地方政府与金融机构的资金融通职能。应该允许地方政府发行旱灾防治专项债券，并规定地方金融机构提供特别金融服务。一方面，鉴于地方政府为受灾者减免地方税和使用费、征收费等税费，并为灾害预防、应急对策以及灾后重建支付大量费用，为弥补受灾地区的地方政府财政收入之不足，应允许其发行地方债。另一方面，法律可明确规定，相关金融机构具有协助灾害应急措施与恢复事业的社会责任。例如，日本《灾害对策基本法》第一百零四条规定，政府下属的金融机构及其他行政命令规定的、相当于政府下属金融机构的金融机关在灾害发生时，应通过提供灾害相关特别金融、延长偿还期限、旧债转新债，在必要时还可通过降低利率等符合实际情况的手段，用于协助灾害应急措施和恢复事业。

二、旱灾物资保障法律制度

（一）旱灾物资保障的基本范畴

抗旱物资保障对于满足抗旱减灾工作至关重要，需要从中央到地方，各级各类单位统筹规划、相互配合，动员不同部门、组织及广大群众，促进抗旱物资的保障工作。

1.抗旱物资保障单位

中央层面，国家防总办公室在全国很多省、自治区和直辖市设立抗旱物资仓库，储备中央防汛抗旱物资。此外，各地成立抗旱物资保障单位，如陕西省防汛抗旱服务总站、河南省防汛抗旱物资储备中心等。基层以县、市、区为主体组建抗旱服务组织，受县级及以上水利行政部门的领导，其相关设施的产权属于县级水利部门。[①]各类单位密切配合，确保防汛抗旱工作的顺利开展。

2.抗旱物资使用原则

中央抗旱物资使用要坚持"定额储备、专业管理、保障急需"的原则。中央抗旱物资储备定额由国家防汛抗旱总指挥部根据全国抢险救灾

[①] 参见史颖娟、黄喜峰：《陕西省抗旱物资管理信息系统构建浅析》，《中国水利》2017年第17期。

的需要确定。如需调整，由水利部商务部商定后报国家防总批准。抗旱所需物资先由地方储备自行解决，不足部分可申请调用。代储单位组织发货并反馈调运情况；申请单位结算调运费用，接收抗旱物资、收回未动用或可回收物资、返还已消耗或使用后没有修复价值的中央物资等。

3. 抗旱物资的调拨和使用

从经济与效率的角度考量，抗旱救灾所需物资应先由地方储备物资自行解决，如果确因遭受严重旱灾而需要调用中央物资的，则由省级防汛抗旱指挥部向国家防总办公室提出申请，获得批准后调用。情况紧急时，允许电话报批，后补齐手续。

4. 抗旱物资储备

为了确保抗旱物资的及时提供，建立中央与不同层级地方政府共同参与的多级抗旱物资储备体系。为缩短运输距离，提高效率，全国各地应设立中央抗旱物资仓库，分布在容易发生旱灾的地区。经过调查、问询、研究后，确定防汛抗旱物资的品种、数量以及分布，确保最大限度地实现物资的实用性与便捷性。抗旱物资采购时严格遵照政府采购法，确保资金安全与物资质量。此外，可以建立省、市、县、乡四级防汛抗旱物资储备体系，加强实物补充储备；创新物资储备方式，试行社会代储；完善管理制度，试行调度与管理职责分离。

（二）旱灾物资保障法律制度的实践现状及其不足

2011年的《中央防汛抗旱物资储备管理办法》明确了中央抗旱物资储备的具体内容，明确了储备品种以及按储备价值8%拨付管理费用；突破了以调物还物的规定；规定了储备管理费用的使用范围。然而，我国抗旱物资保障法律制度及其实践中依然存在以下不足：

1. 抗旱物资保障能力不足

其一，物资保障能力严重不足，无法满足抗旱的需要。国家财政虽然一直支持抗旱物资储备工作，但省级抗旱物资储备中心建设有待加强。尤其是物资储备缺额较大，省级实际可调用的抗旱物资总额与定额相差甚远，日益严峻的抗旱形势使部分地区仍然难以满足实际抢险救灾工作的需要，当灾难发生时，不能及时起到防险减灾的作用。

其二，抗旱物资储备结构不合理。传统的抗旱物资多，而科技含量高的物资少；省级储备的防汛物资占比大，而抗旱物资占比小；而县级储备物资占比则相反。山丘地区储备物资相比于湖区要少。此外，抗旱物资品种少，较为固定，难以应付新形势与新问题。

2. 抗旱物资管理不到位

其一，管理职责不明确。市县一级抗旱物资管理不到位，抗旱物资入库验收、仓库管理、物资台账、值班巡岗、维修保养等制度还不够健全。物资管理费用使用不合规，存在挤占挪用现象，物资使用经费账目较为混乱，财政审计的配合度也不高。代储单位不能严格按照规定签订代储合同并认真履行职责。

其二，物资使用频率不高而形成浪费。近年来，由于抗旱能力的提高降低了抗旱物资的使用频率，从而致使各类作为"实物"的抗旱物资常年堆积仓库，维修保养成本高企，一旦报废处理则浪费极大。

其三，调用物资回收难度大。省级抗旱物资被调用之后，时常面临调出易而回收难的问题，或者回收后无法正常使用，使得本来抗旱物资就短缺的形势更加严重。

3. 抗旱物资管理经费短缺

2011年《中央防汛抗旱物资储备管理办法》规定拨付管理费用为抗

旱物资总价值的 8%。但是，实践中大部分地方储备管理费均未满足这个要求。当下，人工费、材料费用不断增长，现有的管理费用难以满足物资管理工作的日常实际需要。由于市县以及相关部门缺乏经费的科学安排，导致来源和数额缺乏稳定性，进而导致日常物资储备管理工作无法得到财力保障。就抗旱服务队而言，其装备建设虽然得到了国家支持，但与此相关的管理经费、养护经费却未被明确纳入财政预算。

4. 抗旱物资管理的信息化程度低

其一，抗旱信息管理系统不健全。抗旱物资存在调运难、利用价值不高等问题在很大程度上是因为未建立健全抗旱信息管理系统。各地旱情信息不能得到及时反映，不能根据各地新出现的险情及时调配物资。

其二，中央抗旱物资储备物联网未建立。中央层面，由于旱灾具有区域性的特点，抗旱物资需要全局通盘考虑，才会发挥其最大效用。因此，智能化识别、定位、跟踪、监控与管理的能力就显得尤为重要与必要，其决定着物资管理信息化程度的高低，进而决定着资源配置是否优化，物资调度效率高低，以及资源调度是否科学。

（三）抗旱物资保障法律制度的完善

1. 完善抗旱物资储备管理制度

其一，完善抗旱物资四级储备体系。具体而言，应分解储备任务、明确储备责任、确保各级一定规模的实物储备，乡镇一级储备任务落实到工程单位；合理规划抗旱物资权限，分级储备、分解管理，按照谁动用、谁回收、谁补充的原则，保障物资及时规划与补充。

其二，加强管理，加强组织协调力量，成立抗旱项目小组，开展协调、监督、决策等工作。省级抗旱物资储备应由专门机构管理。按照"定额储备、专业管理、保障急需"的原则，制定仓库管理制度，完善资料建档、物资验收与发放、运输与交接、维护与保养、消防安全、值班巡岗、物资台账、学习培训、应急演练等制度。

其三，建设抗旱物资储备管理系统。以计算机网络为平台，建立由抗旱物资与经费管理母系统与子系统组成的管理系统，以旱情以及物资信息为基础，在综合分析运输车辆信息、交通道路信息等信息的基础上，实现抗旱物资的统筹调配使用，实现抗旱减灾能力的最大化。

其四，建设防汛抗旱物资应急调度系统。要建立统一应急响应门户平台，其作用在于，通过网络化与电子化的手段管理抗旱物资，从而实现应急反应抗旱数据全方位采集和即时传输、抗旱应急处置案例数据规范管理、应急反应预案智能生成、应急物资动态调整，增强增快指挥人员决策与行动的"及时性"。最终，形成"信息高效沟通"和"立体式协同作战"的统一管理模式。

2. 完善抗旱物资投资支持制度

其一，增加县级抗旱物资支持力度。按照《抗旱条例》的规定，抗旱投资支持应符合两个"匹配"要求，一是与经济社会发展水平相匹配，二是与抗旱减灾需求相匹配。与此同时，由于要求把物资支持纳入本级财政预算，以保障抗旱减灾工作顺利进行及日常管理，而我国县级财政普遍不足，所以应争取上级财政支持，同时加大水利单位自筹，动员社会企业资助等方式满足县级抗旱物资需求。

其二，多方筹措资金促进物资储备库管理水平提升。按照中央物资储备库的标准，维修、改造库房、消防、电力、安全等基础设施，应多方筹措资金，包括从国家防总申请专项经费，从其他相关项目争取经费，以实现仓库队伍专业化、管理标准化、制度合理化与行为规范化。

其三，多重手段促进物资的补充储备。为了实现物资保障目标，需要平衡几对关系：一是防汛物资与抗旱物资的协调关系，二是物资的节约与补充关系,三是实物储备与社会代储的整合关系,四是仓库储备与工程储备的结合关系。综合各种手段并平衡各种关系,确保抗旱物资储备量提升到80%左右。一定的实物储备保障才能使防汛抗旱抢险救灾工作能够顺利展开。

3.强化抗旱物资的信息化保障制度

其一,互联网与智能技术:抗旱物资信息化保障之工具。现代社会是信息社会,抗旱物资的高效调剂必然离不开互联网与人工智能技术的应用。一方面,我们应充分利用现有抗旱物资储备自动化管理系统,通过调配模块管理来优化管理水平。另一方面,为了提升应急管理水平及促进管理功能的实现,则需要对物资储备信息的准确性提出更高的要求,并基于此在全省乃至全国范围内统筹安排与合理调剂抗旱物资,因此传统互联网技术的运用,以及云计算、模式识别等智能技术的引入就具有必要性与紧迫性。

其二,体系建设:抗旱物资信息化保障之"三维"环境支持。相关体系主要包含三个方面的内容:安全体系建设,它是抗旱物资信息化保障之基石。运维体系建设,它是抗旱物资信息化保障之关键。标准体系建设,它是抗旱物资储备信息化保障之核心。要有明确可执行的国家标准与行业标准。

三、旱灾农业保险法律制度

(一)法学视野的农业保险

1.农业保险的内涵

农业保险是指农业生产过程中,农民为动植物提供的一种保险类型。一般来说,农业保险有狭义和广义之分,前者分为种植业与养殖业保险。其中,种植业保险主要以农林经济作物为主要对象,分为林木和农作物两种类型。养殖业保险主要以畜禽、水生动物为主要对象,包括家畜家禽、大牲畜、水产养殖及其他养殖类型保险。而从广义上来说,农业保险包括财产险、动植物险、责任险、人身险。该保险类型明显区别于农业保险,属于地域性范围的划分,包括农业、财产以及人身保险。而对于财产保险,不仅包括农民家庭财产,还包括乡镇企业的财产。①因此,农业险是农村保险的组成部分。根据规定,农业保险是指保险公司依据合同对被保险人的生产成果予以保护,对农民生产成果所遭受的不可抗力而造成的经济损失,由保险公司承担赔偿责任。

2.农业保险的性质:政策性保险抑或商业保险

商业保险是指市场主体以经济最大化为主要目的,自觉向市场提供的保险行为。社会保险是一种社会保障制度。国家作为保险金的提供者,为社会成员提供公共产品。由此看来,农业保险明显区别于上述两种保险,作为准公共物品,在发生亏本或无力经营的情形下,只有通过国家补贴或宏观调控才能缓解经济亏损,达到供求平衡。因此,农业保险被纳入政策性保险体系范围内。

农业保险的主要目的是服务农业产业政策。商业保险作为商业活动的一种形式,保险公司的目的利益最大化。而保险公司相对人的目的是分散生产经营中的风险。社会保险作为社会政策的一种形式,其主要目的是保障劳动者的基本生活。大部分国家将农业的分散功能和保险功能作为对农业进行支持和保护的手段,以实施本国农业产业政策,确保农业生产顺利进行和农业收入稳定增长。社会保险的目的是实施政府的社会政策,农业保险是国家为了实施农业生产政策,二者皆不以营利为目的,而更注重社会效益。

商业保险的主要经营者是商业保险公司。而农业保险的经营主体形

---

① 袁宗蔚:《保险学——危险与保险》,首都经贸大学出版社2000年版,第775页。

态多样，包括政府扶持的合作社和商业保险公司。在具体实施中，农业保险一般情况下实行自愿保险和强制保险相结合原则，对某些关系国计民生的农作物进行强制性投保，其他险种实行自愿原则。当然也有些国家如丹麦、瑞士全部实行自愿投保。

政策性保险是指政府干预的保险服务，其主要目的是完成政府制定的目标。这种保险的目的是实现国家政策；经营手段是国家组织经营或财政补贴予以支持；其主要目的与商业保险公司完全相反，旨在赢得社会效益。但是，对于政策性保险的保险种类和管理时期如何界定，主要依据国家制定的目标，由此确定该保险是否享受国家政策扶持和补贴。从农业保险的视角来看，国家尚无财力支持农业保险或国家对农业未引起足够重视时，农业保险不可能列入政策性保险体系。一国经济发展到一定阶段，只有在国家储备充足的财政能力支持农业保险时，农业保险方能纳入政策性保险范围内。在国家引导下农业保险市场逐步达到供需平衡，就不再需要将农业保险列为政策性保险。此外，国家还可选择纳入政策性保险类型的种类。部分国家将具备稳定收入的农场纳入政策性保险，如美国、加拿大等。通过此种方法，既保证了农场主的收入，也获得了此类人群的政治支持。对于其他农业保险种类，若可以通过商业保险公司经营，也可随着农业保险的发展，剥离出政策性保险体系，完全由市场化经营。总之，农业保险何时、何种业务列入政策性保险是公共选择的结果，与一国经济发展的阶段存在密切联系。

3. 农业保险立法

农业保险作为经济发展的产物，是分散风险的经济手段。但是，由于农业风险的固有属性，导致该保险类型出现信息不对称、市场不均衡等问题。在实施过程中，由于农民掌握更多关于农业风险的信息，容易利用信息不对称等问题欺骗保险公司，造成保险公司承担的风险较大。

究其原因在于农业部门具有外部经济性的特征，也就是说农业生产部门为生产者和消费者同时带来了好处和收益。[①]此外，当保险公司无法承担农业保险所带来的高额赔偿金时，农业投保人也无法支付高额保费，造成了农业保险行业的市场供求不足。而上述这些问题也会造成农业保险的市场严重失灵，对于此类问题，须由国家层面的农业保险法方可解决，普通的商业保险法无法真正解决该问题。

基于政治的考虑，亦有制定农业保险法的必要性。农业在国民经济中占据重要地位，为全社会提供食品和为工业提供原材料。即使在发达国家，农业在其整个国民经济占据越来越小的比重，发达国家每年仍花费巨资补贴农业，以使农产品具有国际竞争力和农场主收入稳定。对于一些具备农业保险的国家，将其视为政策性工具，是国家经济的安全保障。尤其是在WTO的背景下，可以通过"绿箱"政策增加农业补贴。因此，通过农业保险，保证发达国家农场主的收入，并获得政治方面的支持。而对于发展中国家，通常从农村社会安定，国家层面的粮食安全问题等来推动农业保险的发展。

商业保险法无法适用于特殊的农村保险，首要原因是农业保险的特殊性。尽管此类保险也是普通保险原理的运用，通过积累资本来分散市场风险，但是，由于农业的高风险和农业保险与商业保险的计算差异，导致农业保险需要不同的管理方法来经营，与此同时，所适用的法律法规也应有所不同。此外，商业保险法的核心也明显区别于农业保险法。通常，保险是合同双方依据规定自愿、平等地设立的合同关系，是一种以民事法律关系为前提的保险活动。此时，国家仅针对合同效力进行评价，仅对保险市场的准入、运营、退出进行监管，并不介入保险当事人关系之内。国家作为一个保险行业的外部管理者，其法律依据是商业保

[①] 黄河、李永宁：《西部生态农业的外部性损害与国家补偿法律制度片论》，《法律科学》2004年第1期。

险法。但是,在农业保险中,此类保险与现行的商业保险存在较大差异,究其原因是农业的特殊性,导致该市场信息不对称与正外部性。经济法中的国家干预理论就成为农业保险法的重要理论依据。国家干预的方式主要有两种[①]:(1)公权介入。即国家通过颁布农业保险方面的法律、法规,要求投保农业生产者和农业保险经营机构必须服从。农业保险合同也要体现国家农业保险政策,成为实现国家意志的政策工具。(2)非权力权介入。主要体现为国家出资建立国有农业保险公司,向开展农业保险的商业保险公司和投保农业生者提供补贴等方法。因此,商业保险法的核心内容在于保险合同,以规范保险合同当事人的行为,但农业保险法则不仅要规范农业保险合同,更重要的还要规范政府在农业保险中的作用,这就使农业保险法与商业保险法产生较大差异。最后,从立法实践的角度来分析,发达国家将二者的立法分别独立。美国政府成立农作物保险公司,来对农业进行扶持。该公司由政府出资,管理费用由政府补贴,并免除一切税费。日本于1980年颁发了《农业灾害补偿法》,设立了三个层次的组织体制和标的物保障标准,并对农业保险组织体制、保费、管理费用等多种经济关系进行政治干预,并修订了《农业灾害补法》。

由此可见,农业保险政策的实现手段是农业保险,当市场失灵时,农业保险法的特征包括以下几点:国家主导性。商业保险法认为国家是监管者,双方在自愿平等的原则下,订立合同。农业保险法认为国家是主导者,国家在此过程中发挥主导作用,具体表现是国家制定法律法规,规划农业保险的具体实施,并通过一系列的财政手段支持农业保险。因此,农业保险法中规定了国家支持的各种方法以及相应职责。多数国家认为,农业保险是保护农业的重要手段。因此,该保险不以营利

[①] 参见李昌麒:《经济法——国家干预经济的基本法律形式》,四川人民出版社1999年版,第236—240页。

第八章　旱灾防治保障法律制度

为目的。如若追求利益优先，则是商业经营，将导致农业保险难以推广。因此，应将农业保险确定为政策性保险，确保其价值取向以社会效益为先，以实现国家农业目标为己任。技术规范性。通常，保险法是一种技术型的法律法规，农业保险更加重视法律与技术的结合。鉴于农业型保险的风险划分、基本费率、理赔等与一般类型的保险存在明显区别。因此，农业保险法中必须包含一定的技术性内容，保证农业保险法的技术规范性特点。

（二）农业保险法律制度的通用性内容

1. 农业保险组织结构法律制度

农业保险组织结构法律制度是农业保险法的制度框架的决定者。但是，不同的制度有不同的组织形式，显示不同的特征。其主要组织结构包括：（1）国有保险公司或政府授权建立的专业公司。鉴于农业保险的政策性，选择此类结构的国家通过成立国有农业保险公司来保障农业发展。美国确定的联邦农作物保险公司（FCIC）是农业部的组织机构。主要负责设计和维护农业保险制度。农业保险由政府出资并补助，免除所有税费。在自愿投保的基础上也包括强制投保措施，如农户信贷、价格补贴等均与农业保险息息相关。美国法律规定，各户均须购买巨型灾害险，方能购买其他险种。此外，印度、孟加拉国均由国有一般类型的保险公司经营，部分国家通过国家级银行或信贷机构办理。国有类型的保险公司可以将农业保险的社会效益作为发展目标，将其政策性考虑在内，校正市场的偏弱问题，以期达到资源的良好配置。（2）农业保险合作社。以政府为主导，通过合作社模式将社员变成双方当事人结合为一体的模式，有利于二者利益的一致性。极大程度地防止了农业保险中的道德风险问题与逆向选择问题。如日本的农业保险方面的三级体制。第一层在市、町、村内，成立农业"农业共济组合"。该范围内的农户须具备一定规模和长期住所,对于符合条件的农户,均需加入组织。第二层在都、道府县成立联合会。各组织依据规定将保险责任按比例下分给各联合会。第三层由联合会对政府分担保险责任。政府所分担保险仅包括法定保险,(3)商业性保险公司。部分国家的商业保险公司也参与农业保险。大多数国家仅将商业性保险公司作为代理人,通过政府补贴实现农业保险。该模式可以采用商业保险公司经营技术、人才及销售网络,以期可以节省开支,拓宽农村市场。

农业保险公司组织结构的选择,通过法律制度的模式决定。鉴于各国政治、经济条件的不同,在立法中,也会存在不同的组织机构和保险公司。我国应根据国情选择相适应的保险公司。

2.国家支持农业保险法律制度

国家支持农业保险法律制度是指国家为了扶持农业保险发展,实现农业保险政策目标,而采取补贴、税收优惠等方式诱导和激励农业保险经营机构和农业生产者在国家农业保险计划下参与农业保险法律关系。在农业保险立法中建立国家支持农业保险法律制度非常有必要性,这也是国家干预农业保险的重要方式。究其原因在于该保险类型的系统性风险、正外部性以及信息不对称,导致农业保险市场容易市场失灵,纯粹的市场化难以成功,需要政府扶持。此外,政府实施农业保险法的主要目的是农业保险政策法律化,使其成为农业收入的转移手段。因此,大部分国家将此类型的法律制度作为立法的重要因素,且其扶持手段主要包括补贴政策与税收政策。

对于农业保险的补贴政策,属于导向性支出。国家以补贴形式促使生产者和保险公司参与其中,以期达到扶持农业,推动农业生产目标的实现的重要作用。而在双方对农业保险的涉足均欠缺动力时,当且仅当国家补贴的情形下,方能促使该行业达到供需均衡。从经济法的视角看，是一种国家以私法手段进入经济的一种形式。[①]政府作为公权力主体，通过财政手段，引导双方参与其中，以期实现国家农业发展目标。有鉴于此，各国对于农业保险的立法纷纷设立了补贴制度。如美国政府规定补贴保费的30%，日本《农业灾害补偿法》规定，政府依据费率的不同，给予不同的补贴金额，其补贴比例成正相关。对于管理费用，各国也有各自的补贴比例，以期维护保险公司的运营。

关于税收方面的优惠政策，主要是指政府通过法律手段将部分纳税收入予以减免。通过税收鼓励的形式，以期实现特定的社会经济目标。该模式的补贴以减轻税负为主要内容，对纳税者的经济活动予以一定引导。[②]此类方法可以体现本质的税收公平，达到适应复杂环境的目的。还可以优化农业发展的产业结构，实现宏观调控。为此，各国均成立了与此相关的税收优惠政策及法律法规。通过减免税赋来实现农业保险的不断发展，以期完成政府经济目标。

3.农业保险合同

农业保险合同是指主要以动植物等经济作物为标的的财产保险主要分为种植业和养殖业两种类型，其实质是民事合同的一种，其主要特点包括：（1）合同标的仅限于农业产品。农业产品主要包括种植物和养殖物，生产者依据实际的生产需求，将其产品进行投保，导致保险合同的种类较为复杂。但在法定的保险合同中，其主要标的是小麦和水稻等。（2）高风险性、高赔付性。鉴于其主要标的物依赖于外部生长环境，导致了该保险合同所承担的保险责任与其他保险相比具有较高的赔付性和风险性。（3）低保费。考虑到农业生产者对保费的承受能力，此类保险的保费通常较低，并由国家对农户予以补贴。（4）国家干预性较强。合

---

① ［日］金泽良雄：《经济法概论》，满达人译，甘肃人民出版社1985年版，第58页。
② ［日］金子宏：《日本税法》，战宪斌、郑林根等译，法律出版社2004年版，第69页。

同是基于双方当事人意思表示一致的情形下设立的，鉴于农业保险与政府政策紧密相关，此类合同大多体现国家意志。如关于农业保险合同的条款，必须经政府部门审核方可生效。

4. 农业再保险制度

再保险是一种分散机制，主要是指保险公司将其所属的保险责任转嫁给其他保险公司的一种形式。[1]该模式有利于保险公司分散风险，提高保险公司对于该业务的承保能力。以订立合同的方式建立再保险，广义的再保险合同是指将全部或部分保险责任予以转嫁，订立保险合同。而从狭义方面来说，保险公司只能部分转移保险责任，订立保险合同。根据规定，我国再保险合同仅包括狭义的再保险。鉴于农业风险主要是巨灾风险，其危险范位很大，而普通保险公司的投保范围都较小，且其受地域影响，难以通过空间进行风险分散，尤其是巨灾风险。因此，需要大面积搜索空间层面风险的分散，对保险公司的保险责任予以分散。[2]此外，政府可以通过国有形式的再保险公司或直接提供再保险来扶持该行业的发展，以期完成国家经济目标。各国法律均对再保险制度有明确规定，如美国规定，联邦所属保险公司提供的保险，政府部门可最大限度地进行再次保险。菲律宾规定，保险公司必须将其主业务（水稻作物）进行再保险。日本确立了农业共济组合体制，其本质就是再次保险制度，通过层级分保实现风险分散。对于再保险，通常由国家出资组建公司，或签订再保险，获得国家财政扶持。还可向国际型保险公司办理再次保险业务，以期分散风险。

5. 巨灾损失基金制度

巨灾损失主要是指保险公司在事故中所遭受的巨额赔偿责任。巨额

---

[1] 温世扬主编：《保险法》，法律出版社2003年版，第325页。
[2] 庹国柱、李军主编：《农业保险》，中国人民大学出版社2005年版，第437页。

损失基金是由国家。社会等机构募集的资金，以期应对巨大农业灾害时保险公司所需承担的高额赔付风险。如今，巨灾损失逐渐成为保险公司破产的首要重要因素。[①]一般的保险公司通常采用再保险方式和巨灾准备金方式来应对巨灾损失。为此，各国纷纷建立了巨灾损失基金制度。

该基金主要来源于国家拨款，政府通过投入部分农业救济款，成立巨灾损失基金，有利于基金的制度化和分散风险。此外，该基金还具备稳健经营保险公司的作用，因此，可以考虑从保险公司的收入中提取资本，也可接受社会捐赠等。

6.农业保险与农业信贷挂钩制度

部分国家将农业保险与农业信贷相联系，认为农业信贷制度是扶持农业的重要手段。如菲律宾规定，参与信贷贷款的农民均须参加农业保险。信贷银行作为保险计划的代理机构，赔款通过贷款机构予以支付。其实质是保证功能，当被保险人因不可抗力发生无力偿还贷款的情形时，可通过保险公司的理赔款进行偿还贷款。

（三）旱灾保险的现行法制

1.《农业法》中规范农业保险的条款

《农业法》上未见旱灾保险的相关规定，仅有关于农业保险法制构建的一条基础性条款，即第四十六条。该条第一款属于农业保险的制度性条款，为立法者进一步构建农业保险制度提供权力来源。比较耐人寻味的是该条的第二款内容，其主要包括政策性保险、互助合作保险、商业性保险等三种类型。对此三种不同的类型，立法者设定了不同的价值判断。对于政策性农业保险，国家对其所持的态度是"逐步建立和完

---

① 谢家智、蒲林昌：《政府诱导型农业发展模式研究》，《保险研究》2003年第11期。

善",因政策性农业保险需要国家财政的大力支持,必须要在考量国家财政实力的前提下分阶段稳步推进。对于农民互助合作保险由于其具有避免道德风险、成本较低等诸种好处,国家对其所持的态度是"鼓励和扶持"。同样持鼓励态度的还有针对商业性保险公司从事的农业保险业务,由于商业性保险基于营利目的的需要并不愿意投身到风险高、收益低的农业保险业务,国家的鼓励与引导可以在一定程度上实现商业利益与公益冲突的平衡。第三款内容是确立我国农业保险的自愿原则,禁止任何组织和个人强制农民和生产经营组织者投保。该条规范确立了我国农业保险立法的基本原则,《农业保险条例》重申了此原则。

2.《保险法》中的相关条款

《保险法》亦未见关于旱灾保险的相关规定,而仅于其第一百八十六条第一款当中表明了"国家支持发展为农业生产服务的保险事业"的态度。此处态度同时表明:立法者认识到了农业保险和一般商业保险在属性上的不同,农业保险有其特殊性,应专门制定法律法规规制之。

3.《农业保险条例》中的规定

2012年国务院发布的《农业保险条例》(2016年修改,以下简称《条例》)是现行规范农业保险活动的专门法规,共有五章,是对《农业法》"国家建立和完善农业保险制度"这一制度条款的具体化。《条例》明确了立法目的,将农业保险定位为"有国家补贴的商业保险"[①],罗列了保险费补贴、农业保险大灾风险分散机制、税收优惠、鼓励信贷支持等扶持措施,确立了农业保险合同订立和运作的基础规则,设置了农业保险经营风险的防范机制,内容堪称全面,但却未见涉及旱灾保险的明确表述。

---

① 关于《农业保险条例(征求意见稿)》的说明。

4.《抗旱条例》上的规定

《抗旱条例》第五十七条是现有相关法律法规当中唯一专门涉及旱灾保险的条款。依据该条：(1)国家负有建立和推行旱灾保险制度的职责。依义和法理：建立旱灾保险制度的职责应当是立法职责，相关立法主体因此负有制度形成的法律义务；推行旱灾保险制度的职责应当是行政职责，人民政府及其相关机构则因此负有制度执行的法律义务；前一项法律义务的完全履行将产生出后一项法律义务履行的权源基础，因此可谓其前提和基础。(2)制度形成和执行职责的履行有明确的地域对象，即易旱地区。(3)制度形成和执行职责的履行是"逐步"进行的，并非一步到位。

条例的上述规定将在法理上产生以下问题：(1)照法理，旱灾保险制度形成职责的履行具有相当程度上的自由裁量空间，何时出台制度、以何种方式出台、制度内容如何表述等均属于裁量权范围，因此，若无较为细密的约束性规定，裁量权极易滥用且又难以追责。(2)将旱灾保险制度形成和执行职责的履行限于易干旱地区意味着国家对除此之外的其他地区并无法定的制度形成义务，相关地方人民政府若要推行旱灾保险在法理上欠缺明确的权源基础。(3)旱灾保险制度形成和执行职责的履行以"逐步"为原则意味着：①相关立法主体制度形成职责履行的裁量空间将进一步扩大，"逐步"及其各类演绎性理由会成为相关立法主体怠于行使制度形成职责的"法定理由"；②人民政府及其相关部门制度执行职责的履行将产生裁量可能性，"逐步"及其各类演绎性理由会成为相关行政主体怠于或不及时行使制度执行职责的"法定理由"。

与上述法规规定不同的是，在旱灾防治的实践当中，各类主体对于旱灾保险的需求是强烈的。2008年，安徽省政府推广了政策性农业保险，成为旱灾保险的引领者。2009年，国元农业保险公司依据合同，赔付被保险人旱灾理赔款4000多万元。①2015年，保监会等部门通知在全国范围内升级中澳保费补贴型的农业保险产品。②2015年，山西省政府部门下发通知，将旱灾等自然灾害和意外事故划为政策性保障范围。同时，开展玉米、小麦种植业干旱气象指数综合保险试点，根据不同的降雨量对农作物进行定量赔付。③

（四）旱灾保险法制的完善建议

1. 鉴于旱灾保险乃农业保险的一个险种，为其单独立法并不可行，也无必要，因此我们基本赞同《抗旱条例》的现行立法体例，即在旱灾防治基本立法当中以一条或者数条规范对旱灾保险的一些基础性问题进行规制，以此作为人民政府及其相关部门推行旱灾保险的权源基础，同时也构成农业保险运营机构所据以创设旱灾保险险种的法源基础。

2. 考虑将旱灾保险条款设置于旱灾防治基本立法的总则部分或者旱灾预防部分，而非灾后重建部分。这样做的理由如下：首先，依据本书第一章所述法理，旱灾保险在性质上应当属于干旱风险管理的重要措施，因此与旱灾预防的根本理念更为接近一些。更为重要的是，将旱灾保险置于旱灾预防部分可以彰显其干旱灾害发生前减损性措施安排的本质。其次，如前所述，旱灾保险作为政策性农业保险的一大类，其在险种设置、投保、运营和管理等领域无不贯穿着国家扶持的特色，而这些扶持领域都位于干旱灾害实际发生之前，因此将旱灾保险设置于干旱

---

① 童劲松：《国元农险：年初安徽旱灾保险赔付将达4000》，《中国保险报》2009年4月10日3版。

② 宫伟瑶：《农业保险产品实现全面升级——保险责任扩至旱灾和地震 取消绝对免赔条款》，《中国保险报》2015年11月16日1版。

③ 李娜：《旱灾被纳入山西政策性农业保险》，《中国气象报》2015年4月13日1版。

害预防部分有利于明确政府的相关扶持职责和施力领域。再次，若将旱灾保险置于灾后重建部分，则给人一种旱灾保险实乃灾后救济性措施的感觉，这与其灾前减损性风险管理措施的性质不符。最后，将旱灾保险置于总则部分，可以最大限度地彰显其重要性。

3. 明确国家建立政策性旱灾保险制度的立法形成职责，并列明政策性措施的基本类型。依据现有农业保险立法以及上述各地实践，保费补贴、保险运营和管理费用补贴、税收优惠等应当确立为基本的措施类型。对于投保、保险运营、保险合同、理赔等具体制度内容的形成，可以考虑以转介性条款转由农业保险立法细化，也可考虑以委任立法条款委由下位法细化。

4. 明确相关人民政府执行政策性旱灾保险立法的基本职责。考虑到城乡二元国情、水情和旱情，可以考虑设置专门针对乡镇基层人民政府以及常年干旱地区地方各级人民政府推行旱灾保险的财政转移支付条款。鉴于旱灾保险之于干旱灾害风险管理的重要性，可以考虑授予相关人民政府在旱灾保险具体立法尚未成形时先行创设并实施政策性旱灾保险项目之职权，只是需要明确职权的行使必须以旱灾防治基本立法当中的旱灾保险基础性条款为基础。

5. 为进一步激发干旱灾害脆弱性较弱群体的投保意愿，可以考虑借鉴前述的外国立法体例，在常年干旱地区以及水生态严重脆弱地区针对粮食、棉花、油料等重要农作物构建和推行旱灾保险与农业补贴以及政策性农业信贷挂钩制度。挂钩的具体方式在理论上有两种思路：一是规定投保旱灾保险是参加农业补贴以及政策性农业信贷的前提和基础，不投保，即无资格参加农业补贴与政策性农业信贷项目，从而也就无法享受相关补贴和信贷优惠待遇；二是规定投保旱灾保险是享受更高农业补贴和更大信贷优惠待遇的前提和基础。这就需要将农业补贴与政策性农业信贷分为一般待遇项目和更优待遇项目两大类，不投保，不影响参与一般待遇项目，但却不能参与更优待遇项目。鉴于现行农业保险立法投保自愿业已确立，我们还是倾向于第二种思路，因为第一种思路有变相强制投保之嫌。

附录一
2014年辽宁省朝阳县旱灾调研报告

2014年9月1日—5日，国家社科基金课题《我国旱灾防治法律体系研究》（2012年）项目组一行四人对辽宁省朝阳县的旱灾情况进行了调研。朝阳县地处辽宁西部山地丘陵地带，年平均降水量约488mm，平均蒸发量2085.2mm，年蒸发量为降雨量的4倍多，属于典型的大陆性半干旱半湿润易旱气候类型。

我国湿润、半湿润、半干旱、干旱地区划分标准

湿润地区：降水量800mm以上，蒸发量较小，耕地以水田为主，水稻为主要粮食作物。主要分布在秦岭—淮河以南地区。

半湿润地区：降水量一般在400—800mm之间，耕地大多是旱地，水田只分布在有灌溉的地方，包括东北大部、华北平原、黄土高原东南部以及青藏高原东南部。降水量一般主要集中在夏季，春旱严重。

半干旱地区：降水量一般在200—400mm之间，蒸发量明显超过降水量，耕地以旱地为主，包括内蒙古高原、黄土高原和青藏高原大部，牧区为主。

干旱地区：年降水量一般小于200mm，甚至小于50mm，主要分布在西北内陆地区，自然景观是半荒漠和荒漠，可发展绿洲农业和局部地区的牧业。

陕西省降水量情况

关中：年降水量550—700mm；

陕南：年降水量 800—1000mm；

陕北：年降水量 300—600mm。

朝阳县是朝阳市的市属县之一（朝阳市辖 2 个市辖区、2 个县、1 个自治县，代管 2 个县级市。具体有双塔区、龙城区、北票市、凌源市、朝阳县、建平县、喀喇沁左翼蒙古族自治县），朝阳县共有 28 个乡镇，总面积 3762 平方千米，总人口 57.4 万人，其中农业人口占总人口的约 94%，2013 年全县实现国内生产总值 146.6 亿元，财政收入 13.65 亿元，农民年人均纯收入 9708 元（全国平均 8896 元；陕西 6503 元），城镇职工年平均工资 38024 元。2014 年春夏以来，辽西地区包括朝阳县经历了自 1951 年以来 63 年一遇的严重干旱，受旱面积超过总耕地面积的 50%。调研期间，项目组先后在朝阳县水利局、根德乡政府进行了座谈，并走访了两个旱灾较严重的村庄，对村干部进行了访谈。以下分几个部分对本次调研活动做一总结。

一、旱情状况及影响

1. 旱灾背景

1951 年大旱

2009 年大旱：旱情持续 16—47 天，8 月 11 日—9 月 10 日平均降水 46.8mm。较同期偏少四成

2014 年大旱，超过前 2 次，属于 63 年来最大的干旱（7、8 月没有一场有效降雨）

2. 对农业生产影响

全县 50% 受灾面积，有四五个乡基本绝收

根德乡耕地 32000 亩，29000 亩基本绝收

3.走访的两个村

付家村：2400亩地，99%绝收

平房村：3990亩地，3000亩玉米基本绝收，1000亩大枣减产50%~60%

4.出现一定程度人畜饮水困难

浇地引起地下水下降，村民家里用井水干，导致和浇地村民产生纠纷

地下水严重减少，井水干，不能浇地

二、存在及产生的问题

1.多龙治水的问题，表现在

水利设施（井）

（1）水利部门修建

（2）农业综合开发（财政的）

（3）发改委开展

（4）国土部门土地整理

需要思考：

水利设施权属问题如何解决

修建标准不统一，可能不符合水利部门标准，怎么办？

怎么统一调度？

交给水利部门后怎么进行日常维护？

2.抗旱资金问题

浇1亩地一般直接费用120元左右

有些家庭浇了四五遍后就放弃了，认为成本太高了，达500—

600元

浇六七遍的能收六七成

(制约原因：一是家里有劳力，二是离水源近。)

钱怎么来？如何提高积极性

还存在争水的问题，如何统一调度

还有用水顺序问题，案例：村民浇地，引起邻居家生活用井水干涸产生纠纷

3. 旱灾突破了两个历史规律

北方一般是春旱，但辽西地区有"见苗三分得"，今年见苗了却一分都没得，原因是由"春旱"变成春夏连旱。

"没得一分"和"春夏连旱"打破了两个历史规律

4. 浅层地下水资源有限问题

朝阳地区浅表水相对充分，正常年份时候3—4米就有水，井都5—6米深，就够用，但旱了就没水了，打再深都没水

地下10米左右到岩石层，钻岩成本高、风险大，钻开也难保证有水，没人敢担这个责任，深层地下水使用困难

平房村村主任自家打的井33米深，抽一个小时就干，而且在井口可以听到浅层水往下流的哗啦声音，用的还是浅层水

5. 坡地水源问题

天旱主要依靠井水，平地能浇，坡地就没法浇了。坡地怎么办？

6. 耕地红线与坡耕地矛盾问题

在以坡耕地为主的地区，耕地统计数据自然包括这部分坡耕地

如果退耕，自然会大幅度减少原先的耕地数量，显然与耕地红线相冲突，所以是守红线，还是可以适当调整？

7. 大旱时排队等水的问题，半夜都排队，但水不是一直有

有劳力还有可能浇，在外务工的根本没办法

起码应该做到有一定水源，然后让每家都能浇一亩两亩地，解决吃饭问题，确保大旱年社会稳定

8. 政府资金支持问题

因为受灾面大，政府有资金支持，但因为分配面大，资金明显不足

救灾款数量有限，先给五保户、低保户、特困户等，资金不够

启发：如何安排预算？几十年一遇的情况，预算能否考虑进去？如果考虑不进去，面对问题时候应该怎么解决？

9. 小型水库利用率不高

旱时没水可用

汛期反倒有隐患，可能发生洪灾

10. 农业用水与生活用水矛盾问题

限制浇地，确保生活用水

11. 旱灾损失补偿问题

受灾户投保的可以拿保险，其他都没有了

救灾款性质是生活、生产辅助，与损失无关

12. 抗旱服务组织作用发挥问题

没有固定编制

基本是物资储备中心

抗旱设备如何有效使用？租赁？收入？

三、解决问题的思路及对策

1. 法律应明确水利设施的投资管护主体

现行法只是对防旱抗旱的管理体制做了规定,但"多龙治水"的根源就是没有一部法律对水利设施的投资管护主体有明确的规定。如《抗旱条例》规定的"县级以上人民政府应当加强农田水利基础设施建设和农村饮水工程建设"(第十六条),从这条规定也可以看出,法律规定的水利设施的投资管护主体是人民政府,但因为人民政府与水利有关的部门就包括了国土、农业、林业、水利等多部门,因此必然导致多头投资、多头管护的情况。因此立法应进一步明确水利部门投资与管护水利设施的主体地位,以便统一水利建设标准,并集中建设与管护水利设施。

2. 应设立防旱抗旱专项基金

现行相关法律规定有水利基金和防洪基金,但未有防旱抗旱基金,因此虽然法律明确规定防旱抗旱资金应列入预算,但因为旱灾的发生具有偶然性,特别是几十年一遇的大旱,更是具有不可预期性,因此,很难做到准确预算,这就造成如果预算过大,可能影响财政资金的使用效果。所以,有必要从水利建设基金中提取一定比例,并从环节税、水资源使用费当中提取一定比例建立防旱抗旱专项基金,当预算不足以应对旱灾时,可以动用防旱抗旱基金解决燃眉之急。

3. 持续推动退耕还林政策,并允许适度发展梯田

调研显示,朝阳县坡耕地为主,这些坡耕地一般都不具备灌溉条件,只能靠天吃饭,大旱之年绝收即在所难免;同时,也有部分坡耕地实施了退耕还林,但仍然有大量坡耕地没有退耕,原因是群众认为退耕的效益要低于耕种的效益,加之退耕后林业的收益显现比较迟缓,甚至预期不好,因此,群众继续退耕的积极性也不高,这也是导致大旱致灾

的原因。所以，有必要完善退耕还林政策，加大退耕补偿力度，增强退耕还林收益预期，引导群众扩大退耕还林面积。

同时，18亿亩耕地红线要维护，但不一定每个乡村都必须守住自己已有的耕地，适合退耕的应排除在耕地红线之外，要允许政策性减少耕地数量。

最后，在坡耕地为主，并已经长期耕种的地区，应允许梯田的存在，以便储存水源。

4.推动并扶持灌溉方式改革

在干旱地区应大力推行滴灌设施与技术。

推行滴灌，核心是投资问题，应立法明确干旱区实施滴灌时，国家、地方政府、当地群众分别的投资比例，并应明确滴灌设施的归属及管护主体，滴灌使用的原则等。

5.财政扶持农业经营方式变革

如扶持大棚农业发展。

大棚可以有效减少水资源蒸发量，也是一种节水型农业。在蒸发量远远大于降水量的地区，可以使用节水补贴资金支持大棚农业的发展，对"节水补贴"的政策（或法律规定），应该是政府支持大棚农业的法律及政策依据。所以，政府对此有法律上的责任和义务，不能将发展大棚农业完全当作是群众自己的事而疏于引导和支持。

6.在干旱地区建设大型集储水设施

各地适应特殊环境，水利工程的表现形式会有差异。在辽西地区由于水资源短缺，地形复杂，地下水资源有限，与之相适应的水利工程形式就是大型集储水设施。

资金从哪儿来？2011年中央1号文件提出土地出让收入的10%用

于水利建设，关于这一点，各地有必要通过地方立法或者相关政府规章加以明确，核心是要确定每年有多少钱可以并必须投入水利建设，如果资金账明确了，水利建设就有足够的资金，应该加大技术论证，合理选点，最大可能地减少旱灾风险。

7.合理开发利用深层地下水

辽西的特点是浅表水使用规模大，使用深层水成本大，风险也大，因此，政府有必要集中财力，在技术可行、符合环境影响评价的基础上，投资深井，合理使用深层水，在旱灾期间的应对能力就会大大加强。

朝阳地区地下结构复杂，大量地方有火山灰形成的化石层，深层水利用对于地下化石层可能有一定危害，因此，应慎用深层地下水。

8.构建大灾损失补偿制度

目前关于大灾，有政策性保险，但保险是商业性的，采取的是自愿原则，有保险才有赔偿，没投保就没有赔偿，而且朝阳的情况赔付额也很低，一亩地仅有200元赔偿。

再有国家层面有救济款，但救济款仅为生活扶持性的，除过保证五保户、低保户、特困户生活补助外，分给别的受灾户的几乎没什么了，对稳定农业生产、维护农户利益作用极其有限。

9.调整产业结构

朝阳县以及我们调研的根德乡在产业结构上比较单一，基本是以种植玉米为主，有部分大枣等经济作物，玉米种植又过分依赖水资源，因此抗旱灾风险的能力很差。针对这种情况，有必要在结构上加以改进，适当发展畜牧养殖业，同时，应积极研究并推广耐旱农作物的种植面积，增强坡耕地抵御风险的能力。

2014年9月16于西安

附录二
课题组赴青海省调研报告[①]

一、调研概况

2017年8月22日,课题组赶赴青海省水利厅就青海省旱灾防治相关问题进行了调研。调研方式主要为访谈和查阅相关文件资料。通过走访和查阅,调研组对青海省近年来的旱灾防治现状、经验以及存在的主要问题等有了一个比较全面的认识。

二、调研内容

(一)青海省近年来的旱灾发生情况

根据青海省水利厅相关专家的介绍,青海属于典型的大陆性气候,主要气候特点为:日照时间长,蒸发量大;降水量受孟加拉湾暖湿气流的影响,地区差异显著,在空间分布上极不均衡,东部农业区降水量偏少,常年偏旱,旱灾年年发生,必须依靠工程措施来加以改善。

近五年来青海全省年年都有旱灾发生,农业受灾损失每年都在6000万到9000万元之间,主要受灾区域在东部农业区和环青海湖地区。今

[①] 本文为国家社会科学基金西部项目《我国旱灾防治法律体系研究》的阶段性成果(项目编号:12XFX013)。作者为杜萱,发表于《西北法律评论(第十三卷)》,2017年12月由陕西人民出版社出版。

年（2017年）入夏以来，全省发生了多年不遇的夏旱。进入6月份以来，全省降水量偏少，气温偏高，加之气候干燥，蒸发量大，土壤失墒加速。自7月9日以来，受西太平洋副热带高压西伸和大陆性高压的共同影响，西宁、海东、海南、海北、黄南等地出现了持续晴热高温天气，多市、县日最高温度超过了35摄氏度，其中黄河谷地尖扎等县气温超过了40摄氏度，致使全省出现了大面积干旱。据统计，全省农作物受旱面积185万亩，27.3万人、18万头牲畜出现临时性饮水困难，20万亩农作物因干旱绝收。随着7月25日至27日及后期几次全省出现的大范围降水天气，目前大面积土壤干旱得到缓解。民政部门初步统计此次旱灾导致的农业损失约为12个亿。

（二）青海省各级抗旱管理机构的建设、运行以及所面临的主要问题

据调研资料反映，青海省所辖海南州、海西州、海北州、黄南州、果洛州、玉树州等六州，西宁市、海东市两市以及46个县（市、行委）均设有防汛抗旱办公室。目前青海省防汛抗旱办公室有专职抗旱人员4人。六州两市防汛抗旱办公室为常设机构的有6个，分别为西宁市、海东市、海西州、海北州、海南州和黄南州，这些机构的级别一般为副处级和科级。县级防汛抗旱办公室为常设机构的只有10个，其中属于行政管理机构的仅有4个，属于参照公务员系统管理的有6个，单位级别为科级或以下，均隶属于水务局实现统一管理。其他地区的防汛抗旱管理机构均为本级水务局所属的临时机构。

据青海省水利厅介绍，省防汛抗旱办公室的主要职责是：开展全省抗旱减灾管理工作、对全省各级抗旱服务组织进行指导和管理、储备抗旱物资、推广抗旱新材料和新技术、抗旱应急调水等。

通过总结青海省水利厅相关受访人员的谈话，调研组概括出了青海

省抗旱管理机构建设和运行当中存在的主要问题，即：首先，思想认识不到位，体制不顺，缺编少员。由于青海省特殊的地理气候条件，一些地方政府对水旱灾害的认识程度不够，缺乏危机意识，在思想上没有引起足够的重视，导致抗旱减灾工作重应急处置，轻事前防范，疲于被动应付。大多数基层防汛抗旱办公室的机构和编制问题长期得不到解决，无机构、无编制、无专职人员的情况较为普遍。没有稳定的专职队伍，工作人员多为抽调和兼职，专业知识缺乏，顾虑多，工作能力和积极性不高。其次，人员结构不合理，旱灾防治专业人才匮乏。从现状看，省、州、县防汛抗旱办公室均存在人员结构不合理的问题，旱灾防治的专业人员数量少、留不住、工作激励机制缺乏。最后，经费投入严重不足。目前，除省防汛抗旱办公室的业务经费和专项事业经费能够基本保障外，各州、县防汛抗旱办公室每年纳入本级财政预算的经费与实际所需相差极远。由于缺乏资金保障，造成许多抗旱工程措施和非工程措施项目无法落实到位，全省仅有的省级防汛抗旱抢险队伍难以为继，各级防汛抗旱办公室抢险救灾物资储备的数量与质量和国家要求的标准之间相差很大。机械设备缺乏，办公条件简陋，技术手段单一落后，各项抗旱所需的软硬件和相关能力远远达不到抗旱工作应急处置的要求，严重影响正常工作的开展。

（三）抗旱服务组织的存续、运作情况以及所面临的困难和问题

据青海省水利厅介绍：1993年以来，在国家防总办的大力支持和省委、省政府的高度重视下，青海省抗旱服务组织从无到有，不断发展壮大，初步形成州、市、县三级抗旱服务网络。目前全省已经建立了64支抗旱服务队，其中32支县级抗旱服务队、32支乡镇抗旱服务队。各服务队具有相应的技术人员和抗旱设备，具备应对一般旱灾的供水能力和补灌能力，且经常参与应急水源工程修建和供水设施抢修以及抗旱与

节水技术推广等活动。各级抗旱服务组织与同级防汛抗旱办公室是"一套人马、两块牌子",服务对象是受旱农牧业群众。抗旱服务的内容由初期的出租机泵、带机作业已经发展到多方位、一条龙抗旱服务,积极参与农田水利建设以及季节性人畜饮水困难的解决。每当春旱和夏旱时节,各级抗旱服务组织就会带着人员、技术、设备为农牧业受旱群众提供拉水服务。

根据受访的青海省水利厅工作人员反映,全省抗旱服务组织在建设、运行中主要存在以下问题:首先,抗旱服务组织规模与抗旱减灾任务不相适应。青海十年九旱,20 世纪 90 年代以来,旱灾几乎连年发生,程度年甚一年,这对抗旱服务组织的建设和服务水平提出了更高的要求,但现有的抗旱服务组织规模和能力远远不能满足这种新要求。大部分设备已经老化报废,不能正常使用,但却长期得不到补充和更新。其次,政府重视不够,投入不足。从近几年旱情发展的情势来看,全省抗旱服务组织建设和抗旱设备投入资金严重短缺,32 支县级抗旱服务队平均投入资金仅 200 万元,32 支乡镇级抗旱服务队平均投入仅 10 万元。近几年,黄南州每年拨付防汛抗旱补助资金 5 万元,其余各州县每年拨付防汛抗旱补助资金 2 万元,这些本就数量极少的资金大部分被用于抗旱物资储备,在抗旱服务组织建设方面的投入几乎为零。再次,抗旱服务组织队伍不稳定,技术力量薄弱。各级抗旱服务队多为临时机构,没有专门的机构编制和人员编制,大多数人员均为临时抽调,人员不稳定,掌握抗旱技术不全面,服务不到位。最后,自我发展壮大举步维艰。由于抗旱服务组织的服务对象多为农牧民群众,因此基本上都是无偿服务,这就导致服务的量越大,付出的成本就越大。提供有偿服务所获资金的归属以及使用权限等均不明确。自我发展缺乏自身动力和相应的资金支撑。

（四）旱灾预防的主要措施及其推行情况

青海省水利厅相关同志为我们介绍了以下几个方面的旱灾预防的主要措施：

1. 加强组织领导，狠抓抗旱责任落实。青海省防指要求各地要高度重视旱情形势，严格落实地方行政首长抗旱责任制，加强抗旱工作的组织领导，加大抗旱工作力度，落实各项措施，针对重点地区和薄弱环节及时组织工作组和专家组深入抗旱第一线，切实帮助旱区解决实际问题。同时动员人民群众做好生产自救和补种工作，尽量减少旱灾损失。

2. 各级水利部门主动加强与气象、水文、农牧等部门的联系和沟通，及时掌握天气、河道来水、土壤墒情等一手资料，科学研判旱情发展态势。省防办和省减灾办联合派出工作组赴旱情较为严重的地区实地查看，了解旱情，指导抗旱。

3. 把保障城乡居民饮用水安全放在抗旱工作的首位，对严重缺水的农牧区开辟抗旱应急水源，组织拉运水，确保人畜饮水安全。各地抗旱服务队充分利用现有设备，及时投入抗旱一线，为农作物补灌提供全方位服务。

4. 充分发挥近几年修建的抗旱应急水源工程的作用，合理使用和调配抗旱物资。

据水利厅同志介绍，青海全省现在并未开展旱灾保险。

（五）旱灾发生时生态用水的保障机制

访谈显示，此类保障措施主要有三：一是2013年4月12日青海省人民政府第3次常委会审议通过了《青海省实施〈中华人民共和国抗旱条例〉办法》，将抗旱工作正式纳入法制化轨道。二是青海省于2004年开始编制《青海省抗旱减灾预案》，并于2009年指导各市（州）、县

(区)对所辖区的预案进行编制、修订、完善。目前,全省已经完成各级行政区和易旱区域抗旱预案38个,并报同级人民政府批准实施。其中,省级抗旱预案1个,州(市)及县级抗旱预案35个,城市抗旱预案1个。预案每五年进行一次修订、补偿和完善。三是今年旱期,为确保春播生产和南北山生态绿化用水数量,从黑泉水库和东大滩水库紧急调水补充北川河及湟水河水量,今年省防指已经四次从黑泉水库、东大滩水库应急调水,调水水量1552.32万立方米。

(六)格尔木市取水许可、水量调度以及水权情况

青海省水利厅提供的资料显示:格尔木市在青海全省率先开展了水权初始分配试点工作。2005年,就开始了《格尔木河水资源综合规划》的编制和实施;2008年,格尔木市被确定为全国第三批节水型社会建设试点城市;2009年3月,《格尔木市节水型社会建设规划》被青海省发改委批复实施,目前,该市正在认真按照规划,推进水权转换试点工作,加快重点水利工程建设。

1992年,格尔木市发放第一批取水许可证,当年共发放43套。此后每年增加7—8套。目前没有取得取水许可证的单位主要是驻军部队,15个驻军单位尚无取水许可证。还有部分农业和林业也无取水许可证,农业用水中,村管理的11条渠道用水亦无取水许可证。水资源费在取水之后根据实际取水量的多少,于每年年中和年终征收。1992年征收水资源费8万多元,以后逐年增加。2006年全市征收水资源费60多万元。2007年省水利厅水政处征收460多万元水资源费,市水政办征收230多万元水资源费。

青海省水利厅受访人员表示:格尔木市取水许可在目前尚面临以下三个问题:第一,取水许可并未全覆盖,这与水法的要求不符。第二,行政级别意识对取水许可的阻碍很大。管理水资源的格尔木市水利局行

政级别为副处级，而其所辖范围内有众多处级、厅级单位。强烈的等级观念、官本位意识造成了低级别水利局管理高级别用水单位时往往力不从心。一些大型国有企业，不仅级别高，而且在全省经济发展中地位突出，企业领导可以越过水利局直接向省领导提出特殊的用水要求，这使得水利局的水资源管理权威丧失殆尽。第三，取水许可制度如何与水权制度无障碍衔接，尚存在诸多理念、理论及制度上的问题。

调研组收集到的资料显示：格尔木市在2009年时，即出台了《格尔木市城市用水管理办法》《格尔木市工业用水管理办法》《格尔木市农业用水管理办法》《格尔木市林业用水管理办法》《格尔木市阶梯水价征收暂行办法》以及《格尔木水利工程供水价格管理办法》等一系列规范性文件，为全市水资源的统一管理奠定了制度基础。目前的水量调度制度主要包含以下内容：市水利局是主要的调度主体，享有和行使大多数水量的调度权；水量调度以取水许可和取水权为基础；灌区设立水管所、水管站、用水户协会等各级组织具体实施调度权；严格按照计划用水；认真做好干旱年份的水量调度。

但有受访人员指出：格尔木市辖区内的水电站和温泉水库的水量调度权并不归属市水利局，而是归属温泉水库管理处。温泉水库管理处遵循优先考虑梯级电站发电需要的调度原则，致使发电用水常常与下游工农业用水之间发生时间上的冲突。解决问题的唯一办法就是将归属于温泉水库的水量调度权转归水利局，由水利局从利益中立的角度，统一调度。

青海省水利厅受访人员认为，格尔木现行的调水制度尚存在以下亟须解决的问题：首先，水权确定不够具体，水量调度因此困难重重。水权分配只是就多年平均分配水量，对于每年不同的来水，尤其是在当年的来水尚不确定的情况之下，如何确定用水性质各异的众多用户？如何确定各家应得的水量？还需要进一步明确，否则，水量调度就无从谈起。其次，水量调度权不统一。再次，用水计量设施不完善。目前除了大灌区取水口有水量检测设施外，一般取水口、管区内各支渠都没有水量检测设施。最后，洪水调度问题难解决。水量调度除了考虑用水之外，还需要考虑防洪。目前格尔木河洪水调度的主要问题一是调洪能力不足，二是温泉水库的调度往往以发电优先，没有充分发挥防洪能力。

水权初始分配是水权制度建设的第一步，也是水权、水市场发挥作用的前提和基础。调研资料显示：从 2009 年开始，格尔木市水利局就开始了水权制度实施的前期准备工作，先后完成了东、西干渠 48 条支渠的测流及各支渠详细水量分配方案和流量曲线图，并在 42 个支渠水口安装了供水标识牌。2010 年 4 月，《格尔木河流域初始水权（水量）分配方案》经过青海省水利厅审查、格尔木市政府批准实施。市政府在取水许可审批过程中严格执行水权分配方案，停止增加农业灌溉用水审批，逐步降低农业用水定额，结余水量向工业用水转移，坚决执行项目水资源论证制度，对全市用水总量进行严格管理。根据格尔木河流域水资源条件和开发、利用、保护的要求，格尔木市进行了层级化的初始水权分配，即：第一层级初始分配是确定不同河流和水源的可用水量；第二层级初始分配是以第一层级水权量为上限，确定流域内各县各行业初始水权；第三层级初始分配是在第二层级分配的基础上，确定县域水资源使用权向非农业用水户、灌区、乡镇配置的数量；第四层级初始分配则以第三层级分配结果为基础，在水量监测设施完善的灌区，分解核实到农民用水户协会。

调研组并未发现格尔木河流域有任何较为成熟的水权交易实践与制度建设。

2017 年 9 月 1 日于西安

附录三

关于依法审查《陕西省实施〈中华人民共和国抗旱条例〉细则》适当性的建议①

陕西省人民代表大会常务委员会：

陕西省人民政府 2015 年第 3 次常务会议通过，2015 年 5 月 1 日开始施行的《陕西省实施〈中华人民共和国抗旱条例〉细则》（以下简称《细则》）通篇存在大量问题，主要有：

1.《细则》共 25 条，《中华人民共和国抗旱条例》（以下简称《条例》）共 6 章 65 条，《细则》仅占《条例》的三分之一篇幅，规范内容不细，缺乏地方特色，名不副实；

2.《细则》虽然只有 25 条内容，但除过第 1、2 条，第 24、25 条的程序性规定以外，其余 21 条全部存在各种各样的问题。据不完全统计，问题条款占《细则》全部条款的 84%；

3.《细则》存在许多不应缺漏的内容。如（1）缺少抗旱资金纳入财政预算的保障性条款；（2）缺少对表现突出单位和个人的具体奖励条款；（3）缺少政府资金扶持的具体手段和相关保障措施；（4）缺少对群众抗旱的鼓励性措施，公众参与性规范严重不足；（5）缺少基本的旱灾预防性手段，如未见促进"农田基础水利设施"建设的相关表述。

4.《细则》某些概念、用词存在错误。如第七条把"检举揭发"误写成"投诉和举报"，"投诉"只是就个人利益受侵害的情况由具体受害

---

① 该建议执笔者为李永宁和李军波，建议形成之后即提交陕西省人大常委会。

人向有关国家机关主张权利的情形，与"检举"存在本质不同；

5.《细则》存在与上位法相抵触的情形。如第二十二条关于优先通行权的规定与《中华人民共和国道路交通安全法》第五十三条存在明显抵触。

6.《细则》存在避重就轻，推卸政府责任的问题。如第十四条、第十五条分别有"依托现有"的表述，就使得该两条规定呈现出鲜明的职责设定特色。

上述问题，只是冰山一角（详见《附件》），严重影响陕西省地方立法的声誉，影响陕西省人民政府的形象，影响《中华人民共和国抗旱条例》在陕西省的正确实施。为此，建议陕西省人民代表大会常务委员会依据《中华人民共和国立法法》第九十七条的规定，依法对《陕西省实施〈中华人民共和国抗旱条例〉细则》的适当性进行审查。

2016 年 5 月 10 日

附录四
《陕西省实施〈中华人民共和国抗旱条例〉细则》评注[①]

最近，很偶然的情况下，在网上看到了2015年5月刚刚实施的《陕西省实施〈中华人民共和国抗旱条例〉细则》（以下简称《细则》），感慨良多，就从头至尾认真地进行了阅读、思索，并几乎是逐条（所幸《细则》仅有25条）加了评注。当然，评注只反映我们个人对《细则》的理解，其中必然带有个人的价值判断和偏见。虽如此，仍然以为费心作的这些评注，于读者，或许有所助益；于立法，或许有所借鉴。需要说明的是，文章对《细则》条文采用了比评注小1号的楷体字，对评注（正文部分）采用了宋体字，以方便读者阅读《细则》全文，并与评注进行对比分析。以下为《细则》及评注全文。

第一条　为了实施《中华人民共和国抗旱条例》，结合本省实际，制定本细则。

第二条　在本省行政区域内从事预防和减轻干旱灾害的活动，适用本细则。

该两条为立法依据和适用范围。无问题。

第三条　各级人民政府对抗旱工作实行行政首长负责制。县级以上人民政府防汛抗旱指挥机构负责组织、指挥本行政区域内的抗旱工作。

[①] 本文为国家社会科学基金西部项目《我国旱灾防治法律体系研究》的阶段性成果（项目编号：12XFX013）。作者为李永宁、李军波，发表于《西北法律评论（第十二卷）》，2016年6月由陕西人民出版社出版。

第四条　县级以上人民政府水行政主管部门负责本行政区域内抗旱的指导、监督、管理工作，承担本级人民政府防汛抗旱指挥机构的具体工作。

县级以上人民政府防汛抗旱指挥机构的其他成员单位按照《陕西省抗旱应急预案》明确的职责，负责抗旱有关工作。

第三、四条是关于抗旱工作管理体制的规定。存在的问题是：（1）第三条少了全省范围抗旱工作的组织领导机构的规定，应在该条明确规定"省防汛抗旱指挥部负责组织、领导全省的抗旱工作"。因为行政首长负责制并不意味着由行政首长直接组织和领导抗旱工作，"行政首长负责"主要是决策和宏观领导，以及对结果负责。（2）第三条的"防汛抗旱指挥机构负责组织、指挥……"从管理体制而言，并不是说防汛抗旱指挥机构是最高领导机构，可以组织和指挥本地区抗旱工作。按国法规定应是"在上级防汛抗旱指挥机构和本级人民政府的领导下"进行"组织、指挥"的，也就是说，必须同时接受同级人民政府和上级防汛抗旱指挥机构的双重领导，体现两个领导机关的管理意志，进行"组织和指挥"，并非可以独立"组织和指挥"抗旱工作。

第四条　关于防汛抗旱指挥机构成员单位职责分工依据《陕西省抗旱应急预案》的规定存在明显瑕疵，有两个原因：（1）关于防汛抗旱指挥机构职责及其成员单位职责分工，是与该机构成立及编制确定相联系的，涉及政府内部职责分工，权责应该是明确并且固定的。至少应该出台相关正式文件进行规定。（2）"预案"严格讲是在旱灾发生时才启动的，但日常性的旱灾预防仍然需要相关部门做出努力并相互配合，所以，对日常性的工作依靠"预案"进行规定就表现得很不正式。

第五条　任何单位和个人都有依法参加抗旱的义务。村（居）民委员会、农村用水合作组织、抗旱服务组织及其他企事业单位应当协助配合当地人民政府做好抗旱措施的落实工作。

既然单位和个人都有抗旱义务,还专门强调村(居)民委员会、农村用水合作组织、抗旱服务组织及其他企事业单位对政府的协助义务,明显有画蛇添足之嫌,因为相比"协助义务",这些组织原本就有更高程度的"主动抗旱义务",况且,抗旱服务组织基本上都是隶属于水利部门的事业性服务组织,协助政府抗旱本来就是其当然义务。"协助义务"本身也是"主动抗旱义务"的题中应有之义。仅仅把微不足道的"协助义务"进行强调,就会淡化"主动抗旱义务"。而且,一旦旱灾发生后,政府要求这些组织配合抗旱,他们能拒绝吗?所以,特别突出"协助义务"并不具有特别重要的意义。

第六条 各级人民政府和县级以上人民政府有关部门应当开展抗旱宣传教育活动,推广抗旱新技术,普及旱灾防御知识,增强全社会抗旱减灾意识。

该条规定源于《条例》第十条:"各级人民政府、有关部门应当……"可以看出,第十条中的"各级人民政府"和"有关部门"是用顿号隔开的,是并列关系。所以,我理解顿号后边的"有关部门"不仅仅指政府有关部门,应当主要指的是教育部门、科研部门(如科协院所)、消防部门等,绝非《细则》规定的"县级以上人民政府有关部门"。所以,《细则》做如此规定完全是自作聪明,明显扭曲了国家《条例》的本意,把宣传教育的任务完全压给了政府及其部门,力量及专业性明显不够,不足以达到很好的宣传效果。就比如宣传教育最佳的途径应该是学校教育,再如"抗旱新技术的推广",可能更有力量的是各级科协组织和新技术的研发部门,而非政府及其下属部门。

第七条 任何单位和个人都有依法保护抗旱设施的义务,有权对破坏、侵占、损毁抗旱设施的行为进行投诉和举报。

投诉是指:权益被侵害者本人对涉案组织侵犯其合法权益的违法犯罪事实,有权向有关国家机关主张自身权利。投诉人,即为权益被侵害者本人。如今年国庆期间消费了天价虾的四川游客向青岛公安、工商部门进行的投诉。所以，此处用"投诉"明显是张冠李戴，因为，破坏抗旱设施的行为与某公民并无直接利害关系。但对破坏公共设施的，公民有权"检举和揭发"。另外，《条例》是把"保护抗旱设施和依法参加抗旱"共同作为义务放在一条进行规定的。省《细则》把这两者拆分开成2条，看似条款多了，但实质意义不大。

第八条 县级以上人民政府水行政主管部门应当会同发展改革、财政、农业等部门依法编制本行政区域的抗旱规划，报同级人民政府批准后实施，并抄送上一级人民政府水行政主管部门。

《条例》及其他省的地方立法，规定的规划编制主体一般都是"水行政主管部门会同有关部门"，但《细则》把"有关部门"明确为"发展改革、财政、农业等部门"，这样限定范围明显太窄，因为抗旱规划必然涉及工业及城市用水、生态用水、生活用水、林业用水甚至地下水利用也会统筹考虑，涉及部门远非"发展改革、财政、农业"三个部门，此处规定可以说是挂一漏万，试图想要把范围具体化，反倒更加模糊不清。同时，等于是将"发展改革、财政、农业"三个部门之外的更多部门的规划编制责任和义务一笔勾销了，最终还可能给规划编制的牵头部门——水利部门造成许多不必要的麻烦。

第九条 抗旱规划主要包括下列内容：

（一）旱情、旱灾概况及规律；

（二）抗旱原则和目标；

（三）区域内水资源开发利用现状及评价；

（四）抗旱能力评估；

（五）抗旱应急水源和应急设施建设；

（六）旱情监测预警及指挥调度系统；

（七）抗旱组织体系及抗旱服务组织建设管理；

（八）抗旱物资储备；

（九）抗旱预案体系；

（十）规划实施保障措施。

关于规划内容，《条例》用了一条63个字，内容基本上包含在上述（五）（六）（七）（八）四款内，而《细则》则用了一条十款内容112个字（不含标点符号和序号）。除过与条例内容实质相同，但并未做任何细化和体现地方特色的（五）（六）（七）（八）四款外，多出来的六款内容到底有什么意义？首先必须明确此处是对抗旱规划的规定，我理解抗旱规划应该是旱灾发生时的应对之策。因此：

"（一）旱情、旱灾概况及规律；（二）抗旱原则和目标"，这两款内容与"应对之策"基本上风马牛不相及。因为，规划只是预设的方案，"旱情、旱灾概况及规律"还没发生呢，怎么可能预知，如果已经明确知道"旱情、旱灾概况及规律"，就应该是灾后的有针对性的行动措施了，不可能是规划。所以，把与规划无关的内容罗列在规划的条目中，恐怕只会冲淡对应有内容的重视程度和对应有内容的仔细表述。"抗旱原则和目标"是抗旱立法应当确立的有关抗旱的基本问题，是应该单独成为条目的。规划中需要的是"行动方案和步骤"，如果规划中还谈原则和目标，也应该是规划的原则和目标，而非其他。

"（三）区域内水资源开发利用现状及评价"更是与抗旱不沾边，因为旱灾来临时，就已经表现出现有开发利用状况明显不能应对旱灾的情形了，因此才会成灾，所以，这时候再去论证或了解开发利用的情况，是不可能对抗旱有任何帮助的。再者，假定了解"水资源开发利用现状"有助于规划行动方案或者进行水量分配，但这个时候显然是不需要对这种现状进行任何评价的，因为，这种评价不仅于事无益，也可能贻误抗旱机会。

"（四）抗旱能力评估。"能力建设是日常的工作，规划所需要的只是对已有能力的充分、有效整合，绝不是对已有能力进行评估。而且，旱灾来临时，不管抗旱能力大小强弱都得应对，不可能因为能力有差异就履行不同的抗旱义务，也不可能因为能力太小就不需要抗旱，所以，如果抗旱规划中加入这样的内容，实在不知道言下之意是什么。

"（九）抗旱预案体系" 本细则以及国法《条例》都专门有"预案"的规定，在规划当中没必要再涉及"预案"，规划和预案是两个不同性质的问题。假如规划当中还要包含预案，就必然会导致重复。

所以，关于规划，应该突出的是（五）（六）（七）（八）四款的内容，应该对该四款内容结合陕西地方特点做更具体详细的规定。但《细则》对该四款内容的规定与《条例》实质无异。所以，《细则》的规定，既不是对《条例》内容的具体化，也不是把《条例》内容做必要的地方化处理。仅仅是在这四款内容之外加入了一些无关紧要的枝叶，显得冗长了，完全冲淡了地方立法对应有内容的强调和关注。

第十条 县级以上人民政府应当组织做好骨干水利工程、抗旱应急及其配套设施建设，形成大中小蓄水、引水、提水、调水等多层次的抗旱工程体系。

乡（镇）人民政府和农村集体经济组织应当在供水保证率低或者无供水设施的浅山区和丘陵地区，因地制宜修建小水窖、小水池、小泵站、小塘坝、小水渠等农村抗旱水利工程。

按《条例》第十六条的规定，该条其实具有预防性质，而且突出了政府在农田水利及饮水水源两个方面的建设责任，强调政府修建蓄水、引水、提水工程和雨水集蓄利用工程的责任。但《细则》的规定完全是避重就轻，把政府对农田水利和饮水水源的修建责任，包括建设小微蓄、引、提等水工程的责任推脱得一干二净，完全违背了《条例》这个上位法的规定。比如《细则》该条规定的是"县级以上人民政府应当组织做好……建设，形成抗旱……工程体系"。但《条例》的表述是"县级以上人民政府应当加强……建设""地方人民政府应当修建……工程"等。所以,《条例》规定的是政府的建设责任,而省《细则》只规定了政府的组织领导责任。但就不知道政府"组织谁",并由谁做好工程建设?此外,该《细则》还使用了一个限定词"骨干水利工程",不知道"骨干水利工程"到底属于哪些工程?似乎应该有相关解释。再有,《细则》把修建"小水窖、小水池、小泵站……"小微抗旱工程的主体规定给"乡镇人民政府和农村集体经济组织"与《条例》规定的"地方人民政府"也不一样,国法的规定当然包括县级以上人民政府,但省法的规定明显推卸掉了县级以上人民政府修建"小微抗旱工程"的责任和义务。

第十一条　县级以上人民政府水行政主管部门和乡镇人民政府应当落实抗旱工程设施管理主体和责任,对工程设施建设和维护情况进行监督检查。

抗旱工程设施管理单位或者经营者应当对所管理的工程进行定期维护,保障正常运行。

《条例》规定的是"水行政主管部门应当组织做好……管理和维护",是"组织、管理责任",但《细则》把组织管理责任歪曲成"落实……管理主体和责任""进行监督检查"责任。这两者是截然不同的。国法是对政府的责任性(组织管理)规定,而省《细则》变成了对政府的赋权性(监督检查)规定。而且,《细则》在"水行政主管部门"之外还把"乡镇人民政府"也拉进"落实……管理主体和责任"的条款里,等于是给水行政主管部门加了一道保险,由两个主体承担"落实"责任,最后形成谁也不承担责任的格局。

第十二条　各级人民政府应当采取政策引导、资金补助等形式,鼓励、扶持社会组织和个人研发、使用抗旱节水设备,建设、经营、管理中小微型抗旱工程设施。

《条例》不仅包括上面内容,还包括了扶持"农田节水技术……发展旱作农业"等,这里需要强调的是"抗旱节水设备"与"农田节水技术"应该是不一样的,后者,也就是国法的规定范围更大,有更多的"预防旱灾"的含义,包括正常的农业生产过程的节水,以及农业经营结构战略调整等内容;还包括"扶持社会组织和个人建设、经营抗旱设施"。但省《细则》不恰当地将政府扶持责任的范围缩小了,只局限到用于"抗旱"的"小微型抗旱工程设施"的建设等。

第十三条 县级以上人民政府应当做好干旱期城乡居民生活供水的应急水源储备保障工作,干旱灾害频发区应当建设城镇抗旱应急备用水源。

县级以上人民政府水行政主管部门应当做好抗旱应急水源工程、封存水井启用管理工作,保障干旱期城乡居民生活用水。

《条例》第十六条规定的抗旱应急工程建设的主体是"县级以上人民政府",但《细则》把"工程建设"相关责任更改到"水行政主管部门"名下,对《条例》当中规定该由水行政主管部门承担管护责任的"农田水利基础设施"和"农村饮水工程"两个老大难问题未加任何规定。这种差异有可能导致政府对应急工程的重视程度降低,也可能因此加大水利部门的责任。而且按照水利部《抗旱应急水源工程建设项目管理办法》所指的应急水源的范围仅指"抗旱应急备用井和引调提水工程"(第二条)。省《细则》笼统地规定水利部门做好应急工程,但到底做什么类型的工程也不清楚。

第十四条 干旱灾害频发区的县级以上人民政府,应当依托现有防汛物资仓库或者抗旱服务队仓库,建立抗旱物资储备库,储备相应种类和数量的抗旱设备和物资,制定使用管理办法,形成省、市、县三级抗旱物资储备体系。

县级以上人民政府财政部门应当安排专项经费用于抗旱物资储备。

第十四条"依托现有"四字的使用,使得该条呈现出鲜明的附条件

附录四 《陕西省实施〈中华人民共和国抗旱条例〉细则》评注

性职责设定特色。因为,如果没有仓库,或者原来的仓库有瑕疵,是不是就不需要履行"建立……储备……制定……形成……"的责任和义务了?或者对应的履行有瑕疵的责任和义务?所以,建立物资储备的唯一依据应该只是"抗旱需要"(《条例》第十九条),至于"抗旱需要"如何判断,主要源于抗旱规划、预案的相关规定,包括旱情发展及现状等,还有赖于政府智慧,但绝非依据现有"仓库",如果仓库特大,存储的抗旱物资也可能会超过"抗旱需要";反之,可能无法满足抗旱需要。那么,具体存储多少,就有可能受制于不合理的长官意志。

第十五条 各级人民政府应当加强旱情监测站点建设,配置旱情监测设施,完善旱情监测网络系统。

县级以上人民政府水利、农业、气象等有关部门,应当及时向本级人民政府防汛抗旱指挥机构提供水情、雨情、墒情、农情和供水等信息。

县级以上人民政府防汛抗旱指挥机构应当依托国家防汛抗旱指挥系统专用通道和公共通信网,建立和完善旱情采集、传输、接收、处理、发布等信息系统。

关于信息提供主体,《条例》规定的是"水行政主管部门和其他部门",意在突出水行政主管部门的主导地位,发挥水行政主管部门在信息提供方面的组织、集中、指导的主导性责任。《细则》则直接规定为"水利、农业、气象等部门",把几个部门完全并列,降低了水行政主管部门在其中的主导地位和在信息提供方面的主要职责。另外,"水利、农业、气象"部门之外的其他部门还要不要承担信息提供责任也成问题。这样规定,显然不利于信息的集中、快速和全面提供。

第三款又是一个"依托……建立……"式规范表达方式。问题依旧是若没有"依托"条件,还要不要建立?如果"依托"有瑕疵,是否也要建立一个有"瑕疵"的信息系统?因为"依托"的是国家专用通道,如果所提供的信息有问题，是不是要把责任推给国家？另外，《条例》规定抗旱信息系统建立的主要责任主体为防汛抗旱指挥机构，目的是实现成员单位信息共享（第二十六条），信息提供和分享的单位应该主要是当地防汛抗旱指挥机构及其成员单位，与全国联网的"国家防汛抗旱指挥系统专用通道和公共信息网"并无直接联系。因此，这里所指的信息系统应属于防汛抗旱成员单位内部信息系统。当然，该信息系统可以连接至"国家防汛抗旱指挥系统专用通道和公共信息网"，但与该信息系统建立的初衷与功能并无多大关系。

第十六条　县级以上人民政府防汛抗旱指挥机构组织编制本行政区域抗旱预案，经上一级人民政府防汛抗旱指挥机构审查，报本级人民政府批准后实施。

县级以上人民政府防汛抗旱指挥机构成员单位应当根据本级抗旱预案，编制部门专项抗旱预案，报本级人民政府防汛抗旱指挥机构备案。

灌区管理单位应当商有关设区的市或者县（市、区）的人民政府防汛抗旱指挥机构编制抗旱供水预案，经有管辖权的水行政主管部门批准后实施。

关于抗旱预案的编制主体及权限，《条例》明确规定的是"防汛抗旱指挥机构组织其成员单位编制"，而非《细则》当中的"防汛抗旱指挥机构组织编制"。区别在于组织成员单位"共同"编制，工程大、事务多、麻烦多。但《细则》规定的由防汛抗旱指挥机构"组织编制"，其实就是"单独编制"，工程小、事务少、麻烦少，随机性大。这样规定明显具有推卸"组织领导"责任、减轻防汛抗旱指挥机构（实为水行政主管部门）"组织编制"工作量的嫌疑。

第十七条　抗旱预案应当包括下列主要内容：

（一）防汛抗旱指挥机构和成员单位职责；

（二）干旱灾害的预警机制；

(三) 干旱等级划分；

(四) 旱情、旱灾信息的收集、分析、报告、通报；

(五) 抗旱预案的启动程序；

(六) 不同干旱等级的应急措施；

(七) 旱情紧急情况下水量调度预案；

(八) 灾后评估和恢复。

第一款涉及机构设立时的功能、权责划分，应有独立或专门规定，此处再做表述没有实质意义；第三、六款应该合并，因为明确等级仅仅是为了说明不同等级的应对措施。不是为了划着等级让人看，不能喧宾夺主；第五款的启动程序与接下来的第十八条存在重复，启动程序的前提与具体规定，在接下来的第十八条有专门规定，此处就无须再涉及了。第八款的灾后评估就不是抗旱预案解决的问题。因为，评估的目的在于恢复，而灾后恢复只能是根据受灾情况来进行，是不可能提前做出预案的。此外，必须明确（1）预案的执行单位。不是简单地给出各单位职责就能明确执行到位；（2）"旱情紧急情况下水量调度预案"最关键的是应该明确保障措施，否则"调度"落实不了怎么办？

第十八条 发生干旱灾害，县级以上人民政府防汛抗旱指挥机构应当启动抗旱预案，开展抗旱工作，并报告上一级人民政府防汛抗旱指挥机构。

本"开展抗旱工作"的职责设定无关痛痒。如果是针对防汛抗旱指挥机构的，在启动预案后，更重要的是组织抗旱工作，如果仅仅"开展抗旱工作"，那等于是把防汛抗旱指挥机构等同为一般的老百姓，还要防汛抗旱指挥机构干什么？

第十九条 发生干旱灾害时，县级以上人民政府防汛抗旱指挥机构应当按照抗旱预案，制订抗旱应急水量调度实施方案，具体明确调度水源、水量、时间、路线及沿线相关单位的职责。

跨行政区域调水的应急水量调度实施方案由共同的上一级人民政府防汛抗旱指挥机构制定。

本条规定的主要是"调度水",似乎干旱发生时,只需要防汛抗旱指挥机构调度水就可以解决,有点过于把问题简单化了,也把防汛抗旱指挥机构的责任义务轻看与有意淡化了。因为,调度水的前提是有水可调,如果没水可调呢?所以,可能更主要的责任是挖泉、淘井、寻水,包括人工降雨、再生水利用等更加实际一些的措施。

第二十条 发生干旱灾害,水库、水电站、闸坝等水工程管理单位和建有自备水源的企业、社会组织、个人必须服从人民政府防汛抗旱指挥机构统一调度和指挥,执行调度指令。

发生中度以上干旱灾害,需要跨行政区域调度抗旱应急水量的,由其共同的上一级人民政府防汛抗旱指挥机构负责。

抗旱应急水量调度指令应当抄送上一级人民政府防汛抗旱指挥机构。

该条第二款"发生中度以上干旱灾害,需要跨行政区域调度抗旱应急水量……"的规定,给跨区域调度水量设置了一个前提,即"中度以上干旱灾害"。这种限定存在的问题是,假如发生的是轻度干旱,但相邻市县或者省外地区正好有丰富的水源(水库或者河流),也很便利使用,却不能向相邻区域调度水量是否不合理。《细则》的这项规定有点自缚手脚,不当排斥区域间的合作。不明白这种设定的法律依据到底是什么?

第二十一条 县乡两级人民政府设立的抗旱服务组织主要承担下列任务:

(一)临时饮水困难地区的应急送水;

(二)开展流动抗旱灌溉服务;

(三)抗旱设备维修、抗旱物资管理;

附录四 《陕西省实施〈中华人民共和国抗旱条例〉细则》评注

（四）参与抗旱应急水源工程建设和管理；

（五）开展抗旱技术咨询、培训和新技术、设备、工艺示范推广；

（六）对社会组织和个人兴办的抗旱服务组织给予业务指导。

县级以上人民政府应当按照国家规定，从政策、资金、技术等方面对抗旱服务组织进行扶持。

财政部、水利部《抗旱服务组织建设管理办法》第三章明确规定了抗旱服务组织的工作职责，所以，抗旱服务组织在建立时其工作职责就是明确的（除非没有依法建立）。作为水利部门组建的事业性服务实体（《抗旱服务组织建设管理办法》第二条），就是围绕水利部门工作服务的，每个抗旱服务组织对自己的职责都应该是充分了解的。所以，在该《细则》中再重复规定这些内容，没有丝毫意义。按《条例》的规定，《细则》就算涉及该内容，也应该是进一步明确怎么扶持建立抗旱服务组织，包括支持社会组织和个人兴建抗旱组织。《细则》的现有规定将政府应承担的抗旱服务组织建设职责严重淡化了。另外，对抗旱服务组织的扶持，也包括两个方面，一是县乡人民政府应该建立抗旱服务组织；二是鼓励社会组织和个人兴办抗旱服务组织。所以，《细则》最关键的就是落实《条例》的这两个规定。而不是毫无意义地罗列在工商登记已经载明的事项，或者只是模棱两可的规定对抗旱服务组织进行扶持。

第二十二条　紧急抗旱期，公安机关、交通运输部门应当保障运送抗旱救灾物资和人员的交通工具优先通行。气象部门应利用云雨资源适时开展人工增雨作业。供电单位应当保障抗旱救灾供电需求。

根据《中华人民共和国道路交通安全法》第五十三条的规定，"警车、消防车、救护车、工程救险车执行紧急任务时，可以使用警报器、标志灯具（优先通行）"，第四十条规定，遇有"自然灾害……可以实行交通管制"。因此，《细则》的该条规定并不符合上位法《中华人民共和国道路交通安全法》（全国人大常委会立法）的规定。因为，只有"使用警报器、标志灯具"的特殊车辆才可以优先通行，并非任何交通工具都能优先通行。除非因"自然灾害"实行了交通管制的情况下该条才是有效的。所以，该条的"应当保障"，中间应该再加上两个字"依法"，变成"应当依法保障"，就可以克服与上位法相抵触的情形。

第二十三条　旱情解除时，县级以上人民政府防汛抗旱指挥机构应当及时公告。

公告的意义是什么？应该是恢复生产、解决群众生活问题、修复被破坏的水利工程、对抗旱征用的物资归还和进行补偿，等等。仅仅"公告"，显然是没有任何意义的。除非特大干旱，公告的目的是让离家者安全回家，让还在筹划中的救灾及捐助行动同时结束。

第二十四条　违反本细则的行为，法律、法规有处罚规定的，适用其规定。

第二十五条　本细则自2015年5月1日起施行。

除以上具体问题，《细则》存在的其他问题还有：（1）缺乏抗旱资金纳入财政预算，专款专用的规定（仅在第十四条谈到抗旱物资储备时涉及需要安排财政资金）；（2）没有具体奖励条款；（3）水行政主管部门责任义务规定太少；（4）明确政府资金扶持的手段措施少见；对政府资金支持的保障措施不力；（5）对群众抗旱除过义务规定，没有鼓励性措施的规定，公众参与不足；（6）概念、用词存在错误，如把"检举揭发"写成"投诉和举报"；（7）省《细则》仅有挂一漏万的区区二十五条，叫《细则》名不副实，应该改叫《办法》；（8）存在违反"上位法"的情形；（9）通篇没有一处"农田基础水利设施"的表述，预防性规范严重不足。

2016年5月20日

后 记

《我国旱灾防治法律体系研究》一书，是西北政法大学李永宁教授主持的2012年国家社会科学基金西部项目"我国旱灾防治法律体系研究"（12XFX013）的最终成果，课题于2018年结项，成果正式出版前由西北政法大学李军波老师进行了最终修改与完善。

本项目的完成，是许多人共同努力的结果。李永宁教授提出了本课题研究的最初框架和结构，陕西省高级人民法院副院长康天军，西北政法大学李军波、王兆平两位老师对课题最终框架和结构的形成，进行过多次讨论。李军波老师主导了课题完成的全部过程。西北政法大学原法学研究所为项目立项、完成和书稿写作提供了巨大支持，如果没有法学研究所宽松、祥和的研究氛围和坚强的物质支撑，书稿难以完成。青海省科技厅苏海红副厅长为课题组赴青海调研提供了巨大帮助，青海省水利厅、辽宁省朝阳县政府相关同志在课题组实地调研过程中，为课题的完成提供了大量翔实的数据和许多独到的见解。中国联通朝阳市分公司原副总经理栾江、重庆大学法学院副院长秦鹏教授为调研工作的开展提供了许多具体建议和实际帮助。西安财经大学法学院王波教授和西南政法大学吴胜利副教授在旱灾防治域外资料的搜集和相关外文资料的翻译上为课题组提供了大量直接帮助，书稿基础理论部分的主要思路和一些重要观点也是在和这两位学者的数次交流甚至争论的过程中逐渐形成的。陕西省高级人民法院康天军副院长参与了法律制度部分的讨论、资料搜集和部分初稿的撰写，西北政法大学李集合教授参与了旱灾防治历史部分资料的搜集、整理和部分初稿的撰写，李亚菲副教授参与了我国旱灾防治法律制度存在问题的总结和该部分初稿的撰写工作。西北政法大学环境与资源保护法学专业2015级硕士研究生鲁小敏、马子琛两位同学牺牲了大量课余时间协助课题组比较系统地收集和整理了我国旱灾防治的古代文献。对以上同志的辛勤努力和付出表示诚挚的感谢。

  课题成果的出版还得到了陕西人民出版社的大力支持，韩琳、王凌、张现三位编辑对课题成果的文字进行了仔细订正，对存在的一些问题进行了创造性修改，对此，也表示最诚挚的感谢。

李永宁 李军波
2023年10月于西北政法大学雁塔校区